21世纪普通高等院校系列规划教材

技术经济学

——工程技术项目评价理论与方法

Jishu Jingjixue

——Gongcheng Jishu Xiangmu Pingjia Lilun yu Fangfa

（第二版）

主 编 何建洪 仕志霞
副主编 赵 超

西南财经大学出版社
中国·成都

图书在版编目(CIP)数据

技术经济学——工程技术项目评价理论与方法/何建洪,任志霞主编.—2版.—成都:西南财经大学出版社,2018.8

ISBN 978-7-5504-3614-5

Ⅰ.①技… Ⅱ.①何…②任… Ⅲ.①技术经济学 Ⅳ.①F062.4

中国版本图书馆CIP数据核字(2018)第161400号

技术经济学——工程技术项目评价理论与方法(第二版)

主　编:何建洪　任志霞

副主编:赵　超

责任编辑:刘佳庆

封面设计:杨红鹰　张姗姗

责任印制:朱曼丽

出版发行	西南财经大学出版社(四川省成都市光华村街55号)
网　　址	http://www.bookcj.com
电子邮件	bookcj@foxmail.com
邮政编码	610074
电　　话	028-87353785　87352368
照　　排	四川胜翔数码印务设计有限公司
印　　刷	四川新财印务有限公司
成品尺寸	185mm×260mm
印　　张	18.75
字　　数	396千字
版　　次	2018年8月第2版
印　　次	2018年8月第1次印刷
印　　数	1—2000册
书　　号	ISBN 978-7-5504-3614-5
定　　价	39.80元

21 世纪普通高等院校系列规划教材
编　委　会

General Foreword 总序

为推进中国高等教育事业可持续发展，经国务院批准，教育部、财政部启动实施了“高等学校本科教学质量与教学改革工程”（下面简称“本科质量工程”），《国家教育中长期发展规划纲要（2010—2020）》也强调全面实施“高等学校本科教学质量与教学改革工程”的重要性。这是落实“把高等教育的工作重点放在提高质量上”的战略部署，在新时期实施的一项意义重大的本科教学改革举措。“本科质量工程”以提高高等学校本科教学质量为目标，以推进改革和实现优质资源共享为手段，按照“分类指导、鼓励特色、重在改革”的原则，对推进课程建设、优化专业结构、改革培养模式、提高培养质量发挥了重要的作用。为满足本科层次经济类、管理类教学改革与发展的需求，培养具有国际视野、批判精神、创新意识和精湛业务的高素质应用型和复合型人才，迫切需要普通本科院校经管类学院开展深度合作，加强信息交流。在此背景下，我们协调和组织部分高等院校特别是四川的高校，通过定期召开普通本科院校经济管理学院院长联席会议，就学术前沿、教育教学改革、人才培养、学科建设、师资建设和社会科学研究等方面的问题进行广泛交流、研讨和合作。

为了切实推进“本科质量工程”，2008 年的第一次联席会议将“精品课程、教材建设与资源共享”作为讨论、落实的重点。与会人员对普通本科的教材内容建设问题进行了深入探讨并认为，在高等教育进入大众化教育的新时期，各普通高校使用的教材与其分类人才培养模式脱节，除少数 985 高校定位创新拔尖型和学术型人才外，大多数高校定位于培养复合型和应用型经管人才，而现有的经管类教材存在理论性较深、实践性不强、针对性不够等问题，需要编写一套满足复合型和应用型人才培养要求的高质量的普通本科教材，以促进人才培养和课程体系的合理构建，推动教学内容和教学方法的改革创新，形成指向明确、定位清晰和特色鲜明的课程体系，奋力推进经济管理类高等教育质量的稳步提高。与会人员一致认为，共同打造符合高教改革潮流、深刻把握普通本科教育内涵特征、满足教学需求的系列规划教材，非常必要。鉴于此，本编委会与西南财经大学出版社合作，组织了三十余所普通本科院校的经济学类、管理学类的学院教师共同编写本系列规划教材。

本系列规划教材编写的指导思想是：在适度的基础知识与理论体系覆盖下，针对普通本科院校学生的特点，夯实基础，强化实训。编写时，一是注重教材的科学性和前沿性，二是注重教材的基础性，三是注重教材的实践性，力争使本系列教材做到“教师易教、学生乐学、方便实用”。

本系列规划教材以立体化、系列化和精品化为特色。一是除纸质教材外，还建设课件、视频、案例、习题等数字化教学资源；二是力争做到“基础课横向广覆盖，专业课纵向成系统”；三是力争把每种教材都打造成精品，让多数教材能成为省级精品课教材、部分教材成为国家级精品课教材。

为了编好本系列教材，在西南财经大学出版社的协调下，经过多次磋商和讨论，成立了首届编委会，首届编委会主任委员由西华大学管理学院院长章道云教授担任。2017 年由于相关学院院长职务变动，经协商调整了编委会的构成。调整后的编委会由西南财经大学副校长张邦富教授任名誉主任，蒋远胜教授任主任，李成文教授、张华教授、周佩教授、赵鹏程教授、傅江景教授、董洪清教授任副主任，二十余所院校经济管理及相关学院院长或教授任编委会委员。

在编委会的组织、协调下，该系列教材由各院校具有丰富教学经验并有教授或副教授职称的教师担任主编，由各书主编拟订大纲，经编委会审核后再编写。同时，每一种教材均吸收多所院校的教师参加编写，以集众家之长。自 2008 年启动以来，经过近十年的打造，现在已出版了公共基础、工商管理、财务与会计、旅游管理、电子商务、国际商务、专业实训、金融经济、综合类九大系列近百种教材。该系列教材出版后，社会反响好，师生认可度高。截至 2017 年年底，已有 30 多种图书获评四川省“十二五”规划教材，多个品种成为省级精品课程教材，教材在西南地区甚至全国普通高校的影响力也在不断增强。

当前，中国特色社会主义进入了新时代，我们要建设教育强国，习近平总书记在党的十九大报告对高等教育提出明确要求，加快一流大学和一流学科（简称“双一流”）建设，实现高等教育内涵式发展。“双一流”建设的核心是提升学校自身的办学水平，关键是提高人才培养质量和学科建设水平，同时办学声誉得到国际社会的认可。为此，高等学校要更新教育思想观念，遵循教育教学规律，坚持内涵发展，进一步深化本科人才培养模式改革。而教材是体现高校教学内容和方法的知识载体，是高等院校教学中最基本的工具，也是高校人才培养的基础，因此，高校必须加强教材建设。

为适应“双一流”建设的需要，全面提升高校人才培养质量，构建学术型人才和应用型人才分类、通识教育和专业教育结合的培养制度，满足普通本科院校教师和学生需求，需要对已出版的教材进行升级换代。一是结合教学需要对现有教材进行精心打造。具体而言，贯穿厚基础、重双创的理念，突出创新性、应用性、操作性的特色，反映新知识、新技术和新成果的学科前沿；利用数字技术平台，加快数字化教材建设，打造立体化的优质教学资源库，嵌入可供学生自主学习和个性化学习的网络资源模块；二是根据学科发展的需要，不断补充新的教材，特别是规划旅游类、实训类、应用型教材。

我们希望，通过编委会、主编和编写人员及使用教材的师生共同努力，将此系列教材打造成适应新时期普通本科院校需要的高质量教材。在此，我们对各经济管理学院领导的大力支持、各位作者的智力成果以及西南财经大学出版社的辛勤劳动表示衷心的感谢！

21世纪普通高等院校系列规划教材编委会

2018年5月

Foreword 前言

在市场经济体系中，任何经济主体对工程技术项目的评价都不再局限于对技术方案可行性的考察，而必须考察其经济可行性。那些技术先进、“看起来很美”而无法获得经济收益的工程技术项目可能不会付诸实施；同样，那些市场需求大、盈利前景好而技术水平不够的项目也只能是张通过眼睛“充饥”的画饼，无法最终实现。因此，对工程技术项目的评价需要在技术可行和经济可行的二维标准下进行，需要对既定的工程技术方案进行经济学分析。

技术经济学是一门跨专业课程，旨在阐述技术项目或工程项目运行中的经济问题，阐释项目中技术解决方案和工程解决方案的经济含义，并给出可行性评价。这一学科的内容体系由三个方面的知识构成：其一是技术创新规律和特征方面的知识，即有关技术创新的原理、动因、组织体系、诱发因素与促进因素等问题；其二是关于技术与经济的相互作用或影响方面的知识，主要关注技术在经济增长中的贡献，包括对这种贡献的原理分析、贡献率测度等，一般认为，技术已经成为推动经济持续增长的最重要的源泉；其三是关于技术经济学的应用性知识，主要包括技术的经济效果评价、技术使用过程中的经济性理念、对技术实践的经济性进行评价的方法、技术活动经济效果数据的获取与处理等方面的内容。因此，可以说技术经济学研究领域十分广泛，从宏观到微观，包括国家、产业、企业和工程项目等层次的技术经济问题。从这个意义上说，技术经济学是典型的“经世济民”的应用型经济学科。在经济全球化、科技国际化以及我国将改革开放真正融入全球经济而建设资源节约型和环境友好型社会的大背景下，技术经济学面临巨大的发展机遇和挑战。

从我国高校人才培养目标来看，无论是经济管理类专业的学生还是理工类专业的学生，都将培养学生的综合素质与能力放在了重要的位置，都注重对学生进行技术能力、创新意识、人文素养、经济思维等方面的教育与引导。这就要求我们为学生开设一些涉及面广、综合性强、导向性显著的课程，并编写出能够适应这种特殊要求的教材。本教材正是基于这样的思想，将技术发展在经济发展中的作用、项目评估与控制、技术经济价值评价、时间价值、技术创新的原理与过程管理、项目投融资基础等内容有机结合起来，充分体现了将技术创新方法、经济分析思维、技术研发与应用紧密结合的教学理念，有助于提升学生的综合素质与能力。

本书在充分借鉴吸收国内外优秀教材和最新研究成果的基础上，根据编者多年从事技术经济学的教学、科研工作的积累编写而成。在整体上力求结构新颖、内容丰富，理论与实际相结合，继承与发展紧密结合。在编写过程中，按照理论、方法和应用的逻辑思路，博采众长、"通""专"相宜，力求既便于教师课堂教学又便于学生课下自学。全书的主要内容分为三个大的部分，即理论基础、技术经济分析方法和技术经济分析原理的应用，各个部分环环相扣，衔接紧密。这三个部分又分为十一章，每章设计有内容提要、本章小结、思考与练习等模块内容，以方便使用者学习和参考。

全书的编写主要由何建洪、任志霞完成，同时得到了卢安文、付德强等老师的大力帮助；在本书的编写过程中，我们学习、参阅和引用了许多同行的学术成果，以及国内外相关的优秀教材的资料；在出版过程中，我们得到了西南财经大学出版社的田园老师给予的热情支持和帮助。对此，我们一并表示衷心的感谢。

由于水平有限，书中错误和不当之处在所难免，敬请读者批评指正。

编者

2018 年 6 月

Contents 目录

第一篇　理论篇

第二篇　方法篇

第三篇　应用篇

第一篇　理论篇

第一章　技术经济学概论

内容提要

技术经济学是研究技术发展与经济发展相互推动、最佳结合规律及其实现方法的科学，这一学科具有较为悠久的历史，也有一些独特的研究和分析方法。本章内容着力于介绍技术经济学这一学科的相关背景及其发展过程，共分四节：第一节介绍技术经济学的性质和特点；第二节回顾技术经济学这门学科的产生与发展演变过程；第三节介绍技术经济学的研究对象；第四节分析技术经济学中常用的分析与研究方法。

第一节　技术经济学特征与性质

一、技术与经济

学习和研究技术经济学，首先要了解技术和经济的基本含义，以及两者的相互关系。

（一）技术

对“技术”（Technology）一词始于《大不列颠百科全书》，由希腊词 techne（艺术，手工艺）和 logos（词，言语）组成。古希腊先哲亚里士多德曾把技术视为人们在生产活动中的技艺能力或者技能。Technology 最早出现在英文中是 17 世纪，且仅被用来讨论意识应用，到 20 世纪其含义被扩展，随着时间的推移，归纳起来，主要有狭义和广义之分。

狭义的技术是指用于改造自然的各种生产工具、装备、工艺等物质手段的总和，即物化形态的“硬技术”，具体表现为：①技术是技巧、技能或操作方法的总称；②技术是劳动手段的总和；③技术是客观的自然规律在生产时间中有意识的运用，是根据生产实践经验和科学原理而发展成的各种工艺操作方法与技能。狭义技术的基础和核心是劳动工具，其缺点是忽略了技术的动态过程。

广义的技术是指技术在人类认识自然和改造自然的实践中，按照科学原理及一定的经济需要和社会目的发展起来的，为达到预期目的而对自然、社会进行协调，控制、改造的知识、技能、手段、方法和规则的复杂系统，包括了“硬技术”和“软技术”。具体表现为：①技术是完成某种特定目标而协同运作的方法、手段和规则的完整体系；②技术是按照某种价值的实践目的，用来控制改造和创作自然与社会的过程，并受科学方法制约的总和。广义的技术是技术经济学的研究对象。

（二）经济

经济（Economy）一词在不同范畴内有不同的含义。在古汉语中的经济是“经邦救世”“经世济民”，意指治理国家，救济庶民，包括政治、经济、文化、军事、外交等一切治国方针。现在我们通用的“经济”，是由日本学者从“Economy”一词翻译而来的，其主要含义有：①经济指社会生产关系的总和，是人类历史发展到一定阶段的社会经济制度，是政治和思想等上层建筑存在的基础；②经济指物质资料的生产、交换、分配、消费等活动的总称；③经济指一个社会或者国家的国民经济的总称及其组成部分，如工业经济、农业经济等部门经济；④经济指节约或者寄生，如经济效益，经济的合理性等，它强调对资源的合理配置、利用和节约。

随着科技进步和社会经济的发展，人们形成了大经济观，即经济为一个动态的、开放的大系统，系统内各生产要素协调组合，人流、物流、信息流有序进行，形成经济与环境，社会系统协调发展的运行机制和体系。在大经济观的系统运行中，各要素对外进行物质、能量、信息的交换互补，在市场机制的作用下，不断优化系统内的产业结构、产品结构与技术结构，保证经济持续稳定地发展。

（三）技术与经济的关系

技术和经济（The Interact of Technology and Economy）在人类进行物质生产和交换活动中始终并存，是不可分割的两个方面。技术具有强烈的应用性和明显的经济目的性，没有应用价值和经济效益的技术是没有生命力的；而经济的发展必须依赖于一定的技术手段，世界中不存在没有技术基础的经济发展。技术与经济是相互依存，相互促进而又相互制约，存在着极为密切的，不可分割的关系。

1. 技术进步是经济发展的重要基础和手段

技术进步（Technical progress）是社会经济发展中的最活跃、最关键的要素之一。人类社会发展的历史证明，从第一次技术革命，人类从手工业步入大机器工业时代（蒸汽机的发明），到第二次技术革命，人类进入电器时代（电子，电机应用，无线电通讯），到第三次技术革命进入核能时代（相对论，原子弹），到第四次技术革命进入信息时代（计算机技术的飞速发展），人类的每次跨越都伴随着新技术、新方法的出现和发展。根据有关统计数据表明，20 世纪初，工业劳动生产率的提高只有 5%~30%是靠运用新技术达到的，而现在有 60%~70%为科学技术成果投入应用做出的贡献。

2. 经济发展的需要是技术进步的基本动力

技术进步不仅推动社会经济的快速发展，同时，经济发展（Econimic Development）对先进技术成果的需求又成为技术进步的直接动力。任何新技术的产生与应用都需要经济的支持，受到经济的制约。综观世界各国，凡是科技领先的国家和产品超群的企业，无一不是研究与开发高投入的国家。美国、日本、德国、英国、法国等国家的研究与开发费用在 20 世纪 80 年代就已经占国民生产总值的 2.3%~2.8%，而大部分发展中国家由于经济的制约只能在 1%以下。在我国，由于经济持续增长和政策的激励，2016 年为 2.11%，2017 年达到了 2.12%。

3. 技术和经济的协调发展

技术和经济是对立统一的关系。技术进步是推动经济发展的主要条件和手段，是经济发展的主要因素。同时，技术的发展也受到经济条件的制约。因此，只有技术和经济协调发展才能取得好的经济效益。

二、技术经济学的性质与特点

技术经济学（Technology Economics）是研究技术发展与经济发展相互推动，最佳结合的规律及其实现方法的科学，它是一门研究技术与经济最佳结合的新兴学科。技术经济学主要研究技术方案的经济效果（Economic Effect），技术与经济相互促进、相互协调发展以及技术进步与经济增长（Economis Growth）的相互关系及其规律性。技术经济学应用理论经济学的基本原理，研究技术领域经济问题和经济规律，技术进步与经济增长的相互关系，技术领域内资源的最佳配置，寻找技术与经济的最佳结合，以求可持续发展。

技术经济学是一门经济类的学科，但它是介于技术科学与经济科学之间的一门讲求经济效益的应用性、交叉性的边缘学科，是技术与经济相互结合，相互渗透的学科，是以特定的技术科学或泛指的技术科学为基础，研究经济问题的学科。它具有综合性、系统性、实践性、预测性等特点。

（一）综合性

技术经济学研究领域广泛，既包括技术科学的内容，也包括经济学的内容，并将技术与经济问题置于客观规律和经济理论基础中进行综合研究，体现了学科的综合性。从学科性质来看，技术经济学是技术科学和经济科学相互融合而形成的交叉学科或者边缘学科，它建立在数学、统计学、管理学、经济学、运筹学、会计学、工程学、技术学、组织行为学、市场营销、计算机应用等多门学科的基础之上，因此，它是一门综合性很强的学科。

（二）系统性

技术经济系统是一个跨技术、经济、社会、生态等多领域的复杂系统，其面临问题涉及技术、经济、社会、资源、环境等多个方面，而且大多是多目标、多因素、多层次的问题。技术经济方案最优化的实现，这些多因素、多目标、多指标的组合才能达到，而且这些因素都是在不断运动和变化的。因此，在进行技术经济学研究时，要有系统观念，必须运用系统工程的理论与方法，将影响预期目标效果的全部因素纳入到一个系统中，分清主次，明确重点，进行综合分析。

（三）预测性

技术经济是一门决策性的科学，主要是对未来实施的工程项目、技术方案技术政策、技术规划、市场需求、风险估计等进行事前分析和论证。这就决定了技术经济的分析预测是在事件实际发生之前进行的，它需要有一定的假设条件，或者是以以往的统计数据为分析依据，并根据过去和现在的实际情况，推断未来情形。由于它的预测性，它所提供的结果只能是近似值，而不是实际值，这也就决定了它的分析带有一定的风险性。

（四）选择性

多方案比较选择是技术经济学突出的特点，也是管理科学化，决策民主化的要求。在对技术方案分析取舍之前，都应该找出可以类比的被选方案；而任何一种技术，又可以找出若干不同的采纳方式机和条件，技术经济评价（Technical and Economic Evauation）首先就是对备选方案进行技术经济分析，确定方案的可行性，并通过多方案的比较、分析、评价选取综合效益最优者。在进行方案比较研究时，要注意被选方案的可比性，保证方案的技术先进性和经济合理性。

（五）实践性

技术经济学是一门实用性的科学，它所研究的是行业生产、建设中实际的技术经济问题，以及跨行业共同需要解决的技术经济问题。技术经济学研究的成果又直接用于生产、建设实践，并通过实践检验分析研究成果的正确性。随着科学技术的迅速发展，新的科技成果在各行业生产建设中的推广、应用，技术创新、转移、扩散的深入发展，实践中涌现出的技术经济问题越来越多，这也为技术经济学科的发展开辟了广阔的前景。

第二节　技术经济学的产生与发展

技术经济学是具有中国特色的应用经济学的一个分支。它是我国广大技术经济工作者在总结中国经济建设的实践经验的基础上，广泛吸收国外相近学科的有益部分，由中国人自己建立起来的新型综合性交叉学科。我国技术经济学科开拓者之一傅家骥教授曾指出，在中国的经济管理学科中，至今为止，我们还没有发现哪一个学科像技术经济学科这样具有中国特色。或许，这正是技术经济学科兴旺发达、长盛不衰，成为中国经济管理学科“常青树”的“本源”所在，也是一代代经济研究者矢志努力的“灵魂”所在。

一、技术经济学的产生与发展历程

技术经济学产生于20世纪60年代初期，它的产生和发展大致经历了三个阶段。

（一）技术经济学的开创阶段

20世纪50年代，我国在引进苏联科学技术的同时，在计划工作、基本建设工作和企业管理中也引进了技术分析和论证方法，特别是在规划、设计156项重点建设项目时，都进行了不同程度的技术经济分析、论证，这对当时实现投资效果和“一五”计划的顺利完成起到了非常重要的作用。在60年代初期，我国通过分析和总结国民经济发展的经验和教训，在经济理论界开展了对社会主义经济效果问题的广泛讨论，对经济效果的一般概念、实质、范围、评价标准、指标体系以及具体的计量方法的问题进行了认真的探讨。其中，著名经济学家孙冶方、于光远等发表了极为重要的观点。1963年中共中央和国务院批准了我国第二个科学技术发展规划纲要，即《全国1963—1972年科学技术发展规划纲要》。纲要中将“科学经济与管理现代化研究”列为科学技术发展的重点领域，明确指出，任何技术工作，必须既有技术上的优越性，又有经济上的合理性，并要求结合项技术的具体内容进行经济效果的计算和分析。

20世纪60年代初期，我国一批50年代留学苏联的工程经济专家与50年代留学英美的工程经济专家，在于光远同志的提倡下，在中国创立了技术经济学学科，并阐明了它的研究对象和内容。通过实践，技术经济分析方法在工程建设和技术领域中得到了广泛的应用，成为工程建设方案优选和决策的重要科学依据。由于留学苏联的工程经济专家在外期间学习的主要是项目的技术经济评价与设备管理，留学英美的工程经济专家在海外留学期间学习的主要是项目的财务分析，因此，这一时期的主要研究内容是“项目和技术活动中的经济分析”，着重于研究技术的经济效果，故称之为经济效果学。

（二）技术经济学的挫折停滞阶段

20世纪60年代后期到70年代后期，由于中国特定的历史环境，经济与管理学科都被批判，致使技术机构的队伍拆散，机构瓦解，研究工作完全停顿，技术经济学科基本没有得到发展，甚至受到压制和批判否定。

（三）技术经济学的全面发展阶段

20世纪80年代以后，技术经济进入了一个全面发展、欣欣向荣的阶段。党的十一届三中全会后，“科学的春天”真正到来了，一批国内成长起来的科技哲学及经济管理学者加入到了技术经济学科之列，成为技术经济学科重要的生力军，技术经济学进入了新的历史发展时期。1978 年 11 月成立了中国技术经济学研究会，重建研究机构和队伍。1980 年中国社会科学院成立了全国第一个技术经济研究所，很多部门成立了技术经济研究机构。

随着国家经济建设和科技进步，技术经济学的研究对象也不断演变，根据不同对象赋予其理论方法及其应用研究新的内容，从而产生了不同的研究学派，如效果学派、关系论学派、技术资源最优配置学派等，从而使技术经济学进入全面发展时期。这个时期，技术经济学理论方法体系得到了不断的改进和完善，学科的分支也越来越多，技术经济分析方法在实践应用中发挥了巨大作用。在社会主义市场经济条件下，技术经济学这门学科越来越重要，研究工作正向深度和广度发展。

技术经济学将伴随中国经济建设的时间需要而不断发展。随着市场经济的发展，技术经学方法的应用范围将不断扩大，广泛应用于各种技术政策、产业政策的评论与评价，包括：生产力布局、转移的论证与评价；经济规模的论证与评价；资源开发利用与有效配置的论证与评价；企业技术改造的论证与评价；技术转移与技术扩散的经济分析与技术引进的论证与评价；企业技术创新、新技术开发、新产品研制与项目评价；企业技术经济潜力的分析、论证与评价；技术发展战略的研究、论证与评价等。

技术经济理论方法也将应用于环境研究领域中，如环境污染与生态破坏的经济损失估计、绿色 CDP 核算体系、环境政策与管理的经济分析。在资源技术经济领域，将研究节能技术的经济评价，替代能源及新能源技术开发的经济分析，重大能源项目的经济分析，人力资源配置、技术进步、增长方式转变与就业形势分析等；在信息经济领域，将应用技术进步与信息化战略，企业信息化技术经济评价理论与方法等。知识经济研究也将技术与经济互动关系的研究带入到一个新的天地，相关的研究针对知识经济的发展背景、概念，知识经济与高技术产业的关系，知识经济与工业化现代化的关系，国家技术创新体系等展开。

二、国外相关学科概述

国外虽然没有我国的技术经济学完全对应的学科，但相近学科很多，如欧美各国流行的工程经济学、可行性研究、费用效益分析，以及价值工程；苏联、东欧等国家和地区的技术经济分析、部门经济学；日本的经济性工学；英法等国的业绩分析、经济计算等。

与技术经济学最接近的是工程经济学（Engineering Economics）。1887 年亚瑟姆·惠灵顿（Arthar M. Wellington）的著作《铁路布局的经济理论》（The Eocimic Theory of Railway Location）问世。在该书中，他首次将成本分析方法应用于铁路的最佳长度或路线的曲线选择中，开创了工程领域中的经济评价研究，标志着工程经济学的诞生。1930年格兰特（Eugene L. Grant）在其著作《工程经济原理》中指出了古典工程经济的局限性，提出了以复利计算为基础，讨论了判别因子和短期投资评价的重要性以及资本长期投资的一般比较，被称之为“工程经济之父”，20世纪30年代美国在开发田纳西河流域中，开始推行可行性研究，将技术与项目的经济问题研究提高到一个新的阶段，通过不断总结和完善，逐步形成了一套比较完整的理论、工作程序和评价方法，使工程经济学得到新的发展。

技术经济学在苏联被称之为“技术经济分析”或“部门经济学”，它采用统计、分析和对比的方法进行方案优选，是在生产工艺学、技术定额学，劳动组织学、统计学等基础上建立的，它是我国技术经济学发展的主要来源之一。

西方“技术经济学”（Economics of Technology）所研究的领域我国学者多有涉猎，可以相互借鉴。在研究方法上，国外更加强调经济学分析范式的运用和理论的形成和创新。西方国家有关技术经济学方面的研究主要集中在：技术在不同的企业、不同的产业和不同的地区之间的转移和扩散，新技术的生成，新技术对企业的影响，新技术如何影响市场份额和保持竞争地位、企业的规模和特征如何影响技术创新的类型和数量，以及技术变化对产业发展和经济增长的作用等。

西方国家对技术的转移和扩散及其影响方面的研究非常重视，不仅学术界有大量的研究文献涌现，政府的推动也进一步促进了技术转移和扩散政策方面的深入研究。如2004年召开的OECD国家部长级科技政策会议，其主题是“科技和创新政策的主要挑战”。OECD国家非常重视国际知识的跨国传播和进行国际合作，强调知识的产生和传播是创新、经济可持续发展和社会福利的重要推动力。如在2004—2005年间，西方国家有关技术与经济方面的研究主要集中在以下几个领域：①技术变化与经济增长。②技术生成的主要过程，研究者如何选择、模仿和试验新的概念，如何建立模型模拟这些过程。③技术变化的增长效益。④技术创造如何进入内生经济增长模型。⑤是什么因素引起地区之间经济增长率的差异。

第三节 技术经济学的研究对象与内容

一、技术经济学的研究对象

作为一门独立的学科，必须有自己的特有的研究对象和独立于其他学科的理论方法体系。技术经济学虽然已初步形成了具有中国特色的理论架构和方法体系，然而，作为一门新型的学科，其研究对象及内容、范围和方法体系，至今没有一个统一的表述，随着科学技术和经济的发展，其研究对象的认识在不断深化和完善。归纳起来，主要有以下几个观点：

（一）技术经济学是一门研究技术方案经济效果的科学

效果论学者认为，技术经济学是研究技术方案，技术措施、技术政策、新技术装备的经济效果，寻求提高经济效果的途径和方法的科学，或称之为技术的经济效果学。从经济效果的角度出发，来研究技术实践中的投入产出关系，技术选择、资源有效配置等问题。按此观点又有三种提法：①研究技术先进性与经济合理性两者协调发展的经济效益科学；②研究技术和经济的关系、技术和经济的最佳结合及其运行规律，其目的是求最佳的经济效果；③研究技术与经济相互关系及其对立统一的科学，它是通过各种实践活动的技术分析、经济比较和效益评价，寻求技术与经济的最佳组合，确定技术先进，经济合理的最优经济界限。

（二）技术经济学是研究技术发展的相互推动，最佳结合的规律及其实现方法的科学

关系论学者认为，技术经济学是研究技术与经济的关系，寻求技术与经济相互促进、协调发展，使两者达到最佳结合和合理配置。它包含着以下三层含义：①技术发展与经济发展相互作用的规律；②技术发展与经济发展最佳结合协调发展的规律；③技术与经济最佳结合的实现形式与方法。

（三）技术经济学是研究如何最有效地利用技术资源促进经济增长规律的科学

动因论学者认为，技术经济学是研究如何合理、科学、有效地利用技术资源，使之成为经济增长动力的学科。作为一门应用经济学，技术经济学的分析评价方法在各种资源的配置方面起着过滤和优化作用，它不仅从微观方面研究资源优化配置的方法，如建设项目的财务评价方法、产品成本优化设计的价值分析方法等，而且也从宏观方面研究技术与经济的最佳结合的政策评价、建设项目的国民经济评价和可持续发展评价等问题。

（四）技术经济学是研究技术因素与经济因素最优结合的学科

因素论学者和问题论学者认为，技术经济学是研究生产、建设领域技术经济问题的学科。如何提高技术方案的经济效果，把技术上的先进和经济上的合理性巧妙地统一起来，从而使技术进步能够很好地促进经济增长，是技术经济学研究的核心问题。这个观点显然与20世纪80年代以来引进技术和加大建设项目投资的时代要求有关。

（五）技术经济学是研究技术、经济、社会、生态、价值构成的大系统结构、功能及其规律的学科

综合论（系统论）学者认为，技术经济学是研究技术、经济、社会、生态、价值构成的大系统结构、功能及其规律的学科。这反映了学术界希望在更广泛的人类社会大系统中研究技术问题的愿望。

综合来看，技术经济学的研究对象可界定在三个领域、四个层次、三个方面。技术经济学的研究领域主要包括：①技术领域中的经济活动规律；②经济领域中的技术发展规律；③技术发展的内在规律。围绕这三个研究领域，技术经济学科的研

究层次主要包括：

（1）工程项目层面的技术经济问题；

（2）企业层面的技术经济问题；

（3）产业层面的技术经济问题；

（4）国家层面的技术经济问题。

具体而言，技术经济学的研究内容主要有：

（1）技术经济学科的基础问题；

（2）技术经济的学科方法；

（3）经书经济学科基础理论、基本方法的现实技术经济活动中的应用问题，如项目财务评价、技术创新、技术整合等理论与方法在现实中的应用。

二、技术经济学的研究内容与范围

技术经济学的研究内容十分丰富，它既包括西方工程经济学、苏联的部门经济学、日本的经济性工学、英国的业绩分析等内容，也包括欧美的管理经济学、公共经济学、日本的经营工学、生产工学，苏联的生产组织学、技术定额学的部分内容；既涉及国民经济的生产、分配、交换、消费的各个领域，又涉及国民经济的各个部门，还设计具体投资建设、工程项目的各个阶段。技术经济的研究范围也十分广泛，从宏观到微观，包括国民经济的各个部门，凡是存在技术活动的地方，都存在经济效果问题，这些都是经济经济学所涉及的范围。

从横向（即按部门）来划分，可分为工业技术经济学、农业技术经济学、商业技术经济学、建设技术经济学、能源技术经济学、交通运输技术经济学、邮电技术经济学、环境保护技术经济学等。

从纵向（即按层次）来划分，可分为宏观技术经济学和微观技术经济学。宏观技术经济问题主要涉及国民经济全局性和战略性问题，因此，宏观技术经济学主要研究技术进步对经济发展速度、比例、效果、结构的影响，以及它们之间的最佳关系问题。具体包括：

（1）经济效益与经济发展速度、比例、结构的关系问题；

（2）生产里的合理布局、合理转移及其论证分析；

（3）投资方向、投资选择问题；

（4）能源的开发与供应、生产与运输、节约与代替问题；

（5）技术引进方案的论证问题；

（6）外资的利用与偿还，引进前的可行性研究与引进后的经济效果评价问题；

（7）技术政策的论证、物流流通方式与渠道的选择性问题。

微观技术经济问题主要涉及局部性问题，如具体的建设项目、技术方案、技术措施、技术经济分析论证等。因此，微观技术经济学的研究内容主要包括：

（1）需求分析与项目论证问题；
（2）厂址的选择与论证；
（3）产品方向的确定与论证；
（4）技术设备的选择、使用与更新分析；
（5）原材料路线的选择；
（6）新技术，新工艺的经济效果分析；
（7）新产品开发的论证与评价。

第四节　技术经济学的研究方法与程序

一、技术经济学的研究方法

技术经济学是一门以技术经济分析方法为主体的应用学科，因此，方法是技术经济学的重要组成部分。其方法体系主要为三个层次：第一层次是哲学意义上的方法论，如唯物辩证法，是技术经济学的基本分析方法论；第二层次分为基本方法和专门方法，基本方法是适用于解决技术经济问题的普遍方法，专门方法是技术经济学某些特定领域或者解决每个特点问题的方法；第三层次则是一些具体的分析方法。

（一）系统分析法

系统分析法（System Analysis Method）是将研究对象置身于一个系统内，采用系统分析、因素分析、因果分析、需求分析、人均分析、弹性分析等方法进行研究，然后对系统研究成果进行整体分析与最优分析，以整体最优为准则选择最佳方案。该方法常用于宏观的技术经济研究中，如经济社会发展战略、地区发展战略、技术发展战略、技术发展规划以及建设研制、推广与应用等活动中，它是一种以定量为主、定量与定性相结合的研究方法。

（二）方案比较法

方案比较法（Project Contrast Method）是技术经济方法中应用最广、最成熟的一种，现已有一套比较完整、成熟的工作程序与评价方法。主要通过对待选方案的选择与比较，对内外部各种条件的选择与比较，对技术经济指标与指标体系的选择与比较，对最优方案的选择与比较，对完成同一任务、同一经济活动目标而进行的技术经济分析、评价。

（三）效益评价法

效益评价法（Benefit Evaluating Method）主要通过对成果与消耗、所得与所费、产出与投入的对比分析，并最后选择经济效益好的利国利民的技术方案。

二、技术经济学分析的一般程序

技术经济分析是技术经济学的主要研究过程，它通过对各种可行的技术方案进行综合分析、计算、比较和评价，在全面评价经济效果的基础上，进行选择和决策。一般而言，技术经济分析的程序包括以下几个步骤：

（一）确定目标

目标分析是技术经济学分析的首要步骤。所有的技术方案，包括技术路线、技术政策、技术措施等都不是孤立存在的，他们是整个社会的技术经济系统中的一个有机组成部分。在作经济决策时，我们追求的不光是子系统、小系统的目标，而是整个大系统的目标。一个项目或一个技术方案的目标，可以是单目标，也可以是多目标。当方案有多个目标时，应该明确目标之间的主次、隶属关系。此外，还应该确定实现目标的具体指标和具体内容。

（二）调研分析

根据确定的目标，进行针对性的调查研究，并广泛搜集有关技术、经济、市场、政策、法规等信息、资料和数据。这些调研资料可以用作探索和拟定各种备选方案，也可以用作评价时的参考。在方案评价中，特别是大型工程建设项目，由于影响因素复杂，因此还应建立模型进行定量分析，寻求各种影响因素之间的数量关系和最优条件，从被选方案中选择最优方案，在方案实施过程中，进行跟踪评价。

（三）设计被选方案

在调研分析的基础上，结合实际情况，设计被选方案，这一步很关键，在设计过程中应该考虑到尽可能多的影响因素和风险，可以通过成立专家小组或采取头脑风暴法来进行被选方案的设计，这样可以产生智力积聚效应，有利于设计出更全面、考虑更周密的被选方案。

（四）拟定评价指标

设计评价指标是选择实施方案过渡步骤，可以从市场需求、技术选择、经济分析、效益评价等方面来设计项目可行性的评价指标。有了备选方案就必须要对其进行评价，从中选择最优方案。指标可以是定量的数据指标，也可以是定性的评价指标，要依据项目的具体情况而定。评价指标的设计和选择要符合项目的具体目标。

（五）方案综合评价

有了备选方案和评价指标就可以对所有方案进行评估，以选择最优方案。在这一步骤中，同样可以利用头脑风暴法产生智力积聚效应，对影响备选方案的成本、风险和收益尽力考虑周全，如果最终没有确定令人满意的备选方案，就必须重新回到第三步，重新设计备选方案，直到确定最优方案为止。

（六）确定最优方案

通过方案综合评价，从成本、收益和风险等因素进行分析，最终将确定符合项目目标的实施方案。由于方案只是在对将来未知情况的假设的前提下设计的，所以，最后的方案应该有一定的可变动性，以应变将来市场或其他方面的变化。

（七）方案实施与完善

这一步骤是实施方案的过程。由于方案的设计是在对将来未知的情况下设计的，因此，在实施过程中可以提供当时情况的改变而对方案作适当的变动；同时在实施过程中应注意对项目实施的控制和管理，尽量保证按照预期目标完成项目。

本章小结

技术和经济在人类进行物质生产、交换活动中始终存在，是不可分割的两个方面。技术和经济是相互依存、相互促进而又相互制约，存在极为密切而不可分割的联系。

技术经济学是一门技术学与经济学相互渗透的交叉科学，它是应用经济学的一个分支，技术经济学具有鲜明的中国特色，它是我国广大技术经济工作者在总结中国经济建设的实践经验的基础上，建立起来的新兴的综合性交叉学科。

技术经济学是研究技术发展与经济发展相互推动、最佳结合规律及其实现方法的科学，具体的研究对象包括：研究技术方案的经济发展，寻找具有最佳经济效果的方案；研究技术和经济相互促进与协调发展；研究技术创新，推动技术进步，促进企业发展和国民经济增长。

学习和研究技术经济学具有重要的意义和作用。技术经济学是实现投资决策科学化的重要手段，也是连接技术与经济的纽带，更是培养优秀工程师和经营管理者的重要摇篮。要运用好技术经济学的基本理论和方法，必须树立系统观念和动态观念，把握好两类问题，即技术领域中的经济活动规律、经济领域中的技术发展规律，不断从国民经济建设、改革和发展中寻找问题、研究现实、发现规律、提升理论、建立方法，为国民经济发展和技术经济学科发展做出贡献。在中国改革开放30周年的今天，学习技术经济学具有更为重要的意义。

思考与练习

1. 怎样理解技术与经济的关系？

2. 技术经济学的研究对象与内容是什么？

3. 学习技术经济学在目前的全球金融经济时代有什么意义？对于经济转轨的中国有什么意义？

第二章 技术进步与经济发展

内容提要

在技术经济学的研究中，技术进步与经济发展有密切的联系，经济学家们通过严密的逻辑证实了这种联系的存在性，并建立了度量技术进步对经济增长的贡献率的相关模型，因此作为经济管理机构的政府应当充分重视技术进步，通过有效的制度和管理体系的建设为技术进步提供条件。本章共分三节，第一节介绍了技术进步对经济增长的推动作用，说明技术进步是经济持续增长的不竭源泉；第二节介绍了度量技术进步对经济增长的贡献率的常见方法和工具；第三节介绍了国家推动技术进步从而刺激经济增长的方法。

第一节 技术进步对经济增长的推动

一、技术进步的含义

（一）技术进步的含义

技术进步（Technology Progress）是指在经济活动过程中技术系统为实现既定的目标而进行的技术变革的动态过程。严格地说，技术进步是一个经济学术语，通常可以从生产函数的角度进行考察，技术进步表现为生产函数向更高生产率的方向变动。同时，经济学意义上的技术进步并不局限于工艺的范围，并非只强调工艺技术变化对生产方式的改变。即技术进步并不仅仅指工艺上的进步或生产设施、生产方式、生产程序的改变，而是包括了所有的导致产量增加或成本降低的经济活动。这种广义的技术进步定义把一些非技术性的因素如制度因素、社会文化因素以及由自然条件的变化而引起的单位投入的产出变化都包含了进来。因此，弗里曼认为，技术进步可以在资本、劳动不变的情况下，使经济的格局发生巨大的改变。

从经济学意义上考察的技术进步不同于我们常识中的技术进步，我们生活常识中的技术进步通常是指技术本身的变革或发展，包括由于技术自身随着时间的推移而得到的提高，它对人类的作用既有积极的一面，也有不利的一面，如技术变革可能引发军备竞赛或环境破坏等。经济学中的技术进步概念不仅是一个技术概念，更是一个经济概念，其根本意义是指技术变革在实现经济增长目标中取得的进步。也就是说，只有当技术变革取得经济上的收益时，才会被称作为技术进步。

技术进步有狭义与广义之分。狭义的技术进步主要是指自然技术（如硬技术）的变化对经济增长产生的作用。其内容通常包括：生产装备技术水平的提高；采用先进工艺替代或改进老工艺；开发并生产新产品；开发并利用新材料、新能源；研究并采用新的技术方案；提升劳动者的技术素质。

广义的技术进步是指技术成果从研究到应用、推广全过程对经济增长的作用，既包括自然技术又包括社会技术（硬技术和软技术）。其内容可概括为：生产要素质量的提高；知识进展；生产要素结合效率的提高；规模经济的合理性；资源的合理配置；管理、决策理论和方法的科学化；制定和实现科学的经济技术改进和发展战略等。

值得注意的是，虽然在经济学的意义上，任何技术进步都具有商业应用价值，都表现为生产效率的提高。但是，促进技术进步的初始动因却不一定与商业价值或劳动效率的提高有必然的联系。技术进步的动因可以分为两大类：一是自发的技术进步，它是指人类出于对自然规律的探寻精神而得到的技术成果；另一类是引致的技术进步，它是指人们为追逐经济上的利益而进行的技术发明。引致的技术发明往往具有直接的应用价值，自发的技术成果则不一定具有这样的价值。

（二）当代技术进步的特点

无论是从技术进步的动因还是从技术进步的演进轨道上看，技术进步既受外部条件的约束又有其自身特征。这些特征表现为：

（1）技术革新的周期缩短。由于技术发展与变革过程中知识和信息的不断积累，新技术出现的速度日益加快，技术产品的寿命周期也越来越短。这种技术进步的新趋势要求我们能够以更快的速度将技术产品化，不断地缩短技术转化为产品的时间，以使技术进步的成果能够更有效地为经济的持续发展服务。

（2）技术进步有很强的系统性。与过去的技术进步只是某一领域、某一学科的变革不同，当代技术进步涉及的领域广阔，如电子计算机涉及电子学、光电子学、高等数学、逻辑学等学科，具有明显的系统趋势。在种系统性下，技术进步更容易衍生出功能多样，高附加值的产品，使产品的商业或经济收益明显上升。

（3）技术进步与经济发展的关系密切。当代技术进步两个最明显、最重要的特点是依靠科学进步和为经济发展服务。一方面，科学越来越成为技术进步的决定性因素，另一方面，社会经济的发展越来越依赖于技术进步。技术进步与经济增长的关系日益密切，因为没有较雄厚的经济实力，基础研究难以进行，就难于取得重大的技术进步，同时，如果没有较好的经济效益，对于基础理论研究的动力不足，就不会导致重大的技术进步。

（4）进步技术中高科技化特征显著。当代高技术的主要发展方向是以计算机为核心的信息技术和制造业新技术、新材料技术、新能源技术、生物技术和空间技术等。世界主要的经济体都加大了在这些领域中的研发投入，使高科技领域的竞争日益激烈，有力地推动了经济发展中的产业升级。另一方面，在产业升级这一趋势下，以信息技术为主的高科技领域中的技术进步显著，直接导致了高科技产业的兴起，并迅速向其他产业扩散和渗透。

二、技术进步是经济增长的本源

历史上，亚当·斯密 1776 年在《国富论》中提出，为什么世界上一些国家经济迅速增长，而另外一些地方却很穷；为什么有些地方希望赶上先进国家，实际上却没能摆脱贫穷？对这些问题有多种回答，有从一个国家的资源禀赋角度解释的，有从国家的政治制度进行分析的，还有从地理因素或国民的资本积累角度解释的。从现代的意义上看，这些说法都有一定的道理，这些因素都会影响一国的经济增长，但这些说法并没有准确地解释经济持续增长的根本原因。历史经验表明，一个国家经济增长的主要来源在于技术的进步，即以技术创新为核心，以创新扩散、技术扩散、技术转移、技术升级为过程的技术进步。

（一）索洛模型中的技术

在新古典经济学的研究中，索洛在 1956 年构造的经济增长模型中证明，只有储蓄而没有技术进步的经济不可能实现持久的增长，这种情况下的经济增长（率）存在上限，在某个较高的水平上，经济增长将出现停滞的局面，因此实现经济持续增长的唯一途径就是技术创新与升级。这一理论提出后，他又在统计分析基础上证明了美国经济增长有大约 80%源于技术创新，仅 20%左右来源于资本积累。在他看来，技术创新是美国经济长期增长的根本动力，正是由于技术创新带来的技术进步，美国才能以 2%的农业人口养活国内 98%的消费者。

（二）技术在经济长波周期中的作用

1. 技术进步是经济长波周期的主要动因

经济长波通常是指经济发展过程中存在的持续时间为 50 年左右的周期波动。最早系统、明确地提出长波理论的是俄国经济学家康德拉季耶夫（Nikolai D. Kondratieff）。他在 1925 年的《经济生活中的长期波动》一文中运用英国、法国、美国和德国等主要资本主义国家的价格、利率、进口额、出口额、煤炭和生铁产量等时间序列统计资料对经济发展的长波进行了实证研究。通过研究康德拉季耶夫认为在资本主义经济发展过程中存在着长度为48年到60年、平均为50年的长期波动。此后，许多经济学家对长波产生的动因进行了定性分析，得出了不同的结论，其中影响最大、居于主流地位的是以熊彼特（Joseph A. Schumpeter）、门斯（G. Mensch）和范·杜因（J. J. van Duijn）等为代表的技术创新长波论。

熊彼特在《经济发展理论——对于利润、资本、信贷、利息和经济周期的考察》一书中提出了技术创新长波论。他认为，资本主义社会中那些具有魄力、眼光、进取、敢于冒险和创造精神（即企业家精神）的企业家是技术创新活动的主体。企业家的创新活动在时间上不是均匀分布的，而是“蜂聚”在某些时间里。企业家的创新活动会带来盈利机会和超额利润，从而引起大批企业仿效和跟进，出现“创新浪潮”，成为促进经济繁荣的驱动力，使经济处于周期的上升阶段。随着时间的推移，创新活动会被社会消化，变成普通和一般的东西，不再有利可图，此时经济会出现收缩和不景气，从而进入周期的下降阶段。经济不景气持续一段时间后，那些有远见的、为追求超额利润而力图保持技术领先的企业家们会转向关注那些可能取得技术突破的新技术、新产品和新领域，新的创新活动会再次出现……，如此周而复始，经济的周期波动也由此产生。

美籍德国经济学家门斯在其代表作《技术的僵局》一书中继承和发展了熊彼特的技术创新长波论，认为技术创新是经济增长和长期波动的主要动因，并且利用美国1900—1979年耐用生产设备方面的固定投资的时间序列总量数据证实了技术创新长波论。之后，荷兰经济学家范·杜因在熊彼特技术创新长波论的基础上，批判吸收了门斯长波理论的合理成分，提出了创新生命周期理论，并以此为基础构建了自己的长波理论。范·杜因认为，任何一项基本创新活动都要经历引进、增长、成熟和下降四个阶段，这四个阶段构成基本技术创新的生命周期。范·杜因进一步将经济长波的四个阶段和基本技术创新生命周期的四个阶段联系起来，认为经济长波的繁荣、衰退、萧条和复苏分别对应于创新生命周期中的增长、成熟、下降和引进阶段。在创新生命周期的带动下，经济出现了长周期波动。

2. 技术进步引致经济长波的实证检验

通过前述对长波理论的综述可以看出，大多数经济学家都承认技术创新是引致长波运动的主要动因。为了更准确地证明技术进步对经济波动的影响，经济学家们纷纷对这一结论进行了验证。这里给出一种简单的相关关系分析法，这种方法的基本做法就是利用英国和美国的数据资料来验证技术创新导致经济出现长周期波动的结论，应用英国和美国的专利数量近似代表其技术创新，来考察技术创新的变动与经济长波之间的相关性，具体数值如图2-1所示。

图2-1中的两条曲线分别代表英国GDP的九年移动平均增长率（GDP）和英国专利数量的九年移动平均增长率（PATENT）；而图2-2中的两条曲线则分别代表美国GDP的九年移动平均增长率（GDP）和美国专利数量的九年移动平均增长率

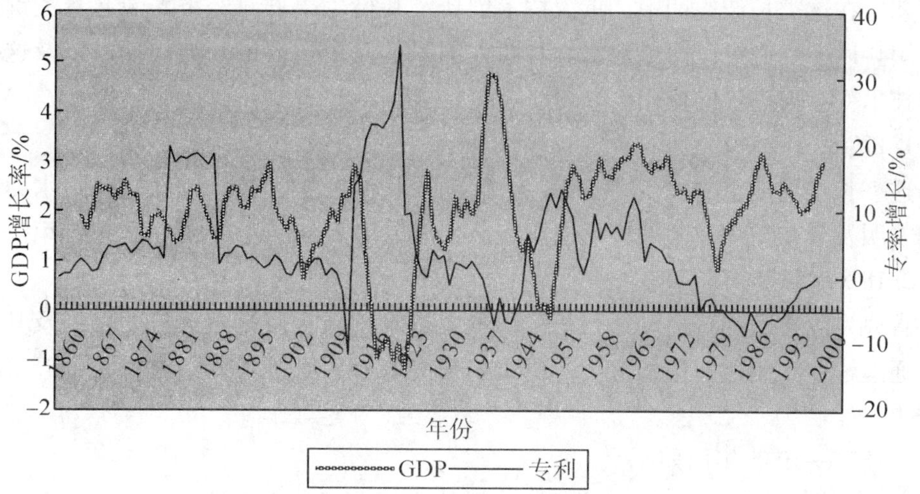

图 2-1　英国专利和 GDP 增长率的变化

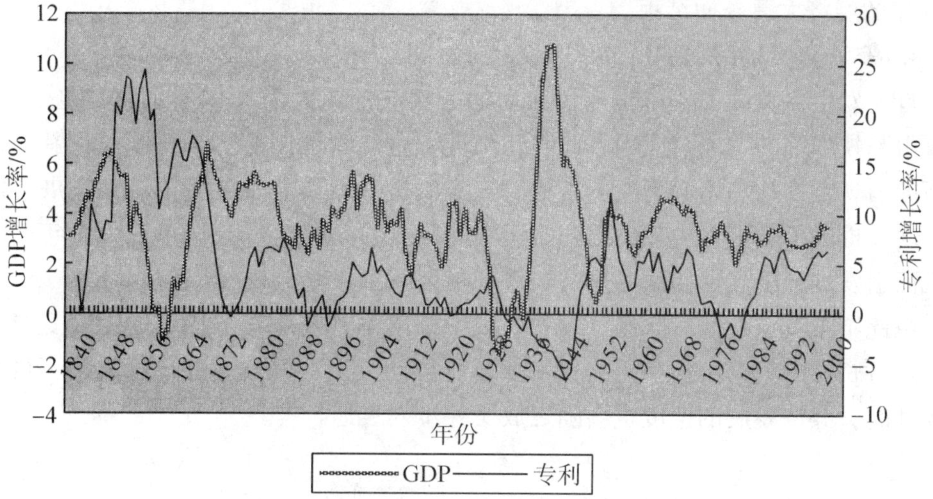

图 2-2　美国专利和 GDP 增长率的变化

（PATENT）。从这两个图中曲线之间的关系来看，专利数量的变化与经济的长期波动呈反相关：每当经济长波处于谷底时，会出现专利数量的大幅增长，即会出现大批技术创新浪潮，将经济长波在下一个时期推向高涨；而随着该技术创新浪潮的潜力发挥殆尽，经济长波又会在下一个时期进入下降阶段，此时又会出现专利数量的大幅增长和技术创新浪潮。因此，从图上来看，专利数量变动的高点正好对应着经济长波的谷底；而专利数量变动的低点则正好对应着经济长波的波峰，这在很大程度上反映了技术创新对经济长波变动的推动作用。

（三）西方经济史上长波周期中技术的影响

根据康德拉季耶夫的研究，西方发达国家的经济增长通常呈现出 50~60 年的长波周期，在这类长波周期中，重大技术创新及其衍生集群对经济繁荣起着关键的推动作用。以下我们可以简单地看一看西方国家的几个重要的长波周期，以及这些周期中技术变革与进步的作用。

1. 1770—1825 年周期

这一长波周期首先发生在英格兰，启动该长波的重大技术创新主要是水力发电机的发明及其在纺织业中的广泛应用，该长波以 1925 年英国的经济危机结束。

2. 1826—1875 年周期

首先发生在欧洲。启动这一长波的重大技术创新主要是蒸汽机的发明及其在水陆交通运输业和制造业中的应用，由于 1873—1875 年发生在英、法、德的经济危机而结束。

3. 1876—1935 年周期

首先发生在美国和德国，其后扩展到其他西方国家。启动这一长波的重大技术创新主要是内燃机、电气化等，此间还发生了“泰勒制”的管理创新，由于 1929—1933 年的经济大萧条而结束。

4. 1935—1982 年周期

首先发生在美国等发达国家，启动这一长波的重大技术创新主要是电子技术、飞机引擎技术等的发展与应用，此间还出现了企业管理上的“福特制”创新。这些创新的出现，推动和诱发了电子工业、汽车制造业、石化工业等的快速发展，同时也带动和推动了航空运输、高速公路运输等行业的发展。由于 1979—1982 年的石油危机而引发的经济衰退导致了这一长波的结束。

由此不难看出，每一次经济发展长波中都离不开技术进步史上的重大变革的身影，经济长波的繁荣由这些重大技术变革所推动，当这些技术变革的成果不再具有创新性时，经济发展的速度也会随之放缓并步入衰退。

三、技术进步对经济增长的作用机制

虽然不同的人对技术进步促进经济增长的作用机制还有争论，但一般来讲，技术进步促进经济增长的方式主要有以下几种方式：

第一，技术进步提高了生产要素的质量，改进了生产过程中各要素间的组合方式，提高了要素使用效率；

第二，随着技术的发展，改变了企业的最优经济规模以及生产要素使用过程中的经济与非经济区域，促进了产品平均成本的降低，提高了经济效益；

第三，由于技术水平的不断发展，人类更有能力对自然资源进行综合利用和合理配置，提了资源的利用效率；

第四，技术进步促进产业结构不断优化，技术变革首先带来技术体系自身结构的优化，这种优化带动了产业结构的优化，进而带来了经济增长。

以下我们可以简单考察一下技术进步推动产业升级、从而推动经济发展的过程：

技术进步促进了产业结构的不断调整，促进了新生产力替代旧生产方式的过程，改变社会资源的配置方式，提高了资源的使用效率。仅仅从世界经济近50年的发展来看，从上个世纪50年代起，世界经济的产业结构几乎每十年进行一次大的调整：在50~60年代，各国重点发展的还是原材料工业和深加工工业，而到7 0年代，随着技术进步带来的微电子技术的成熟，使世界经济中的主导产业升级为微电子产业；而由于同样的原因，80年代的主导产业升级为以计算机为主体的信息产业；90年代信息技术、生物技术等高新技术产业得到全面发展，使世界产业结构迈向了一个更高的层次。更进一步考察，技术进步对产业结构的促进作用主要体现在以下几个方面：

（1）技术进步创造新的产业。这主要通过科技产业化，特别是高新技术产业化来实现。技术进步所形成的新材料或新的生产方式往往可以为消费者提供新的产品或消费方式，为消费者提供更高的附加价值，其产业化的结果便是新的产业的形成。

（2）高新技术渗入传统产业，改变传统产业的内部结构。如：机电一体化技术、信息技术、激光技术等渗入机械工业，促使机械工业内部结构通过产业衍生、延伸，替代而发生变化。

（3）科技进步改变投资结构，进而改变产业结构。研究开发活动是高投入高效益活动，科技含量高的产业最具盈利性和发展前途。在利益导向机制的作用下，引起投资结构的改变；投资结构的变化又进一步引起产业结构的变化。目前，美国有80%的资金投入竞争力强的高新技术产业，15%的资金投入一般产业。

第二节　经济增长中技术贡献的测度

在证实了技术进步对经济增长的推动作用之后，人们将目光集中到如何测试技术进步对经济增长的贡献上来，即是说将一个定性的问题转化为一个定量的问题，通过对经济增长中各种要素作用的分离计算，明确界定技术进步在经济增长中起了多大的作用。因此，经济学家们设计了大量的计量模型，从不同的角度对技术在经济增长的贡献进行了测度，这些模型都是以经济增长理论为基础的。

一、经济增长理论简述

关于经济增长的理论同样可以追溯到英国古典政治经济学的创立者亚当·斯密，他在《国富论》一书中指出，分工引起的劳动生产率的提高和生产性劳动在全部劳动中所占比例的提高，是决定国民财富增长的主要因素。这其中，生产劳动的数量依存于资本的数量。在亚当·斯密之后，大卫·李嘉图在1817年出版的《政治经济学反赋税原理》一书中，也强调了技术的作用，他认为如果没有技术的进步，谷物价格的高涨就会引起货币工资的持续上涨，最终导致资本积累的停止，而在这种情况下，整个社会就只能实现简单的再生产了。

对经济增长进行系统研究起始于上个世纪三十年代以后。1939 年哈罗德发表了《论动态理论》一文，对不完全竞争理论、国际贸易和经济周期理论做出了令人信服的论述，他所建立的经济增长模型说明了在什么条件下能获得持续稳步的经济增长。1946 年，美国经济学家多马发表了《资本扩大、经济增长率和就业》一文，提出了一套与哈罗德相同的经济增长理论，从而构建了“哈罗德—多马”增长模型，这一模型中人口、资本、技术条件等因素被看成是变动的量，从各个时期来分析这些变量对于经济增长的作用，分析每个时期经济稳定增长的条件。此后，美国经济学家索格采用产出增长型技术进步模型，即希克斯中性技术进步模型，揭示了技术进步作为一种过程在经济增长中所起的巨大作用，强化了技术在经济增长理论模型中的地位。使整个经济学在关于驱动经济增长的因素方面形成了比较一致的观点，即一个相当长的时期里，一国的经济增长主要取决于下列三个要素：一是随着时间的推移而发生的生产性资源的积累；二是在一国的技术知识既定的情况下，现有资源存量的使用效率；三是直接的技术进步。

20 世纪 80 年代后，罗默、卢卡斯等人明确提出了内生增长理论，其核心思想是认为经济能够不依赖外力推动实现持续增长，内生的技术进步是保证经济持续增长的决定因素。上个世纪 90 年代初，内生增长理论进一步指出，经济的长期增长率是由内生因素解释的，也就是说，在劳动投入过程中包含着因正规教育、培训、在职学习等等而形成的人力资本，在物质资本积累过程中包含着因研究与开发、发明、创新等活动而形成的技术进步，从而把技术进步等要素内生化，得到因技术进步的存在要素收益会递增而长期增长率是正的结论。

从上面的介绍中我们可以看出，技术进步在经济增长中起决定性作用的观点得到了普遍的认可。然而，虽然经济学家们用富有逻辑的推理方式解释了这一观点，但还需要对技术进步在经济中的贡献率进行准确测度，才能使这一观点更具有现实意义。

二、技术贡献率测度的生产函数方法

在测度技术贡献率的生产函数方法中，假设投入与产出之间存在着一种依存关系，投入一定数量的要素，就会有一定数量的产出相对应。这种关系可以用生产函数（production function）形式表示出来，其基本形式为：

$Y = f\ (L、K、N、E\cdots)$

其中 Y 代表产出，L、K、N、E 分别代表劳动、资本、土地、企业家才能等生产性要素。在具体估算时，由于土地可以被视为固定值，企业家才能难以估算，因此，生产函数又可以写为：

$$Y = f(L、K、A)$$

式中 A 为综合变量。这一函数表明，在一定技术水平时，生产 Y 的产量，需要一定数量的劳动与资本的组合。同样，生产函数也表明，在劳动与资本的数量与组合为已知时，也就可以推算出最大的产量。

1. 柯布——道格拉斯生产函数

这一函数形式是由美国经济学家道格拉斯（Douglas）与数学家柯布（Cobb）合作，于 1928 年提出来的，他们在研究美国制造业 1899—1922 年的历史资料后指出，生产函数的形式可以规定为：

$$Y = a\,L^{\alpha}K^{\beta} \tag{2-1}$$

式中 Y 是产出，L 和 K 分别表示劳动和资本投入量，a 表示技术进步率，α 表示劳动对产出的贡献或叫劳动的产出弹性，β 表示资本对产出的贡献，或叫资本的产出弹性。其中，$\alpha+\beta<1$ 为规模收益递减，$\alpha+\beta=1$ 为规模收益不变，$\alpha+\beta>1$ 为规模收益递增。在确定了生产函数的形式后，只要设法求出弹性 α 和 β，就可以求出技术进步率 a。

虽然柯布——道格拉斯生产函数方法形式上简单明了，但其有效性受到了较严格的限制，它要求有较苛刻的前提，包括：①市场是完全竞争的，资本和劳动都以其边际成本作为报酬；②资本和劳动两种生产要素可以无条件地相互替代；③技术进步是中性的，这意味着当生产过程中的资本劳动比不变时，生产函数在技术进步之前和之后的边际产品之比也保持不变。

2. 索洛的余值法

索洛余值法又称全要素生产率法（Total Factors Productivity，TFP），这一方法由美国著名经济学家索洛于 20 世纪 50 年代中期提出，其主要思想是将技术进步纳入到生产函数中，通过计算将资本和劳动对经济增长的贡献剥离，然后将剩余的部分归结为广义的技术进步的贡献。

索洛余值法采用科布—道格拉斯生产函数形式，其基本假设有：

假定一：仅有资本和劳动两个生产要素，这两个生产要素是能够互相替代的，并且能够以可变的比例相配合。

假定二：经济发展处于完全竞争的条件下，生产要素和劳动都以其边际产品作为报酬。

假定三：在任何时候，资本和劳动都可以得到充分利用。

假定四：技术进步是中性的，即当资本与劳动力之比 K/L 不变时，技术进步在前后生产函数中的边际产品之比也保持不变。

假定五：生产函数满足 Inada 条件：

$$\lim_{K\to\infty}F_K(K,\ L)=0,\ \lim_{L\to\infty}F_L(K,\ L)=0$$

$$\lim_{K\to 0}F_K(K, L)=\infty, \lim_{L\to\infty}F_L(K, L)=\infty$$

即当资本存量足够大或投入的劳动力数量足够大时，其边际生产率是充分小的；反之，当资本存量和劳动力数量足够小时，其边际生产率则充分大。

具体而言，索洛余值法的推导过程如下：

首先，假定存在着如下形式的生产函数：

$$Y=A_t f(L, K) \tag{2-2}$$

式中，Y 为总产出，L 为劳动的投入量，K 为资本的投入量，A_t 代表一段时间内技术变化的累积效应，也即 t 时期的技术水平。

其次，对上式求微分，变换后可得

$$\frac{1}{Y}\frac{dY}{dt}=\frac{1}{A}\frac{dA}{dt}+\alpha\frac{1}{K}\frac{dK}{dt}+\beta\frac{1}{L}\frac{dL}{dt} \tag{2-3}$$

式中，α 和 β 分别是劳动和资本的产出弹性，$\alpha=\frac{\partial Y}{\partial K}\frac{K}{Y}$，$\beta=\frac{\partial Y}{\partial L}\frac{L}{Y}$。公式（2-3）常被称作增长速度方程。将此公式进一步变换后可以得

$$\frac{\Delta A}{A}=\frac{\Delta Y}{Y}-\alpha\frac{\Delta K}{K}-\beta\frac{\Delta L}{L} \tag{2-4}$$

这充分表明技术进步对经济增长的贡献可以通过计算劳动贡献率和资本贡献率的余值获得。

索洛根据这一方法对美国 1909—1949 年的数据进行了计算，最后得出在美国经济中，$\alpha=1/3$，$\beta=2/3$。由于美国在这一段时间内的产出增长了 216%，劳动投入量增加了 54%，资本投入量增加了 102%，将这些数据代入公式（2-4）就可以得到

$$\frac{\Delta A}{A}=216\%-1/3\times102\%-2/3\times54\%=146\%$$

即在此期间技术进步速度为 146%。进一步可以计算出技术进步对产出的贡献率为

$$E_A=(146\%/216\%)\times100\%=68\%$$

三、技术贡献测度的指标体系方法

指数体系在经济分析中具有重要意义，具体表现在两个方面：其一可以用来研究复杂社会经济现象的变动及其受各个构成因素变动的影响程度和所带来的实际经济效果；其二可以通过已知的两个指数值，推测另一个未知的指数值。测度经济增长中进步贡献率的指标体系法是通过一系列相互联系的经济指标来衡量技术进步经济效益大小，反映技术进步状态及其发展变化趋势的方法。在应用过程中，根据选择数据的范围和指标所涵盖的层次的不同，可以将指标体系分为微观指标体系和宏观指标体系。

（一）微观指标体系

与微观经济相对应，反映企业行为的主要经济指标构成了微观经济指标体系，比如销售收入、成本、税金等微观经济指标。从企业采集到的各项数据指标的组合形成了微观经济指标体系。这些指标既包括反映企业综合情况的数据，也包括反映企业生产产品或经营项目的产品、项目的数据。衡量技术贡献的微观指标包括两类：

（1）技术水平评价指标。即从企业技术水平的影响因素角度反映企业的技术进步状况的指标，通常包括劳动的机械化或自动化水平、设备先进水平、生产工艺的先进水平、劳动者素质水平及企业管理水平等。

（2）经济效益评价指标。通常包括利用新技术带来的利润增加额、生产过程中利用新技术带来的成本降低数值、使用新技术带来的综合经济效益、生产活动对新技术的依存度等。

（二）宏观指标体系

宏观指标体系中包含的度量指标通常是采用经济中反映整体经济绩效的数据来评价技术进步在总体上对一个经济体的增长的贡献水平。主要包括以下几种：

（1）年技术进步速度，其基本的表达式为：

$$a = y - \alpha k - \beta l \tag{2-5}$$

其中 a 表示年技术进步速度，y 表示产出的增长率，α 为资本的产出弹性，β 为劳动的产出弹性，k 和 l 分别表示资本和劳动投入的增长率。

2. 技术进步对净产值增长率的贡献。这是一种简单的指标方式，前提是已知经济中的技术进步速度和经济增长率，然后求出二者的比值即可。其基本的表达式为 $E_A = a/y$。其中 E_A 表示技术进步对净产值的贡献率。

3. 技术进步对投资效果的贡献。其基本计算公式为

$$E_1 = a/Si \tag{2-6}$$

其中 E_1 表示技术进步对国民经济投资效果的贡献，a 表示年技术进步速度，S 表示经济投资效果系数，i 为投资率，即年度固定资产投资与当年部产出的比值。

4. 技术水平指数。这一指数反映了计算期技术水平与基期技术水平间的变化情况，其基本表达式为

$$A_t = \frac{1}{n}\sum_{i=1}^{n}\frac{Y}{D_i X_i} \tag{2-7}$$

其中 Y 为产出水平，X_i 为第 i 种投入要素的数量，D_i 为第 i 种要素单位投入的标准效率，n 表示要素的各类数。

除了以上介绍的几种宏观指标外，有时也可以用生产性资产的节约额、能源消耗水平等指标来度量技术进步对经济增长的贡献。

四、因素分离模型与方法

从事经济增长因素分析的经济学家，把经济增长因素分为生产要素投入量和生

产要素生产率两类，从而形成了度量技术进步贡献率的因素分离方法与模型。其中，最具有代表性的有肯德里克分析方法和丹尼森的因素分析法。

（一）肯德里克对经济增长因素的分析

西方经济学家重视技术进步和由此产生的生产率的提高对经济增长的重要作用。50年代以来，肯德里克（J. W. Kendrick）等人根据一定时期的实际统计资料具体来估算技术进步对产量增长的贡献。他们在计算时，首先估算出这一时期内的劳动力投入量的增加和资本投入量的增加各自对这一时期的产量增长所做出的贡献，然后把这种贡献从该时期内实际增加量中减去，剩下来的数值就是技术进步对产量的增长所做出的贡献。

肯德里克从美国国民收入统计资料进行整理分析入手来确定经济增长中来自于生产率的提高和来源于投入量的增加占多大比重，以考察生产率的提高（即技术进步）对经济增长所做的贡献。分析时，肯德里克用的是全部要素生产率这一概念，即产量和全部要素投入量之比，全部要素投入量包括劳动力、资本、土地三大类。

肯德里克也分析了影响生产率提高的因素，主要有：无形投资（对研究、发展、教育、训练的投资）的增加，资源配置的合理化及其适应经济变化的速度，技术革新的扩散程度，生产规模的变动，人力资源与自然资源固有的质量等。但是，肯德里克并没有分析这些因素各对生产率提高的程度，所以没有给出定量化计算的具体方法。

（二）丹尼森对经济增长因素的分析

20世纪60年代初，丹尼森（E. F. Denison）在库兹涅茨的国民收入核算和分析的基础上，明确地提出了经济增长的因素分析方法。概括而言，丹尼森（E. F. Denison）认为经济增长的因素主要有五个方面，其中属于生产要素投入量方面的有：劳动力在数量上的增加和质量上的提高；资本（包括土地）在数量上的增加；资源配置的改善；规模的节约；知识进展和它在生产上的应用。对这些经济增长因素的具体分析思路为：

1. 劳动力在数量上的增加和质量上的提高

丹尼森把劳动质量的变化分为三个方面：一是由于正常劳动时间的缩短而引起的劳动力质量的变化。根据生产率计算的结果，1929年之后，美国缩短工作日比起不缩短工作日，必然遭受减产的损失，而且这种损失会逐步加大。这就是由于正常劳动时间的缩短而引起劳动力质量的变化。

二是由于正常教育年限的增加而引起的平均的劳动力质量的变化。丹尼森认为劳动者的教育水平的提高，不但促进经济增长，而且有可能通过教育途径来改变未来的投资增长。他认为，教育年限的提高增加了个人对生产的贡献能力，并且提高了个人收入。因此，教育水平的提高对于经济增长会起重要推动作用。

三是因年龄与性别构成的变化而引起的平均劳动力质量的变化。丹尼森认为劳动力的年龄、性别构成也影响劳动力本质的平均质量水平。

2. 资本（包括土地）在数量上的增加

丹尼森把能够再生产的资本投入量分为五类：企业建筑物和设备、非农业的住宅建筑、存货、本国居民在国外的资产、外国人在本国的资产。这五类资本的投入量等于用不变价格计算的、各自总的资本存量的价值。他认为，用不变价格计算资本存量的价值，就能把不同时期，不同成本和不同性能特征的真实资本存量，完全换算成假定在基期生产时所具有的价值。通过对美国经济增长中资本存量变化的分析，丹尼森认为资本存量的增长是经济增长因素中一个比较重要的因素。

3. 资源配置的改善

资源配置的改善的主要指两种人力资源的改善：一种是配置到农业上的过多劳动力从农业中转移出来；第二种是非农业性的独立经营和在那些本小利微的小企业中参加劳动，但不领取报酬的业主家属从该企业转移到大企业，充当工资劳动者。丹尼森认为，资源配置的改善是提高全部要素生产率的因素。

4. 规模的节约

在具体分析经济增长因素时，丹尼森提出：假定每一种要素都按一定比例增加，那么国民总产品将会增加多少？即经济中经常涉及的规模节约问题——随着生产规模的扩大，报酬是递增的？不变的？还是递减的？首先，丹尼森认为，作为整体的一个经济体系，局部规模上的不经济总会被别处发生的规模节约所抵消，在他看来，作为整体的经济体系，不存在报酬递减的问题。其次，丹尼森把亚当·斯密的劳动分工受市场范围限制的理论，用市场范围的扩大来表示规模的节约。丹尼森所谓的市场可以是世界市场、国内市场、区域性市场或地方性市场。他认为一个经济体系的增长就意味着企业提供最终产品的市场规模的扩大；市场的扩大就有机会提高行业之间、企业之间的专业化程度，扩大企业规模。因此，随着市场的扩大与生产和销售规模的增加，就有可能获得递增的报酬。

5. 知识进展和其在生产上的应用

丹尼森认为，新技术的采用对于经济增长是很重要的，但是新技术的采用只是在知识有所进展的情况下才有可能实现。

他认为，知识进展能使同样的劳动力、资本、土地投入量生产更多的产品。丹尼森的“知识进展”包括以下几层含义：

（1）知识进展的内容。丹尼森认为，知识进展包括技术知识、管理知识的进展和由于采用新的知识而产生的结构和设备的更有效的设计在内，还包括从国内、国外有组织的研究，个别研究人员和发明家在简单的观察和经验中得来的知识。

（2）知识进展与其他增长因素的区别。丹尼森认为，知识进展和其他因素不同的重要方面就是，任何一个地方的科学发现、科学理论或者有关新产品、新物质、新技术和新经验的知识会很快扩散到其他地方。因此，就增长率而言，获得的只是短暂的。

（3）知识进展在经济增长中作用的估算。知识进展虽然在经济增长中起重要作用，但是丹尼森也承认无法直接估算知识进展的贡献，只能把它作为“剩余”估算出来，即从经济增长率中减去所有其他经济增长因素的作用后，剩余的数字就是知识进展对增长率的贡献。

第三节　国家创新体系

技术进步在经济增长的作用被充分肯定后，世界各国都开始致力于寻找促进技术进步的有效手段，并从政策和资源的角度构建能够确保技术持续进步的机制，到目前为止，人们普遍认可，通过创建国家创新体系可以加快一国技术进步的速度，从而为经济的增长提供不竭动力。

一、国家创新体系思想的提出

国家创新体系的研究是技术创新研究的一个新的发展阶段，它的提出是对科学技术与经济发展关系的认识不断深化的结果。国家创新体系的理论渊源可以追溯到19世纪德国著名经济学家弗里德里·李斯特，他在1841年发表的《政治经济学的国家体系》一书中首先提出了国家体系这一概念且分析了“国家专有因素”如何影响一国的经济发展实绩，以及后进国家的技术政策选择等问题，从而为国家创新体系理论奠定了第一块理论基石。

而国家创新体系这一概念的提出则与熊彼特密切相关，他最早强调创新对经济发展的意义，从而引发了人们对创新的关注。同时，熊彼特明确地将发明与技术创新区别开来，认为发明与创新是由两种不同性质的人来完成的性质完全不同的两种事务，并据此阐明了创新在资本主义经济发展中的核心作用，从而为国家创新体系理论奠定了第二块理论基石。

到了20世纪50年代，索洛提出技术进步成为经济发展的重要因素的时候，索洛同样认为技术进步是外生的，人们深信，对基础研究的投资可自动地转化为一国的经济竞争力。但随后人们发现，开发设计、质量控制、教育、培训及来自市场的反馈等都对科学技术成果商业化有着重要的影响。技术创新作为一种以商业化为目的、与科技密切相关的活动，虽然是以企业为主体的，但它涉及的绝不仅仅只有企业，而包括科技部门、社会机构、教育机构、中介部门等都对进步的发展起着重要作用。同时，人们还发现，许多技术创新可在没有正式的研究开发的基础上产生，于是意识到创新的发生是一个体系综合作用的结果，而不简单是某一部门或企业独立完成的，由此引发了对创新体系的深入思考。国家创新体系的概念正是在这样的背景下被提出来的。

从单纯地强调技术创新到对国家创新体系的认识，反映了人们对技术进步与经济发展关系的进一步理解。国家创新体系（系统）的概念的产生与20世纪70年代以来世界上出现的几大变化相关。一是随着冷战的结束，竞争力取代军事对抗成为新一轮竞争的焦点、各国的科学技术政策从关注“压础研究”向技术创新转移，传统的研究与开发体系概念让位于创新体系的概念，政策从注重科技知识的创造转向知识的创造、扩散、转移和应用并重。即技术创新不仅是一个过程，而是一个体系。二是产业政策和创新政策成为推动一国经济发展的重要手段，这一思想在日本获得了巨大的成功，它通过产业政策、政府干预使本国的经济发展出现飞跃，这强化了国家在推动技术进步和经济发展中的重要作用，为国家创新体系概念的提出奠定了又一个坚实的基础。

事实上，国家创新体系的提出者弗里曼正是在研究日本的经济发展规律时提出这一概念的。他在1987年研究日本经济时发现，日本在技术落后的情况下，以技术创新为主导，辅之以组织创新和制度创新，只用短短几十年的时间，便使国家的经济出现了强劲的发展势头，成为工业化大国。这说明国家在推动有目的技术创新中能起到十分重要的作用。

二、国家创新体系的含义及内容

（一）国家创新体系的含义

不同的学者常采用不同的国家创新体系定义。一派以丹麦阿尔伯格大学伦德沃尔教授及其同事为代表，伦德佛尔认为，根本的经济学问题是生产厂商与用户的互相作用，因此他把“创新看作是用户和制造商的互动过程”，国家创新体系的侧重点是生产企业和用户、企业和供应商的互相作用。另一派以费里曼和美国的纳尔逊为代表，他们认为国家创新体系是一种制度，因此，制度的设定和功能是决定创新体系效率的关键。

经合组织（OECD）也对国家创新体系给出了原则性的定义，这一组织在其1997年的《国家创新体系》报告指出：“创新是不同主体和机构间复杂的互相作用的结果。技术变革并不以一个完美的线性方式出现，而是这一系统内各要素之间的反馈、互相作用的结果。这一系统的核心是企业，也是企业组织生产和创新、获取外部知识的方式。这种外部知识的主要来源是企业、公共或私有研究部门，大学和中介部门。”因此，企业、科研机构和高校、中介机构是这一创新体系中的主要部门。

综合各种学派的观点我们可以看出，国家创新体系是指由科研机构、大学、企业及政府等组成的网络，它能够更加有效地提升创新能力和创新效率，使得科学技术与社会经济融为一体，协调发展。国家创新体系的概念的核心内涵是实现国家对提高全社会技术创新能力和效率的有效调控和推动、扶持与激励，以取得竞争优势。在知识经济时代，知识基础成为企业、区域乃至国家提高核心竞争力的重要平台，因此国家创新体系既包括提高技术创新能力与效率，也包括提升全社会的知识基础等重要内涵。

（二）国家创新体系的主要内容

从对国家创新体系的定义中可以看出，国家创新体系的构筑应当遵守以下原则：

（1）创新是具有经济和社会目标导向的行为，创新的实质是发展经济。国家创新体系必须的目的是促进经济整体质量的提高和经济结构的优化，提高国家经济实力和竞争力；

（2）国家创新体系的建设应当从体制上、机制上解决好技术进步与经济发展相结合的问题，创新的关键是提高科技促进经济社会发展的能力和实力；

（3）国家创新体系下的技术进步不仅表现为知识和技术的转移，而且应当表现在创新系统多元化及其要素的有效使用与协同，构成知识与技术的创造、获取、转移和应用的网络。

具体来看，为了集中国家资源，为技术进步营造一个良好的环境，国家创新系统应当包括教育、金融和财政、研究与发展、政府调节等多个子系统，这些子系统构成了国家创新体系的主要内容。

1. 教育子系统

教育（包括培训）的目的是为了提高和普及人们的知识水平，而知识是技术创新的前提，因此，教育是国家创新体系中最重要的子系统之一。在教育系统中，教育投入与适应创新为主导模式的高等教育结构又起着重要的作用。一个国家各类科技人员的合理比例应取决于发展科学技术和国民经济的需要以及科学技术和经济发展水平所提供的可能性，而教育系统的构建正是对这种需求的一种响应。

2. 财政与金融子系统

这一系统的最主要的功能是向国家创新体系注入必要资金资源。资金是企业技术创新的最重要的资源，尤其是对发展中国家而言，这个问题更为突出。在实践过程中，为了确保这一系统的有效性，各国都为创新活动建立不同的融资手段，各国政府都有各种研究与发展的税收优惠及各种风险投资银行以支持技术的发展。

3. 研究与发展子系统

包括公共的私人的研究机构，其中公共的研究机构重点在于基础研究和关键性技术研究。没有促进一系列科学和技术可能性的基础研究，就不可能有长期的重大技术创新。大多数基础研究是没有直接经济效益的，私人机构一般不会进行这样的研究，但它们却是大多数创新得以产生的基础，这就需要超越企业局部利益的公共研究机构承担起组织、资助基础研究的责任。

4. 政府调节子系统

技术创新是在一定的制度、组织和文化环境下进行的活动，在激励创新方面这些环境因素虽然具有一定的自我组织、自我加强的作用，但也存在着较明显的缺陷，因而很难使技术的发展和创新活动处于社会需求的最优水平。这主要表现在市场常常以高收益去引诱人们冒创新风险，而这种做法并不能从根本上解决基础研究与创新的风险和动力问题。正是基于市场在激励创新上的有限性，政府需要积极参与到国有创新体系的构建过程中来，通过产业发展战略与政策引导，以及政府各部门在工作职能上的协调一致和集成，在协调各种创新活动中发挥积极作用。

在国家创新体系中，只有当这些组成部分有效地发挥各自的功能，并能够协调发展，才能促进技术创新与进步。尤其是随着知识经济时代的到来，国家创新体系在推动知识的生产、传播、转移和应用的过程中的主导作用越来越显著，对推动技术创新与进步的影响也越来越大。因此，国家创新体系的构建被视为推动一国技术进步、促进经济持续发展的重要手段。

三、国家创新体系的现实意义

国家创新体系应当成为现代技术发展的内在结构及其运行机制，在推进现代技术革命和产业升级中起到决定性作用，其对技术进步和经济发展的意义表现为：

1. 国家创新体系有助于解决市场失灵问题

对于企业创新活动中的市场失灵问题，传统的药方是加强政府的直接干预，如建立知识领域与经济活动之间的中介机构、加大对基础研究的政府投入、扩大技术贸易、开辟高新技术园区等。这些方法虽然都有一定的成效，但也存在着各自的局限性。例如，加大公益性知识研究力度当然可以缓解市场机制对非营利性知识的直接或间接的抑制作用，但也往往导致公益性知识研究日益脱离经济社会发展的供求环境，这既不利于公益性知识研究促进经济社会的发展，也不利于经济社会推动公益性知识研究的进步。而建立国家创新体系既强调创新活动的技术推动，又强调创新活动的需求拉动，能够比较科学地解决技术的公有物品性质和私人特性之间的内在矛盾，既可以充分发挥市场机制的驱动作用，又可以有效防治市场失灵的负面效应。

2. 解决政府失灵问题

从促进技术进步的角度看，所谓政府失灵有两个方面的含义：一是政府的作用有其特定的内涵，政府不能代替市场机制去配置社会资源，也不能代替大学和研究机构从事基础研究；其二，政府失灵是指政府的创新政策有可能导致经济动机的扭曲。国家创新体系是一个综合性的社会建制，企业及其创新能力则是核心环节。这一体系通过强调企业在技术创新中的主体地位来克服政府过度干预或错误干预造成对创新活动的扭曲。国家创新体系不仅不排斥政府的作用，而且还为政府干预创新活动提供了行为准则和分析框架，即政府干预创新活动不能超越或破坏国家创新体系的整体功能。所以说，国家创新体系的建立既可以保证政府在科技领域与经济活动之间的应有作用，又可以克服政府失灵问题。

3. 解决系统失灵问题

所谓系统失灵是指在国家创新体系中各个行为主体之间相互作用的缺乏，包括公共研究部门的基础研究与产业部门的应用研究之间的失衡；技术转移机制不科学和信息的不对称；科研机构技术供给与企业的技术吸收能力不均衡等，这些系统失灵都会导致一个国家的技术创新活动贫乏。国家创新体系本身就是一个强调系统化的社会工程，具有政策兼容性，它既强调市场机制，但也肯定政府作用；它认为企业是创新的主体，但也极其重视大学和研究机构的重要作用。因此构建国家创新体系是整治系统失灵问题的最佳方案之一。

总之，国家创新体系的作用体现在对其组成主体的政府、企业、科研机构和大学的组织与协调，使它们相互作用，发挥各自的优势，其本质是在创新主体间形成协调机制，在技术创新与进步中产生协同，为经济增长提供动力。

本章小结

技术进步（Technology Progress）是一个经济学术语，指在经济活动过程中技术系统为实现既定的目标而进行的技术变革的动态过程，技术进步通常可以从生产函数的角度进行考察，技术进步表现为生产函数向更高生产率的方向变动。

历史经验表明，一个国家经济增长的主要来源在于技术的进步，即以技术创新为核心，以创新扩散、技术扩散、技术转移、技术升级为过程的技术进步。为此，经济学家们设计了大量的计量模型，从不同的角度对技术在经济增长的贡献进行了测度，而这些模型都是以经济增长理论为基础的。

技术进步在经济增长的作用被充分肯定后，世界各国都开始致力于寻找促进技术进步的有效手段，并从政策和资源的角度构建能够确保技术持续进步的机制。国家创新体系被认为是能实现这一目标的有效方式，因此许多国家都在构建适合本国技术进步与经济发展的国家创新体系。

思考与练习

1. 什么是技术进步，它与技术创新有什么区别和联系？

2. 促进经济增长的因素有哪些，为什么说技术进步是经济增长的根本源泉？

3. 你在生活中观察到技术进步促进产业升级的例子吗，请具体描述一下这样的例子。

4. 根据本章的介绍，生产函数方法是根据什么思路推导出技术进步在经济增长中的贡献率的，想一想我们应该如何使用统计数据来验证这种方法。

5. 什么是国家创新体系，它与技术进步和经济增长有什么关系。

6. 根据本章对国家创新体系的介绍，你认为大学在这一体系中发挥什么功能。

第三章　技术创新

内容提要

随着科学技术的发展，技术变革对人类社会和经济发展产生了巨大的影响，而技术创新作为企业生存的条件、发展的基础和提高竞争力的源泉和手段，成为经济增长的根本动力。本章将简要地介绍技术创新的基本理论和管理方法，包括三节内容，第一节回顾技术创新理论的形成与发展，第二节介绍企业技术创新战略的内容与形式，第三节介绍技术创新过程的管理。

第一节　技术创新理论的形成与发展

一、技术变革与技术创新

人类在创新中进步，社会在创新中发展，企业在创新中生存。创新是企业的生命，是企业持续发展的不竭动力，更是企业在市场经济竞争中的立足之本。没有创新，企业就是强弩之末，无源之水，无本之木。

人类运用科学技术改造世界的过程，就是技术进步和技术变革的过程。技术变革大体上要经过发明、创新、扩散三个阶段，其中发明是基础研究和应用研究的结果，创新是试验发展的结果，扩散则带动整个社会技术水平的提高。随着科学技术的发展，技术变革对人类社会和经济发展产生了巨大的影响，而技术创新作为企业生存的条件、发展的基础和提高竞争力的源泉和手段，成为经济增长的根本动力。

（一）技术变革

新技术代替旧技术，新产品代替老产品，新工艺代替过时工艺，这是不以人们意志为转移的客观规律。无论是何种类型的工业企业，都必须通过对技术生命周期的正确分析，合理选择技术变革项目，有效地发挥资源利用率，才能取得理想的经济效益。据报道，许多公司常常因为对技术变革缺乏预见而遭受巨大损失。如晶体管在美国兴起并在电子行业中占据优势后，使很多生产电子管的技术力量很强且资金雄厚的公司遭受失败和破产。因此在技术变革上人们不应处于一种消极被动状态，相反，需要积极地发挥人们的主观能动性，很好地利用与发挥技术变革的积极方面，使之成为不断发展生产和提高经济效益的有力手段。在技术变革的过程中，发明是指有史以来第一次提出技术的新概念、新思想、新原理，是人类认识世界的过程。而“技术创新”则是继发明之后的一个改造世界的实用阶段，是科学技术转化为直接生产力的阶段。发明、专利与技术创新的关系如图 3-1 所示。

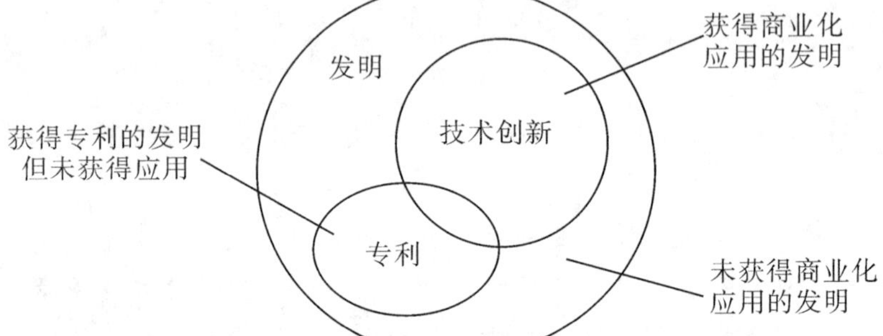

图 3-1　发明、专利与技术创新的关系

（二）技术创新的概念

从论证技术变革对经济非均衡增长以及社会发展非稳定性的影响出发，美籍奥地利经济学家约瑟夫·阿罗斯·熊彼特（Sohumpeter）于 1912 年在其著作《经济发展理论》中首先提出了技术创新理论。他将“创新”定义为建立一种新的生产函数，即将生产要素和生产条件进行重新组合并引入生产体系。他认为技术创新包括五种情况：①引进新产品，即产品创新；②引进新的生产方法，即工艺创新；③开辟新市场，即市场营销创新；④调控原材料的新供应来源，即利用和开发新的资源；⑤实现企业的新组织，即组织体制和管理的创新。熊彼特指出，创新首先且主要是经济上的概念，创新不同于发明，只有用于经济之中，并带来利润的发明，才算是创新。

熊彼特的继承者们，从纳尔逊—温特的进化学派，到英国苏赛克斯大学的 SPUR 群体，都继承了创新研究的这一经济学传统。他们研究技术创新是为了研究经济成长，是为了帮助企业和政府发展经济。技术创新属于经济学范畴，其基本含义是指与新技术（新产品、新工艺）的研究开发、生产、市场营销等有关的技术经济活动。

技术创新的定义有许多种，不同的学者根据研究工作的需要对技术创新进行了不同的定义。如国外学者曼斯菲尔德、森谷正规、弗里曼、德鲁克；国内学者许庆端、傅家骥等人都对技术创新的理论进行了深入研究。较典型的观点认为，技术创新是指与新产品的制造、新工艺过程或设备的首次商业化应用有关的技术、设计、制造及商业的活动，它包括产品创新、过程创新和扩散。

综合上述技术创新的含义，可把技术创新定义为在经济活动中引入新产品或新工艺，从而实现生产要素的重新组合，并在市场上获得成功的过程。这样的定义明确了创新的界定，表明了创新与发明、扩散等相关概念的区别。这里技术创新不是传统理解意义上的技术改造、科技开发，它涉及新科技成果的开发、产品的设计、试制、生产、营销和市场化的一系列环节，是包括科技、组织、商业、金融等一系列活动的综合过程。技术创新归根到底是社会经济行为，是科技成果市场化、产业化的全过程。

（三）技术创新的特征

由于技术创新对于企业成长与发展具有特殊重要性，因而在经济学与管理学研究中占有十分重要的地位。一般认为，技术创新具有以下几个基本特征：

1. 创造性

创造性是指技术上的新发现与发明并应用于企业生产活动之中。这里有两层创造活动：一是技术上的创造；二是将技术新发现和发明在企业生产活动中的第一次应用。技术的新发现和发明并不是技术创新，但它是技术创新的前提条件，二者结合起来，才构成技术创新活动。就创新者而言，其创新活动属探索性领域，其取得的结果是不确定的新成果。

2. 先进性

先进性是指此项技术创新要比目前的技术水平先进，有其独到之处。先进性是反映技术成果的价值大小和技术水平高低的标志，它主要体现在三个方面：技术原理的进步，技术结构的进步与技术效果的进步。

3. 主动性

主动性是指创新活动的主体——创新者的主观能动性，创新者具有献身精神，富有想象力并敢于承担风险去争取成功。熊彼特认为，企业家的职能就是实现创新，企业家通过创新活动，使其的创造力、敢于承担风险的能力得到体现。

4. 实用性

实用性是指技术创新能够在生产中得到应用。包括三个条件：符合科学规律、具备设施条件和满足社会需要。在企业面向市场进行生产的今天，实用性尤其重要，一项技术创新尽管具备了先进性和新颖性，但脱离了市场需求，那么这种技术创新仍不能认为是成功的。

5. 经济性

经济性是指技术创新能够为公司的生产经营与社会带来经济效益，它包括生产的经济性和使用的经济性。

6. 高风险性

高风险性是指创新活动的各个过程都具有探索的性质，包含着许多不确定性因素，从而使技术创新呈现出高风险，高风险性带来的是技术创新的高额利润或巨大损失。成功的技术创新会使企业在技术上处于领先优势，具有较强的竞争力；反之，失败的技术创新会使企业的技术创新投资一无所获。

（四）技术创新的类型

技术创新的分类可以从两个方面进行考虑：一是根据技术创新过程中技术变化强度的不同，技术创新可分为渐进性创新和根本性创新；二是根据技术创新中创新对象的不同，技术创新可分为产品创新和过程（工艺）创新。

1. 渐进性创新和根本性创新

渐进性创新（也称为改进型创新）是指通过对现有技术的改进而引起的渐进的、连续的创新，如洗衣机产品从半自动到全自动的创新。

根本性创新（也称为重大创新）是指技术有重大突破的技术创新。它常常伴随着一系列渐进性的产品创新和工艺创新，并在一段时间内引起产业结构的变化。

2. 产品创新和过程（工艺）创新

产品创新是指技术上有变化的产品的商业化。按照技术变化量的大小，产品创新可分成重大（全新）的产品创新和渐近（改进）的产品创新。广义的产品包括服务（无形产品），因此，产品创新也包括服务创新，如网上银行业务的推出。

产品用途及其应用原理有显著变化者可称为重大产品创新。如美国贝尔公司发明的电话和半导体晶体管、美国得克萨斯仪器公司首先推出的集成电路等，对人类的生产和生活产生了重大影响。重大的产品创新往往与技术上的重大突破相联系。如杜邦公司和法本公司首创的人造橡胶、杜邦公司推出的尼龙和帝国化学公司生产出的聚乙烯这三项创新奠定了三大合成材料的基础。

渐进（改进）的产品创新是指在技术原理没有重大变化的情况下，基于市场需要对现有产品所做的功能上的扩展和技术上的改进。如索尼公司取得巨大成功的“随身听”就是对原有录音机产品的功能作了某些微小的变动或者对不同产品的功能进行重新组合开发出来的。我们不能轻视渐进或改进式的创新，正是这类创新，不断地吸引大量的顾客，为企业产品开辟了广阔的市场前景。

过程创新，也称为工艺创新，是指产品的生产技术的变革，它包括新工艺、新设备和新的组织管理方式。过程（工艺）创新同样也有重大和渐进之分。如炼钢用的氧气顶吹转炉、钢铁生产中的连铸系统、早期福特公司采用的流水作业生产方式以及现代的计算机集成制造系统等，都是重大的过程创新。这些过程创新往往伴有重大的技术变化，与采用新的技术原理相联系。另外，也有很多渐进式的过程（工艺）创新，如对产品生产工艺的某些改进，提高生产效率的一些措施，或导致生产成本降低的一些方法等。过程（工艺）创新与提高产品质量，降低原材料和能源的消耗，提高生产效率有着密切的关系，是技术创新中不可忽视的内容。

上述按技术创新内容和程度进行的组合可以用图 3-2 进行显示和分析。

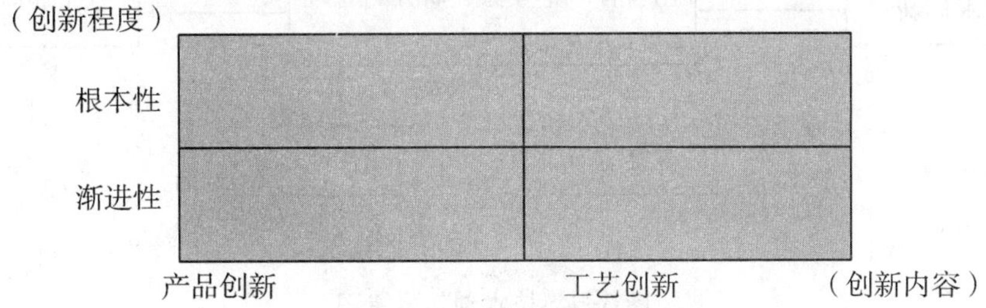

图 3-2　技术创新类型组合

除了以上两种主要分类方法以外，还有根据技术创新的规模进行分类，分为元件层次上的创新和系统层次上的创新；从与环境友善的技术角度看，分为不使用和使用产生污染物的绿色产品创新，以及减少生产过程污染排放的清洁工艺创新等等。

二、技术创新的理论发展

近 70 多年来，技术创新的理论一直处于不断发展的过程中。其中主要包括以下基本内容：

（一）技术创新的要素

影响技术创新的要素有：机会、环境、支持系统、创新者。四种要素相互作用、相互影响，如图 3-3 所示。创新者是指能够使创新结果商业化的企业家、科研单位负责人、政府计划管理人员等，这些创新者根据市场需求信息与技术进步信息，捕捉创新机会，通过把市场需求与技术上的可能性结合起来，产生新的思想。新的思想在合适的经营环境与创新政策的鼓励下（包括有吸引力的价格、公平的竞争、对技术创新的鼓励政策等），利用可得到的资源（包括资金、科技人员、信息等）和内部的组织功能（研究开发、试制、生产、营销），从而发展成技术创新。四种因素缺一不可，而其中创新者是最主要的。

（二）技术创新过程

技术创新总体而言是一个“在市场需求和技术发展推动下，将发明的新设想通过研究开发和生产，演变为具有商品价值的新产品、新技术”的过程。

1. 技术创新的链式过程

链状模式（图 3-4）适用于以技术推动为主、创新目标明确、市场需求和技术变化都不快的环境。主要的过程包括：首先由科学研究开始，特别是基础研究与应用研究获得新的设想或思想；其次，经过研究开发出模型、样品及相关实验数据，并为小批试制提供参数；再次，经过小批试制为设计生产线提供依据；最后，将新

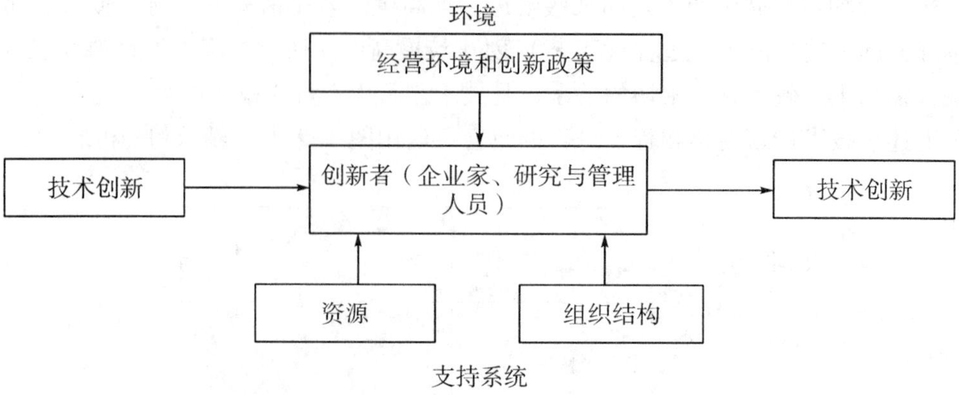

图 3-3　技术创新要素图

产品投入市场或将新工艺投入使用，并将成果扩散。

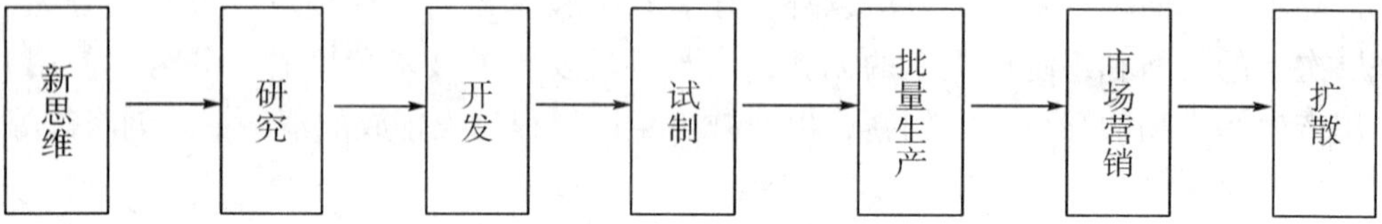

图 3-4　技术创新的链式过程

2. 技术创新的复合环状过程

技术创新的复合环状过程（图 3-5）主要适用于技术发展速度、综合程度和复杂性日益提高、市场需求变化很快的环境。这种模式要求创新者在创新的每一个阶段都密切注意环境的变化，尤其是科技的进展和市场需求的变化，据此确定和修改工作目标，并与其他阶段相协调。组织结构和运行机制对该模式的效果具有重要的影响作用，该模式要求企业在具有较强的研究开发能力的基础上，管理、营销、生产的能力和财力也要具备一定的条件。

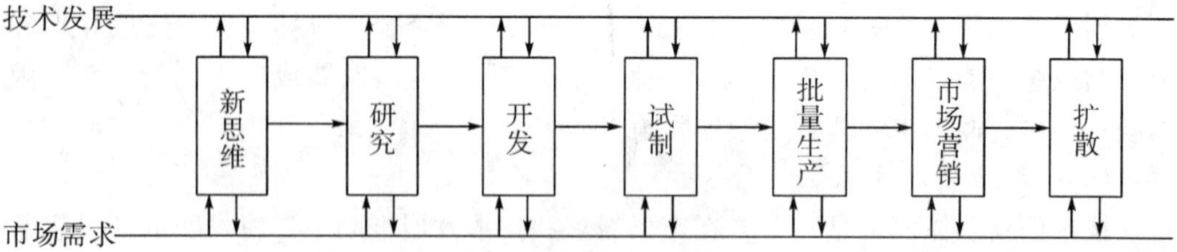

图 3-5　技术创新的复合环状过程

另外，从管理决策的角度看，技术创新又可以被认为是一个多阶段的决策过程。美国学者 E. 罗伯茨把这一过程分为“确认机会、思想形成、问题求解、问题得以解决、批量生产的开发、技术的应用与扩散”六个阶段，其中每一个阶段都是根据不同的管理决策问题设计的。

（三）技术创新的动力

1. 技术推动模式

技术推动模式是最早的创新动力模式。如图 3-6 所示，该模式认为技术创新是由科学发展和技术发明推动的，研究开发是创新的主要来源，市场是创新成果的被动接受者，研究开发产生的成果在寻求应用过程中推动创新的完成。无线电、晶体管、计算机的发明导致的大量创新均为此类创新。有效利用技术发展的成果及相应规律可以促进技术创新的成功。

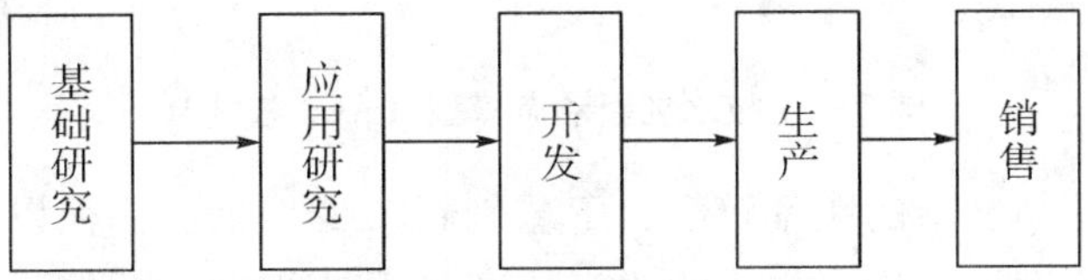

图 3-6　技术推动模式

2. 需求拉动模式

20 世纪 60 年代中期，人们通过对大量技术创新的实际考察发现：大多数技术创新不是由技术推动引发的，需求拉动起了更重要的作用。需求拉动模式（图 3-7）认为技术创新是市场需求和生产需要激发产生的。研究表明，60%～80%的创新是由市场需求引发的。因此，对企业而言，研究需求、有效通过需求拉动技术创新更为重要。

图 3-7　需求拉动模式

3. 技术推动与需求拉动相结合的交互式模式

交互式模式是 20 纪 70 年代末到 80 年代初在综合前两种模式的基础上提出的。该模式认为技术创新是由技术和市场共同作用引发的，同时强调研究开发与市场营销组织间的意见交流、反馈具有重要的意义。各种研究与事实证明，加强技术的推动和市场的拉动在创新决策中的结合作用更有利于创新的成功。近年来，技术创新的发展主要以“并行开发”“注重与客户、供应商的密切联系”和“横向合作创新”为特点，技术创新的管理和组织更具有柔性，这些都为使产品更具有个性化创造了条件。

（四）动态的技术创新过程

一项重大的技术创新往往会带动一系列后续的创新产生，这些创新可能对老产业产生重大的变革，甚至引发新产业的出现与成长。美国哈佛大学的阿伯纳西（N. Abemathy）和麻省理工学院的厄特巴克（J. M. Utterback）将系列创新过程分为三个创新阶段：不稳定阶段、过渡阶段、稳定阶段（见图 3-8）。

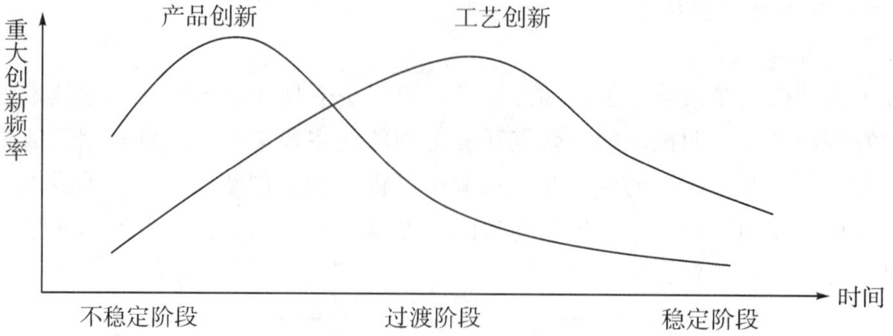

图 3-8 技术创新动态模型（A-U 模式）

不稳定阶段产品创新的频率较高，工艺创新较少，企业往往以潜在需求为市场目标，通过产品原理、结构等方式的改变使产品设计相应的功能不断完善。该阶段进入市场的产品类型、功能差异性大，制造工艺和生产组织不稳定，企业的 R&D 支出较高，但经济效益往往不显著。

过渡阶段产品的功能和基本结构经过市场和生产实践后已趋于成熟，产品的主导设计和标准已经确定，产品的创新频率大大下降。企业为了降低生产成本，提高经济效益，把创新的重点放在工艺创新上，工艺创新的频率迅速上升。

稳定阶段产品和工艺技术均已成热，创新频率都较低，市场需求稳定，企业创新的目标在于进一步降低成本，提高质量，满足各类用户的差异性需求。稳定阶段的创新大多为产品和工艺的渐进性创新。

尽管 A-U 模式为我们理解企业个体与技术创新之间的关系、创新与组织之间的关系提供了线索，但该模式未能回答企业在成熟阶段后如何进一步创新的问题。要使企业在激烈的市场竞争中长期生存，就必须实现持续的技术创新，国内外众多成功企业的实践表明，完整的持续技术创新过程就是从产品家族创新到战略技术创新，经战略技术创新再到新的产品家族创新的多次循环过程。其中产品家族创新就是企业基于既定的技术范式，沿着特定的技术轨道进行的渐进的量变过程；而战略技术创新就是企业改变企业战略，寻找新的技术范式和主导设计的质变过程，其结果是企业从一个老的产品家族跃入另一全新的产品家族。

第二节　企业技术创新战略

企业技术创新战略是指企业对技术创新活动的总的谋划。企业技术创新战略主要解决企业技术创新的基本原则、根本目标和主要规划等企业技术创新经济活动中一些带有全局性、长远性和方向性的问题。企业所选择和实施的技术创新战略将对企业竞争力、发展前途产生重大而深远的影响。

一、技术创新的战略框架

（一）企业技术创新战略内容框架

企业技术创新战略主要是从宏观上解决三类问题：①技术创新面向市场竞争采取何种态势，是进攻型或是防卫型；②研究开发何种技术；③ 采用何种方式进行技术的研究和开发。由于技术创新战略是按照企业实际情况制定的，各企业情况千差万别，技术创新战略也各不相同。因此，不存在普遍适用的企业技术创新战略。下面仅对一般企业技术创新战略给出一个参考规范，各企业要根据自身情况进行取舍、补充。

1. 企业外部环境和内部条件分析

企业内外部环境、条件分析是制定技术创新战略的前提。在制定技术创新战略之前要预测和分析技术发展、经济和社会发展趋势及机遇、挑战；竞争者的情况和竞争压力；企业总体战略对技术创新战略提出的要求，企业技术能力等。

2. 战略目标

企业技术创新战略目标可分为长期战略目标和阶段战略目标两类。

（1）长期战略目标。长期战略目标具有长期性、稳定性和超越性等特点。长期性是指所制定的目标须经过长期努力才能实现；稳定性是指所制定的目标保持相对稳定不轻易改变；超越性是指所制定的目标往往超过当前企业能力所能达到的水平。长期战略的作用，一是指导企业长期奋斗的方向，引导企业一步步达到较高的境界；二是使企业明确差距，激励企业不断努力，以逐步接近目标。

为了实现长期战略目标，企业需要将其分解为具体的阶段战略目标。

（2）阶段战略目标。阶段战略目标是企业在中、近期内要达到的目标。和仅起指导、激励作用的长期目标不同，阶段目标必须在限期内实现，因此具有较强的可操作性。阶段战略目标通常包括：在预定期限内要达到的技术能力和技术水平，要进入的产业，要占领的市场和取得的市场份额等。

3. 战略指导思想

战略指导思想是实现战略目标的基本思路，包括拟采取的基本技术路线、获取技术能力的基本方式、实施战略的基本策略等。例如，联想集团在分析了企业内外环境、条件、衡量了自身能力以后，制定了“贸—工—技”的基本发展思路，即：第一步，通过做国外大计算机厂商的代理商等方式了解 IT 行业市场，学习市场营销知识，积累开拓市场的经验，建立市场营销网络；第二步，引进消化国外技术，进行局部创新，开始自主生产计算机等产品，并推向市场；第三步，开发拥有自主知识产权的产品，创立自己的品牌。联想集团所确定的指导思想，成功地引导企业一步步走向成熟，成长为中国最大的计算机集团公司。

4. 战略方案

战略方案是在战略目标和战略思想指导下的行动方案。其基本内容有：

（1）战略模式选择：对可能选择的战略模式进行分析比较，选择可行的模式。

（2）战略性技术选择：对企业主导性、基础性技术做出定位和选择。

（3）技术能力建设方案：从技术能力获取、培养、运用等方面进行方案设计。

（4）技术支撑体系建设方案：对实现战略目标所需要的技术支撑体系做出设计。

5. 战略实施要点

战略实施要点是实施战略要抓住的关键和重点。企业技术创新战略的实施通常要重视以下要点：

（1）战略时机把握：对出现的技术机会、产业机会、市场机会等重大机会进行分析，做出对策。

（2）资源配置：对实施战略所需要的资金、设备仪器、人力等做出规划，确定基本来源和供给方式。

（3）人力资源开发：对人才引进、培养、使用等做出基本安排。

（4）运行机制设计：对技术研究开发机构内部、相关部门之间和技术活动环节间的基本运行模式、激励方式等进行设计。

（5）技术创新活动的组织：对技术研究开发部门内部、技术部门与相关部门关联的组织方式做出设计。

（二）企业技术创新战略的分类

由于区别标准的选定和不同的分析角度，企业技术创新战略有不同的分类标准。就创新经济学主流而言，企业技术创新战略主要有两种不同的分类。

1. 从技术开发的角度分类

从技术开发的角度而言，企业技术创新可分为自主创新、模仿创新和合作创新三种基本战略类型。

所谓自主创新，是指企业主要依靠自身的创新人力资源和技术资源进行研究开发，实现创新科技成果的商品化，并最终获得市场的创新收益。

所谓模仿创新，是指在率先创新者的示范影响和利益机制驱动之下，企业通过合法手段（如通过购买专有技术或专利许可方式）引进技术，并在率先创新者技术的基础上进行改造的创新模式。

所谓合作创新，是指以企业为主体，企业、高等院校或科研院所、政府相互或共同合作实现创新经济活动的创新方式。

2. 从面向市场的表现分类

就企业面向市场的表现而言，企业创新战略包括进攻型战略、防卫型战略和跟随模仿型战略。

（1）进攻型战略。企业之所以采取进攻型战略，主要是力图在引入创新产品方面领先于其他竞争对手，从而获得市场领导者的地位。

（2）防卫型战略。防卫型企业与进攻型企业的主要区别在于创新的性质和时间。防卫型企业既不愿意成为行业或某领域率先创新者，也不愿意成为一个落后者。其创新经济活动主要表现为从早期创新者的经验中学习，并期望从创新者成功开辟的市场中获利。

（3）跟随模仿型战略。模仿者愿意与创新者保持一段距离，并投入适量经济资源于技术服务和培训等，期望创新者成功后，模仿创新者的商品进入市场并获取市场收益。

上述几种战略类型是企业技术创新战略的最基本形式。各种战略的特点见表3-1。在企业具体实践中，往往根据不同的发展阶段，选择不同的创新战略；并且愈来愈多的企业采用一种战略为主、其他战略为辅的组合战略。

表3-1　　各种技术创新战略的特点

战略类型	有利性	不利性	适用范围
自主创新	有利于建立自己的核心能力和优势	开发投资大，周期长，风险大	技术开发能力强，经济实力强或掌握了独特技术的垄断权
模仿创新	风险小，周期短，投资少	技术上处于被动地位，竞争力弱	与先进技术有差距，技术、经济实力较弱，但有一定开发能力
合作创新	减少开发投资，缩短开发周期，分散风险	不能独占技术，合作方有时形成竞争对手	开发难度大，投资大，风险大的技术领域，合作条件好的企业
进攻型	处于竞争的主动地位，可能争取新的领地	往往要付出很大代价，风险大	往往掌握了某种技术优势，具备向已占领的技术和市场阵地进攻的能力
防卫型	风险小，代价小	往往处于竞争的被动地位	技术、市场地位较高，且稳固的企业
跟随模仿型	风险较小，投资较少，若实施得当也可超过领先者	处于竞争劣势地位，市场份额一般较领先者小	有较强的消化吸收能力，有一定开发能力

二、技术创新战略模式选择的基本步骤

（一）机会、目标及竞争态势识别

在调查和掌握充分信息的基础上，对技术机会、产业机会和市场机会进行鉴别；预测技术发展前景、市场规模大小、竞争者可能采取的行动；从而估计本企业的可能活动空间；明确本企业的发展目标和总体规划及对技术发展的要求。

（二）能力评价

对本企业的技术能力及资源调动、运用能力进行评价，并与潜在竞争者进行比

较，鉴别本企业的优势与劣势。

（三）机会、目标与能力的匹配分析

技术、市场、产业机会是否能被企业利用，企业总体目标对技术的要求能否达到，取决于企业技术能力与将机会和要求变为现实的需求之间的匹配，例如，企业的技术能力能否解决关键技术问题等。企业要对这些匹配关系进行恰当的分析与判断。

（四）基本战略的选择

在对机会、目标和能力深入分析的基础上，对企业拟采取的基本技术战略做出选择。这是关键步骤，也是一个复杂而重大的决策。决策者要在错综复杂的众多的往往是相互矛盾和相互牵制的因素中进行权衡。战略选择的一般规律见图 3-9。

企业熟悉市场的能力	企业技术能力：弱		企业技术能力：强
强	引进型技术创新战略	联合型技术创新战略	进攻型技术创新战略
	引进型技术创新战略、渐进型技术创新战略	联合型技术创新战略、模仿型技术创新战略	进攻型技术创新战略、防守型技术创新战略
弱	渐进型技术创新战略	渐进型技术创新战略、模仿型技术创新战略	防守型技术创新战略

图 3-9　企业技术创新战略模式的选择

（五）主要战略部署的决策

在基本战略选定后，还要就实施战略的一些关键问题做出决策，主要有：

（1）技术定位，即对主要技术发展方向做出选择；市场定位，即对企业拟占领的市场做出选择；产业定位，即对拟进入的产业做出选择。

（2）技术创新与技术进步的跨度选择。

（3）时机选择，即对技术开发、生产、推向市场的时机做出选择。

（4）配套的组织与制度安排。

三、技术创新战略的基本模式

（一）自主创新战略

1. 自主创新的基本特点

（1）技术突破的内生性。自主创新所需的核心技术来源于企业内部的技术突破，是企业依靠自身力量，通过独立的研究开发活动而获得的，这是自主创新的本质特点，也是自主创新战略与其他创新战略的本质区别。自主创新技术突破的内生性有助于企业形成较强的技术壁垒，通过专利保护的形式从法律上确定自主创新者的技术垄断地位，形成创新的集群现象和簇射现象。

如美国英特尔公司在计算机微处理器方面可谓是自主创新的典范，从 1970 年自主开发推出世界上第一块微处理器 Intel4004，到 1973 年推出 Intel8080，后来又相继推出 Intel80286 、 Intel80386 、 Intel80486 系列，至 1994 年推出风靡全球的 Pentium 微处理器，该公司始终掌握着最先进的、其他公司无法破译的计算机微处理器的关键技术，确保了英特尔公司在国际微处理器市场中的霸主地位。

对某一企业而言，自主创新并不意味着要独立研究开发其中的所有技术，只要企业独立开发了其中的关键性核心技术，打通了创新中最困难的技术环节，独自掌握了核心技术原理即可。辅助性技术研究与开发既可自己进行，也可委托其他企业和组织进行或通过技术购买解决。

（2）技术与市场方面的率先性。率先性虽然不是自主创新的本质特点，但却是自主创新努力追求的目标。新技术成果是具有独占性的，在技术开发的竞争中，真正法律上的成功者只能有一个，其他晚于率先注册专利者的同类成果不仅不能受到专利保护，而且不能够被合法使用。因此，在同一市场中，非率先性的自主创新是没有意义的。技术上的率先性必然要求和带动市场开发方面的率先性。自主创新企业能先于其他企业获得产品成本和质量控制方面的竞争优势，并通过制定产品的行业标准和技术规范来奠定自主创新企业在行业中稳固的核心地位。自主创新作为新市场的开拓者，能够为企业带来丰厚的利润，因此，自主创新企业还应将市场领先作为努力追求的目标，以防止跟随者抢占市场，侵占其技术开发的成果。

（3）知识和能力支持的内在性。知识和能力支持是创新成功的内在基础和必要条件，在研究、开发、设计、生产制造、销售等创新的每一环节，都需要相应的知识和能力的支持。自主创新不仅技术突破是内生的，且创新的后续过程也主要是依靠自身的力量推进的。同时，自主创新过程本身也为企业提供了独特的知识与能力积累的良好环境，有效地提高了企业的研究开发能力。在自主创新过程中，一些辅助性工作或零配件可通过委托加工或转包生产让其他企业承担，技术创新的主体工作及主要过程都是通过企业自身知识与能力支持实现的。此点与合作创新有根本性区别，在合作创新中，创新的推进是通过合作双方（或多方）的共同努力进行的；合作群体中的任何一方都没有能力独自推动创新的进程。

2. 自主创新战略实施应注意的问题

（1）自主创新战略具有显著的优点，但还应注意到其高投入和高风险性的特征。为了获得有效的技术突破，企业不仅需要有较大的研究与开发投入，而且还要拥有一支实力雄厚的科研人员队伍。自主研究开发的成功率是相当低的，而开发产出在时间上又是高度不确定的，短则数月、数年，长则十几年。为了有效降低这种率先探索的风险和产出的不确定性，自主创新企业往往需要进行多方位、多项目的复合投资，因此，自主创新研究开发投资的负担和风险都是很高的。

（2）充分利用专利制度保护知识产权。自主创新企业的优势在很大程度上是通过自主研究开发，形成并掌握新的核心技术而建立的。能否独占并控制其核心技术，是自主创新战略能否奏效，达到理想效果的前提。要保证自主创新企业对新技术的独占性，仅仅依靠技术的自然壁垒是远远不够的，还必须求助于专利制度的法律保护。

（3）灵活恰当地进行技术转让。自主创新企业所开发的新技术一经授予专利，便成为企业合法的无形财富。自主创新企业既可保持对新技术的独占性，也可对新技术进行合理的转让。实践表明，不转让、过早转让、过晚转让或向不恰当的对象转让自主开发的新技术对企业自身发展都是不利的。正确的技术转让策略应该是：在适当的时候、向适当的对象对所持有的新技术进行适度的转让。技术转让不仅可以使自主创新企业获得丰厚的经济回报，这种回报有时甚至能远远超过研究开发的成本投入，而且对改善产业结构，加速新兴产业的发展，强化自主创新企业的竞争优势，奠定企业在产业中的核心地位具有十分积极的作用。

此外，还应注意自主创新产品的自我完善，重视对创新后续环节的投入等等。

（二）模仿创新战略

模仿创新的基本特点如下：

（1）模仿跟随性。模仿创新的重要特点在于最大程度地吸取率先者成功的经验与失败的教训，吸收与继承率先创新者的成果。在技术方面，模仿创新不做新技术的开拓探索者和率先使用者，而是做有价值的新技术的积极追随学习者；在市场方面，模仿创新者也不独自开辟新市场，而是充分利用并进一步发展率先者所开辟的市场。模仿创新这方面的特点与自主创新及合作创新具有鲜明的区别，模仿创新战略是不以率先而取胜的战略，而是巧妙地利用跟随和延迟所带来的优势，化被动为主动，变不利为有利的一种战略。在某些情况下，这种跟随和延迟是自然形成的，如在研究开发能力方面落后于率先者，对市场需求信息不敏感等等，致使模仿创新企业在起步阶段落后于率先创新者，而不得不扮演追赶者的角色。许多模仿创新企业都属于这种类型。如佳能公司对复印机新产品的开发，IBM 公司对于个人计算机的开发等。在某些情况下这种跟随和延迟是模仿创新企业为回避风险而故意发生或者造成的。如摩托罗拉公司在 RISC 芯片开发方面就故意延缓了其开发行动，待仙童公司、MIPS 公司、AMD 公司等率先开发的 RISC 芯片产品推向市场，用户需求不断增长，市场风险和技术风险等率先开发的风险大幅下降后，才推出了自己开发的 RISC 芯片。

（2）研究开发的针对性。模仿创新并不是单纯的模仿，而应属于一种渐进性创新行为。模仿创新并不是照搬、照抄率先者的技术，它同样需要投入足够的研究开发力量，从事其特有的研究开发活动。模仿创新的研究开发不仅仅包括对率先者技术的反求，还包括对率先者技术的完善或进一步开发，从而实现后来居上，在产品质量、性能、价格等方面建立自己的竞争优势。与自主创新或合作创新不同的是：模仿创新的研发投入具有高度的针对性，能够免费获得的公开技术或能够以合理价格引进购买到的技术不再重复开发，其研发活动主要偏重于破译无法获得的关键技术、技术秘密以及对产品的功能与生产工艺的发展与改进。相比较而言，模仿创新的研究开发更偏重于工艺的研究开发。

（3）资源投入的中间聚积性。模仿创新在资源投入方面，与率先创新有较大的区别。率先创新面临着艰巨的新技术和新市场开发的任务，必然要在创新链的前期和后期投入足够的人力物力，因此，率先创新在创新链上的资源分布较为均衡。在某些情况下，为了集中资源进行强势投入，率先创新甚至会牺牲在创新链中段的投入，如美国的许多公司已将生产制造环节转包给国外企业，在本国只保留研究开发和销售部门。而由于模仿创新省去了新技术探索性开发的大量早期投入和新市场开发建设的大量风险投入，因而能够集中力量在创新链的中游环节投入较多的人力物力，即在产品设计、工艺制造、装备等方面投入大量的人力和物力，使得创新链上的资源分布向中部聚积。这是模仿创新战略的一个重要特点，也是模仿创新的优势所在。

2. 模仿创新战略实施应注意的问题

（1）正确认识模仿创新战略的劣势。模仿创新战略在提高企业竞争力方面具有诸多的优势，但同时也存在一些缺陷。

模仿创新战略的主要缺点是被动性。由于模仿创新者不做研究开发方面的广泛探索和超前投资，而是做先进技术的跟进者，因此，在技术方面有时只能被动适应，在技术积累方面难以进行长远的规划。在市场方面，被动跟随和市场定位经常性地变换也不利于营销渠道的巩固和发展。

模仿创新战略有时会受进入壁垒的制约而影响实施的效果。这种壁垒一方面是自然壁垒，如核心技术信息被封锁，反求困难，模仿创新难以进行，率先企业先期建立的完备的营销网难以突破等等。另一方面是法律保护壁垒，模仿创新有时会和率先者知识产权发生矛盾，产品技术受专利保护的率先创新企业会通过法律保护自身的利益，阻碍模仿创新的发生。由于这方面的原因，也使得模仿创新战略的实施受到一定程度的影响。

（2）模仿创新与我国企业创新战略选择。从总体上看，模仿创新不失为我国企业现阶段创新战略的现实选择，是我国大多数企业技术创新的优选战略。其原因在于：首先，从资金方面看，目前我国企业创新资金投入明显不足，且在近期内难有根本好转。因此，在选择创新战略时，应特别要考虑降低风险，提高资金使用效率。而模仿创新就能够有效缓解我国企业创新资金紧缺的局面。其次，模仿创新是与一定的经济发展阶段相适应的。大量的事实证明，模仿创新正是后进国家以最小的代价、最快的速度实现技术自立的现实途径，是实现向自主创新过渡的必经阶段。要提高社会总体技术水平，技术扩散与技术转移起着十分重要的作用。模仿创新能够将扩散活动与扩散总体的经济效益紧密联系起来，成为目前最积极、最主动、最具效率的扩散方式。

（3）正确理解模仿创新与技术引进的关系。技术引进是模仿创新的重要途径，但并不一定导致模仿创新。如在我国目前的引进实践中，有相当部分的技术引进还只是引进生产能力，未能很好地对引进技术加以模仿复制，未能实现消化、吸收和二次创新。当然，模仿创新也不一定必须通过技术引进这一途径，也需要自主的学习和创造。我国企业如何通过提高自身的快速反应能力、学习吸收能力和技术改进能力，实现跨越式发展成为值得深入研究的问题。

最后，关于妥善处理知识产权保护与模仿创新之间的关系问题，也应得到充分重视。在某些情况下，模仿创新和知识产权保护可能会发生一定的矛盾。模仿创新通常会涉及专利技术、技术秘诀、商标、著作权（含软件），因此，要通过知识产权的合法交易，来保证模仿创新合法、有序地进行；由此，不仅保护了率先创新者的合法权益，而且也使模仿创新者的合法权益不被其他模仿者非法模仿。这一切，都有赖于政府、企业、社会协同努力来实现。

（三）合作创新战略

1. 合作创新的必要性

当今世界全球性的技术竞争的不断加剧，企业技术创新活动中面对的技术问题越来越复杂，技术的综合性和集群性越来越强。即使是技术实力雄厚的大企业，也会面临技术资源短缺的问题，单个企业依靠自身能力取得技术进展越来越难。因此，以企业间分工合作的方式进行重大技术创新，通过外部技术资源的内部化，实现资源共享和优势互补，成为新形势下企业技术创新的必然趋势。

具体而言，合作创新可以缩短收集资料、信息的时间，提高信息质量，增加信息占有量，降低信息费用。合作创新可以使创新资源组合趋于优化，使创新的各个环节能有一个比较好的接口环境和接口条件，从而缩短创新过程所需的时间。合作创新可以通过合作各方技术经验和教训的交流，集中各方智慧，减少创新过程中的因判断失误所造成的时间损失和资源浪费。合作创新能使更多的企业参与分摊创新成本和分散创新风险，从而为参与合作的企业赢得市场，带来经济效益，提高企业在市场竞争中的地位。

2. 合作创新的一般形式

由于合作创新的成功取决于很多因素，除技术与组织因素外，还包括市场特征、公司文化、战略考虑、人际关系等等，因此，合作创新也就有多种多样的形式，如荷兰菲利浦公司乐于采用合资方式，而我国企业显示了各种合作创新的产、学、研合作方式。表 3-2 显示了各种合作创新的形式及其优缺点。

表 3-2　　合作创新的形式

合作形式	适用期限	优点	缺点
合同方式	短期	降低成本和风险 缩短周期	寻找费用 产品性能和质量
技术许可证	定期	引进技术 加快速度	合同费和约束
联合研究 （产、学、研联合）	中期	专场互补，设定标准 费用共担	知识泄漏 相应多样化
战略联盟	灵活的	优先承诺 获取市场	潜在锁定 知识泄漏
合资	长期	专用技术诀窍的互补 改进管理	文化不融合
创新网络	长期	动态的学习潜力	信息交流的复杂性

表 3-2 介绍的几种合作创新的方式各有其特点，企业必须根据自身需要，同对方在平等、互利的原则下，考虑兼顾各方面因素，因时因地制宜采用最合适的形式，同合作伙伴在技术、产品、市场等能力上达到优势互补。如在合同方式中，麻省理工学院冯·希伯尔教授提出的“领先用户法”；日本制造商与供应商的合作创新模式都在实践中得到了成功的应用。下面就进入 21 世纪以来日益重要的几种合作创新方式予以简单介绍。

（1）联合研究（发展）。联合研究（发展）是指若干个组织在一个具体的项目上进行共同的研究（发展）。联合研究可能存在多种形式，如美国较常用集中式，合作者同在一处进行工作；而欧洲企业较常用分散式，合作者分散在各单位定期进行交流；日本则两者混用，并在汽车零部件、半导体随机动态存储器开发上得到了成功的应用。我国的产、学、研合作大多采用分散型，仅在一些由政府组织的重大攻关项目上采用集中型。对于我国缺乏研究力量的中小企业，依靠大学和研究院所在研究阶段的合作与支持，具有十分重要的意义。

（2）动态（战略）联盟。所谓动态联盟是指多个企业之间或者特定事业和职能部门间，为实现某种共同的目标，通过公司协议和联合组织等方式，将各企业的核心能力和资源通过信息网络集成在一起，形成一个临时性的开放的组织，来进行产品或技术的合作开发。在这个虚拟组织中，各企业各自负责整个项目的子任务块，在自己的优势领域独立运作，并通过彼此之间的协调和合作达到整个项目的实现。动态联盟中各企业完成项目后，该组织自行解散，各企业继续参加其他的市场机会。

据统计，从 20 世纪 80 年代以来，西方发达国家企业间的战略联盟日益盛行。如戴姆勒—克莱斯勒公司与其竞争对手福特公司结成战略联盟，合作开发燃料电池汽车，戴姆勒—克莱斯勒拥有将燃料电池用于运输车辆的技术，福特公司则在电动驱动系统上领先一步，两家公司都不想独自生产燃料电池，因此都从加拿大重要的燃料电池生产商巴拉德动力系统公司购买技术，并都与巴拉德公司合作成立了一系列公司，这些公司使得两大公司的经营业务得以进一步拓展。

第三节 技术创新管理

一、企业组织结构与技术创新

企业是由一系列职能部门构成的经济组织，企业的组织结构必然影响到技术创新的效率，因此，技术创新如何与企业组织结构相协调，成为技术创新管理的一个重要议题。企业要成功地实现技术创新，企业组织结构必须具备下述功能：

（1）企业组织结构中各单元能有效地进行信息传递；

（2）组织结构能协调各个职能部门的创新活动；

（3）组织结构必须能有效激发员工的创新积极性。

下文将对常见的企业组织结构基本形式与企业技术创新的对应关系进行简单的分析。

（一）直线职能式企业组织结构与技术创新

目前我国企业盛行的直线职能式组织结构是依职能而构建的，强调职能分工的专业化和信息的纵向联系。这种组织结构使企业上层易于实施创新战略，而且研发部门独立于其他部门之外，有利于研发管理。但是，该种组织结构对于技术创新特别是产品创新有较为不利的一面，首先，产品创新涉及多个部门，直线职能式组织结构难以使各部门有效配合；其次，各部门专业化程度高，刚性大，不利于对创新产生快速反应，或造成产品创新成果运用产生时滞。因此，要根据技术创新的要求及时调整企业组织结构。

（二）事业部型企业组织结构与技术创新

事业部型组织结构可按不同管理目标划分为产品型、地区型和顾客型。它们共同的特点是：使企业具有战略协调能力；增强了企业的创新能力。在该类组织中，信息在事业部内流动加快，对创新的反应能力增强，运营灵活性大大提高；多个部门创新、管理、生产的报酬独立核算，既保证了总部的重大创新战略和各事业部创新之间的协调，又保证了各事业部的灵活创新能力和创新优势。但事业部型组织结构的弊端在于，它将创新过多地分散于各事业部，不利创新经验的积累；同时加大了单个事业部的创新风险。

（三）矩阵型组织结构与技术创新

随着市场竞争日益激烈，产品更新速度加快，对企业的应变能力和技术创新能力提出了更高的要求，矩阵式组织结构应运而生。该结构是把以项目或产品为中心的横向直线型组织与传统的以职能为中心的纵向直线型组织实行交汇组成的双元权责结构，从而为一些复杂的和具有较大不确定性的任务的完成提供了更大的灵活性，有助于提高企业的创新能力。

它可以通过组成研究与开发项目小组达到事业部的效果。项目小组内信息传递畅通，有利于协调合作；而且能够充分利用已有的创新，实行交汇，激发出创新意念。如在现代并行工程中广泛应用的集成产品开发团队，是指根据产品开发过程的复杂程度，将来自不同部门和不同学科领域的专业人员或与产品生命周期相关的技术人员组织起来，组成一个产品开发团队。团队成员之间协同工作，使产品开发过程顺利进行。

最后，前面介绍的动态联盟是矩阵式企业中项目小组的外部化，是跨企业形成的一种项目组，它的虚拟性、灵活性使它比矩阵式结构更具优势，有利于缩短产品创新的时滞，减少创新成本。

（四）组织结构与企业文化的匹配

为了更有效地促进技术创新活动，企业需要进行适度的组织创新，而进行组织创新的同时，还要考虑到组织结构与企业文化的相互匹配。只有当组织结构与企业文化相协调，彼此适应时，组织结构才会稳定，也才能有效发挥企业内部资源的功能，建立起高效的企业技术创新运行机制。因此，企业需要培育建立更高层次的、更富于创新精神的、与组织模式相匹配的企业文化。在企业文化没有任何变化的情况下，不能盲目调整组织结构，尤其不能不切实际地赶时髦，企业应该致力于组织创新与企业文化相融合的组合创新活动。

二、基于核心能力的企业技术创新能力

（一）企业技术创新能力构成

技术创新能力是企业从事技术创新活动的基础，对技术创新的成效起着决定性的作用。从技术创新的过程来看，技术创新能力包括投入能力、研究开发能力、制造（生产）能力、营销能力和创新管理能力。

1. 投入能力

技术创新是一种资源重新组合的经济行为，因此，创新的投入是启动创新和维持创新的基础条件，创新的投入能力主要包括以下方面：

（1）资金投入：研究开发、新产品生产准备、新产品营销等所需资金的筹集能力，资金的运用能力。

（2）人员投入：研究开发、新产品试制、新产品生产、新产品营销所需要的设计、工艺和售后服务人员的招募、培训、调配能力。

（3）项目建设：研究、试验、生产设施等项目的谈判、采购、项目建设过程的组织与管理能力。

2. 研究开发能力

（1）技术选择能力：跟踪、预测技术发展动态、确定研究开发方向、选择开发项目、识别技术问题的能力。

（2）解决技术问题的能力：应用现有技术和知识解决技术问题，通过研究开发新知识突破技术难题的能力。

（3）模仿能力：通过“反求工程”等方法模仿已有产品并加以改进的能力。

（4）创造能力：产生新发明、进行创造性新设计的能力。

（5）研究开发组织能力：分解技术问题、物色合作伙伴、监督检查合作项目的能力。

3. 制造能力

（1）新产品试制能力：新产品试制所需设备、仪器、工具、材料准备与使用能力，新产品试制工艺制定与实施能力。

（2）新产品生产能力：厂房、设备的生产能力，工艺制定与实施能力，质量保证能力，对产品设计变更的应变能力。

（3）配套能力：原材料、零配件、部件的外部协作组织、实施、监督能力。

4. 营销能力

（1）市场研究能力：市场调查与预测能力，对潜在市场的鉴别能力。

（2）市场开发能力：全新市场的开拓能力，扩大现有市场的能力，建立细分市场的能力。

（3）销售能力：营销体系建设和运作能力，售后服务能力。

5. 创新管理能力

（1）技术创新战略管理能力：创新战略制定、实施能力，企业家的决策能力。

（2）技术创新过程管理能力：创新计划制定与执行能力，创新过程各环节内的管理能力，部门和环节协调能力。

（3）创新机制建立与运作能力：激励机制的设计与实施能力，人员考核、奖励和积极性调动能力。

（二）核心能力的概念和构成

1. 核心能力的概念

企业建立技术创新能力的本质意义在于创造竞争优势。技术创新能力是多方面能力的集成，其中有些能力较易通过引入外部资源或模仿获得，例如，制造能力中的设备生产能力可通过购置先进设备和对工人进行培训获得。但是，那些可以通过市场从外部引入或可以模仿的能力，并不能为企业提供长久的竞争优势，因为竞争者既可以通过市场购买先进设备和先进技术，也可以通过“反求工程”仿造已有的产品。因此，在技术创新能力中真正能提供长久竞争优势的能力才是最为关键的。基于这种认识，普拉哈拉德（Prahalad）和海默（Hamel）于 1990 年提出了核心能力的概念。

核心能力是指使企业能在特定行业保持竞争优势的基础性能力。核心能力具有以下特点：

第一，富有企业特色，是企业独特的能力；第二，是其他企业难以模仿的能力；第三，是基础性的能力，它包含在企业内部技术、产品、理念、人员、组织和企业文化等层面中。基于这种能力，企业可以在一系列产品上获得竞争优势，并实现持续发展。

2. 核心能力的构成

关于核心能力的构成有多种观点，这里选择其中较实用的一种予以介绍。核心能力由以下四个部分构成：

（1）职工的知识和技能。职工的知识和技能体现在各类职工的数量、文化水平、专业知识水平、知识面、技能积累水平等方面。

（2）技术体系。技术体系包括企业对某类技术的研究、开发、设计、工艺等子系统。

（3）管理体系。管理体系包括以下几方面：系统的规章制度、活动规则、工作程序、组织结构、权力结构、组织控制、交流机制、分配制度、激励方式与强度等。

（3）价值观念与行为规范。价值观念和行为规范涉及以下各方面：职工的理想、信念和追求、观念和意识、精神、情感、道德观、习惯与传统、团结与协作等。

3. 核心能力各构成部分之间的关系

职工的知识和技能是基础；技术体系依赖于职工的知识和技能，又影响知识和技能的获取、变化、组织和发挥；知识、技能和技术体系决定和影响管理体系的效能，管理体系又决定知识技能和技术体系的组织状态、发挥程度；价值观念和行为规范则决定上述三个方面的形成、发展及发挥。这四个方面构成了一个互相关联、互相影响、互相促进的有机整体。

（三）提高技术创新能力的途径

提高企业技术创新能力的关键在于培育、形成企业的核心能力。核心能力的建设首先要从整体上进行规划和设计，通过从外部引入与整合、自己培养等途径积累基础，建设起完整的体系。

1. 核心能力规划

核心能力是支撑企业长久竞争力的基础性能力，因而也是战略性能力，它必须与企业长期战略相一致。因此必须从战略的高度对核心能力的建设进行规划。核心能力规划要明确以下几个问题：

（1）目标：要进入（守住）什么领域，占领什么市场；

（2）方向：掌握什么样的关键技术；

（3）途径：通过什么方式形成核心能力。

2. 技术创新能力的外部引入

（1）引进一创新。从外部引进技术仅是为技术入门提供前提，引进其本身还不是企业的核心能力。要形成企业核心能力，则必须通过引进、消化、积累知识和技能，在此基础上进行创新，从而逐步形成特有的能力。

（2）合作—学习。技术合作包括合作研究开发、合作进行新产品生产或新工艺应用，比单纯的技术引进更能培养本企业技术人员的知识、技能，因为技术人员可以介入技术活动过程。通过技术合作提高技术能力的关键是善于在合作中学习，通过学习，掌握知识、技能和方法，进而结合本企业实际开发出新的技术。

（3）购并—整合。通过收购、兼并的方式，企业不仅可以获得被购并企业（或研究机构）的技术，而且连同掌握技术的人才也进入了本企业，是一种快速获得新能力、进入新领域的途径。通过购并获得核心能力的关键在于做好并购后新旧企业能力的整合工作。并入本企业的机构虽然在组织上归属本企业，但在行为方式、文化等方面要真正融入本企业则需要一定的时间和要做一定的努力。因此，不仅要在组织上，而且要在技术、管理、文化诸方面使其并入机构与本企业相融合，真正成为本企业的有机组成部分。

3. 培养

（1）培训。企业员工的知识、技能固然可以通过招募新员工得到补充和调整，但招募新员工只能影响知识和技能的增量。原有员工的提高则仍要靠培训等方式解决，而且新招募的员工也要通过培训，使他们的知识和技能与企业的实际工作结合起来。企业的培训工作要在核心能力规划指导下，有目的、有步骤地进行，使员工能适应企业发展的要求。员工的培训还要分层次进行，对技术工人、技术人员、管理人员、高层决策者分别根据战略和计划需要进行技能、专业知识、管理知识的单项或多项培训，要重视复合知识和技能的教育和训练，以适应技术创新的需要。

（2）在实践中学习。在技术创新理论中，“干中学”被认为是最重要的学习方式。“干中学”不仅包括企业员工在技术创新活动中积累知识、技能和经验，增强处理实际问题的能力，而且包括企业内各级各类组织及整个企业在技术创新实践中的学习，即组织的学习。通过技术创新实践，组织可以学会如何提高本组织的效率，如何管理好本组织的人员和活动，如何协调与其他组织的关系等等，从而提高组织的能力。

4. 体系建设

企业要在职工知识技能体系、技术体系、管理体系和文化体系诸方面进行全面建设，从而建立和提高企业的技术创新能力。

三、企业技术创新系统的建设与管理

企业技术创新活动是一项复杂的系统工程，它不仅依赖于研究与发展部门、生产制造部门与营销部门的协同运作、有效整合，而且要求企业建立完善的企业创新内部支撑系统。企业创新的内部支撑系统包含以下关键要素。

1. 企业领导与企业家精神

企业家作为企业的经营者和企业的灵魂是技术创新的推动者，只有他们有能力通过技术创新，推出适应市场的新产品，从而提高企业的持续竞争力。企业家或高层领导参与技术创新的主要责任在于：热情参与技术创新项目的选择及投资决策，为技术创新安排合适的人选，保证技术创新所需的资源，在技术创新项目的“继续与终止”决策和创新支出决策中发挥重要作用。

由此可以看出，企业家精神应体现在以下几个方面：①创新意识，企业家要有灵活的经营思想，要有推动创新的魄力，要成为创新的倡导者和实干家；②成就意识，创新过程中，企业家的回报来自于成就感，为取得创新的成功，要不怕挫折、困难，才能成就一番大事业；③机会意识，成功的企业家必须重视寻找和利用技术机会和市场机会，具有把握机会、快速反应的能力，这往往是创新成功的关键。

领导和参与技术创新活动的高层领导主要包括：公司总裁（CEO），CEO 在制定技术战略、选择项目优先级和分配相应资源方面发挥十分重要的作用；其次是技术副总裁（CTO），CTO 在技术创新中的作用已越来越受到重视。技术副总裁在企业中的具体职能是参与企业全局战略的制定、指导企业技术战略的制定、控制研究与发展资源的分配、领导研究与发展活动、致力于企业与外部技术组织之间的联系、监测和评估外部技术、决策企业在外部技术方面的投资等。企业若想在技术密集的现代社会中参与竞争，首要的任务就是将技术主管的地位提到一个相当的高度，以使他能够与其他高层领导就企业总体战略的制定和实施问题进行交流和协商，从而将企业的技术与总体战略密切结合起来。

2. 研究与发展体系

研究与发展是技术创新的前提。一个企业要进行有效的创新，就必须具有合理的研究、试验发展的布局，以及与企业外部（研究所、高校）研究与发展力量的协同。研究与发展人员要接受加强市场意识的培训，并且与事业部的技术人员经常交流。这样，研究与发展人员在保持技术领先性的同时，与基层的创新保持着必要的联系。为了保证公司研究与各分厂、事业部的技术和知识交流，还必须改变公司研究与发展费用的负担方式。例如 3M 公司研究中心的费用原来有 2/3 来自公司的拨款，其余来自公司各事业部或外部客户的合同，而现在 75%的资金都来自于这些合同。这样就既保证了公司与各事业部的技术和知识关联，又加强了基层创新机构对公司一级创新机构的费用监督。

3. 教育培训与人力资源

教育培训的目的是为了提高和普及人们的知识水平，而知识是技术创新的前提，没有高素质的研究与发展人员，企业技术创新就很难进行下去。在企业创新中，除了企业本身进行技术培训外，还应重视技术培训的外在化，即充分利用高等学校的优势来培训人才，并引进外部人才。

许多创新型企业普遍认识到技术创新的关键成功因素在于在创新的各个环节安

排合适的人员。有效的人力资源管理有助于管理者成功地实施创新战略。人力资源部门的职能包括吸引、发展和奖励有合适技能的管理者和员工，在获取对技术创新极为重要的人力资源方面发挥重要作用。为创造和激励一支成功的研究与发展人员队伍，人力资源部门需要设计一套合理的政策，来确认、发展、评价和奖励与企业的创新目标一致的活动。企业通过良好的声誉或优厚的待遇吸引优秀的科技人员加盟，将其安排到合适的岗位，鼓励他们尽快提高自己，以达到较高水平。激励他们融入企业的组织群体中，并与他人分享企业成功所必需的信息、知识、技能和工作态度，引导他们走向明晰、激动人心的未来。

4. 资金供应与管理

资金供应是保证技术创新成功的另一个重要因素，包括对研究与发展、工艺创新和技术改造以及技术引进的财力支持。在许多企业中，资金都是一个瓶颈问题，许多企业制定了明确的战略目标和详尽的执行计划，但却不能提供足够的资金，这是许多技术创新项目业绩不好的原因之一。因此保证足够的技术创新资金是非常重要的。

对美国企业的调查分析表明，不论哪个行业，凡是技术创新的投资率（研究与发展费用占销售收入的百分比）不低于4%的企业，都有明显的高增长率。投资率在3%~4%之间的企业，其长期增长率在80%的时间里不低于美国国民生产总值增长率的一半，而投资率低于2%的大企业的增长率明显低于美国国民生产总值的增长率。最终的结果表明，那些在技术创新上投资率低于3%的企业只能维持现状。因而，企业要发展必须以一定的技术创新投资作保证。

尽管如此，与其他投资不同，技术创新的投资具有更多的不确定性和特殊性，它的投资收益不与投资量成正比，多花了一倍的投资一定就得到多一倍的产出（如利润、新产品）是不现实的。但是不进行技术创新也是不现实的。因此，既要能保证技术创新的顺利进行，又要能保证企业的年收入（或利润）不受影响，这就要求有一个合理的投资预算标准。通过对技术创新投资预算进行高标准定位，不仅投资预算易于制订，更重要的是使投资更具经济性。因此，要根据行业的不同特性保证充足的创新资金。

5. 完善的创新管理工具

创新管理工具指支持创新过程的有关方法、软件系统和工具。系统和工具范围很广泛。一个组织究竟需要何种系统和工具要视该组织的情况而定，但任何一个组织都有一套专门服务于核心过程的系统和工具，包括：

（1）产品开发过程的支持系统和不同职能部门间的通信系统。

（2）有利于进行更快、更有效的产品开发的工具。

（3）设计质量的管理方法，用于创新过程自我分析和自我提高的方法。

软件系统包括计算机辅助策划系统（CIS，Computer-Aided Logistic System），计算机辅助设计系统（CAD，Computer-Aided Design），产品数据管理系统（PDM，

Product Data Management）等等；技术工具包括支持工程的 DFx 技术（包括面向性能设计 DFP、面向装配设计 DFM、面向制造设计 DFM、面向测试设计 DFT、面向成本设计 DFC 和面向服务设计 DFS）以及质量功能展开 QFD，快速原型化工具，制造设计法等。

国际互联网（Internet）和企业内部网（Intranet）的发展使得企业获取、分析、交流和发布信息的效率和效果大大改善。通过使用电子邮件、远程登录计算机、共享数据库、新型电视会议、高级工作站技术，分布于全球各地的研究与发展人员可以突破空间的限制，以“虚拟团队”的形式共同开发项目。

6. 创新文化

与信息、资金与组织结构相比，创新文化对技术创新同样具有重要作用。创新文化包括四个方面：价值观、制度体系、行为规范、实物载体。

（1）价值观是文化的根本特征。当代创新文化应以企业家精神为核心，追求超前、开拓、变革、卓越的文化。创新文化决定着企业技术创新的价值导向。企业技术创新的规模、水平、重点以及方式往往由其价值导向决定。如日本索尼公司一直以“技术领先”为其创新文化的根本导向，其技术创新活动十分活跃，在电视机、数字音响等方面取得了世界领先的成果。

（2）创新文化得以运行，必须以一定的制度体系为基础。与技术创新相关的制度包括研究与发展制度、人力资源开发制度等。3M 为在整个公司范围内激励创新的热情，就推出了“15%规则”的创新制度。“15%规则”允许所有的技术人员将其工作时间的 15%用于自选课题，而不需要经过批准，管理者甚至无权过问。技术人员将这部分时间用于访问其他实验室或客户。通常，人们将这部分时间用于帮助其他部门的同事解决问题。

（3）行为规范是文化的基本特征与具体表现。创新文化在行为规范方面表现为企业家和企业员工理解创新、参与创新与重视创新，鼓励与容忍失败，对员工的背景（国籍、所在地区和家庭等）的尊重。3M 公司共有多达 45 个业务部门，但是管理者努力建立员工对整个公司而不是特定部门的强烈归属感。公司力图使跨部门界限的技术人员互相帮助、共享项目和技术信息。这使得 3M 的许多业务部门的技术能够很好地应用到其他业务部门。各部门的技术主管负责将他们的客户的需求传达给公司内所有的技术专家。公司有一句格言：“产品属于业务部门，但是技术属于整个公司。”

（4）实物载体是创新文化的客观标志，具有明显的指导与示范效果。如许多创新型公司非常鼓励个性化办公室的建立、设立明显的最佳创新员工标志、建设企业创新产品的展示场地。这种场地向企业内外的人员开放，以建立企业员工对本企业创新产品的荣誉感。

7. 企业制度

技术创新要最大限度地发挥出经济效益，还必须同时进行相应的一整套制度创新。我国企业的技术创新实践表明，包括产权体制、法人治理结构、科研体制、劳动人事体制、营销体制、生产体制在内的企业制度建设是技术创新成功的重要保证。

本章小结

技术变革会经过发明、创新、扩散三个阶段，技术创新是在经济活动中引入新产品或新工艺，从而实现生产要素的重新组合，并在市场上获得成功的过程。根据技术创新中创新对象的不同，技术创新可分为产品创新和过程（工艺）创新。

企业技术创新战略主要解决企业技术创新的基本原则、根本目标和主要规划等企业技术创新经济活动中带有全局性、长远性和方向性的问题。企业技术创新分为自主创新、模仿创新和合作创新三种基本模式。

企业技术创新管理包括适应技术创新要求的组织结构调整；以提高核心能力为中心的技术创新能力的形成和培养；建立包含企业家、研究与发展体系、人力资源、资金、技术工具、创新文化和企业制度诸因素的完善的技术创新系统。

思考与练习

1. 什么是技术创新？技术创新与发明之间的关系是什么？
2. 技术创新有哪些类型？试分别举例说明。
3. 影响技术创新成功的主要因素有哪些？
4. 联系某产业发展，论述该产业内技术创新的动力模式。
5. 企业技术创新战略主要包括哪些内容？
6. 试比较自主、模仿、合作三种技术创新模式的优缺点，谈谈我国企业技术创新战略模式的选择。
7. 简述企业核心能力的概念及构成。
8. 如何评价企业的技术创新能力？
9. 为什么要重视技术创新的集成化管理，建立完善的企业创新系统？

第二篇　方法篇

第四章　技术项目现金流的构成

内容提要

对技术项目进行经济分析，一般不使用会计的方法来描述项目的成本和利润，而是通过分析现金流量来评价。技术项目的现金流往往发生在不同的时间点上，而由于资金具有时间价值，不同时间点上的相同货币金额并不等值，在计算时需要作相应的转换。本章首先介绍了技术经济分析中的现金流，然后分析了资金产生时间价值的原因，最后介绍了一套将不同时间点的货币换算到同一时间点的方法，从而使我们能够对技术项目的现金流量进行定量评价。

第一节　现金流量

一、现金流的概念

现金流量是技术经济分析的基础，是对技术项目在寿命周期内的活动状况的量化描述。

一般来说，不管是对宏观经济运转过程还是对技术经济项目的活动过程，都可以从物质形态和货币形态两个方面来进行考察。从物质形态来看，经济过程表现为经济行为人使用工具、设备以及一定数量的能源，改变物质资料的形态和使用属性，使其形成具有更高价值的物质形态。从货币形态来看，技术经济过程的实质就是通过一定量的初始货币投入，以及一定的运营费用来获取收益的过程。企业进行技术经济活动的任何环节，都伴随着货币的流动。技术的研发需要企业投入资金雇佣技术人员、购买实验设施、租用或购买实验场所，技术转化为产品的过程同样需要企业购入原材料、雇佣工人，这些活动所带来的是现金的流出。而企业通过产品或技术销售、产权交易、证券投资等活动可以获得收益，这些活动带来的是现金的流入。我们把技术项目在各个时间点上实际发生的这种现金流出或流入称为现金流。通过对技术经济活动中的现金流入和流出情况整理，对数据进行恰当分析，我们就可以从经济上判断技术项目的效益及可行性。

有人把现金流比喻为支撑技术项目运行的血液，承担着向技术项目输送养分的任务，尤其是对于一些需要大量现金投入、很高的现金流动速度的行业来说，现金的时间规划与流动的合理性更是决定项目成功的关键因素。因此，通过有效管理，使现金流在时间上合理分布，以满足技术项目的投资建设、生产运营以及库存和销售等活动的需求，在技术经济分析中就显得尤为重要。

二、现金流的分类

现金流是伴随着技术项目的存在而存在的，根据技术项目的不同阶段，可以把现金流分为三种类型，即筹资现金流、投资现金流和运营现金流。

1. 筹资现金流

技术项目往往以筹资活动为起点，然后进行相应投资，最后通过运营活动收回投资并获取利润。在整个寿命周期内，筹资活动是决定技术项目规模的根本因素，筹资的来源多、数量大，技术项目才可能大规模投资。筹资的来源包括企业自有资金积累、借债、权益资金筹集，以及获取风险资金或战略投资资金。其中通过借债资金需要在一定的时期偿还本金和相应的利息，筹集权益资金需要按期向股东支付红利。因此筹资活动中既包括现金的流入，又包括现金的流出。一般而言，在技术项目的起始阶段，筹资活动意味着企业从外部获取生产经营所必需的资金，现金主要表现为流入；在项目的结束阶段，筹资活动表现为偿还债务和利息、支付红利或回购股份，主要表现为现金流出。

2. 投资现金流

技术项目的投资活动意味着企业向外部支付现金，以获取生产运营所需的基础设施、固定资产、无形资产以及递延资产等。此外，企业使用一定量的资金进行长期投资也会产生投资现金流。投资现金流一般表现为流出，其数值为投资支出减去固定资产处置和长期投资收入。虽然从理论上讲，在技术项目的整个寿命周期内都可能发生投资活动，但投资活动主要发生在项目的开始阶段，而且，项目开始阶段的投资产生的现金流出量往往大于运营活动所产生的净现金流入，所以技术项目开始阶段的净现金流通常表现为负值。

例如，如果某生产性企业原处于市区的中心商业区内，土地使用成本很高，为节约成本，企业决定出售市区的厂房，在市郊的开发区内重建厂房，同时更新一批生产设备。在当年出售旧厂房获得 10 000 万元资金，投入 500 万元进行设备更新，3 000 万元购置土地建设新厂房，同时，出售老化设备获得 50 万元。其当年的现金流净值就为 10 000+50-500-3 000=6 550 万元。

3. 运营现金流

运营现金流也称经营现金流，同样也由运营现金流入和运营现金流出两部分组成。其中现金流入指产品或服务的销售所获得的收益；而现金流出则由流动资产投资和运营活动中所产生的一系列费用构成。运营活动中产生现金流的活动较多，在技术经济分析中，现金流分析的主要目的在于获取某个时期的现金流入和流出的情况，从而通过一定的计算来评价技术项目的经济可行性，因此将只考虑运营活动中能直接够产生现金流动的活动。用 CF（Cash Flow）表示现金净流量，CI 表示现金流入，CO 表示现金流出，则有

$$CF=CI-CO$$

其中，CI 和 CO 虽然主要表示技术项目运营过程中产生的现金流动，但其数量大小往往由行业特征和投资额共同决定。有的行业一次性投资的数额不大，但日常运营所需要的流动资金量却很大，如在日用百货或家用电器零售业中，需要大量的现金进货，资金的运转速度也很快，所以一定时期内现金的流入都很大。而在一些经营周期较长、资金运行比较稳定的行业如投资性商业地产、农林业项目中，投资往往是一次性行为，资金需要的数量较大，收益是长期而缓慢的行为，运营过程中 CI 和 CO 的数值都较小。在技术经济分析中，为了简化起见，我们一般假设投资额越大，所带来的净现金流量就越大。

三、现金流的表示和简单计算

现金流是反映技术项目是否健康运行的重要指标，在企业中，经常用现金流量表来总结前一段时期（通常为一年）的生产运营状况，通过现金流量的大小考察企业经营活动的活跃程度，现金流量的正值或负值表示企业持续经营的能力。而在技术经济分析时，我们主要考察的是技术项目寿命周期内每年的现金流量，在此基础上形成现金流量的时间分布，通常以现金流量图将其表现出来。所以，在表示现金流时首先应该计算出各年的现金流量。

1. 年现金流量

年现金流一般由当年的投资支出、资产处置、长期投资收益、运营中的销售收入、经营成本等构成。

【例 4-1】某企业拟投资一软件开发项目，计划第一年初投资额为 500 万元，项目的寿命期为 5 年，预计每年的销售收入和成本费用分别为 600 万元和 400 万元，每年提取的折旧为 100 万元，上缴税收的税率为 20%，项目在第 5 年末残值 30 万元。计算各年的现金流量。

分析：项目的投资、成本费用和税收构成现金流出、销售收入和残值构成现金流入，但折旧费需要从销售收入中提取然后再计算应交税收，而折旧费不构成现金流出，所以最后应该将其加回现金流入中。在不考虑年初的投资和寿命期末的残值回收的情况下，每年的现金流量为：

年销售收入	600
年成本费用	-400
税前现金流 200	
折旧费	-100
税前利润	100
税金（100×20%）	-20
税后利润	80
折旧费	100
净现金流	180（万元）

由此，各年的现金流量可用下表表示：

表 4-1 某企业的年现金流量 单位：万元

年	0	1	2	3	4	5	合计
现金流入	—	600	600	600	600	630	
现金流出	-500	-420	-420	-420	-420	-420	
净现金流	-500	180	180	180	180	210	430

由此可以看出，企业的软件开发项目在整个寿命期内有正的现金流，各年的现金流分布也比较均匀，对资金的需求没有太大的波动。

如果技术项目在寿命期内各年的现金流不相等，也可以通过列表的方式来计算其现金流状况。

2. 现金流量表

现金流量表是表示技术项目现金流分布或变化的另一种方式，是对一定时期内企业运营、投资和筹资活动对现金产生的影响的全面报告。如果现金流量表的报告期为一年或一季度，对表中各项流入和流出的汇总就形成了当期的净现金流。表 4-2 是某企业 2017 年下半年至 2018 年第一季度的现金流量表的摘录。

表 4-2 现金流量表 （单位：元）

报告期	2018-03-31	2017-12-31	2017-09-30	2017-06-30
一、经营活动产生的现金流量				
销售商品、提供劳务收到的现金	363 698 412	1 705 013 071	1 128 860 052	618 706 209

表4-2(续)

报告期	2018-03-31	2017-12-31	2017-09-30	2017-06-30
经营活动现金流入小计	363 698 412	1 705 013 071	1 128 860 052	618 706 209
购买商品接受劳务支付的现金	358 804 395	1 494 795 230	1 015 576 689	554 296 436
支付给职工以及为职工支付的现金	14 058 322	48 692 537	50 236 458	32 025 357
支付的各项税费	8 523 548	28 235 932	16 525 790	10 444 227
支付的其他与经营活动有关的现金	13 302 802	81 588 608	21 618 337	17 224 512
经营活动现金流出小计	394 689 066	1 653 312 307	1 103 957 274	613 990 533
经营活动产生的现金流量净额	-30 990 654	51 700 764	24 902 778	4 715 677
二、投资活动产生的现金流量				
收回投资所收到的现金	——	466 542 778	205 264 000	83 750 000
取得投资收益所收到的现金	6 250 000	13 401 748	9 236 254	7 962 035
处置固定无形和长期资产收回的现金	253 647	543 000	350 257	203 564
收到的其他与投资活动有关的现金	——	83 884 604	50 640 000	——
投资活动现金流入小计	6 503 647	564 372 130	265 490 511	128 869 599
购建固定无形和长期资产支付的现金	36 056 255	404 566 709	225 256 458	114 258 660
投资所支付的现金	——	125 762 731	168 483 136	48 607 797
投资活动现金流出小计	36 056 255	530 329 440	418 805 213	187 106 095
投资活动产生的现金流量净额	-29 552 608	34 042 690	-153 314 702	-58 236 496
三、筹资活动产生的现金流量				
吸收权益性投资所收到的现金	——		——	——
发行债券所收到的现金	——	——	——	——
借款所收到的现金	——	530 000 000	110 000 000	51 000 000
收到的其他与筹资活动有关的现金	——	2 541 773	——	——
筹资活动现金流入小计	——	623 420 785	110 000 000	51 000 000
偿还债务所支付的现金	——	559 500 000	5 000 000	5 000 000
发生筹资费用所支付的现金	——	——	——	——
分配股利或利润所支付的现金	——	——	——	——
融资租赁所支付的现金	——	——	——	——

表4-2(续)

报告期	2018-03-31	2017-12-31	2017-09-30	2017-06-30
筹资活动现金流出小计	2 085 235	571 248 847	9 681 257	8 560 042
筹资活动产生的现金流量净额	-2 085 235	52 171 938	100 318 743	42 439 958
四、汇率变动对现金的影响	——	7 708	425 366	290 032
五、现金及现金等价物净增加额	-62 628 497	137 923 100	-27 667 816	-10 790 830

由现金流量表我们可以看，现金流量主要由运营活动所生产的现金流、投资活动所生产的现金流，以及筹资活动所产生的现金流三部分组成。对于技术项目来说，可以通过详细预测各年的投资与运营情况，估计出现金流动的总量，形成对技术项目进行经济评价的基础。

3. 现金流量图

现金流量图是在对技术项目进行分析时绘制的直观反映项目的运行情况的有效工具，通过现金流量图，我们可以简洁地表示出现金流的性质（流动方向）、发生的时间以及数量的大小。典型的现金流量图如下图所示：

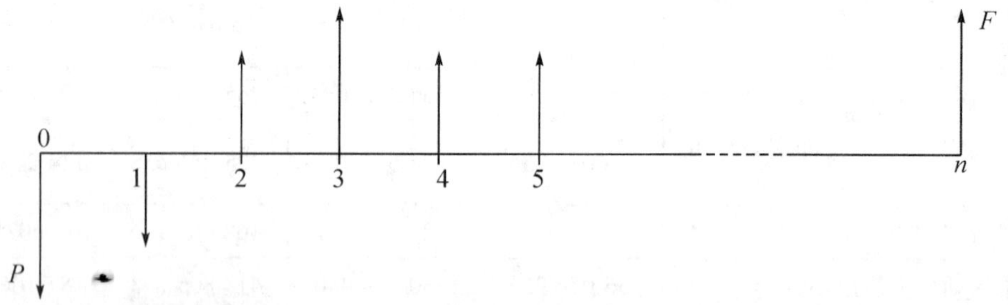

图 4-1 现金流量图

为使现金流量图更规范，便于直接观察图中现金流的性质和时间间隔，在绘制图形时应遵循以下规则：

（1）现金流的起点时间为第 0 年，也就是第一年年初。时间标度为 1 的点表示第 1 年年末和第 2 年年初，标度为 2 的表示第 2 年年末和第 3 年年初。依此类推，标度为 n 的时间点表示第 n 年末。这样的表示法有利于计量资金时间价值时利息计算周期数的确定，比如要计算第 0 年的 10 000 万资金在第 n 年年末的时间价值，计息周期数（利息期）就为 n-0=n；同样，计算第 3 年的 10 000 万资金在第 10 年年末的时间价值，计息周期数就为 10-3=7。原因在于从第 0 年到第 n 年年末期间正好有 n 个 365 天的时间长，第 3 年年末到第 10 年年末正好有 7 个 365 天的时间长。如果不约定所提到的第几年是指年末或者年初，则可能发生混乱。

（2）在现金流量图上，水平线表示时间，计算利息的周期数不能直接使用水平线上的时间标度来表示，必须计算利息所对应的两个时间点之间的距离。

（3）垂直方向上的带箭头的线条表示现金的流动，其中向上的线条表示现金的流入，向下的线条表示现金的流出，线条的长短表示现金流的大小。

第二节　现金流的构成

一、现金流出：投资、费用和成本

（一）投资

投资是技术经济项目中的重要活动，投资所形成的现金流也是技术经济分析中现金流出的重要组成部分。明确投资的含义以及投资所引起的资金变动和货币向实物形态的变动情况，有助于我们理解技术项目的运动规律。

1. 投资的含义

从广义上讲，所谓投资就是放弃一部分财产（可以是货币形态也可以是物质形态）现期的某些权利来获取未来期的收益的行为。这里面的投资涉及几个重要要素，其一是投资行为必须建立在一定的财产权基础上，有了这样的产权基础，投资的行为主体才能对财产进行某种方式的使用；其二是投资行为是以获取未来期的更高收益作为激励的，没有对未来期的更高的财产价值的预期，投资者就不会放弃现期财产的部分权利。如我们将现在不花的货币存入银行的目的是获得一定时期后的本金和相应的利息，如果银行不承诺支付利息，我们就会考虑将货币存放在如家中的保险箱之类的更安全、更便于提取的地方。其三是投资行为必然对一定财产权利的放弃，从某种意义上讲，正是我们放弃了一部分财产权利，才使我们有理由要求获得一定数量的收益率。如我们将货币财产用于购买股票，我们就放弃了自由地将货币财产作为他用（购买一件时尚的衣服）的权利，也放弃了随意和免费地将财产转化了现金的权利，即我们放弃了对货币的使用权和控制权。其四是投资行为往往伴随着一定程度的风险，理论上讲，任何投资行为都会有风险，投资购买股票有不能获得红利甚至不能收回本金的风险，投资于技术经济项目中可能遇到市场萎缩而产品滞销、原材料价格上涨带来成本上升，从而使项目无法获得预期收益的风险。决定投资行为的另一个因素是时间，这是决定投资所能获取的收益率大小的重要因素，一般来说投资的期限越长，投资的风险就越大，我们所要求的投资回报率就越高，这也是银行公布的存贷款利率随期限的增加而增加的原因。

从经济学上讲，投资仅仅是指对生产要素的购买。从这个意义上讲，企业购置土地、机械设备或雇佣劳动力进行生产的行为叫作投资，而个人为了以后更好地生活而将现期的收入存入银行或用于购买养老基金的行为叫作储蓄而不叫投资。在技术经济分析中，我们将投资定义为企业在经营活动中为了保证生产经营活动的持续性而预先垫付资金的行为。企业垫付资金的目的可能在于购买土地、机械设备或者雇佣劳动力，也可能在于增加流动资金的数量以增强经营的灵活性。

2. 投资所形成的资产分类

投资行为改变了资产的属性或形态，或者将货币资产转变为实物资产，或者将个人资产转变为企业（公司）资产。在技术项目中，投资将资产的形态转化为企业的固定资产、无形资产、递延资产和流动资产等资产类别，这些类别资产的有效利用能为企业带来必要的收入现金流。

（1）固定资产。区别固定资产与流动资产的标准既包括使用期限的差异，又包括其流动性上的差异。流动性即是指将资产转变为现金的能力或速度，有时候也叫变现能力。一般来说，使用期限在一年以上的资产叫固定资产。固定资产的流动性较差，比如将一套房屋转变为现金往往需要较长的时间去寻找合适的买家，其间可能还需要支付一定的中介费用，并承担资产价值随着物价水平变动而变动的风险，因此进行固定资产投资往往需要一个比流动资产投资更高的收益率。固定资产的形态包括机器设备、厂房及其他基础设施等，图 2-2 说明了技术项目在固定资产中的投资以及常见的固定资产形式。

- 固定资产投资
  - 设备购置
    - 设备购置费用
    - 设备运输
    - 设备安装调试费用
    - 设备进口关税
  - 工程建设费
    - 材料费用
    - 建设费用
    - 设备使用费用
  - 其他费用
    - 本地费用
    - 迁移补偿
    - 投资方向调节税

图 4-2　固定资产投资

值得注意的是，固定资产的价值可以从多个角度进行评估，从不同角度评估所得到的数值具有不同含义。以固定资产购入时的价格衡量的价值叫作固定资产的原值；固定资产在使用期间，其原值减去累计折旧额叫作净值；固定资产使用到期后进行报废或其他方式的处置所获得的价值叫作固定资产的残值；在固定资产的使用寿命期内购置同样资产所花的代价叫作固定资产的重置值。

例如，某企业在 2007 年年初花费 25 万元购置了一辆商务汽车用于接送企业的员工，汽车的使用年限预计为 10 年，在 2016 年年末报废，报废时能回收 1 万元资金。当汽车使用至 2010 年年初时，由于汽车生产技术的改进和汽车行业竞争的加剧，市场上出现了大量质量更优良、价格更低的汽车，致使购置同样品牌和功能的汽车只需要花费 18 万元。若企业决定将旧车出售，更换新车，旧车在市场上的出售价格仅为 15 万元。在这种情况下，企业的这辆汽车在使用寿命期内的原值始终为

25 万元，使用期末的残值为 1 万元，在 2010 年年初的重置值为 18 万元。由此可见，在评估技术项目中的资产价值时，使用不同的估价方式将会对资产的总价值量产生重大影响。

（2）流动资产。流动资产是指使用期限在一年内的资产，或者说是指能够在一年内变现或者因为生产经营活动而被完全耗费，从而转变为其他价值形态的资产。企业的投资可以转变成的流动资产类型如图 4-3 所示。

流动资产投资
- 现金及各种存款
- 短期投资
- 应收及应付账款
- 存货
  - 原材料
  - 低值易耗品
  - 在制品、半成品
  - 产成品库存
- 燃料、动力

图 4-3　流动资产投资

企业进行流动资产投资的目的要么在于应付预期的较短时间之内的资金需求，如每月月底向员工支付工资；要么在于应付计划之外的资金需求，例如对于一家禽类药物的生产企业来说，如果年内该地区发现禽流感，市场需求会急剧上升，企业就需要组织资金迅速购置原料来提高产量，以应对市场需求的变化。因为企业经营活动中有大量的易耗品需要在短时间内重复购买，所以流动资产投资的另一种目的在于及时购买经营活动所必需的流动性资产。

（3）无形资产。根据国际会计准则委员会的定义，无形资产是指可辨认的、无实物形态的非货币性资产。企业投资所获得的无形资产需要满足两个条件：一是企业拥有完全的产权，能够行使占有、使用或者转让的权利，从而能够将其用于生产、提供商品或劳务，或用于提高管理效率，以获取收益现金流；二是无形资产和其他资产一样，也存在着一定的存续期，其价值也可能随着时间而变化。如国家对任何专利的保护都会设立一个保护期限，过了这个期限国家将不再保护专利技术的排他性使用权。正因为如此，一些企业为了更为长久地独享专有技术带来的收益，宁可自己采取措施防止专有技术的泄露而不愿申请专利保护。由于无形资产价值随时间而变化，所以我们在计算其价值的时间也和固定资产一样，可以从不同的角度来评估。

根据无形资产的定义，我们可以归纳出无形资产的特征表现为以下几个方面：第一，无实体性。无形资产是“无形”的，是看不见摸不着的，不占或少占空间，它是无形资产最明显的特征，这一特征使无形资产的功能作用不能在感性上直观，只能在观念上直觉。第二，收益性。企业拥有通过无形资产获得收益的权利。无形资产能带来收益的原因在于其功能上的高效性，即无形资产往往能给企业带来高于一般水平的收益。第三，独占性，又称垄断性。这一特征表明无形资产仅与特定的主体有关，在法律、契约、制度的保护下，禁止非所有权人无偿取得。独占性的存在在于无形资产生产的单一性，为此就产生无形资产价值确定的困难性和价格严重背离价值的必然性。图 4-4 给出了无形资产的常见形式。

无形资产投资
- 专利和专有技术
- 版权
- 商标和商誉
- 许可证
- 专营权
- 土地、矿山等资源的使用权
- 销售渠道
- 客户或供应商关系

图 4-4　无形资产投资

⑷递延资产。递延资产是指一次性支付了的，而又不能全部计入当期损益中，应当在以后年度内分期摊销的各种费用。如企业的开办费、一次性支付的以后多年的房租等。递延资产投资的形式和以后收回投资的方式都与固定资产相同，都是通过一次性的现金流出获取，然后从以后多年的收入现金流中取得补偿。

3. 固定资产折旧

在技术经济项目中，对于购入固定资产的投资，应在技术项目寿命周期内以收益的方式收回，这就要求按照财务会计的计算方法将固定资产的原始成本合理地分配到资产的各个使用期内，这就是固定资产的折旧。折旧数额的确定方法主要有直线法、工作量法和加速折旧法。具体使用什么样的方法由固定资产的物质特性和企业的经营思路决定。

（1）直线法。所谓直线法又称平均年限法，即是将固定资产的折旧成本平均分摊于资产的使用年限中的折旧方法。在直线折旧法中，每年提取的折旧额和折旧率都相等。其计算公式为：

$$年折旧额=\frac{固定资产原值-预计残值}{预计使用年限}$$

$$年折旧率=\frac{固定资产年折旧额}{固定资产原值}$$

【例 4-2】某企业为开拓移动通讯增值服务业务，于 2005 年购入一批价值 30 万元的电脑设备，预计使用期为 5 年，5 年后电脑设备的处置可以收回 2 000 元资金，若采用直线法提取折旧，每年应提的折旧费为：

$$年折旧额=\frac{300\ 000-2\ 000}{5}=59\ 600\ 元$$

直线法最大的优点在于计算简单而且容易理解，因此是一种广泛使用的方法。

（2）工作量法。工作量法是将固定资产应提的折旧额平均分摊到资产预计能够完成的工作量上的一种方法。这种方法主要适用于那些使用寿命期随着使用频率的增加而下降、同时又能准确度量其完成的工作量的资产。其计算公式为：

$$单位工作量折旧额=\frac{固定资产原值-预计残值}{预计工作总量}$$

年折旧额=单位工作量折旧额×年工作量

【例 4-3】某服装公司购入一批价值 100 万元的缝纫机械，预计使用期为 5 年，期末无残值。由于在 5 年期内各年计划的产量不同，因此对机械的损耗及由资产使用带来的收益也不同，因此决定采用工作量法提取折旧。公司预计在未来 5 年内生产服装的总产量为 10 万套，各年的产量及折旧额如表 4-3 所示。

$$单位工作量折旧额=\frac{100}{10}=10 元$$

表 4-3　　　某服装公司的折旧计算　　　单位：元

年	单位工作量折旧额	年产量（套）	年折旧额	累计折旧额
1	10	15 000	150 000	150 000
2	10	20 000	200 000	350 000
3	10	25 000	250 000	600 000
4	10	25 000	250 000	850 000
5	10	15 000	150 000	1 000 000

（3）加速折旧法。加速折旧法的本质是通过一定的方法使每年提取的折旧额逐年递减，从而便于固定资产使用的时期多提折旧，后期少提。常用的加速折旧的方法有双倍余额递减法和年数总和法两种。双倍余额递减法是根据双倍的直线法折旧率和逐年递减的固定资产净值计算各年的折旧额的方法。在双倍余额递减法下，

$$年折旧率=2\times\frac{1}{预计使用年限}$$

年折旧额=年折旧率×固定资产的净值

如在上例中，第一年的折旧率为$\frac{2}{5}$，折旧额为$\frac{2}{5}\times100=40$ 万元，第二年的折旧率仍为$\frac{2}{5}$，折旧额为$\frac{2}{5}\times（100-40）=24$ 万元，以后各年的计算方法同此。

而在年数总法折旧法中，

$$第 i 年折旧率=\frac{总年限-已使用年限}{使用年限的总和}$$

年折旧额=（固定资产原值-净值）×第 i 年折旧率

若固定资产的使用年限为 5 年，使用年限总和就为 5+4+3+2+1=15，第一年的

折旧率为$\frac{5}{15}$，第二年的折旧为$\frac{4}{15}$，依此类推，第五年的折旧率就为$\frac{1}{15}$。

以例 4-2 中所列数据为例，使用直线法、双倍余额递减法和年数总和法得到的各年折旧情况如表 4-4 所示。

表 4-4　　　　不同折旧方法的计算

年	折旧率			年折旧额（元）			累计折旧额（元）		
	直线法	双倍余额法	年数总和法	直线法	双倍余额法	年数总和法	直线法	双倍余额法	年数总和法
1	19.87%	$\frac{2}{5}$	$\frac{5}{15}$	59 600	120 000	99 333	59 600	120 000	99 333
2	19.87%	$\frac{2}{5}$	$\frac{4}{15}$	59 600	72 000	79 467	119 200	192 000	178 800
3	19.87%	$\frac{2}{5}$	$\frac{3}{15}$	59 600	43 200	59 600	178 800	235 200	238 400
4	19.87%	$\frac{2}{5}$	$\frac{2}{15}$	59 600	31 400	39 733	238 400	266 600	278 133
5	19.87%	$\frac{2}{5}$	$\frac{1}{15}$	59 600	31 400	19 866	298 000	298 000	298 000

值得注意的是，在双倍余额递减法中，前面几年的年折旧额是用年折旧率乘以固定资产的净值（原值-累计折旧额），而不是乘以预计提取的折旧总额；同时，为保证将应提折旧金额足额提取，最后两年往往使用直线法，即将倒数第二年年初的净值减去残值后，再平均分摊到最后两年，得到各年应提取的折旧额。

使用加速折旧法的依据在于以下几个方面：

第一，防止各年的账面利润产生太大的波动。由于企业的账面利润是从每年的收益现金流中减去折旧和固定资产的维修费用的结果，而固定资产在使用初期维修费用较低，后期维修费用很高，所以采用加速折旧的方法可以使花费在固定资产上的成本在各年较平均地分布，以免引起企业账面利润的不正常波动。

第二，企业经营收益现金流受相当多的外部因素影响，技术项目后期的收益具有很大的不确定性，有可能出现收益现金流不足，从而无法提取折旧的风险，使用加速折旧法可以减少这样的风险。

第三，加速折旧法可以推迟纳税。使用加速折旧法使技术项目在经营的前期利润额较低，因而应缴纳的企业所得税也低，后期的利润额较高，应缴纳的所得税较高。从现金流量上看，项目前期因为纳税而产生的现金流出量较低，后期较高，有助于提高资金的使用效率。

【例 4-4】某企业购入一批价值 12 万的设备，预计使用期为 6 年，使用后无残值，预计 6 年内每年销售收入为 5 万元，企业所得税率为 33%，计算各年的折旧和企业所得税如表 4-5 所示：

表 4-5　　折旧方法与所得税额　　单位：万元

年	销售收入	年折旧额		所得税额		当年利润	
		直线法	年数总和	直线法	年数总和	直线法	年数总和
1	5	2	3.43	0.99	0.52	3	1.57
2	5	2	2.86	0.99	0.71	3	2.14
3	5	2	2.29	0.99	0.89	3	2.71
4	5	2	1.71	0.99	1.09	3	3.29
5	5	2	1.14	0.99	1.27	3	3.86
6	5	2	0.57	0.99	1.46	3	4.43

（二）费用和成本

在财务会计中，费用和成本是两个不同的概念，成本是取得资产的代价，费用是取得收入的代价；成本是按一定的产品或劳务对象所归集的费用，如生产成本或制造成本，费用是企业为销售商品、提供劳务等日常活动所发生的经济利益的流出，如管理费用、销售费用等。但从现金的流动方向上看，不论是会计上的费用还是成本，都是指现金从技术项目系统内流出，因此我们在分析技术项目的经济效果时不区分费用和成本，将其视为同一个概念。一般来说，技术项目运营初期的投资、运营期间的各项费用和税金是现金流出的主要组成部分。

1. 费用或成本的构成

在一定时期内发生的总费用成本可以分为制造成本和期间费用两大部分，其中制造成本又叫生产成本，是指与生产活动直接相关的成本，包括生产过程中的物资耗费和人员工资支出等。期间费用则是指一般管理活动所耗费的成本，包括支付给管理人员的报酬，管理活动所带来的资金成本的支付和物资耗费等内容。其具体构成如图 4-6 所示：

- 总费用成本
  - 制造成本
    - 直接支出
      - 直接材料费
      - 直接人工费
      - 其他直接支出
    - 制造费用
  - 期间费用
    - 管理费用
    - 财务费用
    - 销售费用

图 4-6　费用的构成

在图 4-6 中，直接支出指发生在生成作业单位（厂房或车间）的直接费用，主要包括生成过程中所消耗的原材料、辅助材料、外购半成品、燃料动力等要素的费用，以及支付给生产人员的工资、奖金、津贴。而制造费用则是指发生在生产单位的间接费用，是生产单位管理人员组织、管理生产活动时所产生的费用，主要包括生产单位管理人员的工资和福利、生产工人的福利费用、投入到生产过程中的固定资产的折旧费和维护费。

管理费用是指企业职能部门进行组织管理活动时所消耗的直接和间接的费用，包括职能部门员工的薪资和福利费用、投放在职能部门的固定资产的折旧费，以及管理人员工作中的消耗（办公费、差旅费等）。

财务费用是指企业为筹集资金而发生的各项费用，包括利息、支付给银行的手续费、支付给金融中介机构的费用、外币汇兑损失。例如企业在公开市场上发行股票筹集资金的过程中，会请金融中介机构作为推荐人，支付给中介机构的报酬就是财务费用。

销售费用是指企业在销售产品或向消费者提供劳务的过程中发生的费用，主要包括支付给销售人员和售后服务人员的薪资和福利、销售过程中的包装运输和库存费用以及举办销售推广活动而支付的费用。

2. 其他的成本概念

我们在评价技术项目的经济可行性时，如果只按照财务账目的记录列出项目的现金流并根据现金流做出最终评价可能会做出错误判断，原因在于账面的现金流出项中可能忽略了一些隐性的成本。这些隐性成本主要包括机会成本和沉没成本。

（1）机会成本。机会成本是指一定的资源用于现有用途之外的其他用途所能带来的最高收益。机会成本的存在源于资源的多用途性及其数量的有限性，一块地可以用于开发房地产，也可以用修建运动场；10 000 元的资金可以用于消费，也可以用于储蓄以获取利息收益，还可以投资于证券市场，但在特定的时间段，我们只能将资源使用到某一种特定的用途。当我们将资源用于某种特定的用途时，就意味着我们放弃了将其用于其他用途的机会，也就放弃了从其他用途中获得收益的机会，这种放弃就形成了将资源用于特定用途的代价，即机会成本。对于任何一个理性资源的所有者来说，使用资源的目标是获取最大的收益，因此我们把其他可能的用途中能够带来的最高收益作为资源的机会成本。

例如，如果企业使用自有资金 1 000 万元和估价为 3 000 万元的无形资产进行生产经营活动，在一年中产生 800 元的销售收入，一年中总的运营费用 700 万元，按财务账目计算，可以得出企业的年利润为 $800-700=100$ 万元。然而，如果 1 000 万元资金转为他用可以带来 10%的年收益率，3 000 万元的无形资产如果转让给他人也可以带来 5%的年收益率，那么考虑到资源的机会成本，企业本年度经营利润就应为 $800-700-1\,000\times10\%-3\,000\times5\%=-150$ 万元，企业实际上是亏损的。扣除机会成本后的利润较真实地反映了企业的盈利状况，一般来说，使用机会成本的概念有利于我们准确地判断企业对资源的利用效率。

（2）沉没成本。沉没成本是指以前发生的，不会对未来收益状况产生任何影响的费用。沉没成本的例子很多，比如张先生花500元购买一张2005年6月10晚上8点的演唱会门票，但由于路上堵车在演唱会结束时也未能赶到现场，他没有使用这张门票，但在门票上付出的500元资金虽然没给他带来任何收获，也不再有价值，形成了沉没成本。沉没成本对于过去来说是实实在在地发生了的，即企业是付出了代价的，然而它不再对未来的经营活动产生任何影响。按照斯蒂格利茨的说法，“如果一项开支已经付出并且无论如何也不可能收回，一个理性的人就会忽略它。”然而很多人在做经济决策时却难以做到这一点，比如某商业企业80年代花10 000元购回一台12英寸的黑白电视机准备出售，由于营销策略失误和我国电视生产技术的飞速提升，到2005年仍没有销售出去。其作为存货资产的价值接近于零，但企业仍在财务账目中按原值10 000元将其记为资产，作为企业总资产的一部分，这会对企业的营利能力产生负面的影响。

二、现金净流入——销售收入及税金

技术项目的现金流入主要由销售收入、投资收益以及资产转让和处置的收益组成，其中最主要的是销售收入。在计算上，企业的销售总量乘以价格就构成销售收入，但销售收入中包含了应纳税额，而税金对于企业来说是一个现金的流出项。有时候不单独把税金作为现金流出的一个项目，在计算销售收入所产生的现金流入时，应先将税金扣出，得到技术项目的净现金流入。将税金从销售收入中扣除的方法取决于应纳税金的性质和缴纳方式，在我国，企业所应缴纳的税收主要有流转税、财产税、资源税、所得税以及特定目的税五类，下面简单介绍一下技术项目中可能涉及的税收内容：

（一）流转税

按我国税法规定，流转类税是以商品生产、商品流通和提供劳务的流转额为征税对象的税种。流转税的计算基础是企业运营活动中的销售额或营业额，主要包括增值税、消费税和营业税。

1. 增值税

顾名思义，增值税是以企业生产经营活动的销售收入中增值的一部分为依据征收的流转类税。增值税的征收对象为在我国境内销售或提供加工、修理修配劳务，以及进口货物的单位和个人。增值税的税率分为三档：①纳税人销售或进口货物、提供加工或劳务，多数情况下适用的17%的标准税率；②纳税人销售或进口粮食、煤气、自来水、书刊、饮料、农机、农药等，适用13%的低税率；③纳税人出口货物，一般适用零税率，通常的做法是纳税人先按规定的税率缴纳税额，在出口业务完成后再到相关部门退回。

在具体计算上，增值税采用购进扣税法，即

应纳税额=销项税额-进项税额

其中，销项税额=销售额×税率，进项税额则为购进货物或应税劳务时已交纳的增值税。例如，某企业购入一批价值200万元的设备进行生产活动，按价外税的方式另交了34万元的增值税，并依法取得了增值税发票。经过正常的经营活动，在当期取得1 000万元的销售额，则应交纳的增值税为1 000×17%-34=136万元。

在技术项目中估计增值税所带来的现金流出时还应注意，如果企业已取得小规模纳税人资格，则可以按照简易办法和6%的低税率交纳。

2. 消费税

在我国，对一些特殊商品在征收增值税的基础上，还会另外征收消费税，主要目的在于调节消费结构，引导消费方向，并增加国家的财政收入。消费税在有的国家属于常用税种，即对任何商品或劳务的消费都应交纳，在我国现行的消费税制，属于特种消费税，仅对少数品种的商品销售和消费征收。我国消费税的税率从5%~48%，共分15档。目前应税商品有20种，大体分为五类：①特殊消费品，如烟、酒、焰火等；②奢侈品和非生活必需品，如化妆品、贵重首饰和珠宝玉石等；③高能耗消费品，如摩托车、小轿车等；④不可再生稀缺资源消费品，如汽油、柴油等；⑤消费普遍、税基广，具有一定财政意义的消费品：如护肤护发用品、饮料、汽车轮胎等。

3. 营业税

营业税是对有偿提供应税劳务、转让无形资产和销售不动产的单位和个人，就其营业收入额征收的一种税。营业税的纳税人是在中华人民共和国境内提供应税劳务、转让无形资产或者销售不动产的单位和个人。与其他税种相比，其特点表现为：征收范围广，税源普遍；税收负担轻、税负均衡，较好地体现了公平税负的原则；政策明了，适用性强；计算简单，操作方便，纳税人容易理解。

营业的计税依据是提供应税劳务的营业额，转让无形资产的转让额或者销售不动产的销售额，统称为营业额。它是纳税人向对方收取的全部价款和在价款之外取得的一切费用，包括的税率按不同行业可以分为几个档次：

（1）交通运输业（陆路运输、水路运输航空运输、管道运输、装卸搬运）；建筑业（建筑、安装、修缮装饰及其他工程作业），以及文化体育业、邮电通信业，税率为3%；

（2）金融保险业、服务业、转让无形资产和销售不动产，以及服务代理业、旅店业、饮食业、旅游业、仓储业、租赁业广告业及其他服务业，税率为5%；

（3）娱乐业，包括歌厅、舞厅、OK歌舞厅、音乐茶座、台球、高尔夫球、保龄球、游艺等，税率为5~20%。

另外，在下列公益性强、收入水平较低而需要国家扶持的项目，可以免交营业税：①托儿所、幼儿园、养老院、残疾人福利机构提供的育养服务，婚姻介绍，殡葬服务；②残疾人员个人提供的劳务；③医院、诊所和其他医疗机构提供的医疗服务，以及学校和其他教育机构提供的教育劳务，学生勤工俭学提供的劳务；④农业机耕、排灌、病虫害防治、植保、农牧保险以及相关技术培训业务，家禽、牲畜、水生动物的配种和疾病防治；⑤纪念馆、博物馆、文化馆、美术馆、展览馆、书画院、图书馆、文物保护单位举办文化活动的门票收入，宗教场所举办文化、宗教活动的门票收入。除前款规定外，营业税的免税、减税项目由国务院规定。任何地区、部门均不得规定免税、减税项目。

（二）所得税

所得税又称所得课税、收益税，指国家对法人、自然人和其他经济组织在一定时期内的各种所得征收的一类税收。所得税的特点主要是：第一，通常以纯所得为征税对象。第二，通常以经过计算得出的应纳税所得额为计税依据。第三，纳税人和实际负担人通常是一致的，因而可以直接调节纳税人的收入。特别是在采用累进税率的情况下，所得税在调节个人收入差距方面具有较明显的作用。对企业征收所得税，还可以发挥贯彻国家特定政策，调节经济的杠杆作用。第四，应纳税税额的计算涉及纳税人的成本、费用的各个方面，有利于加强税务监督，促使纳税人建立、健全财务会计制度和改善经营管理。我国的所得税按征收对象分为个人所得税和企业所得税两种，企业年得税按征收对象、征收方式和税率的差异又分为一般企业所得税和外部投资企业及外国企业所得税两种。由于个人所得税对技术项目的经济评价不产生直接的影响，企业所得税的支付是技术项目现金流中的重要流出项，所以这里只介绍企业所得税。

1. 企业所得税

企业所得税是对各类内资企业和组织的生产、经营所得和其他所得征收的一种税。我国现行的企业所得税是 1993 年 12 月 13 日由国务院发布《中华人民共和国企业所得税暂行条例》，从 1994 年 1 月 1 日起实行的。企业所得税的纳税人为中国境内实行独立经济核算的各类内资企业或组织。具体包括国有、集体、私营、股份制、联营企业和其他组织。征税对象为来源于中国境内的从事物质生产、交通运输、商品流通、劳务服务和其他营利事业取得的所得，以及取得的股息、利息、租金、转让资产收益、特许权使用费和营业外收益等所得。

2007 年 3 月 16 日中华人民共和国第十届全国人民代表大会第五次会议正式通过《中华人民共和国企业所得税法》，自 2008 年 1 月 1 日起施行。企业所得税的计税依据为应纳税所得额，即纳税人每一纳税年度内的收入总额减除准予扣除的成本、费用、税金和损失等项目后的余额。但下列项目在计算应纳税所得额时，不得扣除：资本性支出；无形资产受让、开发支出；违法经营的罚款和被没收财物的损失；各项税收滞纳金、罚款和罚金；自然灾害或意外事故损失有赔偿的部分；各类捐赠超过扣除标准的部分；各种非广告性质的赞助支出；与取得收入无关的其他各项支出。

企业所得税的税率有法定税率和优惠税率两种。从税率上看，法定税率是 25%；符合条件的小型微利企业，减按 20%的税率征收企业所得税；国家需要重点扶持的高新技术企业，减按 15%的税率征收企业所得税。计税公式为：

应纳税额=应纳税所得额×税率

其中，应纳税所得额=收入总额-准予扣除项目金额

2. 外资企业所得税

外商投资企业和外国企业所得税是对外商投资企业和外国企业的所得税征收的一种税。我国现行的外商投资企业和外国企业所得税是1991年4月9日由第七届全国人大四次会议通过并公布《中华人民共和国外商投资企业所得税法》，从1991年7月1日起实行的。其纳税人为①外商投资企业，包括中外合资经营企业、中外合作经营企业、外资企业；②外国企业，包括在中国境内设立机构、场所，从事生产、经营和虽未设立机构、场所，而有来源于中国境内所得的外国公司、企业和其他经济组织。香港、澳门、台湾同胞和华侨投资兴办企业，视同外资企业缴纳外商投资企业和外国企业所得税的纳税人。计税依据为应纳税所得额，即纳税人在中国境内设立的从事生产、经营的机构、场所每一纳税年度的收入总额，减除成本、费用和损失的余额。

外商投资和外国企业所得税实行比例税率：①对从事生产经营的应税所得，实行30%的比例税率；另外按应纳税所得额征收3%的地方所得税，合计税率为33%；②对在中国境内未设立机构、场所而来源于中国境内的利润、利息、股息、租金、特许权使用费和其他所得，或者虽设立机构场所，但上述所得与其机构、场所没有关联的，按10%的税率征收预提所得税。

3. 企业所得税的税收优惠

目前我国的企业所得税优惠政策包括以下几个方面：

（1）国务院批准的高新技术产业开发区内的企业，减按15%的税率征收所得税；新办的高新技术企业自投产年度起免征所得税两年。

（2）为了支持和鼓励发展第三产业企业（包括全民所有制工业企业转换经营机制举办的第三产业企业），可按产业政策在一定期限内减征或者免征所得税。具体规定为：①对农村的为农业生产的产前、产中、产后服务的企业，其提供的技术服务或劳务所取得的收入，以及城镇其他种类事业单位开展上述技术服务或劳务所得的收入暂免征收所得税。②对科研单位和大专院校服务各业的技术成果转让、技术培训、技术咨询、技术服务、技术承包所取得的技术性服务收入暂免征收所得税；③对新办的独立核算的从事咨询业（包括科技、法律、会计、审计、税务等咨询业）、信息业、技术服务业的企业或经营单位，自开业之日起，第一年至第二年免征所得税；④对新办的独立核算的从事交通运输业、邮电通讯业的企业或经营单位，自开业之日起，第一年免征所得税，第二年减半征收所得税；⑤对新办的独立核算的从事公用事业、商业、物资业、对外贸易业、旅游业、仓储业、居民服务业、饮食业、教育文化事业、卫生事业的企业或经营单位，自开业之日起，报经主管税务机关批准，可减征或者免征所得税一年；⑥对新办的三产企业经营餐业的，按其经营主业（以其实际营业数计算）来确定减免税政策。

（3）企业利用废水、废气、废渣等废弃物为主要原料进行生产的，可在五年内减征或者免征所得税。

（4）企事业单位进行技术转让，以及在技术转让过程中发生的与技术转让有关的技术咨询、技术服务、技术培训的所得年净收入在30万元以下的，暂免征收所得税。

此外，可以享受所得税减免的情况还包括：企业遇有风、火、水、震等严重自然灾害，可在一定期限内减征或者免征所得税；新办的劳动就业服务企业，当年安置城镇待业人员达到规定比例的，可在三年内减征或者免征所得税；国家确定的“老、少、边、穷”地区新办的企业，可在三年内减征或者免征所得税；高等学校和中小学办工厂，可减征或者免征所得税；民政部门举办的福利生产企业可减征或者免征所得税；乡镇企业可按应缴税款减征10%，用于补助社会性开支的费用。

（三）资源税类

我国目前的资源税是对自然资源征税的税种的总称。资源税的纳税人是指在中华人民共和国境内从事开采资源税应税矿产品及生产盐的单位和个人。

资源税实行的是地区差别、分类分级和幅度相应的定额税率，现行的基本征收标准如下表所示：

表4-6　资源税税目税额幅度表

税目	税额幅度
原油	8~30元/吨
天然气	2~15元/千立方米
煤炭	0.3~5元/吨
其他非金属矿原矿	0.5~20元/吨或者立方米
黑色金属矿原矿	2~30元/吨
有色金属矿原矿	0.4~30元/吨
固体盐	10~60元/吨
液体盐	2~10元/吨

（四）财产税

财产税又称财产课税，指以法人和自然人拥有的财产数量或者财产价值为征税对象的一类税收。财产税征税对象一般可以分为不动产和动产两大类，不动产包括土地和土地上的建筑物，动产包括有形资产（如耐用消费品、家具、车辆等）和无形资产（如股票、债券、现金、银行存款等）。目前世界各国对财产征收的税收主要有：房产税、土地税、固定资产税、流动资产税、遗产税和赠与税等。

财产税的主要特点是：第一，土地、房产等不动产的位置固定，标志明显，作为征税对象具有收入的稳定性，税收不易逃漏。第二，征税可以调节财富的分配，抑制财产过于集中于少数人的趋势，体现社会分配的公正性。第三，纳税人的财产大多分散于全国各地，当地政府易于了解，便于因地制宜地实施征收管理。因此，许多国家都将财产税作为税制中的辅助税，划入地方税。现行税制中的房产税、城市房地产税和遗产税（我国目前没有正式立法开征）等三种税都属于财产税。

（五）特定目的税

特定目的税是国家为达到某种特定目的而设立的税种。其特点主要有：第一、政策目的鲜明。例如，为了合理使用能源，促进企业节约用油，并加速以煤炭代替烧用石油的进程，开征了烧油特别税；为了促进产业调整和升级而开征固定资产投资方向调节税等。第二、政策目的超过财政目的。特定目的税的实施成效，不以收入多寡而论，是其不同于一般税种的一大特征。第三、灵活性较大。在税种设置、税率设计、减税免税等方面，根据贯彻国家政策的需要适时调整，不是固定不变的，如烧油特别税现已被并入消费税。我国现行的特定目的税主要包括：

1. 城乡维护建设税

在我国，为了加强城市的维护建设，扩大和稳定城市维护建设资金的来源，开征了城乡维护建设税，其纳税人为缴纳产品税、增值税、营业税的单位和个人，以纳税人实际缴纳的产品税、增值税、营业税税额为计税依据，分别与产品税、增值税、营业税同时缴纳。

城市维护建设税的税率视纳税人所在区域而定，具体为：纳税人所在地在市区的，税率为7%；纳税人所在地在县城、镇的，税率为5%；纳税人所在地不在市区、县城或镇的，税率为1%。

2. 固定资产投资方向调节税

固定资产投资方向调节税是以投资行为为征收对象的税种，有时简称投资方向调节税，其目的是为了贯彻国家产业政策，控制投资规模，引导投资方向，调整投资结构，加强重点建设，促进国民经济持续、稳定、协调发展，是典型的政策性税收。其纳税人为在中华人民共和国境内进行固定资产投资的单位和个人，为固定资产投资方向调节税的纳税义务人。

投资方向调节税根据国家产业政策和项目经济规模实行差别税率，分为0%、5%、10%、15%、30%五个档次。固定资产投资项目按其单位工程分别确定适用的税率，税目、税率依照国务院所调整的《固定资产投资方向调节税税目税率表》执行，对于税目税率表未列出的固定资产投资（不包括更新改造投资）行为，税率为15%；除适用税目税率表中零税率以外的更新改造投资，税率均为10%。我国的《固定资产投资方向调节税税目税率表》由国务院定期调整。

3. 土地增值税

土地增值税是对有偿转让国有土地使用权及地上建筑物和其他附着物产权、取得增值性收入的单位和个人征收的一种税。国务院于1993年12月13日发布了《中华人民共和国土地增值税暂行条例》，财政部于1995年1月27日颁布了《中华人民共和国土地增值税暂行条例实施细则》，自1994年1月1日起在全国开征。土地增值税的纳税人为转让国有土地使用权及地上建筑物和其他附着物产权、并取得收入的单位和个人，征税对象和范围是指有偿转让国有土地使用权及地上建筑物和其他附着物产权所取得的增值额。

土地增值税的计算方法依据交易行为所带来的收入额、扣除项目金额以及增值额、增值率的大小而确定，其中，增值额和增值率分别为：

增值额=收入额-扣除项目金额

增值率=增值额÷扣除项目金额

土地增值税的税率如表4-7所示：

表4-7　土地增值税的税率

级数	增值额与扣除项目金额的比率（%）	税率（%）
1	不超过50%的部分	30
2	超过50%~100%的部分	40
3	超过100%~200%的部分	50
4	超过200%的部分	60

三、现金流项目与会计上相关项目的差异

（一）会计收支与现金流量

按照我国的会计准则，会计在记录销售收入时多采用权责发生制，即只要企业与其他经济主体间的交易已经发生，交易的金额已经约定，会计上就会记录相应的收入或者支出。而现金流量考察的是现金实际的流入与流出，记录现金的流入量或流出量是依据现金是否转入企业内部或从企业内部转移出去。只有这样，在技术项目的分析中才能给资金计算时间价值，因为拥有所有权但不在企业系统内部的现金是不会给企业带来时间价值的。

例如企业当年的销售额为1 000万元，其中200万元还未收回，同时，企业与供应商约定，购买原材料的100万元货款在下一年度支付。会计上记录的当年销售收入为1 000万元，当年销售利润为1 000-100=900万元。其中有200万元为应收账款，100万元为应付账款。而在技术经济的现金流量记录中，只记录现金净流入量为1 000-200=800万元。

（二）关于折旧费

在会计中，折旧费是作为使用固定资产的费用计入成本或者费用项目的，会计在计算企业的经营利润时会从销售收入中扣除折旧费的金额；而在技术经济分析中，折旧费既不作为现金流入项目，也不作为现金流出项目，因为会计提取折旧的行为并不导致现金在企业系统内部和外部间的流动。因此如果要将会计中的利润作为现金流入项目，应加上折旧费的金额。这也是在例2-1中计算现金流量时，最后又将折旧加上的原因。同样，递延资产处理中的摊销也不计为现金流量。

（三）经营成本的概念

在技术经济分析中，有时候会使用经营成本这个概念来表示现金流出，与会计中的成本费用相比，经营成本就是从总成本费用中分离出来的一部分费用，其数额为：

经营成本=总成本费用-折旧与摊销-借款利息支出

折旧和摊销既不产生现金流出，也不构成现金流入，因此在计算现金流出时应从总成本费用中扣除。对于借款利息，它表示使用外来资金的代价，在支付的过程中形成现金流出，但由于考虑经营成本时往往不考虑资金的来源，因此借款利息也不计入现金流量。如果分析过程中必须考虑资金的来源，则在经营成本之外另列一个现金流出量来表示借款利息的支付。

【例 4-5】某企业 2017 年取得 500 万元的销售收入，固定资产的折旧费为 50 万元，发生的其他费用为 300 万元，偿还银行利息 50 万元，所得税率为 33%。分别计算企业所取得的利润和当年的净现金流量。

2017 年的会计利润：

年销售收入	500
当年费用	-300
借款利息	-50
税前利润	150
折旧费	-50
税前利润	100
税金（100×33%）	-33
税后利润	67（万元）

即企业 2017 取得的利润额为 67 万元。而当年的净现金流量而为：

年销售收入	500
当年费用	-300
借款利息	-50
税前现金流	150
折旧费	-50
税前利润	100
税金（100×33%）	-33
税后利润	67
折旧费	50
借款利息	50
净现金流	167（万元）

本章小结

现金流量是技术经济分析的基础，是对技术项目在寿命周期内的活动状况的量化描述。现金流量在技术项目运转过程中起着十分重要的作用，有人认为现金流量就像是人身上的血液，为项目的发展提供动力。

根据来源和用途的不同，现金流量可以分筹资现金流、运营现金流和投资现金流。

在技术项目中，可以使用图示法和表格法来表示现金流的具体状况，但不管使用什么方法表示，现金流的构成都是不变的，主要都包括流入和流出两部分。其中现金流入主要由销售收入构成，现金流出主要由投资、费用或成本，以及税金构成。

思考与练习

1. 什么是现金流？你能举例说明现金流在技术项目运营中的重要作用吗？

2. 固定资产折旧的方法有哪些，各有什么样的特点？

3. 某企业购入一批设备，价值 1 000 万元，预计使用期为 10 年，第 10 年末的残值为 50 万元，试分别使用直线折旧和加速折旧的方法计算其各年的折旧额。

4. 什么是经营成本？在技术经济分析中引入经营成本概念的目的是什么？

5. 某企业欲向银行借款 1 000 万元，借款期为 3 年，银行提出了两种借款方案，甲方案为年利息 6%，按月计复利。乙方案为年利息 6.15%，按年计复利。问企业会选择哪种方案？

第五章　资金的时间价值

内容提要

技术经济分析中的现金流是发生在不同时间点上的现金序列组成的，而我们从直觉上也能意识到，不同时点上的相同数量的资金是具有不同的价值的，即资金价值不仅应从数量上考察，还应从时间上考察。因此，一般情况下，在对现金流进行计算时，我们不能将发生在不同时点上的现金流量进行简单的加减，而应该将不同时点上的资金折算到同一点上，然后进行相应的计算。这就需要确定一个时点上的资金折算到另一个时点的利息率（简称利率）。本节先介绍资金时间价值或利率产生的理论依据，然后分析利息和利率的表示方式，最后介绍几种常见的现金流的时间价值计算方法。

第一节　时间价值的含义

资金具有时间价值是对资金进行利率计算的理论基础。资金时间价值产生的原因以及影响资金时间价值大小的因素都很多，既包括人们主观的对财产（货币的和非货币的）的时间偏好，也包括宏观上的市场供求状况。

一、资金时间价值的依据

在经济学中，对资金为什么需要取得利息即资金为什么具有时间价值这个问题存在着多种不同的解释，归结起来有以下几个方面：

（1）人们主观上对“现在财产”和“未来财产”有着不同的评价，即人们对现在消费一定量的商品和未来消费同样数量的商品具有不同的偏好，因此会认为现在同量财产与未来的同量财产具有不同的价值。产生这种心理预期的原因可能在于：第一，如果人们普遍认为未来经济会发展，未来的收入总量会比现在高，那么未来的一单位财产所能带来的满足就没有现在的一单位财产所能带来的满足感强。第二，现在的财产如果不消费而是储蓄起来，可以在将来带来更多的财产。实现这种财产增值的途径很多，可以是有意识的投资行为，有的时候甚至可以是一种自然现象，例如现在的一棵树如果不砍掉，未来可以产生出更多数量的木材。第三，现在财产比未来财产具有更强的现实性，对现在财产的占有与消费不具有风险，而未来财产的获得却有较强的不确定性。

（2）生产性资金的获取来自于人们的储蓄，而人们的储蓄行为是忍耐和放弃现期消费的结果。人们的忍耐是一种心理代价，需要获得一定的补偿，即需要获得未来时期的数量更多的财产才能激励人们放弃现期的消费。

（3）从资金的需求角度看，因为资金投入到生产经营过程中会带来更高价值的财产。因此，资金的借贷者才愿意通过资金的生产性使用，在获得一定的收益后，从生产性收益中拿出一部支付给出借资金的人，作为使用资金的代价。

二、时间价值的决定的因素

我们通常用利息率来表示资金时间价值的大小，决定利息率大小的因素包括以下几个方面：

1. 市场供给与需求量的大小

在古典经济学中，利息率是资本需求与资本供给达到均衡时的价格。资本的需求取决于资本的生产能力，即企业应用资本进行生产所能带来的利润的高低，如果社会上可供投资的机会多，资本带来的利润就高，企业就愿意支付更高的代价（利息）来获得资本。资本的供给来自于居民和企业和储蓄，供给量的大小由人们的时间偏好、“节俭”等心理或行为决定。从现在的观点上看，决定资本供求数量的因素远不止这些，因此资本（或资金）供求数量只是影响利率的因素之一。

2. 风险

从资金的供给角度看，利息是资金所有者在一定期限内放弃资金的控制权所索取的代价。例如居民将资金存放在银行并不失去资金的所有权，但在约定的期限内没有自由使用这部分资金的权利，作为交换的条件，银行承诺存款到期后，支付给居民一笔高于本金的资金。在这种交易过程中，提供资金的一方叫作债权人，借入资金的一方叫作债务人。然而，任何交易行为都可能具有风险，债务人可能因为经营不善而倒闭，从而无法向居民支付资金的利息甚至本金。对于收回资金和利息可能性的交易，债权人可能会索要较低的利息率，对于违约可能性大的交易，债权人索要的利息率就较高。

3. 通货膨胀

通货膨胀是指总体价格的持续上涨，它影响到相同数量的资金在不同时点上的购买能力。而人们获得利息的目的是想得到更高的消费能力，即保证自己在投资结束时收回的本金和利息所能购买到的商品数量比本金在投资初期能购买的商品数量要多。所以，如果投资者预期在某一个时期内存在通货膨胀，将会索要一个更高的利息率。

4. 期限

利息率还会随着计息期限的长短而变化，例如总期限为一年的一年期利率就比总期限为五年的一年期利率要低，存在这种现象的根本原因在于上面提到的风险和通货膨胀因素。一般来说，投资的期限越长，投资者收不回利息和本金的风险就越大，发生通货膨胀的可能性也越大，所以需要一个较高的利息率才能使投资者出借资金。下面的表5-1是中国人民银行2018年6月规定的我国各商业银行执行的各种期限的利率水平，反映了利率水平随期限的增加而增加的现象。

表5-1　　我国银行人民币存贷款利率表（年利率）

金融机构人民币存款基准利率	年利率（%）
一、城乡居民及单位存款	
（一）活期	0.3
（二）定期	
1. 整存整取	
三个月	1.35
半年	1.55
一年	1.75
二年	2.25
三年	2.75
五年	2.75
2. 零存整取、整存零取、存本取息	
一年	1.35
三年	1.55
五年	1.55
3. 定活两便	按一年以内定期整存整取同档次利率打6折
二、协定存款	1
三、通知存款	.

表5-1(续)

金融机构人民币存款基准利率	年利率（%）
一天	0.55
七天	1.1
一、短期贷款	
六个月（含）	4.35
六个月至一年（含）	4.35
二、中长期贷款	
一至三年（含）	4.75
三至五年（含）	4.75
五年以上	4.9

三、资金时间价值的表示——利息和利息率

（一）利息与利息率（利率）

利息和利率都是与一定的时间期间相对应的，利息是投资者经过一段时间的投资后获得的报酬总额，利息率则是利息与资本金的比值。如果以 P 表示资本金或者现值，F 表示资金在投资期末的本利和或终值，以 I 表示利息的总和，i 表示利率，则有：

$$I=F-P$$

$$i=\frac{F-P}{P}\times 100\%$$

例如，若某企业在 2017 年年初投入 500 万元的资金进行短期投资，到 6 月末本金和收益共为 505 万元，到年末收回本金和 20 万元的收益。则这笔投资在前 6 个月获得的利息为 5 万元，利息率为 5÷500＝1%。在一年期里，这笔投资获得的利息为 20 万元，利息率为 20÷500＝4%。

在计算利息时应注意利息率所对应的计息周期，计息周期是指利率所对应的时期长度，如果是年利率，其计息周期就为一年，如果是月利率，计息周期就为一个月。在技术经济分析中，利率周期一般为一年，如果需要按其他周期计算时间价值，则可以根据已给出的年利率作相应的换算。例如，如果已知年利率为 6%，需要按月计算利息，就可以直接得到月利率为 6%÷12＝0.5%；如果需要按季度计算，同样可直接得到每季度的利率为 6%÷4＝1.5%。

在对资金进行时间价值计算时，计算的时间长度往往与利率所对应的时间长度（通常为一年）不一致，我们把计算时间价值的时间长度除以计息周期的值叫作计息周期数，用 n 来表示。如假设一次投资的持续时间为 3 年，利率按年利率给出，

则计息周期数 $n=3$；利率若按月给出，计息周期数 $n=36$。

（二）单利和复利

1. 单利

所谓单利，指的是在整个利息的计算期内获得的利息不再支付利息，所有利息和本金在投资期末一次性支付的计息方式。如果投资的期初价值（现值）为 P，投资的年利率为 i，有 n 个计息周期，则投资的期末价值（终值）为：

$$F=P+n\times P\times i=P\ (1+n\times i)$$

反之，如果投资的期末价值可以确定为 F，年利率为 i，计息周期数为 n，则投资的期初价值（现值）为：

$$P=\frac{F}{1+n\times i}$$

【例 5-1】某企业在年初获得贷款 100 万元，借款期为 5 年，年利率为 6%，若按

单利计息，第 5 年年末应还的本利和为多少？如果企业不直接向银行借款，而是用自己的一张 5 年后到期的数额为 100 万的银行存款单到银行融资，同样按单利计算，年利率不变，问企业能获得多少资金？

解：企业向银行借款时，

第 5 年年末企业应偿还的总利息 = 100×5×6% = 30 万元

第 5 年年末应偿还的本利和 = 100+30 = 130 万元

若用存单融资，可以获得的资金为：

$$\frac{100}{1+5\times 6\%}=76.92\text{ 万元}$$

2. 复利

复利是指在计算资金时间价值时既计算本金的利息又计算利息的利息的方法。即如果一笔 1 000 元的投资的期限为三年期，利息按每年 5%计算，在第一年末，这笔资金会产生 1 000×5% = 50 元的利息，这部分利息如果没有在第一年末由投资人收回而是继续留存在所投资的技术项目中，直到第 5 年末才收回，则应当计算其从第 1 年末到第 5 年末这段时间所产生的利息。根据资金时间价值的含义，资金在任何单位的时间段中都会产生利息，而不管资金的性质是什么，所以复利是一种较充分地反映资金时间价值的一种计息方式。所以，在一般情况下，利息都是以复利的方式计算的。

【例 5-2】现有借款 1 000 元，期限为 3 年，约定的年利率为 6%，若按复利计息，三年后这笔借款的价值的计算过程如下：

第 0 年本金　1 000

第 1 年年末利息为 1 000×6% = 60，本利和为 1 060

第 2 年年末利息为 1 060×6% = 63.6，本利和为 1 123.6

第 3 年年末利息为 1 123. 6×6%＝67. 42，本利和为 1 191. 02 元。

一般来说，如果资金的期初价值为 P，投资的期限为 n 年，按年利率 i 计算复利，在第 n 年年末资金的价值为 F，则有

$$F=P\ (1+i)^n$$

在上例中，1 000 元借款第 3 年末的本利和就为 1 000×（1+6%）^{3}＝1 191. 02 元。

（三）名义利率与实际利率

1. 名义利率与实际利率的关系

对期限为一年的资金进行复利计算时，可能会因为使用的利率所对应的计息周期不同而得到不同的利息率。先看下面的例子：

【例 5-3】一份期限为一年的 100 万元的借款，年利率为 6%，若按月计算复利，到年末应支付多少利息？按实际所支付的利息计算的年利率为多少？

分析：若按月计算复利，月利率为 6%÷12＝0. 5%

而在一年中有 12 个月，即计息周期数 $n=12$

所以，借款的年末终值 $F=100\times(1+0.5\%)^{12}=106.17$ 万元

即 100 万元借款到年末应支付的利息为 106. 17−100＝6. 17 万元，实际所支付的利率应为 $i=\frac{100.17-100}{100}=6.17\%$，这个利率值比事先给出的年利率 6%要大。

在技术经济分析中，若事先给出的利率所对应的计息周期（在没有特殊说明的情况下均为一年）与复利的实际周期不一致时，我们将事先给出的年利率叫作名义利率，用 r 来表示，而将实际计算得到的年利率叫作实际利率，用 i 来表示。按照 1973 年通过的“借贷真实性法”的规定，其值等于期末所获利息与期初的本金的比值，即 $i=\frac{F-P}{P}\times100\%$。

一般来说，在名义利率给定的情况下，实际计算时采用的利率周期越小，或者计息的周期数越多，最后得到的实际利率就越大。同样以上例的数据为例，若现在要求按季度计算利息，而所得到的实际利率就为：

$$i=\frac{100\times(1+6\%\div4)^4-100}{100}=6.14\%$$

这个值小于按月计算出的实际年利率 6. 17%。

【例 5-4】某企业欲向银行借款 1 000 万元，借款期为 3 年，银行提出了两种借款方案，甲方案为年利息 6%，按月计复利。乙方案为年利息 6. 15%，按年计复利。问企业会选择哪种方案？

分析：甲方案按月计算复利，月利率为 6%÷12＝0. 5%，借款在第 3 年末终值为

$$F=1\,000\times(1+0.5\%)^{35}=1\,196.68\text{ 万元}$$

乙方案按年计算复利，第 3 年末的终值为

$$F=1\,000\times(1+6.15\%)^3=1\,196.08\text{ 万元}$$

即甲方案1 000万元借款到第3年末应支付的利息为1 196.68-1 000=196.68万元，而乙方案为1 196.08-1 000=196.08万元，虽然乙方案的年利率要高，但由于计息方式不同，最终实际支付的利息比甲方案少。

通常情况下，如果给出的名义年利率为 r，一年中计算复利的次数即计息周期数为 m，P 为年初价值，则名义年利率与实际年利率 i 有以下关系：

$$i=\frac{P\times\left(1+\frac{r}{m}\right)^{m}-P}{P}=\left(1+\frac{r}{m}\right)^{n}-1$$

2. 连续复利

从以上关于名义利率与实际利率的关系中可以看出，当名义年利率给定的情况下，实际利率会随着实际计算中的周期数的增加而增加。而从理论上讲，计息周期是可以拆分到无穷小的，即计息周期数可以无限地增加，这时计算出来的利率才是真正意义上的复利，我们叫作连续复利，通过连续复利计算得到的年实际利率为：

$$i=\lim_{m\to\infty}\frac{P\left(1+\frac{r}{m}\right)^{m}-P}{P}=\lim_{m\to\infty}\left(\left(1+\frac{r}{m}\right)^{m}-1\right)=e^{r}-1$$

3. 通货膨胀与实际利率

以上的名义利率和实际利率的概念是从技术经济分析的角度给出的，主要是为了区分名义上给出的以年为计算周期的利率与实际计算时所采用的与其他计算周期计算的利息率。但经济学文献的名义利率和实际利率的概念却是从通货膨胀的角度给出的，名义利率是指通货膨胀影响的利率，主要是指以货币度量的利率；实际利率是指扣除了通货膨胀影响的利率，主要是指以购买力度量的利率。其中购买力是名义货币额除以当期的价格指数的结果，通货膨胀率指期末的价格指数相对期初的价格指数的上涨，一般用 f 表示，其值为：

$$f=\frac{P_t-P_0}{P_0}$$

其中，P_t 表示期末的价格指数，P_0 表示期初的价格指数。

现在假设期初存在1单位的货币，其购买力可以用$\frac{1}{P_0}$表示。若以名义利率 r 计息，到期末的终值就为 $1+r$，其购买力为$\frac{1+r}{P_t}$，则实际利率为：

$$i=\frac{\frac{1+r}{P_t}-\frac{1}{P_0}}{\frac{1}{P_0}}$$

$$=\frac{\frac{(1+r)\ P_0-P_t}{P_0P_t}}{\frac{1}{P_0}}$$

$$=\frac{rP_0+P_0-P_t}{P_0}$$

$$=r-\frac{P_t-P_0}{P_0}$$

$$=r-f$$

即实际利率为名义利率减去通货膨胀率。这是衡量一定量的货币在经过一段时期投资后实际所得的有效方法，而仅仅使用名义利率表示投资所得可能会得出错误的结论。例如某人在年初将 10 万元的资金存放到银行，年末收回资金总额为 10.3 万元，年利息率为 3%，看起来是有正的收益。若当年物价持续上涨，最终通货膨胀率为 7%，则其实际的收益率应为 3%-7%=-4%，即此人年收益率为负值，也即其年末收回的资金所能购买到的商品总量没有年初花 10 万元购买的商品数量多。

第二节　资金等值计算

通过上节的分析，我们知道技术经济分析是以技术项目所产生的现金流为基础的，现金流是对技术项目在寿命期内各年所产生的资金流动的原始记录，由于不同时间点上的相同数额的资金并不相等，所以我们不能直接对现金流上的资金进行加减处理，而必须将其折算到相同的时间点上，这种将一个时间点上的资金折算到另一个时间点的方法就叫作资金的等值计算。

1. 折现和现值

在资金的等值计算方法中，原则上我们可以以任何一个时间点作为计算的基准时间，把其他时间上的资金折算到基准时间点上，然后进行加总。但在技术项目的经济分析中，最常用的方法是将所有资金折算到现在（通常叫作第 0 年，即第 1 年初），这种把投资现金流上的资金折算到现在的时点上，然后加总得到的数额就是我们常说的现值。现值在技术经济分析中是个重要的概念，它既是评价一项技术是否具有经济可行性的重要指标，又是估算一项资产真实价值的重要方法。

【例 5-5】某人投资 10 万元购买了一辆汽车用于出租，出租期为 5 年，从第 1 年起每年年末他能收到 2 万元的租金，到第 5 年末他将汽车卖掉，收回的资金为 3.5 万元。计算其所有收回资金的现值总共为多少？这项投资是否值得？（假设银行的 5 年期年利率为 3.6%）

分析：这项投资未来收入现金流的总和为 $R=2\times5+3.5=13.5$ 万元，大于投入的资本金 10 万元，然而，由于资金具有时间价值，这并不能作为衡量这项投资的经济性的依据，应该计算这项投资所有未来收入折现的总和，其值为

$$PV=\frac{2}{1+3.6\%}+\frac{2}{(1+3.6\%)^2}+\frac{2}{(1+3.6\%)^3}+\frac{2}{(1+3.6\%)^4}+\frac{2}{(1+3.6\%)^5}$$

$$=9.95\text{ 万元}$$

由此可见，这项投资未来收入现金流的现值总和小于投入的资本金，不能带来真正的收益，所以不值得投资。

在上面的计算中，将未来某个时点上的货币折算到当前时点的过程就叫作折现。一般来说，如果我们要将第 t 年末的总量为 F 的货币折算到现在，其值就为：

$$P=F\ (1+i_0)^{-t}$$

其中 i_0 叫作基准折现率，$(1+i_0)^{-t}$ 叫作折现因子。若计算的是未来一系列现金流的现值总和，计算方法则为

$$PV=\sum_{t=0}^{n}A_i(1+i_0)^{-t}$$

其中 A_i 表示第 i 年年的现金流量。

现值原则是资产价值评价以及技术经济评价中普遍使用的原则。即是说我们在评价一项资产如一处房产、一块种植用的土地或者一项专利技术等的价值时，主要不是看我们购买这项资产时所花费的成本，也不是看生产这项资产所耗费的人力物力成本，而应看这项资产在其寿命期内所能带来的收益或价值，而由于资产在寿命期内带来的收益可能发生在不同的时间上，所以应当先将这些收益折现，然后加总得到资产在当前的价值或价格。

【例 5-6】某人欲购买一份财政部发的为期 3 年的国债，国债的票面价值为 100 元，承诺的年利率为 3.6%，国家不征收利息税，利息每年年末支付，此人愿出什么价格购买这份债券？

分析：购买人愿意出的价格即是国债所有收益的现值的和，其值为

$$P_0=PV=\frac{3.6}{1+3.6\%}+\frac{3.6}{(1+3.6\%)^2}+\frac{103.6}{(1+3.6\%)^3}$$

其中，P_0 表示证券的当前价格，PV 表示证券未来收入的总现值。

2. 一次性支付的现金流

如果现金流动只有一次，发生在第 t 年，对其作等值计算即是将其折算到其他时点。

在技术经济分析中，一般是将未来某一时间的现金流折算到现在，然后从现在的时点上评价现金流的价值。如甲公司若承诺你如果能继续工作 5 年，就支付你一笔数量为 50 000 元的额外奖金，而乙公司承诺你如果现在到公司工作，就一次性支付你一笔 40 000 元的签约金，你必须现在就对这两笔资金的实际价值做出判断，以决定答应哪家公司的要求。这就是一次性支付的现金流进行等值计算的主要用途，

假设基准折现率为 i_0（以年为计算周期），总的年限为 n，F 表示一次性支付现金流的未来值，P 表示一次性支付现金流的现值，则二者的关系为

$$P=F(1+i_0)^{-n}$$

这就是一次性支付现金流的现值计算公式，其中 $(1+i_0)^{-n}$ 叫作一次性支付现金流的现值系数，用 $(P/F, i_0, n)$ 表示。反之，如果已知 P，i_0，n，则一次性支付的终值就为

$$F=P(1+i_0)^{n}$$

其中 $(1+i_0)^{-n}$ 叫作一次性支付现金流的终值系数，用 $(F/P,, i, n)$ 表示。

【例 5-7】某公司为了留住技术开发人员，制定了一项期权激励计划，规定如果技术人员能够在公司内工作 5 年，则能一次性免费获得 10 000 股公司的股票。假设公司股票在 5 年后的价格为 25 元每股，问技术人员所获奖励的现值是多少？若有人现在出价 20 元购买这 10 000 股的期权，技术人员可否出售？$(i_0=6\%)$

分析：技术人员可能获得的期权奖励的终值 $F=25\times10\ 000=250\ 000$ 元，其现值为

$P=250\ 000\times(P/F, 6\%, 5)=186\ 814.54$ 元<20 万元

所以，技术人员可以考虑出售这部分期权。

三、等额分付的现金流

我们常见的现金流往往不是一次性支付的，而是分布在项目寿命期内的各年上，这就形成了现金流序列，对现金流序列的终值和现值计算要复杂一些，在技术经济分析中，未来现金流通常是通过估计得到的。为了计算的方便，在估计现金流时，一般是假设现金流的分布是呈现一定规律的，要么是等额地分布在各年，要么按一定的数额增减，或按一定比例增减。这里我们先考虑项目寿命期内现金流等额分布的情况。

（一）等额分付现金流终值计算公式

假设现金流序列如图 5-1 所示，

即从第 1 年末起到第 n 年末止，每年年末都发生一笔现金流，其数额为 A，称为等额年值。此时计算这一现金流在第 n 年末的等额数值 F 即是等额分付现金流的终值，计算时可以将现金流中每年发生的数额分解为 n 个一次性支付的现金流，分别计算其终值，然后再加总为 F，若基准折现率为 i_0，则 F 的计算公式为

$$\begin{aligned}F&=A(1+i_0)^1+A(1+i_0)^2+A(1+i_0)^3+\cdots+A(1+i_0)^{n-2}+A(1+i_0)^{n-1}\\&=A[1+(i+i_0)+(1+i_0)^1+(1+i_0)^2+\cdots+(1+i_0)^{n-2}+(1+i_0)^{n-2}]\\&=A\frac{1\times[1-(1+i_0)^n]}{1-(1+i_0)}\\&=A\frac{(1+i_0)^n-1}{i}\end{aligned}$$

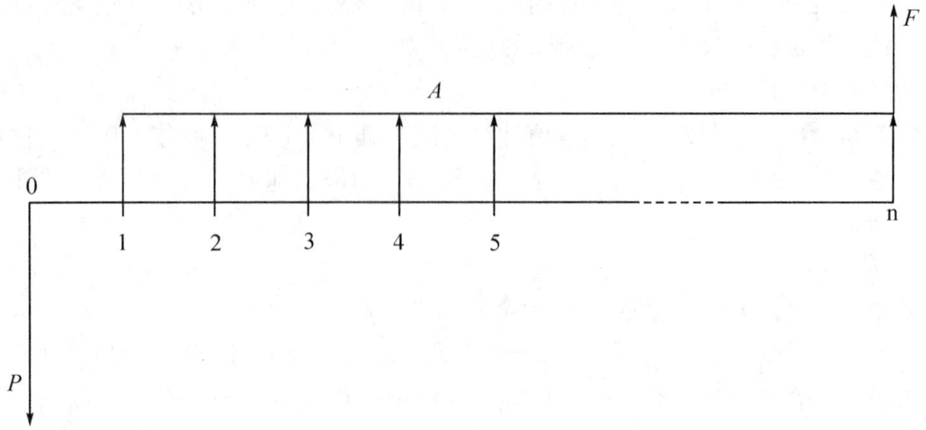

图 5-1　等额分付现金流

其中，$\frac{(1+i_0)^n-1}{i}$称为等额分付现金流的终值系数，用（F/A，i，n）表示。

【例 5-8】若有一项储蓄计划，拟于第 1 年起每年年末在银行存入 20 000 元，银行按 3%的利率计算复利，储蓄期为 15 年，则 15 年后这项计划的总金额为多少？

分析：由于 20 000 元的现金流是每年都发生的，所以这是一个典型的等额分付现金流问题，其中年值 $A=20\ 000$，年限 $n=15$，折现率 $i=3\%$，现金流的终值为

$$F=20\ 000\times\frac{(1+3\%)^{15}-1}{3\%}$$

$$=20\ 000\times18.599$$

$$=371\ 980 \text{ 元}$$

（二）等额分付偿债基金的年值计算公式

如果在现金流中，已知与现金流等值的终值 F、折现率 i，年限 n，求每年发生的数额 A 的过程就叫作等额分付偿债基金的年值计算。这是等额分付终值的逆运算，显然，可以从 $F=A\frac{(1+i_0)^n-1}{i}$直接导出等额分付的年值

$$A=F\frac{i}{(1+i_0)^n-1}$$

其中，$\frac{i}{(1+i_0)^n-1}$叫作等额分付的偿债基金系数，用符号（A/F，i，n）表示。

【例 5-9】若一家长准备每年存入银行一笔资金为子女积攒学费，用时 5 年，5 年末所需费用总额为 8 万元，银行存款利率为 3%，问每年应存多少钱？

分析：从题目中可知，资金的终值 $F=8$ 万元，与其等值的等额现金流年值则为

$$A=F\frac{i}{(1+i_0)^n-1}$$

$=8\times0.18835$

$=1.51$ 万元

即该家长每年应存入的资金为 1.51 万元。

（三）等额分付现金流的现值

对于由一系列的现金流动所产生的现金流的现值的计算，就是将各个现金流分别折现，然后进行加总。如果各年的现金流量值相等，则构成等额现金流，就如图 2-7 所示，已知各年发生的现金流量为 A，折现率为 i，现金流序列由第 1 年末开始，在第 n 年末结束，则其终值为 $F=A\dfrac{(1+i)^n-1}{i}$，然后将终值进行相应转化，即可得到等额分付现金流序列的现值公式，具体为

$$
\begin{aligned}
P&=F(1+i)^{-n}\\
&=A\frac{(1+i)^n-1}{i}\times(1+i)^{-n}\\
&=A\frac{(1+i)^n-1}{i(1+i)^n}
\end{aligned}
$$

其中，$\dfrac{(1+i)^n-1}{i(1+i)^n}$叫作等额分析现金流的现值系数，可以用符号（$P/A$，$i$，$n$）表示。

（四）资金回收公式

若考虑这样一种情况，某项目初始投资额为 P，计划用 n 年的收益来补偿这部分投资。假设以后的现金收益是等额分布的，每年的发生额为 A，在考虑时间价值的情况下，每年的收益 A 应等于多少才能有效收回投资？这就是资金回收问题，对 A 的计算实际上是等额分付现金流现值计算的逆运算，即

$$A=P\frac{i(1+i)^n}{(1+i)^n-1}$$

其中$\dfrac{i(1+i)^n}{(1+i)^n-1}$叫作等额分付现金流的资金回收系数，可以用符号（$A/P$，$i$，$n$）表示。

【例 5-10】某项目的投资额为 1 000 万元，预期的寿命期为 8 年，基准折现率为 6%，若每年的净收益相同，则每年至少应有多少净收益才能保证项目盈利？

分析：根据等额分付现金流的资金回收公式，项目每年的净收益应为：

$$
\begin{aligned}
A&=P\frac{i(1+i)^n}{(1+i)^n-1}\\
&=1\,000(A/P,i,n)\\
&=161\ \text{万元}
\end{aligned}
$$

即项目的年净收益达到 161 万元以上时，才能保证盈利。

在使用公式计算等额分付现金流时应注意以下几个问题：

1. 公式所对应的现金流序列必须是图 5-1 所示的现金流，即等额分付的数额从第 1 年末开始发生，至第 n 年末结束，等额年值 A 共发生 n 笔。如果计算的现金流不同于 5-1，则应作相应的换算。

【例 5-11】银行的助学贷款项目允许某学生每年年初从银行贷款 5 000 元用于缴纳学费，共 4 年时间，若银行按 4%的优惠利率计算复利，第 4 年末该生应向银行归还的本息和应为多少？若银行允许该生参加工作 3 年后一次性归还贷款，该生应归还的本利和又是多少？

分析：从学生的角度看，本例中现金流可用图 5-2 进行描述，

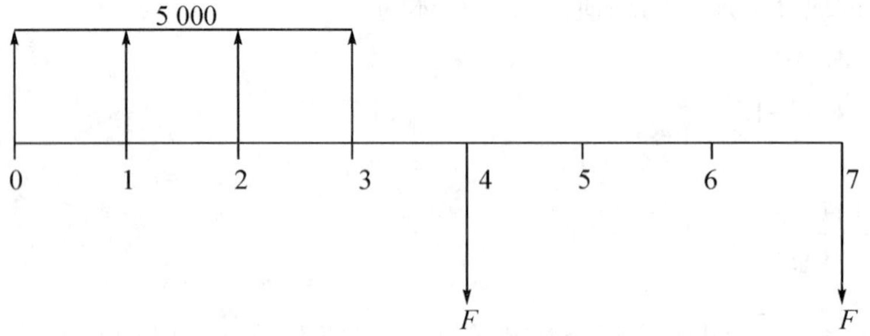

图 5-2　助学贷款的现金流量图

由于在借款期各年的现金流入都发生在年初，因此按照公式 $F=A\frac{(1+i_0)^n-1}{i}$ 计算得到的终值表示的是等额现金流在第 4 年初（或第 3 年末）的值，要知道在第 4 年或者第 7 年末该生需要还的本利和，就需要进行进一步的等值计算。在第 4 年末该生应归还的本利和为

$$F=A\frac{(1+i_0)^n-1}{i}\times(1+i_0)$$

$$=5\,000\times4.246\times1.04$$

$$=22\,079.2$$

若该生在工作 3 年后再还款，则还款总额为

$$F=A\frac{(1+i_0)^n-1}{i}\times(1+i_0)$$

$$=5\,000\times4.246\times1.17$$

$$=24\,836.1$$

2. 公式中 n 的值不是由现金流发生的时间跨度决定的，而是由等额的现金流的笔数决定。

【例 5-12】某技术项目计划在第一、第二年初分别投入 200 万元和 150 万元进行建设，在第二年末的时候有 80 万元的收益，从第三年末起每年经营费用为 60 万

元，每年收益相同。若计划在第 7 年末收回全部投资，则每年的收益应为多少？（$i=6\%$）

分析：根据题意，此技术项目的现金流状况可以用下表描述出来，

表 3-2　　　　单位：万元

年限	0	1	2	3-7
投资额	200	150		
收益			80	A
经营费用				60
净现金流	-200	-150	80	$A-60$

若要在第 7 年末收回全部投资，即是使截止到第 7 年末的所有收益的现值等于所有投资的现值，因此有

$$200+\frac{150}{1+6\%}=\frac{80}{(1+6\%)^2}+(A-60)(P/A,6\%,5)\frac{1}{(1+6\%)^2}$$

计算可得 $A=132.11$（万元）

四、等差与等比序列现金流

有时候我们分析的现金流序列并不是等额发生的，尤其是在做一些技术项目的筹资计划时，为了使预测的现金流更具现实性和吸引力，我们一方面应注意项目的收益流量的变化，另一方面应充分表示出项目的成长性，从而提高投资者的信心。在具体操作中，为了计算的方便，通常预测未来现金流序列按一定规律递增。递增的方式包括等数额递增和等比例递增，前者形成等差序列现金流，后者形成等比序列现金流。

1. 等差序列现金流

若未来各年的现金流按相同的数额递增，如图 5-3 所示。

在等差序列现金流中，第 1 年年末的现金流量为 A，以后每年增加的数量为 G，则第 t 年的现金流量就为 $A^t=A+(t-1)G$，其终值为

$$F=\sum_{t=0}^{n}A_t(1+i)^{n-1}$$

如果把第 2 年的现金流分解为一次数额为 A 的现金流和一次数额为 G 的现金流的和，把第 3 年的现金流分解为一次数额为 A 的现金流和两次数额为 G 的现金流的和，依次类推，将第 n 年的现金流分解为一次数额为 A 的现金流和（$n-1$）次数额为 G 的现金流之和，则可以将以上等差现金流序列视为一个以 A 为年值的等额序列现金流和（$n-1$）个以 G 为年值的等额序列现金流的和，这（$n-1$）个等额序列现金流的年数分别为（$n-1$），（n，2），…，1。则这个等差序列现金流的终值就为

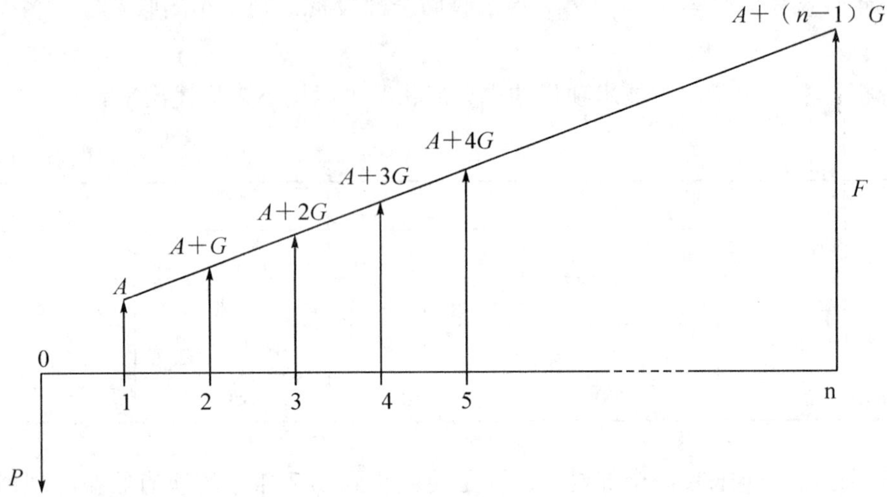

图 5-3 等差序列现金流

$$F=A\ (F/A,\ i,\ n)\ +G\frac{(1+i)\ -1}{i}+G\frac{(1+i)^2-1}{i}+G\frac{(1+i)^3-1}{i}+\cdots$$

$$+G\frac{(1+i)^{n-2}-1}{i}+G\frac{(1+i)^{n-1}-1}{i}$$

$$=A\ (F/A,\ i,\ n)\ +\frac{G}{i}\ [\ (1+i)\ +\ (1+i)^2+\ (1+i)^3+\cdots+\ (1+i)^{n-2}+\ (1+i)^{n-1}$$

$$-\ (n-1)\ ]$$

$$=A\ (F/A,\ i,\ n)\ +\frac{G}{i}\ [1+\ (1+i)\ +\ (1+i)^2+\ (1+i)^3+\cdots+\ (1+i)^{n-2}$$

$$+\ (1+i)^{n-1}-n]$$

$$=A\ (F/A,\ i,\ n)\ +\frac{G}{i}\left[\frac{1-\ (1+i)^n}{1-\ (1+i)}-n\right]$$

$$=A\ (F/A,\ i,\ n)\ +G\frac{(1+i)^n-1-ni}{i^2}$$

根据终值公式，很容易就可以求出等差序列现金流的现值，即

$$P=F\ (P/F,\ i,\ n)$$

$$=\frac{F}{(1+i)^n}$$

$$=A\ (F/A,\ i,\ n)\ (1+i)^{-n}+G\frac{(1+i)^n-1-ni}{i^2}\ (1+i)^{-n}$$

$$=A\ (P/A,\ i,\ n)\ +G\frac{(1+i)^n-1-ni}{i^2\ (1+i)^n}$$

【例 5-13】某处房产现在售价为 30 万元，10 年后售价估计为 25 万元，买卖的

交易费用各为房价的 3%，无其他费用。若不购买而考虑租用，第 1 年的租金为 12 000 元，以后每年递增 600 元，年末支付。以 10 年为计算期，购买还是租用更加经济？（$i=6\%$）

分析：如果购买，所支付资金的现值为

$$P_0=30\ (1+3\%)\ -\frac{25\ (1+3\%)}{(1+6)^{10}}$$

$$=16.52\text{ 万元}$$

如果租用，所有的资金支付可以看作是等差序列现金流，其中 $A=12\ 000$ 元，$G=600$，

其现值为

$$P_1=A\ (P/A,\ 6\%,\ 10)\ +G\frac{(1+6\%)^{10}-1-10\times6\%}{0.06^2\ (1+6\%)^{10}}$$

$$=12\ 000\times7.36+600\times\frac{(1+6\%)^{10}-1-10\times6\%}{0.06^2\ (1+6\%)^{10}}$$

$$=106\ 081.39\text{ 元}$$

可见租用房产所花费的现值要少，所以也更经济。

在等差序列现金流中，如果不考虑现金流中以 A 为年值的等额分付的部分，则现金流就转变为图 5-4 所示的情况，

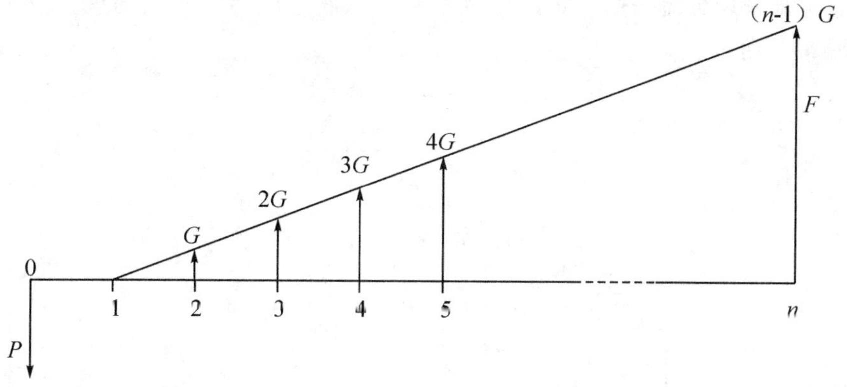

图 5-4　等差序列现金流

此现金流第 1 年发生的数额为 0，第 2 年为 G，以后每年以 G 的数额递增，其现值为

$$P=G\frac{(1+i)^n-1-ni}{i^2\ (1+i)^n}$$

在技术项目的分析中，如果项目具有较强的成长性，往往将其未来收益现金流估计为等差递增的模式。例如一个电子商务项目，其建设期不会太长，但要得到顾客的熟悉和认可往往需要一定的时间，公司员工也需要一定的时间来熟悉和合理规

划业务流程，从而缩减服务成本。因此，在项目开展的前期收益数额不会太大，随着时间的推移，商品或服务的销售规模逐渐扩大，运营成本逐渐下降，收益现金流就会逐步放大。当然，对于一些投资和推广期较短，市场较为成熟的项目，其收益现金流则很可能是等额分布的，当我们已经估计出项目的收益现金流为等差序列，且确知项目的寿命期的情况下，如何估计出一个与等差序列现金流现值相等的等额序列现金流呢？我们可以通过上面介绍的公式进行转换，在已知期限的情况下，要估计一个等额序列现金流的实质就是求出等额序列现金流的年值，即

$$
\begin{aligned}
A &= P\ (P/A,\ i,\ n)\\
&= G\,\frac{(1+i)^n-1-ni}{i^2\ (1+i)^n}\ (P/A,\ i,\ n)\\
&= G\,\frac{(1+i)^n-1-ni}{i^2\ (1+i)^n}\times\frac{i\ (1+i)^n}{(1+i)^n-1}\\
&= G\,\frac{(1+i)^n-1-ni}{i\ [\ (1+i)^n-1]}
\end{aligned}
$$

这就是等差序列现金流与等额序列现金流间的转换公式，有了这个公式，我们可以方便地将等差序列现金流转换为等值的等额序列现金流。

2. 等比序列现金流

在对未来递增的现金流进行预测与计算时，除了假定现金流等额增加外，有时也可以假定未来现金流按照一定的比例增加，从而形成等比序列的现金流，其基本形式如图 5-5 所示。

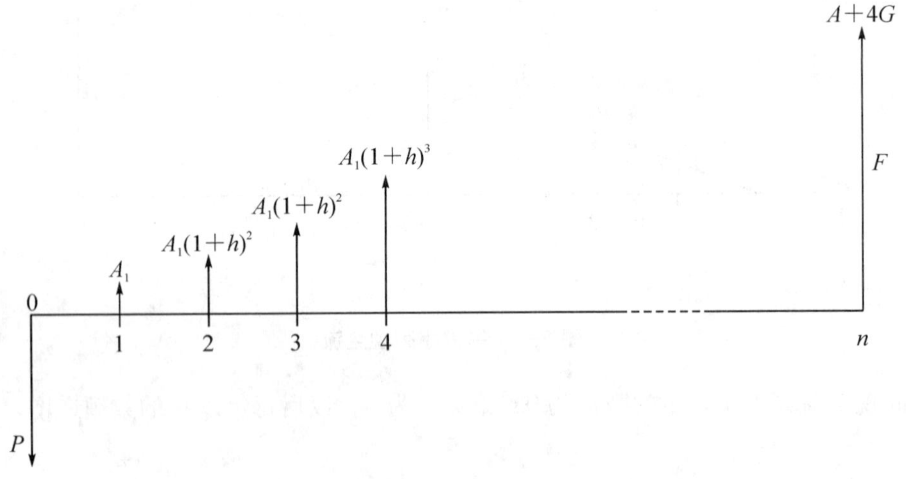

图 5-5　等比序列现金流

在这样的现金流中，假设第 1 年年末发生的现金流量为 A_1，第二年年末的现金流增长的百分比为 h，即 A_1（$1+h$），第三年年末的现金流比第二年再增长 h 个百分点，依此类推，到第 n 年年末的现金流就为 A_1（$1+h$）$^{n-1}$。若折现率为 i，对这样的

现金流进行价值评估，即计算其现值为

$$P = A_1 (1+i) + A_1 (1+h)(1+i)^2 + A_1 (1+h)^2 (1+i)^3 + \cdots + A_1 (1+h)^{n-1} (1+i)^{-n}$$

$$= A_1 \sum_{t=1}^{n} (1+h)^{t-1} (1+i)^{-t}$$

$$= \frac{A_1}{1+h} \sum_{t=1}^{n} \left(\frac{1+h}{1+i}\right)^{t}$$

显然，这是等比级数的前 n 项和的问题。根据等比级数的求和公式，可以得到等比序列现金流的现值为

$$P = \begin{cases} A_1 \dfrac{1-\left(\dfrac{1+h}{1+i}\right)}{i-h}, & \text{如果 } i \neq h, \\ A_i \dfrac{n}{1+i}, & \text{如果 } i = h \end{cases}$$

五、关于年金

在资产管理或者技术项目评价中，有时候将每年按一定规律支付的现金流序列叫作年金。在管理活动中，年金的应用较为广泛，比如有的企业为了给员工退休后的生活提供更好的保障，除了按国家的强制要求缴纳养老金以外，还会为员工建立年金，即为每一名员工开设一个银行账户，每年在账户中存入一定量的资金，员工退休时可以从账户中提取现金。年金的价值通常以其现值来评估，但由于年金的模式随年限和支付方式的变化而变化，所以其现值的计算方式也不同。如果年金的年限是有限的，且按等额的方式支付，就可以用等额分付现金流现值的计算公式计算其现值；如果年金的年限有限，但按等差或等比的方式支付，同样可以应用前面介绍的现值公式来计算年金的实际价值。如果年金的支付期限很长，或者说能够永远支付下去，则称为永续年金，下面讨论一下永续年金的价值评估问题。

（一）等额永续年金

当年金按等额的方式一直存续，就形成了等额永续年金，其现值的计算可以直接应用等额分付现金流的现值公式，然后求当年限 n 趋于∞时的现值，即

$$P = \lim_{n\to\infty} A \frac{(1+i)^n - 1}{i(1+i)^n}$$

$$= \frac{A}{i}$$

在实际应用中，当年限 n 长到一定的程度，一般为 20 年，且折现率较高的情况与，也可以应用上面的公式计算年金的现值。

【例 5-14】若某地方政府为了扶持地方的教育事业，拟设立一项教育年金为大学新生缴纳学费，政府计划从明年初开始每年拨出 100 万元设立永续年金，问该年

金的现值为多少？而如果政府采取一次性拨款的方式，要建立一项同等价值的基金，政府的拨款额应为多少？

分析：根据等额永续年金的现值公式，该年金的价值为

$$P=\frac{A}{i}=\frac{100}{6\%}=1\,666.67\text{ 万元}$$

如果政府不以年金的方式来完成这一扶持政策，而是以基金的方式进行，即在第1年初一次性拨出足额的款项作为基金，以基金的收益或部分本金作为以后的支付。要使基金的价值与年金相同，只需按年金的现值作为基金的初始金额即可，在本例中，政府需要拨款的数额应为1 666.67万元。

在资产价值的评估中，一种方便的方法就是通过计算资产未来的收入现金流的现值来确定资产的当前价格，若资产的存期很长或者能够永远存在下去，且预期的今后各年的收益数额相等，就可以根据永续等额年金现值求出资产的价格。例如，某公司的股票现在市场上的售价为12元每股，市场普遍预测该公司未来的收益能维持在每股0.3元，且知道现期银行的长期利率为3%，可以计算出该公司股票当前的真实价值为$\frac{0.3}{3\%}=10$元/股，而实际价格为12元每股，即是说该公司的资产被高估了。运用相同的方法，我们还可以简便地估计出例如专利技术、不动产等资产的价值。

（二）匀速增长型永续年金

若年金每年的支付额被设计为按相同的速度增长，即按一个不变的比例增长，且存续期很长，则形成了匀速增长型年金。其现值就是当年限 n 趋于∞时等比序列现金流的现值。即

$$P=\lim_{n\to\infty}A_1\frac{1-\left(\frac{1+h}{1+i}\right)^n}{i-h}=\frac{A_1}{i-h},\ (i>h)$$

阅读材料：关于折现率/基准折现率的讨论

和折现率相关的几个概念是利率、贴现率和收益率。折现率不是利率，也不是贴现率，而是收益率。折现率、贴现率的确定通常和当时的利率水平是有紧密联系的。

之所以说折现率不是利率，是因为：①利率是资金的报酬，折现率是管理的报酬。利率只表示资产（资金）本身的获利能力，而与使用条件、占用者和使用途径没有直接联系，折现率则与资产以及所有者使用效果相关。②如果将折现率等同于利率，则将问题过于简单化、片面化了。

之所以说折现率不是贴现率，是因为：①两者计算过程有所不同。折现率是外加率，是到期后支付利息的比率；而贴现率是内扣率，是预先扣除贴现息后的比率。② 贴现率主要用于票据承兑贴现之中；而折现率则广泛应用于企业财务管理的各个方面，如筹资决策、投资决策及收益分配等。

要搞清楚折现率的，就必须先从折现开始分析。折现作为一个时间优先的概念，认为将来的收益或利益低于现在同样的收益或利益，并且随着收益时间向将来的推迟的程度而有系统地降低价值。同时，折现作为一个算术过程，是把一个特定比率应用于一个预期的现金流，从而得出当前的价值。从企业估价的角度来讲，折现率是企业各类收益索偿权持有人要求报酬率的加权平均数，也就是加权平均资本成本；从折现率本身来说，它是一种特定条件下的收益率，说明资产取得该项收益的收益率水平。投资者对投资收益的期望、对投资风险的态度，都将综合地反映在折现率的确定上。同样的，现金流量会由于折现率的高低不同而使其内在价值出现巨大差异。

在投资学中有一个很重要的假设，即所有的投资者都是风险厌恶者。按照马科威茨教授的定义，如果期望财富的效用大于财富的期望效用，投资者为风险厌恶者；如果期望财富的效用等于财富的期望效用，则为风险中性者（此时财富与财富效用之间为线性关系）；如果期望财富的效用小于财富的期望效用，则为风险追求者。对于风险厌恶者而言，如果有两个收益水平相同的投资项目，他会选择风险最小的项目；如果有两个风险水平相同的投资项目，他会选择收益水平最高的那个项目。风险厌恶者不是不肯承担风险，而是会为其所承担的风险提出足够补偿的报酬率水平，即所谓的风险越大，报酬率越高。就整个市场而言，由于投资者众多，且各自的风险厌恶程度不同，因而对同一个投资项目会出现水平不一的要求报酬率。在这种情况下，即使未来的现金流量估计完全相同，其内在价值也会出现不容忽视的差异。当然在市场均衡状态下，投资者对未来的期望相同，要求报酬率相等，市场价格与内在价值也相等。因此，索偿权风险的大小直接影响着索偿权持有人要求报酬率的高低。比如，按照常规的契约规定，债权人对利息和本金的索偿权的不确定性低于普通股股东对股利的索偿权的不确定性，因而债权人的要求报酬率通常要低于普通股股东的要求报酬率。企业各类投资者的高低不同的要求报酬率最终构成企业的资本成本。单项资本成本的差异反映了各类收益索偿权持有人所承担风险程度高低的差异。但归根结底，折现率的高低取决于企业现金流量风险的高低。具体言之，企业的经营风险与财务风险越大，投资者的要求报酬率就会越高，如要求提高利率水平等，最终的结果便是折现率的提高。

本章小结

资金具有时间价值是对资金进行利率计算的理论基础。资金时间价值产生的原因以及影响资金时间价值大小的因素都很多，既包括人们主观的对财产（货币的和非货币的）的时间偏好，也包括宏观上的市场供求状况。

由于不同时点上发生的等量现金流量具有不同的价值，为了对发生在不同时点上的现金流进行加总计算，我们必须将这些现金流量折算到一个统一的时点上。

通常情况下，对现金流进行等值计算的方法取决于现金流的形式，如果现金流呈等额分付、等差递增（减）、等比递增（减），则可以使用标准的计算公式进行计算。

思考与练习

1. 当年复利次数 $m \to \infty$ 时，年名义利率为 r，则年实际利率 i 应为多少？名义利率和实际利率会随着一年内计息周期数（大于 1）的增加而增加吗？

2. 某项目获得银行 100 000 元的借款，偿还期为 5 年，按年利率 10%计算复利，有四种还款方式：（1）每年年末偿还 20 000 元本金和所欠的总利息；（2）每年年末只偿还所欠利息，第 5 年年末一次性还清本金；（3）在 5 年中每年年末等额偿还；（4）在第 5 年末一次性还清本息。计算以上各种还款方式所付出的总金额。

3. 某家庭欲设立孩子的教育基金，计划第一年末存款 5 000 元，以后每年多存 1 000 元，为期 10 年，银行提供的年存款利息率为 3%，按复利计算。10 年后该家庭可以从银行提取的现金金额是多少？若该家庭以一次性存款的方式建立该基金，要保证 10 后取得相同的金额，则在第一年初应存入多少金额？

4. 若某技术项目的投资额为 500 万元，折现率为 8%，项目从第一年末起每年可以获取 100 万元的净收益，则用多少年可以收回投资？

5. 某人以按揭贷款的方式购买了一套价值 28 万元的房屋，首付款为 8 万元，向银行贷款 20 万元，贷款期为 20 年，贷款的年利率为 5.6%，银行按月计息复利。若以等额分期付款的方式偿还贷款，则每月的还款额是多少？

6. 某公司的股票当年每股收益为 0.3 元，根据市场的分析，在未来若干年内，该公司的业绩将以 10%的速度递增，银行存款的年利率为 3%，则该公司股票的估价应为多少？

第六章　技术经济预测方法

内容提要

对技术项目的经济评价都是建立在一系列未来数据的基础上的，而这些未来数据是通过预测得到的，所以预测的准确性与技术项目评价的准确性密切相关。本章将从定性和定量两个方面介绍常见的经济预测方法，主要内容包括：经济预测的基本原理及常见的预测技术。

第一节　判断预测法

判断预测法是预测方法库中占有重要位置的一类预测方法，使用频率高，其特点是简便直观，只依赖于专家判断，无需建立繁琐的预测模型，常常在历史数据资料不全的情况下使用，现分别介绍如下。

一、头脑风暴法

头脑风暴法又叫智泰法（Brain Storming Method），是由奥斯邦（A. F. Osborn）在 1957 年提出的，很快就得到广泛的应用。在预测方法中，该方法应用的比重由 20 世纪 60 年代的 6.2%，上升到 20 世纪 70 年代的 8.1%。我国是在改革开放以后才引入的，但很快就得到有关方面的重视。下面，就此法的基本原理及其应用应遵守的原则分别介绍如下。

头脑风暴法是通过一组专家共同开会讨论，进行信息交流和互相启发，从而诱发专家们发挥其创造性思维，促进他们产生“思维共振”，以达到互相补充，并产生“组合效应”的预测方法。它既可以获取所要预测事件的未来信息，也可以是弄清问题，形成方案，搞清影响特别是一些交叉事件的相互影响。

头脑风暴法有创业头脑风暴和质疑头脑风暴两种。创业头脑风暴就是组织专家对所要解决的问题，开会讨论，各持己见地、自由地发表意见，集思广益，提出所要解决问题的具体方案。例如，为提高我国纺织品的出口份额，我国主管纺织品制造与出口的相关部门曾召开过一次专家会议，共同预测国外春秋时装的流行款式，提出增强我国纺织品国际竞争力的工作方案，取得了良好的效果。质疑头脑风暴就是对已制订的某种计划方案或工作文件，召开专家会议．由专家提出质疑，去掉不合理的或不科学的部分，补充不具体或不全面的部分，使报告或计划趋于完善。例如，美国国防部邀请50名专家，就美国制定长远科技规划的工作文件，举行了两周的头脑风暴会议，由专家提出非议，进行质疑，最后通过讨论变为协调一致的报告。该报告只保留原报告的25%，修改了75%，由此可见此法的应用价值。

组织头脑风暴会议应遵守的原则：

（1）专家的选择要与预测的对象相一致，而且要有一些知识渊博，对问题理解较深的专家参加。一般说来，要有以下方面的专家参加会议，即方法论学者，也就是预测专家；“设想”产生者，这就是专业领域内的专家。例如，对我国2017—2018年春秋时装流行款式的预测，“设想”产生者是指服装的设计师和服装销售专家等；分析者是指专业领域内的高级专家；演绎者，是指有较高推断思维能力的专家。

（2）被挑选的专家最好彼此不认识。如果是彼此相识的，应从同一职称或级别中挑选。在会议上不公布专家所在的单位、年龄、职称或职务，让专家们认识到与会者一律平等，一视同仁。

（3）要为头脑风暴法创造良好的环境条件，以便专家高度集中注意所讨论的问题。所谓良好的环境条件，是指有一个真正自由发言的环境，会议主持者要说明政策，使专家没有顾虑，做到知无不言，言无不尽。如没有这种环境，就难以产生思维共振。

（4）鼓励参加者对已经提出的设想进行改进和综合，为修改自己设想的专家提供优先发言的机会。

（5）主持会议者在会议开始时要有诱发性发言，尽量启发专家的思维，引导专家产生思维共振。

（6）对头脑风暴会议的领导工作，最好委托给预测专家负责。预测专家不仅熟悉预测程序和处理方法，而且对所提的问题和科学辩论均有充足的经验。

头脑风暴法是一种直观的预测方法，它的优点是：

（1）通过信息交流，产生思维共振，进而激发创造性思维，能在短期内得到创造性的成果。

（2）通过头脑风暴会议，获取的信息量大，考虑的预测因素多，提供的方案也比较全面和广泛。

专家头脑风暴法虽有明显的优点，但也有缺点。主要是：

（1）专家会议，易受权威的影响，不利于充分发表意见。

（2）易受表达能力的影响。有些专家的意见和主张十分高明而且具有创造性，但表达能力欠佳，影响效果。

（3）易受心理因素的影响。有的专家会垄断会议或听不进不同意见，明知自己有错，也不愿意公开修正自己的意见。

（4）容易随大流，产生从众现象。

为了克服这些缺点，于是出现了德尔菲法。

二、德尔菲法

德尔菲法（Delphi Method）又称专家调查法，是由美国兰德公司（The Rand Corporation）于1964年正式提出的。其实，早在20世纪40代末期，此法就在兰德公司内部开始使用，效果很好。因此，提出此法后，很快就在世界上盛行起来。在初始阶段，大多数预测案例都是科技预测的内容，因而很多人误解为只是科技预测的一种方法，实际上并非如此。现在此法的应用遍及社会、经济、科技等各个领域，而且应用频率较高。

德尔菲是古希腊的一座城市，因阿波罗神殿而出名。相传，阿波罗有很高的预测未来的能力，因此，德尔菲便成为预测未来的神谕之地，故将此法命名为德尔菲。

1. 德尔菲法的基本原理

德尔菲法的应用过程是由主持预测的机构确定预测的课题并选定专家，人数多少视具体情况而定，一般是10~50人。预测机构与专家联系的主要方式是函询，专家之间彼此匿名，不发生任何横向联系。通过函询收集专家意见，加以综合、整理后，再反馈给各位专家，征求意见。这样反复经过四至五轮。尽管每个专家发表的意见各有差异，但由于参与讨论的专家人数较多，会出现一种统计的稳定性，使专家的意见趋于一致，作为最后预测的根据。现将几次函询的程序和内容概述如下：

第一轮函询调查，一方面向专家寄去预测目标的背景材料，另一方面提出所需预测的具体项目。这轮调查，任凭专家回答，完全没有框架限制。专家可以各种形式回答有关问题，也可向预测单位索取更详细的统计材料。预测单位对专家的各种回答进行综合整理，把相同的事件、结论统一起来，剔除次要的、分散的事件，用准确的术语进行统一的描述，然后反馈给各位专家，进行第二轮的函询。

第二轮函询，要求专家对与所预测目标有关的各种事件发生的时间、空间、规模大小等提出具体的预测，并说明理由。预测单位对专家的意见进行处理，统计出每一件事可能发生日期的中位数，再次反馈给有关专家。

第三轮是各位专家再次得到函询综合统计报告后，对预测单位提出的综合意见和论据进行评价，重新修正原先各自的预测值，对预测目标重新进行预测。

上述步骤，一般通过四轮，预测的主持者应要求各位专家根据提供的全部预测资料，提出最后的预测意见。若这些意见收敛或者基本一致，即可以此为根据进行预测。

2. 挑选专家的方法

谁是专家？如何选用专家？这里所称的“专家”，是指对所要预测的目标比较了解，并有丰富的实践经验或较高的理论水平，对预测目标有一定见解的人。这些人既可以是教授、理论研究人员或工程师，也可以是有一定工龄的工人或管理人员。例如，做新产品的销售预测时，专家可以是有经验的销售人员，也可以是经理、市场研究人员、市场学教授等等。聘请专家时，要充分考虑到专家的代表性，不仅需要本专业的理论研究、系统设计、生产及管理人员，而且还需要相关领域的有关专家参加，代表面要宽，不同的年龄、不同的地域都要考虑到。

选择专家的方法很多，首先由本单位专家推荐，其次可从报纸杂志上视其研究成果的大小进行挑选，最后通过上级部门介绍、查询专家档案数据库等方法选出合适的专家。

3. 调查表的设计

专家函询调查表的设计是否科学，关系到预测效果的好坏。应根据预测的课题设计出合适的调查表。不同的课题可有不同的查询表，但以下几点是设计表格时必须共同遵守的：首先，要把调查预测的问题讲清楚，尽量避免模糊语言，时间、数量的指标都要一清二楚，不要含糊不清，模棱两可。其次，表格要力求简明，提出的问题不能太多，使填表者不致因填表而厌烦。第三，提出的问题不要脱离预测目标，也不要对专家的回答提出任何附加条件，要让专家自由地、心情舒畅地回答问题。第四，表中要明确专家寄回表格的最晚时间。

4. 专家意见的统计处理

专家答卷的数据处理，常常涉及时间和数量等指标。例如，某地区制定2000年的经济发展战略，对2000年能实现的工农业总产值的答卷，有各式各样的数据。对这一系列的数字，通常采取中位数作为有代表性的预测值，把上、下四分值数作为有50%以上把握的预测区间。

现给出中位数和上、下四分位数的简单算法。设局 $x_1 \leqslant x_2 \leqslant x_3 \leqslant \cdots \leqslant x_n$，为依大小顺序排列的n个专家的预测值，此序列的中位数记为 $x_{中}$，则

$$x \neq \begin{cases} x_{\frac{n+1}{2}} & n\text{ 为奇数} \\ \frac{1}{2}\left(x_{\frac{n}{2}}+x_{\frac{n+2}{2}}\right) & n\text{ 为偶数} \end{cases} \tag{6-1}$$

序列的上、下四分位数分别记为 $x_{上}$ 与 $x_{下}$。它可按下述方法求出近似值

$$x_{上} = x_{中} + \frac{x_n - x_{中}}{2}$$

$$x_{下} = x_{中} - \frac{x_{中} - x_1}{2}$$

5. 对德尔菲法的评价

改革开放以后，我国引入了德尔菲法。此法简便易行，克服了头脑风暴法的大多数缺点。但随大流现象仍时有发生，未能从根本上加以根除。由于此法比较适合我国的情况，已有不少单位采用。上海某研究所运用此法对柴油机的系列化、通用化、标准化问题，广泛征求国内专家的意见，摸清了国内对柴油机“三化”问题所持的基本态度。某建材规划院又利用此法对墙体材料的发展作了预测，历时 10 个月，调查了 22 个省、自治区、直辖市的 137 位专家，先后经过四轮调查，顺利地完成了任务。1982 年年底，某汽车工业公司重型汽车研究所应用此法预测 20 世纪 80 年代我国重型汽车的发展，函询了 130 位专家，历时两个月。经过两轮调查，发现专家的意见收敛，取得比较满意的结果。

此法是为决策者进行科学决策而进行预测的一种行之有效的方法之一，是符合专家与群众相结合的精神的。不论是工业、农业部门，还是国防、科技部门，在制定远景规划，确定建设重大工程项目之前，为了预测其经济效果，找出潜在问题，均可使用此法。

值得注意的是，此法与我国传统使用的调查分析法是有区别的。德尔菲法有三点明显的特征，在使用时必须坚持：第一是匿名性。对被选择的专家要保密，不让彼此通气，使他们不受权威、资历等方面的影响。第二是反馈性。一般的征询调查要三至四轮。第三是收敛性。经过数轮征询后、专家们的意见相对收敛，趋向一致。一旦有个别专家与众人观点不同，则要求他详细说明理由。我国传统使用的调查分析法，既没有反馈性、也没有匿名性的要求，更没有收敛性的要求。这是值得注意的。

6. 德尔菲法应用的拓宽和改进

随着我国社会、经济、科技的进一步发展，德尔菲法的应用也越来越广泛。我国结合自己的具体情况。对原有的德尔菲法，作了一些改进，进一步拓宽了德尔菲法的应用范围，例如，采用书面调查和会议调查相结合的方法，部分取消匿名性，部分考虑专家的权威性，对专家的答卷数据采取加权处理；根据课题的难易和经费、时间的充足性程度，适当地减少反馈的次数，有时可在专家反馈后，再召集一小批专家面对面的讨论，做出预测结果，这种方法称为广义的德尔菲法。

第二节　时间序列预测法

时间序列法是根据预测对象的时间序列数据，找出预测对象随时间推移的变化规律，通过趋势预测未来的一种方法。

所谓时间序列数据是指某一经济变量按照时间顺序排列起来的一组连续的观察值，且相邻观察值的时间间隔是相等的。例如我国电度表销售量 1970 年至 1980 年的时间序列数据如表 6-1 所示：

表 6-1　　我国 1970—1980 年的电度表销售量

时间周期（年）	70	71	72	73	74	75	76	77	78	79	80
电度表销售量（万只）	120	142	153	221	299	293	282	310	399	609	1 240

通过对大量时间序列数据的变动作分解，可以认为一般经济变量时间序列数据的变动包含着随机变动、周期性变动和体现长期发展趋势的线性或非线性变动。其中随机变动是不规则的，周期性变动与长期趋势是有规律性的（见图 6-1、图 6-2）。用时间序列法作预测，首先需要进行数据处理，设法消除随机变动，找出预测对象的长期发展趋势和周期性变动的规律，并建立相应的预测模型。寻找时间序列数据长期变动趋势的方法常用的有两类：回归方法和平滑方法。回归分析的基本方法上节已作介绍，这里不再赘述，下面我们将着重介绍几种平滑的方法。

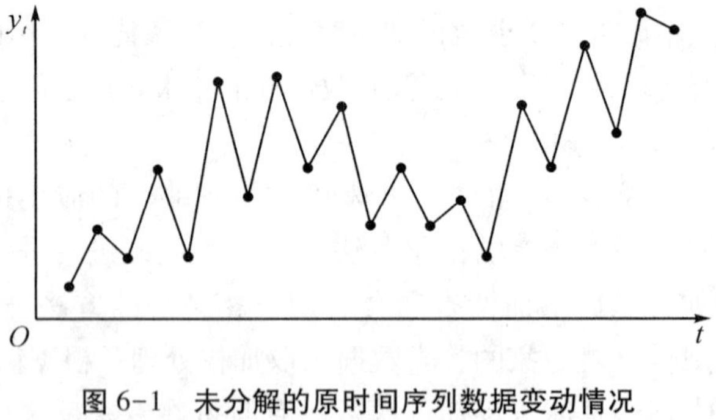

图 6-1　未分解的原时间序列数据变动情况

一、移动平均法

移动平均法是用分段逐点推移的平均方法对时间序列数据进行处理，找出预测对象的历史变动规律，并据此建立预测模型的一种时间序列预测方法。

用移动平均法平滑处理的具体做法是每次取一定数量的时间序列数据加以平均，

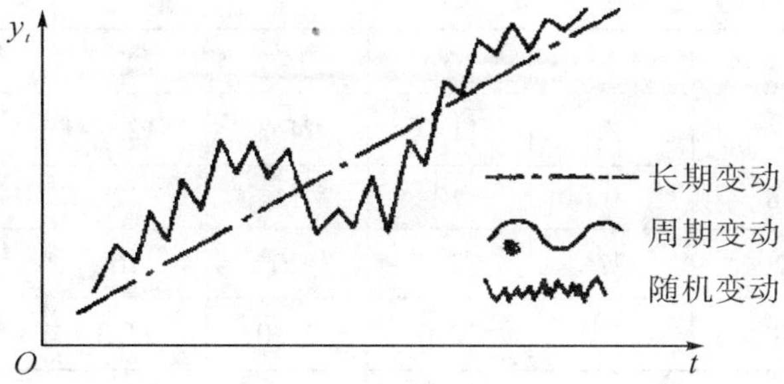

图 6-2　经分解的时间序列数据的各种变动

按照时间序列由前向后递推，每推进一个单位时间，就舍去对应于最前面一个单位时间的数据，再进行平均，直至全部数据处理完毕，最后得到一个由移动平均值组成的新的时间序列。这种移动平均处理过程可多次进行。

（一）一次移动平均值的计算

设实际的预测对象时间序列数据为 $y_t(t=1,2,\cdots,m)$，一次移动平均值的计算公式为

$$M_{t-1}^{[1]}=\frac{1}{n}(y_{t-1}+y_{t-2}+\cdots+y_{t-n})$$

$$M_t^{[1]}=\frac{1}{n}(y_t+y_{t-1}+\cdots+y_{t-n+1})$$

$$M_{t-1}^{[1]}+\frac{1}{n}(y_t-y_{t-n}) \tag{6-2}$$

式中：$M_t^{[1]}$ ——第 t 周期的一次移动平均值；

n ——计算移动平均值所取的数据个数。

由式（6-2）可知，当 $n=1$ 时，$M_t^{[1]}=y_t$，移动平均值序列就是原数据的实际序列；当 n 等于全部数据的个数 m 时，移动平均值即为全部数据的算术平均值。可以看出 n 的大小对平滑效果影响很大，n 取得小，平滑曲线灵敏度高，但抗随机干扰的性能差；n 取得大，抗随机干扰的性能好，但灵敏度低，对新的变化趋势不敏感。所以 n 的选择是用好移动平均法的关键，针对具体的预测问题，选择 n 时，应考虑预测对象时间序列数据点的多少及预测限期的长短。通常 n 的取值范围可在 3~20 之间。

【例 6-1】已知某产品 15 个月内每月的销售量（见表 6-2），因时间序列数据点少，取 $n=3$，计算一次移动平均值。

表 6-2　　　　（单位：万件）

月序 t	1	2	3	4	5	6	7
销售量 y_t	10	15	8	20	10	16	18

表6-2(续)

月序 t	1	2	3	4	5	6	7
M_t^1 $(n=3)$	/	/	11.0	14.3	12.7	15.3	14.7
月序 t	8	9	10	11	12	13	14
销售量 y_t	20	22	24	20	26	27	29
M_t^1 $(n=3)$	18.0	20.0	22.0	22.0	22.3	24.3	21.3

解：由式（6-2）

$$M_t^{[1]} = \frac{1}{3}(y_3 + y_2 + y_1) = \frac{1}{3} \times (8 + 15 + 10)$$
$$= 11.0$$
$$M_4^{[1]} = M_3^{[1]} + \frac{1}{3}(y_4 - y_1) = 11.0 + \frac{1}{3} \times (20 - 10)$$
$$= 14.3$$

依次类推，可得出一个移动平均值序列（见表6-2的第三、六行）。

将实际的时间序列数据与计算出的移动平均值序列绘制到一个坐标图上（图6-3），可以看出，通过一次移动平均处理，削弱了随机干扰的影响，较明显地反映出了预测对象的历史变化趋势。但应该注意到，当实际数据随时间推移发生变化时，一次移动平均值的变化总是落后于实际数据的变化，存在着滞后偏差，n 取得越大，滞后偏差越大。

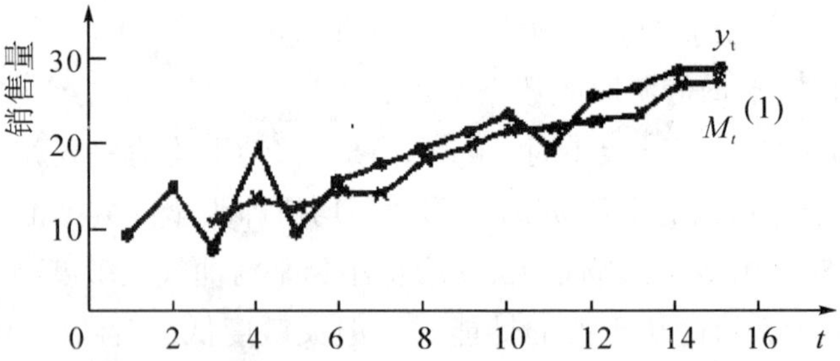

图6-3　实际数据序列与一次移动平均值序列的对比

（二）利用移动平均值序列作预测

如果实际的时间序列数据没有明显的周期变动，近期的移动平均值序列没有明显的增长或下降趋势，可以直接用最近一个周期的一次移动平均值，作为下一周期的预测值。也就是说，当最近一个周期为 n 时，可以认为 $\hat{y}_{t+1} = M_t^{[l]}$ 。如果实际的时间序列数据有明显的周期变动，近期的移动平均值序列有明显的增长或下降趋势，就不能直接用一次移动平均值作预测。这是因为，移动平均值的变化总是滞后于实际数据的变化，当预测对象有明显的增长趋势时，直接用一次移动平均值作预测会使预测值偏低，当预测对象有明显的下降趋势时，直接用一次移动平均值作预测会使预测值偏高。在这种情况下，如果预测对象的变化趋势呈线性，可以通过建立线性预测模型作预测。

线性预测模型的一般形式为：

$$\hat{y}_{t+1} = a_t + b_t \times T \tag{6-3}$$

式中：t ——目前的周期序号；

T ——由目前到预测周期的周期间隔数；

$\hat{y}_{t+T}$ ——第 $t + T$ 周期的预测值；

a_t ——线性预测模型的截距；

b_t ——线性预测模型的斜率，即每周期预测值的变化量。

$$a_t = 2M_t^{[1]} - M_t^{[2]} \tag{6-4}$$

$$b_t = \frac{2}{n-1}(M_t^{[1]} - M_t^{[2]}) \tag{6-5}$$

a_t 与 b_t 的计算利用了移动平均处理过程中存在滞后偏差这种现象。

当一次移动平均值序列 $M_t^{[1]}$ 的近期数据呈线性增长或线性下降时，相应的 $M_t^{[2]}$ 也应呈线性增长或线性下降，$M_t^{[2]}$ 滞后于 $M_t^{[1]}$ 。由公式

$$M_t^{[2]} = \frac{1}{n}(M_t^{[1]} + M_{t-1}^{[1]} + \cdots + M_{t-n+1}^{[1]})$$

可知，$M_t^{[2]}$ 相对于 $M_t^{[1]}$ 的滞后时间为：$\frac{t-(t-n+1)}{2} = \frac{n-1}{2}$

设 $M_t^{[1]}$ 与 $M_t^{[2]}$ 的单位时间增量均为 b_t ，则 $M_t^{[2]}$ 相对于 $M_t^{[1]}$ 严的滞后值为：

$$M_t^{[1]} - M_t^{[2]} = \frac{n-1}{2}b_t$$

故有：

$$b_t - \frac{2}{n-1}(M_t^{[1]} - M_t^{[2]})$$

a_t 为线性预测模型的截距，也就是预测趋势线的起始点。若用实际观察值 y_t 作 a_t ，则受偶然性因素的影响较大，若用一次移动平均值 $M_t^{[1]}$ 作 a_t ，又存在着滞后偏差。故设想：由于 $M_t^{[1]}$ 近期数据变动呈线性，根据预测模型得出的预测值 $\hat{y}_t$ 近期也有线性变动趋势。$M_t^{[1]}$ 滞后于 $\hat{y}_t$ ，滞后时间为 $\frac{n-1}{2}$ 个周期，滞后值为：

$$\hat{y}_t - M_t^{[1]} = \frac{n-1}{2}b_t = M_t^{[1]} - M_t^{[2]}$$

故有：$\hat{y}_t = 2M_t^{[1]} - M_t^{[2]}$

如果把第 t 周期作为预测方程的起始周期，$\hat{y}_t$ 也就是方程的截距 a_t ，即：

$a_t = 2M_t^{[1]} - M_t^{[2]}$

【例 6-2】根据表 6-2 的数据建立预测模型，预测第 17 个月的销售量，目前的月序为 15。

$a_{15} = 2M_{15}^{[1]} - M_{15}^{[2]} = 2 \times 28.3 - 26.6 = 30.0$

$$b_{15} = \frac{2}{n-1}(M_{15}^{[1]} - M_{15}^{[2]}) = \frac{2}{3-1}(28.3 - 26.6) = 1.7$$

故可得线性预测模型

$\hat{y}_{15+T} = 30.0 + 1.7T$

第 17 个月销售量的预测值为：

$\hat{y}_{17} = \hat{y}_{15+2} = 30.0 + 1.7 \times 2 = 33.4$（万件）

二、指数平滑法

指数平滑法是移动平均法的改进。其基本思路是：在预测研究中越近期的数据越应受到重视，时间序列数据中各数据的重要程度由近及远呈指数规律递减，故对时间序列数据的平滑处理应采用加权平均的方法。

（一）一次指数平滑值的计算

假设时间序列数据是一个无穷序列：y_t，y_{t-1}，y_{t-2}，…，其加权平均值为

$\beta_0 y_t + \beta_1 y_{t-1} + \beta_2 y_{t-2} + \cdots + \beta_i y_{t-i} + \cdots$

其中　$1 \geq \beta_i \geq 0 \quad (i = 0, 1, 2, \cdots)$

且　$\sum_{i=0}^{\infty} \beta_i = 1$

令　$\beta_i = a(1-a)^i$

则
$$\sum_{i=0}^{\infty} \beta_i = a(1-a)^0 + a(1-a) + a(1-a)^2 + \cdots$$
$$= a[1 + (1-a) + (1-a)^2 + \cdots]$$
$$= \frac{a}{1-(1-a)} = 1$$

用 $\beta_i = a(1-a)^i (i = 0, 1, 2, \cdots)$ 对时间序列数据加权，设加权平均值为 $S_t^{[1]}$，则有：

$$S_t^{[1]} = ay_t + a(1-a)y_{t-1} + a(1-a)y_{t-2} + \cdots$$
$$= ay_t + (1-a)[ay_{t-1} + a(1-a)y_{t-2} + \cdots]$$
$$= ay_t + (1-a)S_{t-1}^{[1]}$$

实际上，时间序列数据是有限的，一般情况下，$\sum_{i=0}^{n} \beta_i < 1$，但只要这个时间序列足够长，上式可以作为有限时间序列数据加权平均值的一种近似。这个加权平均值就是我们所要求的一次指数平滑值。所以一次指数平滑值的计算公式为：

$$S_t^{[1]} = ay_t + (1-a)S_{t-1}^{[1]} \tag{6-6}$$

式中：$S_t^{[1]}$ ——第 t 周期的一次指数平滑值；

y_t ——预测对象第 t 周期的实际数据；

a ——指数平滑系数。

a 实际上是新旧数据权重的一个分配比例，a 值越大，则新数据在 $S_t^{[1]}$ 中的权重越大。a 取值的大小是影响预测效果的重要因素，一般要根据实际时间序列数据的特点和经验确定。如果时间序列数据的长期趋势比较稳定，应取较小的 a 值（如 0.05 ~0.20）。如果时间序列数据具有迅速明显的变动倾向，则应取较大的 a 值（如 0.3 ~0.7）。

式（6-6）是一个递推公式，计算 $S_t^{[1]}$ 时，要先知道 $S_{t-1}^{[1]}$ ，计算 $S_{t-1}^{[1]}$ 时，要先知道 $S_{t-2}^{[1]}$ ，如此递推下去，计算 $S_1^{[1]}$ 时就需要有一个初始值 $S_0^{[1]}$。当实际数据比较多时，初始值对预测结果的影响不会很大，可以以第一个数据 y_1 作为初始值，如果实际数据较少（如 20 个以内），初始值的影响就比较大，一般取前几个周期的数据的平均值作为初始值。

如果实际时间序列数据的变动主要是随机变动而没有明显的周期变动和增长或下降趋势，我们可以直接用最近一个周期的一次指数平滑值 $S_t^{[1]}$ 作为下一周期的预测值 $\hat{y}_{t+1}$ 。如果求得的一次指数平滑值时间序列数据有明显的线性增长或下降趋势，与移动平均法相类似，由于一次指数平滑值序列相对于实际数据序列存在着滞后偏差，必须在求二次指数平滑值的基础上建立预测模型。

（二）二次指数平滑值的计算与线性预测模型的建立

二次指数平滑是对一次指数平滑值序列再作一次指数平滑。二次指数平滑值的计算公式为：

$$S_t^{[2]} = aS_t^{[1]} + (1-a)S_{t-1}^{[2]} \tag{6-7}$$

式中：$S_t^{[2]}$ ——第 t 周期的二次指数平滑值。

求二次指数平滑值也要先确定初始值，通常直接取 $S_0^{[2]} = S_0^{[1]}$，也可以取前几个一次指数平滑值的平均值作二次指数平滑的初始值。

在二次指数平滑处理的基础上可建立线性预测模型

$$\hat{y}_{t+T} = a_t + b_t \times T \tag{6-8}$$

截距 a_t 与斜率 b_t 的计算公式分别为：

$$a_t = 2S_t^{[1]} - S_t^{[2]} \tag{6-9}$$

$$b_t = \frac{a}{1-a}(S_t^{[1]} - S_t^{[2]}) \tag{6-10}$$

【例 6-3】根据例 6-1 中的数据用指数平滑法建立线性预测模型。

解：取指数平滑系数 $\alpha=0.5$，设初始值：

$$S_0^{[2]} = S_0^{[1]} = \frac{1}{3}(y_1 + y_2 + y_3) = 11.0$$

根据式（6-9）与式（6-10）分别计算一次指数平滑值与二次指数平滑值，计算结果见表6-3。

表6-3 （单位：万件）

月序 t	1	2	3	4	5	6	7	8
销售量 y_t	10	15	8	20	10	16	18	20
$S_t^{[1]}$ （α=0.5）	10.5	12.8	10.4	15.2	12.6	14.3	16.1	18.1
$S_t^{[2]}$ （α=0.5）	10.8	11.8	11.1	13.1	12.9	13.6	14.8	16.5
月序 t	9	10	11	12	13	14	15	
销售量 y_t	22	24	20	26	27	29	29	
$S_t^{[1]}$ （α=0.5）	20.0	22.0	21.0	23.5	25.3	27.1	28.1	
$S_t^{[2]}$ （α=0.5）	18.2	20.1	20.6	22.0	23.7	25.4	26.7	

预测模型的截距

$$a_{15} = 2S_{15}^{[1]} - S_{15}^{[2]} = 2 \times 28.1 - 26.7 = 29.5$$

预测模型的斜率

$$b_{15} = \frac{a}{1-a}(S_{15}^{[1]} - S_{15}^{[2]})$$

$$= \frac{0.5}{1-0.5} \times (28.1 \times 26.7) = 1.4$$

故可得线性预测模型

$$\hat{y}_{15+T} = 29.5 + 1.4T$$

将上式与例6-2中用移动平均法求得的预测模型相比较，上式中的斜率明显要小，这是由于指数平滑法更重视近期数据的变化趋势所造成的。

二次指数平滑预测模型仅适用于预测对象的变动趋势呈线性的情况。如果预测对象的变动趋势是非线性的，则应在求三次指平滑值的基础上建立非线性预测模型。

（三）三次指数平滑值的计算与非线性预测模型的建立

三次指数平滑是对二次指数平滑值序列再作一次指数平滑。三次指数平滑值的计算公式为：

$$S_t^{[3]} = aS_t^{[2]} + (1-a)S_{t-1}^{[3]} \qquad (6-11)$$

式中：$S_t^{[3]}$ ——第 t 周期的三次指数平滑值。

三次指数平滑的初始值可以直接取 $S_0^{[3]} = S_0^{[2]}$，也可以取前几个二次指数平滑值的平均值。

在三次指数平滑处理的基础上可建立如下非线性预测模型：

$$\hat{y}_{t+T} = a_t + b_t T + c_t T^2 \qquad (6-12)$$

模型系数 a_t、b_t、c_t的计算公式为：

$$a_t = 3S_t^{[1]} - 3S_t^{[2]} + S_t^{[3]}$$

$$b_t = \frac{a}{2(1-a)^2}[(6-5a)S_t^{[1]} - 2(5-4a)S_t^{[2]} + (4-3a)S_t^{[3]}]$$

$$c_t = \frac{a^2}{2(1-a)^2}(S_t^{[1]} - 2S_t^{[2]} + S_t^{[3]})$$

若实际时间序列数据的变动趋势呈线性，

则：$y_t - S_t^{[1]} = S_t^{[1]} - S_t^{[2]} = S_t^{[2]} - S_t^{[3]}$

代人上述模型系数计算公式，可得 $c_t = 0$，a_t 与 b_t 的计算公式简化后与线性预测模型中相同。由此可知，线性预测模型实际上是非线性预测模型的一种特殊形式。

【例6-4】已知某商品11年内每年的销售量（见表6-4），用指数平滑法建立预测模型并预测第12年和第13年的销售量。

解：在三次指数平滑处理的基础上建立非线性预测模型。

表6-4　　　　（单位：万台）

年序 t	0	1	2	3	4	5
销售量 y_t		225.2	249.9	263.2	293.6	318.9
$S_t^{[1]}$ (α=0.3)	246.1	239.8	242.9	249.0	262.3	279.3
$S_t^{[2]}$ (α=0.3)	246.1	244.2	243.8	245.4	250.5	259.1
$S_t^{[3]}$ (α=0.3)	244.5	244.4	244.2	244.6	246.4	250.2
年序 t	6	7	8	9	10	11
销售量 y_t	356.1	363.8	424.2	466.5	582.0	750.0
$S_t^{[1]}$ (α=0.3)	302.5	320.9	351.9	386.3	445.0	536.5
$S_t^{[2]}$ (α=0.3)	272.1	286.8	306.3	330.3	364.7	416.2
$S_t^{[3]}$ (α=0.3)	256.8	265.8	277.9	293.6	315.0	345.3

本例中，实际数据序列的变动倾向较明显，平滑系数 a 不宜取太小，取 a = 0.3。实际数据数目较少，取一次、二次指数平滑初始值

$$S_0^{[1]} = S_0^{[2]} = \frac{1}{3}(y_1 + y_2 + y_3) = \frac{1}{3} \times (225.2 + 249.9 + 263.2) = 246.1$$

分别计算一次、二次指数平滑值 $S_t^{[1]}$ 和 $S_t^{[2]}$。取三次指数平滑初始值

$$S_0^{[3]} = \frac{1}{3}(S_1^{[2]} + S_2^{[2]} + S_3^{[2]}) = \frac{1}{3} \times (244.2 + 243.8 + 245.4) = 244.5$$

计算三次指数平滑 $S_t^{[3]}$。各次指数平滑值的计算结果见表6-4。

计算预测模型系数：

$$a_{11} = 3S_{11}^{[1]} - 3S_{11}^{[2]} + 3S_{11}^{[3]}$$
$$= 3 \times 536.5 - 3 \times 416.2 + 345.3$$
$$= 706.2$$

$$b_{11} = \frac{a}{2(1-a)^2}[(6-5a)S_{11}^{[1]} - 2(5-4a)S_{11}^{[2]} + (4-3a)S_{11}^{[3]}]$$
$$= \frac{0.3}{2 \times (1-0.3)^2}[(6-5\times 0.3)\times 536.5 - 2\times(5-4\times 0.3)\times 416.2 + (4-3\times 0.3)\times 345.3]$$
$$= 98.4$$

$$c_{11} = \frac{a^2}{2 \times (1-a)^2}(S_{11}^{[1]} - 2S_{11}^{[2]} + S_{11}^{[3]})$$
$$= \frac{0.3}{2 \times (1-0.3)^2} \times (536.5 - 2 \times 416.2 + 345.3)$$
$$= 4.5$$

建立非线性预测模型

$$\hat{y}_{11+T} = a_{11} + b_{11}T + c_{11}T^2$$
$$= 706.2 + 98.4T + 4.5T^2$$

第 12 年销售量的预测值为：

$$\hat{y}_{12} = \hat{y}_{11+1}$$
$$= 706.2 + 98.4 \times 1 + 4.5 \times 1^2 = 809.1(\text{万台})$$

第 13 年销售量的预测值为：

$$\hat{y}_{13} = \hat{y}_{11+2}$$
$$= 706.2 + 98.4 \times 2 + 4.5 \times 2^2 = 921(\text{万台})$$

平滑法（包括移动平均法和指数平滑法）适用于寻找实际数据序列的长期变动趋势，对数据序列的转折点缺乏鉴别能力。如果遇到数据序列出现转折点的情况，要靠预测者根据外部影响因素的分析判断对预测值进行修正。

第三节　线性回归预测

一、相关关系和相关分析

（一）相关关系概念

一般来说，变量之间存在以下关系：

1. 函数关系：即确定型的关系，指一个变量的变化能完全决定另一个变量的变化，二者存在一对一的关系。

2. 相关关系：指变量之间具有密切关联（存在某种程度的不确定性的关系），但又不能用函数关系精确表达出来，这种关系称为统计关系或相关关系。只能通过对现象不断的、大量的观察，探索出它们之间的统计规律，也就是说，只能用相关分析和回归分析的方法进行描述。按不同的分类方法，变量间的相关关系可以分为多种类型。

（1）按相关的方向分：正相关，负相关；按研究变量的多少分：单相关（一元相关），复相关。

（2）按相关的形式分：线性相关，非线性相关。

（3）按相关的程度分：完全相关，不完全相关，无相关。

（4）按依存关系的情况分：单向依存（因果）关系，互为因果关系。

（二）回归关系与回归分析

1. 回归

“回归”一词起源于生物学。在生物学中，人们通过对遗传现象的大量观察，发现父母的身高与子女的身高有一定的关系，但从平均来看，若父母很高，他们的孩子并不像父母那样高；而若父母很矮，他们的孩子也并不像父母那样矮。也就是存在遗传身高趋于人类平均身高的现象，被称为回归。

2. 回归关系

父母的身高与孩子的身高有关，通过大量观察探索出以上这种统计规律，这种统计规律称为回归关系。

3. 回归分析

根据相关关系的具体形态，选择合适的数学模型来近似表达变量之间的变化关系。

（三）相关分析与回归分析的关系

相关分析与回归分析都是研究现象之间相关关系的基本方法，二者既有区别又有联系。主要区别表现在：

（1）在相关分析中，所有变量处于平等地位；在回归分析中，因变量处于被解释的特殊地位。

（2）在相关分析中，所涉及的变量全是随机变量；在回归分析中，因变量是随机变量，自变量可以是随机变量，也可以是给定的确定变量，在回归模型中，自变量通常是给定的变量。

（3）相关分析主要刻画变量间线性相关的密切程度；而回归分析不仅可以揭示一个变量对另一变量的影响大小，还可以由回归方程进行控制与预测。

相关分析与回归分析的联系为：二者相辅相成，相关分析需要依靠回归分析来表明现象之间相关的具体形式，而回归分析则需要依靠相关分析来表明现象之间数量变化的相关密切程度。

一元线性回归是描述两个变量之间相关关系的最简单的回归模型（Regression

model)。一元线性回归虽然简单，但通过一元线性回归模型的建立过程，我们可以了解回归分析方法的基本统计思想以及它在经济问题研究中的应用原理。本节余下的内容将详细讨论一元线性回归的建模思想，最小二乘估计及其性质，回归方程的有关检验，预测和控制的理论及应用。

二、一元线性回归（Linear regression）模型

在经济问题的研究中，经常需要研究某一经济现象与影响它的某一最主要因素的影响。譬如，影响粮食产量的因素非常多，但在众多因素中，施肥量是一个最重要的因素，我们往往需要研究施肥量这一因素与粮食产量之间的关系；在消费问题的研究中，影响消费的因素很多，但我们可以只研究国民收入与消费额之间的关系，因为国民收入是影响消费的最主要因素；保险公司在研究火灾损失的规律时，把火灾发生地与最近的消防站的距离作为一个最主要因素，研究火灾损失与火灾发生地距最近消防站的距离之间的关系。

上述几个例子都是研究两个变量之间的关系，而且它们的一个共同点是，两个变量之间有着密切的关系，但密切的程度并不能由一个变量唯一确定另一个变量，即它们之间的关系是一种非确定性的关系。那么它们之间到底有什么样的关系呢？这就是下面要进一步研究的问题。

通常我们对所研究的问题首先要收集与它有关的 n 组样本数据（x_1，y_1），$i = 1, 2, \cdots, n$。为了直观地发现样本数据的分布规律，我们把（x_1，y_1）看成是平面直角坐标系中的点，可以画出这 n 个样本点的散点图。

为进一步探讨变量 y 与 x 之间的统计规律性，我们用下面的数学模型来描述它。

$$y = \beta_0 + \beta_1 x + \varepsilon \tag{6-13}$$

（6-13）式将经济问题中变量 y 与 x 之间的关系分两部分描述。一部分是由于 x 的变化引起 y 线性变化的部分，即 $\beta_0 + \beta_{1x}$；另一部分是由其他一切随机因素引起的，记为 ε。（6-13）式确切地表达了经济变量 x 与 y 之间密切相关，但其密切的程度又没有到由 x 唯一确定 y 的地步。

（6-13）式将经济问题中变量 y 与 x 的一元线性回归理论模型。一般我们称 y 为被解释变量（因变量（*Dependent variable*）），x 为解释变量（自变量（*Independent variable*））。式中 β_0 和 β_1 是未知参数，称它们为回归系数（*Coefficient of regression*）。ε 表示其他随机因素的影响。在（6-13）式中一般假定 ε 是不可观测的随机误差，它是一个随机变量，通常假定 ε 满足：

$$\begin{cases} E(\varepsilon) = 0 \\ \mathrm{var}(\varepsilon) = \sigma^2 \end{cases} \tag{6-14}$$

这里 $E(\varepsilon)$ 表示 ε 的数学期望，var（ε）表示 ε 的方差。在实际问题的研究中，为了方便地对参数作区间估计和假设检验，还假定 ε 遵从正态分布，即

$\varepsilon \subset N(0,\ \sigma^2)$

在 ε 遵从正态分布的假定下，进一步有 $y \subset N(\beta_0 + \beta_1 x,\ \sigma^2)$，它表示随机变量 y 也遵从正态分布，且 $E(y) = \beta_0 + \beta_1 x$，$\text{var}(y) = \sigma^2$，即（3-14）式中线性表示部分从平均意义上表达了变量 y 与 x 的统计规律性。关于这一点，在应用上非常重要，因为我们经常关心的正是这个平均值。例如，在消费 y 与收入 x 的研究中，我们也许所关心的正是当国民收入达到某个水平时，人均消费能达到多少；在小麦单产 y 与施肥量 x 的关系中，我们所关心的正是当施肥量 x 确定后，小麦的平均产量是多少。

一般情况下，对我们所研究的某个经济问题所获得的 n 组样本观测值（x_1，y_1），（x_2，y_2），$\cdots$（x_n，y_n）来说，如果它们符合模型（6-13）式，则

$$y_i = \beta_0 + \beta_1 x_i + \varepsilon_i \quad i = 1,\ 2,\ \cdots,\ n \tag{6-15}$$

由（6-14）式有：

$$\begin{cases} E(\varepsilon_i) = 0 \\ \text{var}(\varepsilon_i) = \sigma^2 \end{cases} \quad i = 1,\ 2,\ \cdots,\ n$$

通常我们还假定，n 组数据是独立观测的，因而 y_1，y_2，$\cdots$，y_n；ε_1，ε_2，$\cdots$，ε_n 都是相互独立的随机变量。而 $x_i(i = 1,\ 2\cdots n)$ 是确定性变量，其值是可以精确测量和控制的。我们称（6-15）式为一元线性回归模型。

对（6-13）式两边求数学期望，得

$$E(y) = \beta_0 + \beta_1 x \tag{6-16}$$

（6-16）式表示当 x 已知时，可以精确算出 $E(y)$ 。由于 ε 是随机因素，就用 $E(y)$ 作为 y 的估计，故得

$$\hat{y} = \beta_0 + \beta_1 x \tag{6-17}$$

式中，$\hat{y}$ 表而 y 的估计。（6-17）式称为一元线性回归方程。

如果对（6-15）式两边求数学期望，得

$$E(y_i) = \beta_0 + \beta_1 x_i \quad i = 1,\ 2,\ \cdots,\ n \tag{6-18}$$

或者

$$\hat{y}_i = \beta_0 + \beta_1 x_i \quad i = 1,\ 2,\ \cdots,\ n \tag{6-19}$$

回归分析的主要任务就是通过 n 组样本观测值（x_i，y_i）　$i = 1,\ 2,\ \cdots,\ n$ 对 β_0，β_1 进行估计。一般用 $\hat{\beta}_0$，$\hat{\beta}_1$ 分别表示 β_0，β_1 的估计值，则称

$$\hat{y} = \hat{\beta}_0 + \hat{\beta}_1 x \tag{6-20}$$

为 y 关于 x 的一元线性经验回归方程.

通常 $\hat{\beta}_0$ 表示经验回归直线在纵轴上的截距。如果模型范围里包括 x=0，则 $\hat{\beta}_0$ 是 x=0 时 y 概率分布的均值；如果不包括 x=0，$\hat{\beta}_0$ 只是作为回归方程中的分开项，没有别的具体意义。$\hat{\beta}_1$ 表示经验直线回归方程的斜率。$\hat{\beta}_1$ 在实际应用中表示 x 每增加一

个单位时 y 概率分布的均值变化，即当 x 每增加一个单位时，y 平均变化 $\hat{\beta}_1$ 个单位。

二、参数 β_0，β_1 的最小二乘估计

为了由样本数据得到回归参数 β_0 和 β_1 的理想估计值，我们将使用普通最小二乘估计（Ordinary Least Square Estimation，简记为 OLSE）。对每一个样本观测值（x_i，y_i），最小二乘法考虑观测值（Observed value）y_i 与其期望值 $E(y_i)$ 的差：

$$y_i - E(y_i) = y_i - (\beta_0 + \beta_1 x_i)$$

越小越好，特别要求考虑 n 个差的平方和：

$$Q(\beta_0, \beta_1) = \sum_{i=1}^{n} (y_i - \beta_0 - \beta_1 x_i)^2 = \sum_{i=1}^{n} e_i^2 \tag{6-21}$$

达到最小。

三、回归方程的显著性检验（Significance tests）

当我们得到一个实际问题的经验回归方程

$$\hat{y} = \hat{\beta}_0 + \hat{\beta}_1 x$$

还不能马上就用它去作经济分析和经济预测，因为 $\hat{y} = \hat{\beta}_0 + \hat{\beta}_1 x$ 是否真正描述了变量 y 与 x 之间的统计规律性，还需运用统计方法对回归方程进行检验。下面我们介绍两种检验方法。

（一）　F 检验

在一元线性回归方程中的假设检验是

$$H_0: \beta_1 = 0 \tag{6-22}$$

如果原假设 H_0 成立，即 $\beta_1 = 0$ 表示回归方程为一常数 β_0，与 x 无关，则意味着所选定的自变量 x 其实对因变量 y 无影响，故研究 y 与 x 之间的关系也就没有意义；如果原假设 H_0 不成立，即 $\beta_1 \neq 0$，回归方程才有意义。因而对回归方程的显著性检验就是要检验假设（6-22）式是否为真。为此，我们需要构造一个检验的统计量。

我们把 y 的 n 个观测值之间的差异，用观测值 y_i 与其平均值 $\bar{y}$ 的偏差平方和来表示，称为总离差平方和（Total Deviation Sum of Squares），记为 $S_{总}$ 或 SST。

$$S_{总} = \sum_{i=1}^{n} (y_i - \bar{y})^2 = L_{yy} \tag{6-23}$$

我们可以将 $S_{总}$ 分解成如下形式：

$$S_{总} = \sum_{i=1}^{n} (y_i - \bar{y})^2$$

$$= \sum_{i=1}^{n} (y_i - \hat{y}_i + \hat{y}_i - \bar{y})^2$$

$$= \sum_{i=1}^{n}(y_i - \hat{y}_i)^2 + 2\sum_{i=1}^{n}(y_i - \hat{y}_i)(\hat{y}_i - \bar{y}) + \sum_{i=1}^{n}(\hat{y}_i - \bar{y})^2 \tag{6-24}$$

其中，$\sum_{i=1}^{n}(y_i - \hat{y}_i)(\hat{y}_i - \bar{y}) = 0$（留给读者自己证明）。这样（6-24）式成为两项和的形式。

$\sum_{i=1}^{n}(\hat{y}_i - \bar{y})^2$ 称为回归平方和（Regression Sum of Squares）记为 $S_{回}$ 或 SSR；

$\sum_{i=1}^{n}(\hat{y}_i - \bar{y}_i)^2$ 称为残差平方和（Residual Sum of Squares）记为 $S_{残}$ 或 SSE；

（6-24）式即为：

$S_{总} = S_{回} + S_{残}$

由此可见，y 值的变化由两个原因造成，一个是 x 的变化引起 y 的变化，另一个是不可控制的随机因素对 y 的影响。$S_{回} = \sum_{i=1}^{n}(\hat{y}i - \bar{y})^2 = \beta_1{}^2\sum_{i=1}^{n}(x_i - \bar{x})^2$ 是回归值与观测值 y 的平均值之差的平方和，它反映了自变量的变化所引起的 y 的波动，它的大小反映了自变量 x 的重要程度。$S_{残} = \sum_{i=1}^{n}(\hat{y} - y_i)^2$ 是 y 的实际值与回归值之差的平方和，它由试验误差以及未加控制的因素引起，它的大小反映了试验误差及其他随机因素对试验结果的影响。

可以证明：

$$F = \frac{S_{回}/1}{S_{残}/(n-2)} \subset F(1,\ n-2)$$

其中，$F(1,\ n-2)$ 表示第一自由度为 1，第二自由度为 $n-2$ 的 F 分布。对于回归方程的具体体验可放在方差分析表上进行。

（二）样本决定系数

由回归平方和与残差平方和的意义我们知道，在总的离差平方和中回归平方和所占的比重越大，则线性回归效果越好，这说明回归直线与样本观测值拟合优度（Goodness of fit）就越好；如果残差平方和所占的比重大，则回归直线与样本观测值拟合的就不理想。这里把回归平方与总离差平方和之比定义为样本决定系数（Coefficient of determination），即

$$r^2 = \frac{\sum_{i=1}^{n}(\hat{y}_i - \bar{y})^2}{\sum_{i=1}^{n}(y_i - \bar{y})^2} = \frac{\hat{\beta}_1 L_{xy}}{L_{yy}} = \frac{\frac{L_{xy}}{L_{xx}} \cdot L_{xy}}{L_{yy}} = \frac{L_{xy}^2}{L_{xx}L_{yy}} \tag{6-25}$$

（6-25）式正好是相关系数 r 的平方。决定系数 r^2 是一个回归直线与样本观测值拟合优度的指标。r^2 的值总是在 0 和 1 之间。一个线性回归模型如果充分利用了 x 的信息，则 r^2 越接近于 1，拟合优度就越好；反之，如 r^2 不大，说明模型中给出的 x

对 y 的信息还不充分，应进行修改，使 x 与 y 的信息得到充分利用。

如决定系数为：$r^2=0.997\ 41$

决定系数高达 0.997 41 说明在 y 值与 $\bar{y}$ 的偏离的平方和中有 99.74%可以通过人均国民收入 x 来解释，这也说明了 y 与 x 之间的高度线性相关关系。

进一步还可看到：

$$r=\frac{L_{xy}}{\sqrt{L_{xx}L_{yy}}}=\frac{L_{xy}}{L_{xx}}\sqrt{\frac{L_{xx}}{L_{yy}}}=\hat{\beta}_1\sqrt{\frac{L_{xx}}{L_{yy}}} \tag{6-26}$$

这说明相关系数 r 与回归系数 $\hat{\beta}_1$ 的正负号相同。

四、预测及应用

建立回归模型的目的就是为了应用，预测是回归模型最重要的应用。下面我们专门讨论回归模型在预测方面的应用。

对于预测问题，除了知道预测值外，还希望知道预测的精度。比如研究某地区小麦产量 y 与施肥量 x 的关系时，可建立回归方程：

$$\hat{y}=\hat{\beta}+\hat{\beta}_1x \tag{6-27}$$

当已知施肥量 $x=x_0$ 时，要预测小麦产量是多少公斤，将 $x=x_0$ 代入（6-27）式得 $\hat{y}_0$。这个 $\hat{y}_0$ 其实只是这个地区小麦产量的大概值。仅知道这一点意义并不大，我们往往更希望能给出小麦产量一个预测值范围。给一个预测值范围比只给出 $\hat{y}_0$ 更可信。这个问题也就是对于给定的显著性水平 a，找一个区间（T_1，T_2）使对应于某特定的 x_0 的实际值 y_0 以 $1-a$ 的概率被区间（T_1，T_2）所包含，用公式表示，就是

$$P(T_1<y_0<T_2)=1-a$$

可以证明置信概率为（$1-a$）的预测区间（Prediction interval）为：

$$\left(\hat{y}_0-S_{y_0}\sqrt{F_a(1,\ n-2)},\ \hat{y}_0+S_{y_0}\sqrt{F_a(1,\ n-2)}\right) \tag{6-28}$$

令 $\Delta=S_{y_0}\sqrt{F_a(1,\ n-2)}$

$$S_{y_0}=\sqrt{S^2\left[1+\frac{1}{n}+\frac{(x_0-\bar{x})^2}{\sum_{i=1}^{n}(x_i-\bar{x})^2}\right]}$$

为 $\hat{y}_0$ 的标准差，$F_a(1,\ n-2)$ 为 F 分布表查得的临界值。

由上式可看到，对给定的显著性水平 a，样本容量 n 越大，$L_{xx}=\sum_{i=1}^{n}(x_i-\bar{x})^2$ 越大，x_0 越靠近 $\bar{x}$，则 Δ 越小，此时的预测精度较高。所以，为了提高预测精度，样本量 n 应越大越好，采集数据 x_1，x_2，…，x_n，不能太集中。在进行预测时，所给定的 x_0 不能偏离 $\bar{x}$ 太大，太大时，预测结果肯定效果不好；如果给定值 $x_0=\bar{x}$ 时，Δ

最小，这时的预测结果效果就好。因此，如果在（$\min x_i$，$\max x_i$）范围之外作预测，精度就较差。这种情况进一步说明，当 x 的取值发生较大变化时，即 $|x_0 - \bar{x}|$ 越大时，预测就不准。所以在作预测时一定要看 x_0 与 $\bar{x}$ 相差多大，相差太大时，效果肯定不好。尤其是在经济问题的研究中，当时间序列数据发生了较大变化，即要预测未来太远时，x 的取值 x_0 肯定距当时建模时采集样本的 $\bar{x}$ 相差太大。比如，我们用人均国民收入 1 000 元左右的数据建立的消费基金模型，只适合近期人均收入 1 000 元左右的消费基金预测，而若干年后人均国民收入增长幅度变化较大时，人们的消费观念也会发生较大变化，再用原模型去预测肯定不准确。

本章小结

技术经济预测是技术经济决策的基础，预测结果中的数据是对技术方案进行经济评价的依据，常见的预测方法有两种类型，一种是定性（判断）预测，一种是定量预测。

无论是哪一种预测方法，都要遵循一定的科学程序或步骤，这些步骤可以归纳为：

（1）确定预测目标和预测期限。不论是宏观经济预测，还是微观经济预测，确定预测目标和预测期限是进行预测工作的前提。例如，对全国毛线及其织品的预测，需求量、花色品种这些均是预测目标。预测期可根据预测用户的要求，有月、季、半年、一年等期限的预测。

（2）确定预测因子。根据确定的预测目标，选择可能与预测目标相关或有一定影响的预测因素。例如，在对全国毛纺织品的需求预测中，全国人均可支配收入、人均消费支出、毛线及其制品的价格、化纤制品的价格、人口的增长等均是预测因素。

（3）进行市场调查。收集各因素的历史和现状的信息、数据、资料，并加以整理和分析。

（4）选择合适的预测方法。有的预测目标，可以同时使用多种预测方法独立地进行预测，然后，对各预测值分别进行评估和判断，选择出合适的预测值。

（5）对预测的结果进行分析和评估，例如，对预测结果进行定性与定量的分析，指出其预测误差是正偏还是负偏，相对误差与绝对误差的大小、范围等等。

（6）指出根据最新的经济动态和新到来的经济信息或数据，可否重新调整原来的预测值，并提高预测精度。

思考与练习

1. 根据预测的特点和技术经济预测的一般步骤，分析影响技术经济预测精确度的主要因素有哪些。

2. 简述德尔菲法预测的实施步骤。在每个实施步骤中分别应注意哪些问题？试分析影响德尔菲法预测准确性的关键因素有哪些。

3. 什么情况下可以采用一元线性回归预测法？什么情况下可以采用多元线性回归预测法？一元线性回归中的相关系数和多元线性回归中的全相关系数意义何在？如何确定预测值的置信区间？

4. 用时间序列法作预测的假设前提是什么？移动平均法和指数平滑法各有什么特点？说明一次、二次移动平均法和一次、二次、三次指数平滑分别在哪些情况下适用。

5. 移动平均法中参数 n 的大小对预测结果有何影响？选择参数 n 应考虑哪些问题？

6. 指数平滑法中平滑系数 a 的大小对预测结果有何影响？选择 a 应考虑哪些问题？确定指数平滑的初始值应考虑哪些问题？

7. 在什么情况下要进行季节变动指数分析？简述季节变动指数分析的基本步骤。

8. 举出一个其发展规律可用 S 型曲线描述的事例。简述用戈珀兹曲线和逻辑曲线拟合时间序列数据的步骤。

9. 某种商品去年各月份在某市的销售量如下表所示。试用指数平滑法建立线形预测模型，并预测今年 1 月份和 2 月份的商品销售量（取 $n=4$，$\alpha=0.8$，保留小数点后两位）。（单位：万件）

月　序	1	2	3	4	5	6	7	8	9	10	11	12
销售量	6.4	6.8	7.2	7.6	8.3	9.1	9.9	10.5	11.8	11.2	10.5	10.0

第七章　确定性分析方法

内容提要

本章是技术经济分析的重要内容。对技术方案进行经济评价，其核心内容是对其经济效益的评价，当反映技术项目所需数据能够唯一确定情况下采用的评价方法，即为确定性评价方法。

本章介绍的确定性评价方法包括：静态分析法、动态分析法以及多方案比较分析法，并结合实例具体介绍了各种分析方法的实际应用。本章的重点是动态分析法，它是资金时间价值理论在项目评价中的具体应用。通过本章的学习，读者应在理解静态分析法及指标的基础上，重点掌握动态分析法及指标，而动态分析法及指标中又以净现值、净年值和内部收益率指标为重中之重。学习时应注意各评价指标的经济含义及其计算方法，该指标存在的优缺点及其适用范围。在熟练掌握基本评价指标的基础上，加深理解并掌握多方案比较分析法。

第一节　静态分析法

一、静态投资回收期法（投资返本年限）

1. 投资回收期的计算方法

投资回收期（Pay back period）是以项目投产后每年取得的净收益抵偿全部投资所需要的时间。它是反映项目财务上投资回收能力的重要指标，即能使公式

$$\sum_{t=0}^{T_p} NB_t = \sum_{t=0}^{T_p} (B_t - C_t) = \sum_{t=0}^{T_p} (B - C)_t = K \tag{7-1}$$

成立的 T_p 即为静态投资回收期。

式中：K——投资总额；

B_t——第 t 年的收入；

C_t——第 t 年的支出（不包括投资）；

NB_t——第 t 年的净收入，$NB_t = B_t - C_t$；

T_p——投资回收期。

具体应用时：

（1）如果投资项目每年的净收入相等，投资回收期可以用下式计算：

$$T_p = \frac{K}{NN} + T_K \tag{7-2}$$

其中：NB——年净收入；

T_K——项目建设期。

【例 7-1】某项目初始投资 1 000 万元，项目有效期为 8 年，第 1 年、第 2 年为建设期，第 3 年到第 8 年每年净现金流量为 280 万元，投资收益率为 8%，试计算该项目的静态投资回收期。

解：根据（7-2）式，该项目的静态投资回收期

$$T_p = \frac{K}{NB} + T_K = \frac{1\ 000}{280} + 2 = 5.57(\text{年})$$

（2）当各年的现金流量不等时，用逐年扣除法，即“列表法”。

根据投资项目财务分析中使用的现金流量表可计算投资回收期，其计算公式为：

$$T_p = \text{累计净现金流量开始出现正值的年份} - 1 + \frac{|\text{上年累计净现金流量}|}{\text{当年的净现金流量}} \tag{7-3}$$

【例 7-2】某项目现金流量情况如表 7-1 所示，试求其静态投资回收期。

表 7-1　　某项目现金流量情况　　（单位：万元）

年份	0	1	2	3	4	5	6	7	8	9
现金流入量				400	450	500	500	500	500	500
现金流出量	1 000			200	200	200	200	200	200	200
净现金流量	−1 000	0	0	200	250	300	300	300	300	300
累计净现金流	−1 000	−1 000	−1 000	−800	−550	−250	50	350	650	950

解：根据（7-3）式，

$$T_p = 6 - 1 + \frac{|-250|}{300} = 5.83\ \text{年}$$

用投资回收期评价投资项目时，需要与根据同类项目的历史数据和投资者意愿确定的基准投资回收期相比较。设基准投资回收期为 T_b，判别准则为：

若 $T_p \leq T_b$，则项目可以考虑接受。

若 $T_p > T_b$，则项目应予拒绝。

2. 投资回收期的优缺点

投资回收期指标用于经济效果评价的主要优点表现在：

①投资回收期概念简单、直观，容易被人接受。

②便于投资者衡量风险，投资回收期越短，则表明该项投资在未来时期所冒风险越小，为投资者提供了在收回投资以前承担风险的时间。

③可以表明一项投资的原始费用得到补偿的速度。从资金周转的角度来考察，该指标是有效的。

④在一定程度上直观地反映了投资效果的优势，T_p越小，方案则越优。

由于这些优点，投资回收期指标在实践中得到了较为广泛的应用。尤其对那些投资资金来源困难，而且投资额较大的项目，或者对未来的发展难以预测且风险又较大的项目，尽早知道投资回收年限，对于减少损失，避免风险具有一定的意义。

投资回收期指标的不足主要表现在：

①由于投资回收期是以投资回收速度作为方案取舍的标准，因此它不能反映项目的盈利 水平和盈利能力。

②它不能提供在投资回收期之后的项目收益的变化情况，包括不同的使用年限和期末残值的概等问题。对于寿命较长的项目，它是一个不完整的评价结论。

③方案评价选择的判别标准是以基准投资回收期为准，而行业或部门的基准投资回收期的确定一般又不固定，因而缺乏充分的客观依据，容易导致错误的决策。

④没有考虑资金的时间价值，如果方案各年的现金流量差异较大，往往会导致错误的决策。

总的来讲，投资回收期指标是项目的全部投资与（年）净收益的比值，它只能反映方案自身在收回投资以前的效益大小，而不能完整反映在多个技术方案的条件下，各方案互相之间经济效益的大小。因此，该指标一般适用于判断方案是否可行的初选，而不能用于多方案的择优。

3. 需要说明的几个问题

（1）税金问题：企业交纳的税金在计算投资回收期时是否计入现金流入量，要视评价的出发点来定。若从企业自身角度出发，税金不应算现金流入量；而从国民经济角度进行经济评价时，则税金应计入现金流量中。

（2）折旧期与投资回收期的区别：按传统观念投资是靠折旧费回收的，因此折旧期即为回收投资账面价值所需的时间。仅仅通过折旧费回收投资，只能维持简单再生产。而现实是不断扩大再生产的过程，一笔投资所收回的不仅是折旧费而且有大量的利润。投资回收期应是表明用折旧费及利润共同回收投资所需的时间。回收期的长短其实质并不是对投资的回收，而是获利多少的标志。投资回收期越短表示利润产生得越多，且越快。

（3）关于计算投资回收期的起点问题：工程项目一般都在基建工程建设期、试生产期之后才能正式投产，因此就产生了一个投资回收期计算的起点问题。一般可能有以下三种情况：

①从基建投资的拨款之日起计算；

②从基建完工之日、试生产开始时计算；

③从正式投产之日起开始计算。

从这三种不同观点出发来计算所得投资回收期的期限是不等的，并且将依次减小。本书计算投资回收期一般从建设开始年算起。

二、追加投资回收期法

追加投资回收期法常用于评价两个方案的优劣。一般在产出相等的条件下，投资大（如技术现代化程度高）的方案，年经营费用小；而投资小（如技术现代化程度低）的方案，年经营费用大。所谓追加投资回收期，即投资额大的方案比投资额小的方案的增量投资用各年的增额净现金流量全部收回的期限。即能使公式

$$\sum_{t=0}^{T'_p}(NB_A - NB_B)_t = \sum_{t=0}^{T'_p}[(B_A - C_A)_t - (B_B - C_B)_t]K_A - K_B \tag{7-4}$$

成立的 T'_p 即为追加投资回收期。

如果投资项目每年的净收入相等，且建设期相同，则差额投资回收期可以用下式计算：

$$T'_p = \frac{K_A - K_B}{NB_A - NB_B} + T_K \tag{7-5}$$

对于各年净收入不等的项目，差额投资回收期通常用列表法求得。

用差额投资回收期评价投资项目时，需要与根据同类项目的历史数据和投资者意愿确定的基准投资回收期相比较。设基准投资回收期为 T_b，判别准则为：

若 $T'_p \leq T_b$，则投资大、经营费用小的方案较好，即项目 A 优于项目 B；

若 $T'_p > T_b$，则投资小、经营费用大的方案较好，即项目 B 优于项目 A。

需要注意的是，追加投资回收期只能用于相对经济效果检验，不能用于绝对经济效果检验。即只能用于比较方案的优劣，但较优方案是否可行还不能判定。

当出现两个以上方案进行追加投资回收期的比较时，应采用环比法进行对比。所谓环比，是将每个方案与前一个投资少的方案进行比较比较，选出较优方案再与后一个方案比较，进行替代式淘汰，直至选择最优方案。步骤如下：

（1）将各方案投资额从小到大顺序排队；

（2）按顺序计算两方案的追加投资回收期，从中选出较优方案；

（3）将较优方案与下一方案比较，进行替代式淘汰，直至选出最优方案。

【例 7-3】某投资项目有四个方案可供选择，有关数据如表 7-2 所示。若基准收益投资回收期 $T_b=8$ 年，试选择最优方案。

表 7-2　　四个方案有关数据　　（单位：万元）

项目	方案 1	方案 2	方案 3	方案 4
投资 K	145	150	155	164
年经营成本 C	4.2	4.3	3.2	1.3

解：（1）方案 2 与方案 1 比较：$K_2>K_1$，且 $C_2>C_1$，所以方案 1 优于方案 2。

（2）方案 3 与方案 1 比较：

$$T_{3-1}=\frac{K_3-K_1}{C_1-C_3}=\frac{155-145}{4.2-3.2}=10\text{ 年}>T_b=8\text{ 年}$$

故投资小的方案 1 比投资大的方案 3 优。

（3）方案 4 与方案 1 比较：

$$T_{4-1}=\frac{K_4-K_1}{C_1-C_4}=\frac{164-145}{4.2-1.3}=6.6\text{ 年}<T_b=8\text{ 年}$$

计算表明方案 4 比方案 1 多投资部分（即追加他投资），通过经营费用的节省额只需 6.6 年就可以收回，符合基准投资回收期的要求，故方案 4 位最优方案。

三、投资收益率法

投资收益率就是项目在正常生产年份的净收益与投资总额的比值。其一般表达式为：

$$R=\frac{NB}{K} \tag{7-6}$$

式中：K——投资总额。根据不同的分析目的，K 可以是全部投资额，也可以是投资者的权益投资额；

NB——正常年份的净收益。根据不同的分析目的，NB 可以是利润，可以是利润税金总额，也可以是年净现金流量等；

R——投资收益率，根据 K 和 NB 的具体含义，R 可以表现为各种不同的具体形态。

常用的投资收益率形式有：

（1）投资利润率。它是考察单位投资获利能力的静态指标。其计算公式为：

$$\text{投资利润率}=\frac{\text{年利润总额}}{\text{权益投资额}}\times 100\%$$

其中：年利润总额=年销售收入-年总成本费用-年销售税金及附加

（2）投资利税率。它是考察项目单位投资对国家积累的贡献水平的指标。其计算公式为：

$$投资利税率 = \frac{年利润 + 税金}{全部投资额} \times 100\%$$

（3）权益投资利润率。它是反映投资人投入单位资本的获利能力的指标。其计算公式为：

$$权益投资收益率 = \frac{年利润 + 折旧与摊销}{权益投资额} \times 100\%$$

（4）全部投资收益率。它是反映投资人全部投入资本的获利能力指标。其计算公式为：

$$全部投资收益率 = \frac{年利润 + 折旧与摊销 + 利息支出}{全部投资额} \times 100\%$$

对于权益投资收益率和投资利润率来说，还有所得税前与所得税后之分。

投资收益率指标未考虑资金的时间价值，而且舍弃了项目建设期、寿命期等众多经济数据，故一般仅用于技术经济数据尚不完整的项目初步研究阶段。

用投资收益率指标评价投资方案的经济效果，需要与根据同类项目的历史数据及投资者意愿等确定的基准投资收益率作比较。设基准投资收益率为 R_b，判别准则为：

若 $R \geqslant R_b$，则项目可以考虑接受；

若 $R < R_b$，则项目应予以拒绝。

第二节　动态分析法

上节介绍的三种指标均为静态分析方法指标，它们的优点是计算简单、直观易懂，但由于没有计算资金的时间价值因素，所得结论也不够科学，要对投资项目进行全面科学的评价，必须采用考虑资金时间价值的动态分析方法。

动态分析方法有很多，它们从不同角度反映技术项目方案的经济性。常见的动态分析方法包括动态投资回收期法、现值法、年值法、内部收益率法等。

一、动态投资回收期法

为克服静态投资回收期未考虑资金时间价值的缺点，在投资项目评价中，有时采用动态投资回收期。动态投资回收期是能使下式成立的 T_p^*。

$$\sum_{t=0}^{T_p^*} (CI - CO)_t (1 + i_0)^{-t} = 0 \qquad (7\text{-}7)$$

具体应用时：

(1) 如果项目投资 (CF_0) 发生在期初，一年后进入生产经营期，且经营期间各年净收入 (CF_t) 相等，则 CF_t 为年金 A，使 $CF_t \times (P/A, i0, Tp*) = CF0$ 成立的 $T_p{}^*$ 即是动态投资回收期。

【例 7-4】根据例 7-1 的数据，求其动态投资回收期。

解：1 000=280 (P/A, 8%, t) × (P/F, 8%, 2)

(P/A, 8%, t) = 1 000/ (0.857×280) = 4.167

t=5.25 年，则 $T_p{}^* = 5.25+2=7.25$ 年

(2) 当各年的现金流量不等时，用逐年扣除法列表求得，其计算公式为：

$$Tp^* = \text{累计贴现净现金流量开始出现正值的年份} - 1 + \frac{|\text{上年累计贴现净现金流量}|}{\text{当年贴现净现金流量}} \qquad (7\text{-}8)$$

【例 7-5】根据例 7-2 的数据，设该项目的基准折现率为 8%，求其动态投资回收期。

表 7-3　　某项目贴现现金流量情况　　(单位：万元)

年份	0	1	2	3	4	5	6	7	8	9
NCF	-1 000	0	0	200	250	300	300	300	300	300
贴现系数	1.000	0.925 9	0.857 3	0.793 8	0.735 0	0.680 6	0.630 2	0.583 5	0.540 3	0.500 2
贴现 *NCF*	-1 000	0	0	158.76	183.75	204.18	189.06	175.06	162.09	150.06
累计贴现 *NCF*	-1 000	-1 000	-1 000	-841.24	-657.49	-453.31	-264.25	-89.19	72.9	222.96

解：根据 (7-8) 式，有

$$Tp* = 8 - 1 + \frac{|-89.19|}{162.09} = 7.55(\text{年})$$

用动态投资回收期 $T_p{}^*$ 评价投资项目的可行性需要与根据同类项目的历史数据和投资者意愿确定的基准动态投资回收期相比较。设基准动态投资回收期为 $T_b{}^*$，判别准则为：若 $T_p{}^* \leq T_b{}^*$，项目可以被接受，否则予以拒绝。

二、现值法

所谓现值法，是将技术方案各年的收益、费用或者净现金流量，按照基准收益率或者期望收益率折算为期初现值，并根据现值情况来进行方案的技术经济评价的方法。根据折算的要求和内容不同，现值法可分为净现值法、净现值率法和费用现值法。

(一) 净现值法

1. 净现值指标的计算方法

净现值 (Net present value) 指标是对投资项目进行动态评价最重要指标之一。

该指标要求考察项目寿命期内每年发生的现金流量。净现值就是按一定的折现率将各年净现金流量折现到同一时点（通常是期初）的现值累加值。净现值的表达式为：

$$NPV = \sum_{t=0}^{n} (CI - CO)_t (1 + i_0)^{-t} = \sum_{t=0}^{n} (CI - K - CO')_t (1 + i_0)^{-t} \quad (7-9)$$

式中：NPV——净现值；

CI_t——第 t 年的现金流入额；

CO_t——第 t 年的现金流出额；

K——第 t 年的投资支出；

C_{ot}——第 t 年除投资支出以外的现金流出额；

n ——项目寿命年限；

i_0——基准折现率。

判别准则：对单一项目方案而言，若 $NPV \geqslant 0$，则项目应予接受；若 $NPV < 0$，则项目应予拒绝。

多方案比选时，净现值越大的方案相对越优。

【例 7-6】某项目方案的现金流量如图 7-1 所示，试用净现值指标判断方案是否可行？（$i_0 = 10\%$）

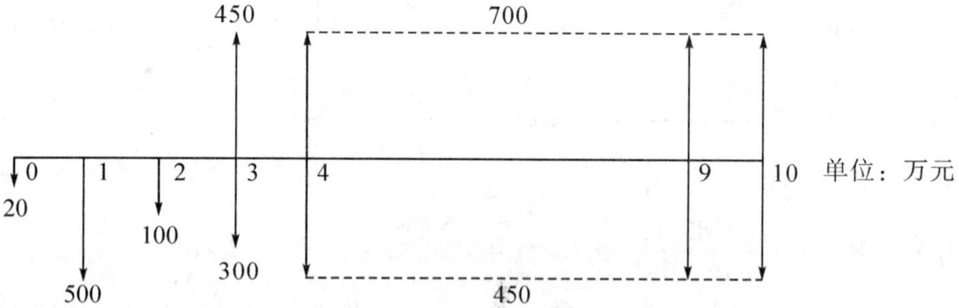

图 7-1　某方案的现金流量图

解：由式（7-9）可得：

$$NPV = \sum_{t=0}^{n} (CI - CO)_t (1 + i_0)^{-t}$$
$$= -20 - 500 \times (P/F, 10\%, 1) - 100 \times (P/F, 10\%, 2) + (450 - 300) \times (P/F, 10\%, 3)$$
$$+ (700 - 450) \times (P/A, 10\%, 7) \times (P/F, 10\%, 3)$$
$$= 835.57(\text{万元}) > 0$$

因此，该方案是可行的。

2. 净现值与折线率 i 之函数关系

对 NPV 指标的分析应注意净现值函数以及 NPV 对 i 的敏感性问题。

所谓净现值函数就是 *NPV* 与折现率 i 之间的函数关系，见表 7-4。

表 7-4 **NPV 与 i 的函数关系** （单位：万元）

年份	净现金流量	i（%）	NPV（i）= −2 000 + 800（P/A，i，4）
0	−2 000	0	1 200
1	800	10	536
2	800	20	71
3	800	22	0
4	800	30	−267
		40	−521
		50	−716
		∞	−2 000

根据表 7-4 利率 i 与净现值 *NPV* 的对应关系，可画出图 7-2。

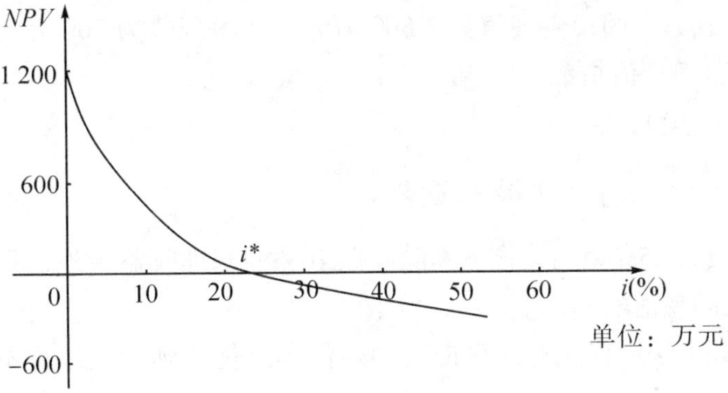

图 7-2 净现值函数曲线

从图 7-2 中可以看出，净现值函数一般有如下特点：

（1）同一净现金流量的净现值随折现率 i 的增大而减小。故基准折现率 i_0 定得越高，能被接受的方案越少。

（2）在某一个 $i*$ 值上，$NPV = 0$，且当 $i < i*$ 时，$NPV(i) > 0$；$i > i*$ 时，$NPV(i) < 0$。$i*$ 是一个具有重要经济意义的折现率临界值。

净现值对折现率 i 的敏感性问题是指，当 i 从某一值变为另一值时，若按净现值最大的原则优选项目方案，可能出现前后结论相悖的情况。

3. 净现值指标的特点及适用范围

净现值是总量价值指标，它不仅考虑了资金的时间价值，而且可以反映项目方案在其整个寿命期内的获利总额，因而能较全面地反映方案的经济效益。但由于净现值指标是总量指标，不能反映单位投资效率，用净现值指标优选方案易选中投资大获利大的方案，漏选投资小但投资效率较高的方案。净现值指标不仅可以用于独立方案判断是否可行，进行绝对效果检验，还可以用于互斥方案选优，进行相对效果检验，但对于寿命期不等的方案的比较应在相同的计算期进行。

（二）净现值率法

净现值用于多方案比较时，虽然能反映每个方案的盈利大小，但由于没有考虑各个方案投资额的多少，因而不能直接反映资金的利用效率。为了考察资金的利用效率，可采用净现值率作为净现值的补充指标，净现值率又称为净现值指数，是项目净现值与项目投资总额现值之比，其经济含义是单位投资现值所能带来的净现值。其计算公式为：

$$NPVI = \frac{NPV}{K_P} = \frac{\sum_{t=0}^{n} (CI - CO)_t (1 + i_0)^{-t}}{\sum_{t=0}^{n} K_t (1 + i_0)^{-t}} \tag{7-10}$$

式中：K_P——项目总投资现值。

用净现值指数评价单一项目经济效果时，判别准则与净现值相同。

【例 7-7】某方案的投资现值为 2 800 万元，其净现值为 700 万元。若基准收益率为 10%，求其净现值指数。

解：由式 7-10 可得：

$$NPVI = \frac{NPV}{K_P} = \frac{700}{2\ 800} = 0.25 = 25\%$$

净现值指数为 25%说明，该方案除确保 10%的基准收益率外，每元投资现值还可获得 0.25 元的现值额外收益。

用净现值最大法则优选有时可能与净现值率最优法则优选结论不同，如表 7-5 所示。

表 7-5　　净现值、净现值率计算表　　（单位：万元）

科目	甲方案	乙方案	丙方案	丁方案
（1）投资收益现值	700	840	900	1 350
（2）投资支出现值	400	520	550	900
（3）净现值=（1）-（2）	300	320	350	450
（4）净现值率=（3）/（2）	0.75	0.65	0.63	0.50

由表 7-5 可得出，用 *NPV* 最大法则排序顺序为：丁、丙、乙、甲。用 *NPVI* 最大法则排序为：甲、乙、丙、丁。在实际应用时，应根据投资者的资金实际情况选择具体方法：当投资者资金有限时，追求的是单位投资效率，应侧重 *NPVI* 最大法则优选；当投资者资金充裕时，追求的是项目获利总额最多，应侧重 *NPV* 最大法则优选。

（三）费用现值法

在对多个方案比较选优时，如果各方案产出价值相同，或者各方案能够满足同样需要但其产出效益难以用价值形态（货币）计量（如环保、教育、保健、国防）时，可以通过对各方案费用现值的比较进行选择。费用现值从计算方法上看与净现值类似，只是现金流入、流出的符号取向与净现值符号相反。

费用现值的一般表达式为：

$$PC = \sum_{t=0}^{n} CO_t(P/F, i_0, t) - \sum_{t=0}^{n} CI_t(P/F, i_0, t) \tag{7-11}$$

式中：PC——费用现值；

CO_t——第 t 年的现金流出；

CI_t——第 t 年的现金流入。

若诸方案的产出相同，则只需比较费用部分，即：

$$PC = \sum_{t=0}^{n} CO_t(P/F, i_0, t) \tag{7-12}$$

费用现值用于多个方案的比选，其判别准则是：费用现值最小的方案为优方案。若备选方案的寿命期不同，则需要确定分析期，进行处理后计算其费用现值再进行比选。因此，该方法只能用于多方案优劣的比较，而不能判断单个方案的经济可行性。

【例 7-8】某项目有三个备选方案 A、B、C，均能满足同样的需要。其费用数据如表 7-6 所示。在基准折现率 $i_0 = 10\%$ 的情况下，试用费用现值和费用年值确定最优方案。

表 7-6　　三个备选方案的费用数据表　　（单位：万元）

方案	总投资（第 0 年末）	年运营费用（第 1 年到第 10 年）
A	200	60
B	240	50
C	300	35

各方案的费用现值计算如下：

$PCA = 200 + 60(P/A, 10\%, 10) = 568.64$（万元）

$PCB = 240 + 50(P/A, 10\%, 10) = 547.2$（万元）

$PCC = 300 + 35(P/A, 10\%, 10) = 515.04$（万元）

根据费用最小的选优准则，费用现值计算结果表明，方案 C 最优，B 次之，A 最差。

三、年值法

年值法是把方案各个不同时点上发生的现金流量按其基准收益率换算为在其整个寿命周期内等额支付序列年值后再进行评价的方法。年值法可分为净年值法和费用年值法。

（一）净年值法

净年值是通过资金等值换算将项目净现值分摊到寿命期内各年（从第 1 年到第 n 年）的等额年值。其表达式为：

$$NAV = NPV(A/P, i_0, n) = \sum_{t=0}^{n} (CI - CO)_t (1 + i_0)^{-t}(A/P, i_0, n) \quad (7-13)$$

式中：NAV——净年值。

判别准则：

若 $NAV \geq 0$，则项目在经济效果上可以接受；

若 $NAV < 0$，则项目在经济效果上不可接受。

【例 7-9】有两种可供选择的电信设备，有关资料如表 7-7 所示，若基准折现率为 10%，试分析选择哪一种设备较好。

表 7-7　两种电信设备有关资料　（单位：元）

方案	投资	等额年收入	等额年成本	残值	寿命/年
设备 A	35 000	19 000	6 500	3 000	4
设备 B	50 000	25 000	13 000	0	8

解：由于两种电信设备寿命期不同，采用净年值指标进行比较。各方案的净年值为：

$$\begin{aligned} NAV_A &= -35\,000 \times (A/P, 10\%, 4) + (19\,000 - 6\,500) + 3\,000 \times (A/F, 10\%, 4) \\ &= -35\,000 \times 0.315\,47 + 12\,500 + 3\,000 \times 0.215\,47 \\ &= 2\,105(\text{元}) \end{aligned}$$

$$\begin{aligned} NAV_B &= -50000 \times (A/P, 10\%, 8) + (25000 - 13000) \\ &= -50000 \times 0.18\,744 + 12000 \\ &= 2628(\text{元}) \end{aligned}$$

由于 $NAV_A<NAV_B$，所以方案 B 优于方案 A。

将净年值与净现值的计算公式与判别准则进行比较可以看出，就项目的评价结论而言，净年值与净现值是等效的评价指标。净现值给出的信息是项目在整个寿命期内获取的超出最低期望盈利的超额收益的现值，而净年值给出的信息是寿命期内每年的等额超额收益。由于信息的含义不同，而且由于在某些决策结果形式下，采用净年值比采用净现值更为简便和易于计算，故净年值指标在经济评价指标体系中占有相当重要的地位。

（二）费用年值法

费用年值的表达式为：

$$AC = PC(A/P, i_0, n) = \sum_{t=0}^{n} CO_t(P/F, i_0, t)(A/P, i_0, n) \quad (7-14)$$

式中：AC——费用年值；

CO_t——第 t 年的现金流出。

费用年值指标与费用现值一样，也只能用于多个方案的比选，其判别准则是：费用年值最小的方案为优。

【例 7-10】在例 7-8 中，各方案的费用年值为：

$ACA = 200(A/P，10\%，10) + 60 = 92.55$(万元)

$AC_B = 240(A/P，10\%，10) + 50 = 89.06$(万元)

$AC_C = 300(A/P，10\%，10) + 35 = 83.82$(万元)

根据费用最小的选优准则，费用年值的计算结果表明，方案 C 最优，B 次之，A 最差。

费用现值与费用年值的关系，恰如前述净现值和净年值的关系一样，所以就评价结论而言，二者是等效评价指标。二者除了在指标含义上有所不同外，就计算的方便简易而言，在不同的决策结构下，二者各有所长。

四、内部收益率法

内部收益率放也是项目盈利性评价中最为重要的评价方法之一。内部收益率法实质上也属于现值法，只是由于该方法比较重要，并且求解方法特殊，才将其单独列出论述。

净现值法虽然简单易行，但采用该法时必须实现给定基准收益率，通过净现值所得结论只能知道是否达到或超过基本要求的收益率而不能知道项目实际达到的收益率。内部收益率法弥补了净现值法的不足，其计算不需要事先给定折现率，计算结果可以反映项目实际达到的投资效率。

1. 内部收益率的计算方法

所谓内部收益率（Internal rate of return），就是净现值为零时的折现率。

内部收益率可通过解下述方程求得：

$$NPV(IRR) = \sum_{t=0}^{n} (CI - CO)_t (1 + IRR)^{-t} = 0 \tag{7-15}$$

式中：IRR——内部收益率

判别准则：设基准折现率为 i_0，

若 $IRR \geqslant i_0$，则项目在经济效果上可以接受；

若 $IRR < i_0$，则项目在经济效果上不可接受。

上式是一个高次方程，不容易直接求解，通常采用“试算内插法”求 IRR 得近似解。其求解过程如下：

第一步，试算。根据净现值函数单调递减的特点可知：当 $i<i*$ 时，$NPV>0$；当 $i>i*$ 时，$NPV<0$；只有当 $i=i*$ 时，$NPV=0$。因此，通过试算总可以选择一个较小的折现率 i_1，使得 $NPV(i_1)>0$，选择一个较大的折现率 i_2，使得 $NPV(i_2) \leqslant 0$，

此时内部收益率 $i*$ 必然在 i_1 与 i_2 之间，尽量使 i_1 与 i_2 接近，当 $i_2 - i_1 \leqslant 5\%$ 时，可进行下一步骤。

第二步，内插求 $i*$ 的近似解 *IRR*。推导求的 $i*$ 近似解 *IRR* 的内插公式的示意图如图 7-3 所示。

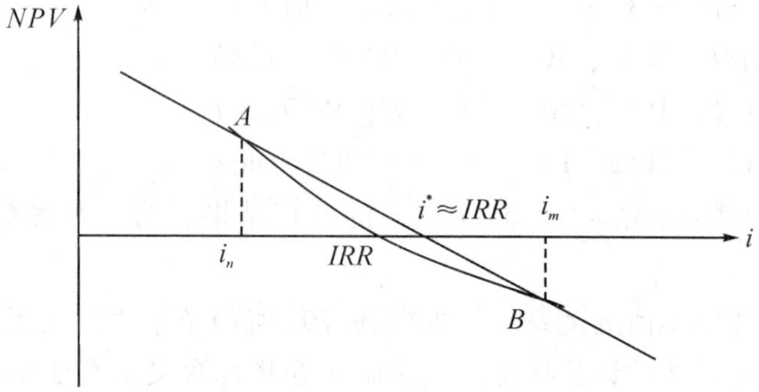

图 7-3　用内插法求 IRR 图解

在图 7-3 中，当 i_n 与 i_m 无限接近时，线段 *AB* 近似等于弧 *AB*，*AB* 与横坐标交点处的折现率 $i*$ 即为 *IRR* 的近似值。三角形 $\triangle Ai_m i*$ 相似于三角形 $\triangle Bi_n i*$，就有：

$$\frac{i* - im}{in - i*} = \frac{NPV(im)}{|NPV(in)|}$$

对上式进行移项、整理得：

$$IRR = i_m + \frac{NPV(i_m) \cdot (i_n - i_m)}{NPV(i_m) + |NPV(i_n)|} \tag{7-16}$$

式中：$i_m < i_n$，且 NPV（i_m）> 0 及 NPV（i_n）< 0。

由于上式计算误差与 $i_n - i_m$ 的大小有关，且 i_n 与 i_m 相差越大，误差也越大，为控制误差，i_n 与 i_m 之差一般不应超过 0.05。

【例 7-11】某项目初始投资为 2 000 万元，预计寿命期为 5 年，从投资到投产仅需 1 年，净收益第一年末为 300 万元，第二年到第四年末为 500 万元，第五年末残值可得 1 200 万元。设行业基准收益率为 10%，试用内部收益率法分析该项目是否可行?

解：该项目的净现值表达式为：

$$NPV = -2\,000 + 300(P/F, i, 1) + 500(P/A, i, 3)(P/F, i, 1) + 1\,200(P/F, i, 5)$$

进行试算。取 $i_1 = 12\%$，代入净现值表达式得 *NPV*（i_1）= 21 万元>0；取 $i_2 = 14\%$ 代入净现值表达式得 *NPV*（i_2）= −91 万元<0；且 $i_2 - i_1 < 5\%$。

用内插公式求解。根据（7-16）式有

$$IRR = 12\% + (14\% - 12\%) \times \frac{21}{21 + |-9|} = 13.4\%$$

判断项目方案的可行性。因为 $IRR=13.4\%>i_0=10\%$，所以该项目方案在经济上是可行的。

内部收益率的经济实质反映的是项目寿命期内尚未收回投资的盈利率，而不是初始投资在整个寿命期内的盈利率。因为在项目的整个寿命期内，按内部收益率IRR折现计算始终存在未被收回的投资，而在寿命结束时，投资恰好被全部收回。换句话说，在项目寿命期内，始终处于偿付未被收回的投资的状况，内部收益率正是反映了项目偿付未被收回的投资的能力，它取决于项目内部，所以叫内部收益率。因此根据式（7-15）求得的使方案净现值等于零的折现率并非就一定是内部收损率，只有当它符合内部收益率的经济含义时才是内部收益率。

2. 项目内部收益率的唯一性问题

投资项目按其净现金流量序列 y_t（t =0，1，2，…，n）符号变化的次数可分为常规项目与非常规项目。净现金流量序列 y_t（t =0，1，2，…，n）符号只变化一次的项目称作常规项目（或典型项目）。其特点是在项目寿命期初（投资建设期和投产初期）净现金流量一般为负值（现金流出大于现金流入），项目进入正常生产期后，净现金流量就会变成正值（现金流入大于现金流出），只要累计净现金流量大于零，其内部收益率方程肯定有唯一解，绝大多数项目属于常规项目。净现金流量序列 y_t（t =0，1，2，…，n）符号变化多次的项目称作非常规投资项目（或非典型投资项目），其内部收益率方程可能有多解。

可以证明，对于非常规项目，只要内部收益率方程存在多个正根，则所有的根都不是真正的项目内部收益率。但若非常规项目内部收益率方程只有一个正根，则这个根就是项目的内部收益率。非常规项目在实际经济活动中可能由多次性投资造成，而把前后两项投资看作同一个项目进行分析时，其现金流量就可能出现上述情况。

在实际工作中，对非常规项目 $i*$ 解的检验方法如下：

先根据通常的方法（如试算内插法）求出非常规项目内部收益率方程的一个解 *IRR*，若 *IRR* 能满足：

$$\left.\begin{aligned}&\sum_{t=0}^{n-1} yt(1+IRR)^{-t}<0,\ (t=0,1,2,?\cdots n-1)\\&yt(1+\mathrm{IRR})^{-t}=0,\ (t=n)\end{aligned}\right\}\qquad(7\text{-}17)$$

即项目寿命周期内始终存在未被收回的投资，而到寿命期终了全部投资被收回，则 *IRR* 就是项目唯一的内部收益率，否则项目无内部收益率，不能使用内部收益率指标评价。

五、外部收益率法

对投资方案内部收益率 *IRR* 的计算，隐含着一个基本假定，即项目寿命期内所获得的净收益全部可用于再投资，再投资的收益率等于项目的内部收益率。这种隐含假定是由于现金流计算中采用复利计算方法导致的。由于投资机会的限制，这种假定往往难以与实际情况相符。这种假定也是造成非常规投资项目 *IRR* 方程可能出现多解的原因。

外部收益率（External rate return）实际上是对内部收益率的一种修正，计算外部收益率时也假定项目寿命期内所获得的净收益全部可用于再投资，所不同的是假定再投资的收益率等于基准折现率。求解外部收益率的方程式为：

$$\sum_{t=0}^{n} NB_t (1 + i_0)^{n-t} = \sum_{t=0}^{n} K_t (1 + ERR)^{n-t} \quad (7-18)$$

式中：*ERR*——外部收益率；

K_t——第 t 年的净投资；

NB_t——第 t 年的净收益；

i_0——基准折现率。

上式通常可以用代数方法直接求解。*ERR* 指标用于评价投资方案经济效果时，需要与基准折现率 i0 相比较，判别准则是：

若 $ERR \geqslant i_0$，则项目可以被接受；

若 $ERR < i_0$，则项目不可接受。

第三节　多方案比较分析法

在投资方案的评价、选择过程中，按备选方案相互间的经济关系，可分为非相关方案与相关方案。所谓非相关方案，又称独立方案，是指作为评价对象的各个方案的现金流是独立的，不具有相关性，且任一方案的采用与否都不影响其他方案是否采用的决策。相关方案是指如果采纳（或放弃）某一方案会显著地改变其他方案的净现金流量，或者影响其他方案的采纳（或放弃）。相关方案又可分为多种类型，在本节中将主要讨论互斥型方案、现金流相关型方案评选，以及受资金约束导致的相关方案。

一、非相关（独立）方案的经济评价

独立方案的采用与否，只取决于方案自身的经济性，即只需检验它们是否能够通过净现值、净年值或内部收益率指标的评价标准，即 NPV≥0，NAV≥0，IRR ≥ i0 进行可行性判断即可。因此，多个独立方案与单一方案的评价方法是相同的。

用经济效果评价标准检验方案自身的经济性，叫“绝对（经济）效果检验”。凡通过绝对效果检验的方案，就认为它在经济效果上是可以接受的，否则就应予以

拒绝。

【例 7-12】有 A、B 两个独立投资方案，各方案的有关数据如表 7-8 所示，试分别用净现值、净年值、内部收益率判断其经济可行性。($i_0=10\%$)

表 7-8　　独立方案 A、B 的有关数据

方案	投资（万元）	年净收益（万元）	寿命期（年）
A	350	62	10
B	200	30	10

解：根据净现值、净年值、内部收益率的判断标准对 A、B 方案进行绝对经济效果检验并决定取舍。

（1）用净现值法判断：

$NPVA=-350+62(P/A,\ 10\%,\ 10)=30.93$(万元)

$NPVB=-200+30(P/A,\ 10\%,\ 10)=-15.68$(万元)

因为 $NPV_A=30.93$（万元）>0，$NPV_B=-15.68$（万元）<0，所以根据净现值判断标准可知，A 方案在经济上可以接受，而 B 方案则予以拒绝。

（2）用净年值法判断：

$NAVA=-350(A/P,\ 10\%,\ 10)+62=5.04$(万元)

$NAVB=-200(A/P,\ 10\%,\ 10)+30=-2.55$(万元)

因为 $NAV_A=5.04$（万元）>0，$NAV_B=-2.55$（万元）<0，所以根据净现值判断标准可知，A 方案在经济上可以接受，而 B 方案则予以拒绝。

（3）用内部收益率法判断：

A 方案：$NPV_A=-350+62\ (P/A,\ i*,\ 10)=0$

$i_1=12\%$，$NPV_A\ (12\%)=0.3$

$i_2=15\%$，$NPV_A\ (15\%)=-38.82$

$$IRRA=12\%+\frac{0.3}{0.3+|-38.82|}(15\%-12\%)=12.02\%$$

B 方案：$NPV_B=-200+30\ (P/A,\ i*,\ 10)=0$

$i_1=8\%$，$NPV_B\ (8\%)=1.3$

$i_2=10\%$，$NPV_B\ (10\%)=-15.68$

$$IRRB=8\%+\frac{1.3}{1.3+|-15.68|}(10\%-8\%)=8.15\%$$

因为 $IRR_A=12.02\%>i_0=10\%$，$IRR_B=8.15\%<i_0=10\%$，所以根据内部收益率判断标准可知，A 方案在经济上可以接受，而 B 方案则予以拒绝。

二、相关方案的经济评价方法

（一）互斥方案评选

方案之间存在着互不相容、互相排斥关系的称为互斥方案，在对多个互斥方案进行比选时，至多只能选取其中之一。

在方案互斥的决策结构形式下，经济效果评价包含了两部分内容：一是考察各个方案自身的经济效果，即进行绝对（经济）效果检验；二是考察哪个方案相对较优，称“相对（经济）效果检验”。

互斥方案经济效果评价的特点是要进行方案比选。参加比选的方案应具有可比性，主要应注意：考察时间段及计算期的可比性；收益与费用的性质及计算范围的可比性；方案风险水平的可比性和评价所使用假定的合理性。

1. 寿命期相同的互斥方案比选

寿命期相同的互斥方案可以以寿命期作为计算期进行评价，符合时间可比的原则。前面介绍的所有评价方法、指标都可以直接使用。

【例 7-13】互斥方案 A、B、C 各年的净现金流量如表 7-9 所示，$i_0=10\%$，试选择最佳方案。

表 7-9　　互斥方案 A、B、C 的净现金流量　　（单位：万元）

方案	期初投资	第 1-10 年末净收益
A	17	4. 40
B	30	6. 60
C	33	7. 01

解：① 用净现值法、净年值法、内部收益率法进行可行性判断，计算所得结果如表 7-10 所示。

表 7-10　　互斥方案 A、B、C 的净现金流量　　（单位：万元）

方案	*NPV*（10%）	*NAV*（10%）	*IRR*
A	10. 03	1. 63	22. 47%
B	10. 55	1. 72	17. 68%
C	10. 05	1. 64	16. 89%

由表 7-10 可知，A、B、C 方案的净现值及净年值均大于零，内部收益率均大于基准收益率，故 A、B、C 方案均为可行方案。

② 方案比较优选。上面的计算结果表明，互斥方案 A、B、C 均为可行方案，都可参加方案比选。通常采用增量分析法进行优选。

通过计算增量净现金流评价增量投资经济效果，对投资额不等的互斥方案进行比选的方法称为增量分析法或差额分析法。这是互斥方案比选的基本方法。

在对互斥方案的经济效果评价时，有时会出现按净现值最大准则与按内部收益率最大准则所选的方案相互矛盾的结论。到底哪种准则进行方案比选更合理呢？解决这个问题需要分析投资方案比选的实质。投资额不等的互斥方案比选的实质是判断增量投资（或称差额投资）的经济合理性，即投资大的方案相对于投资额小的方案多投入的资金能否带来满意的增量收益。

（1）差额净现值

设 A、B 为投资额不等的互斥方案，A 方案比 B 方案投资大，两方案的差额净现值可由下式求出：

$$\begin{aligned}\Delta NPV &= \sum_{t=0}^{n}[(CI_A - CO_A)_t - (CI_B - CO_B)_t]\cdot(1+i_0)^{-t}\\ &= \sum_{t=0}^{n}(CI_A - CO_A)_t(1+i_0)^{-t} - \sum_{t=0}^{n}(CI_B - CO_B)_t(1+i_0)^{-t}\\ &= NPV_A - NPV_B \end{aligned} \tag{7-19}$$

式中：ΔNPV——差额净现值；

$(CI_A - CO_A)_t$——方案 A 第 t 年的净现金流；

$(CI_B - CO_B)_t$——方案 B 第 t 年的净现金流；

NPV_A，NPV_B——方案 A 与方案 B 的净现值。

用增量分析法进行互斥方案比选时，若 $\Delta NPV \geq 0$，表明增量投资可以接受，投资（现值）大的方案经济效果好；若 $\Delta NPV < 0$，表明增量投资不可接受，投资（现值）小的方案经济效果好。

将可行方案投资额从小到大依次排列顺序为 A、B、C，并进行两两比较。

方案（B－A）的差额净现值

$\Delta NPVB - A = -130\,000 + 22\,000(P/A, 10\%, 10) = 5\,168$ 元 > 0

所以 B 方案优于 A 方案。

方案（C－B）的差额净现值

$\Delta NPVC - B = -30\,000 + 4\,076(P/A, 10\%, 10) = -4\,957$ 元 < 0

所以 B 方案优于 C 方案。

用差额净现值指标计算的结果为 B 方案为最佳方案。

（2）差额内部收益率

计算差额内部收益率的方程式为：

$$\sum_{t=0}^{n}(\Delta CI - \Delta CO)_t(1+\Delta IRR)^{-t} = 0 \tag{7-20}$$

式中：ΔCI——互斥方案（A，B）的差额（增量）现金流入，

$\Delta CI = CI_A - CI_B$

$\triangle CO$——互斥方案（A，B）的差额（增量）现金流出，

$\triangle CO = CO_A - CO_B$

差额内部收益率定义的另一种表述方式是：两互斥方案净现值（或净年值）相等时的折现率。其计算方程式也可以写成：

$$\sum_{t=0}^{n}(CI_A - CO_A)_t(1+\Delta IRR)^{-t} - \sum_{t=0}^{n}(CI_B - CO_B)_t(1+\Delta IRR)^{-t} = 0 \quad (7\text{-}21)$$

用差额内部收益率比选方案的判别准则是：若$\triangle IRR > i_0$（基准折现率），则投资（现值）大的方案为优；若$\triangle IRR < i_0$，则投资（现值）小的方案为优。

由此可见，在对互斥方案进行比较选择时，净现值最大准则（以及净年值最大准则、费用现值和费用年值最小准则）是正确的判别准则。而内部收益率最大准则不能保证比选结论的正确性。

净现值最大准则的正确性，是由基准折现率——最低希望收益率的经济意义决定的。一般来说，最低希望收益率应该等于被拒绝的投资机会中最佳投资机会的盈利率，因此净现值就是拟采纳方案较之被拒绝的最佳投资机会多得的盈利，这符合盈利最大化得决策目标的要求。

内部收益率最大准则只在基准折现率大于被比较的两方案的差额内部收益率的前提下成立。也就是说，如果将投资大的方案相对于投资小的方案的增量投资用于其他投资机会，会获得高于差额内部收益率的盈利率，用内部收益率最大准则进行方案比选的结论就是正确的。

值得指出的是，$\triangle IRR$只能反映增量现金流的经济性（相对经济效果），不能反映各方案自身的经济性（绝对经济效果），故不能仅根据△IRR数值的大小判定方案的取舍。

差额内部收益率也可用于仅有费用现金流的互斥方案比选，比选结论与费用现值法和费用年值法一致。在这种情况下，实际上是把增量投资所导致的对其他费用的节约看成是增量收益。

当两个互斥方案投资额相等时，用$\triangle IRR$比选方案会出现无法利用前面所述判别准则进行判别的情况。此时，可用下述准则进行判别。

判别准则为：在两个互斥方案的差额内部收益率△IRR存在的情况下，若$\triangle IRR > i_0$或$-1<\triangle IRR<0$，则方案寿命期内“年均净现金流”大的方案优于“年均净现金流”小的方案；若$0<\triangle IRR< i_0$，则“年均净现金流”小的方案优于“年均净现金流”大的方案。对于仅有费用现金流的互斥方案比选，若$\triangle IRR> i_0$，或$-1<\triangle IRR<0$，则寿命期内“年均净现金流”小的方案优于“年均净现金流”大的方案；若$0<\triangle IRR< i_0$，则“年均净现金流”大的方案优于“年均净现金流”小的方案。

设方案j的寿命期为n_j，则

$$\text{方案的年均净现金流} = \sum_{t=0}^{n_j}(CI_j - CO_j)_t / n_j \quad (7\text{-}22)$$

对于只有费用现金流的方案

$$方案的年均费用现金流 = \sum_{t=0}^{n_j} CO_{j\ t}/n_j \tag{7-23}$$

用差额内部收益率比较互斥方案的相对优劣具有经济概念明确，易于理解的优点。但若比选的互斥方案较多时，计算工作相对繁琐。

2. 寿命不等的互斥方案比选

对寿命不等的互斥方案进行比选，同样要求方案间具有可比性。满足这一要求需要解决两个方面的问题：一是设定一个合理的共同分析期；二是给寿命期不等于分析期的方案选择合理的方案接续假定或残值回收假定。

（1）年值法

在对寿命不等的互斥方案进行比选时，年值法是最为简便的方法，当参加比选的方案数目众多时，尤其是如此。年值法以“年”为时间单位比较各方案的经济效果，从而使寿命不等的互斥方案间具有可比性。年值法使用的指标有净年值与费用年值。

设各互斥方案的寿命期分别为 n_1，n_2，…，n_m，方案 j（$j=1$，2，…，m）在其寿命期内的净年值为：

$$\begin{aligned} NAV_j &= NPV_j(A/P,\ i_0,\ n_j) \\ &= \sum_{t=0}^{n_j}(CI_j - CO_j)_t(P/F,\ i_0,\ t)(A/P,\ i_0,\ n_j) \end{aligned} \tag{7-24}$$

净年值最大且非负的方案为最优可行方案。

【例 7-14】设有 A、B、C 三个互斥方案，各方案的有关数据如表 7-11 所示，基准收益率为 5%，试选择最佳方案。

表 7-11　　互斥方案 A、B、C 的有关数据

方案	初始投资（万元）	年净收益（万元）	寿命期（年）
A	350	70	6
B	200	48	5
C	420	87	8

解：计算各方案的净年值：

$NAVA=-350(A/P,\ 5\%,\ 6)+70=1.043$ 万元

$NAVB=-200(A/P,\ 5\%,\ 5)+48=1.806$ 万元

$NAVC=-420(A/P,\ 5\%,\ 8)+87=22.0176$ 万元

由于 $NAV_C>NAV_B>NAV_A$，所以方案 C 最优。

费用年值法可参照净年值的计算方法，判别标准为费用年值最小的方案为最优

方案。

需要指出的是，对于一个方案无论反复实施多少次，其年值是不变的。因此，年值法实际上隐含着这样一种假定：各备选方案在其寿命结束时均可按原方案重复实施或以原方案经济效果水平相同的方案接续。

（2）现值法

当互斥方案寿命不等时，一般情况下，各方案的现金流在各寿命期内的现值不具有可比性。如果要使用现值指标进行方案比选，必需设定一个共同的分析期。

① 寿命期最小公倍数法

此法取各备选方案寿命期的最小公倍数作为共同的分析期。

【例 7-15】现有两种可供选择的互斥方案，其各年现金流量如表 7-12 所示，试用现值法进行方案评价。（$i_0 = 15\%$）

表 7-12　　甲、乙方案的现金流量

项目 \ 方案	甲	乙
期初投资（万元）	11	18
每年经营费用（万元/年）	3.5	3.1
期末残值（万元）	1	2
使用寿命（年）	6	9

解：两方案按最小公倍数得共同的分析期为 18 年。

分别绘制两方案的现金流量图 7-5 所示：

甲方案：

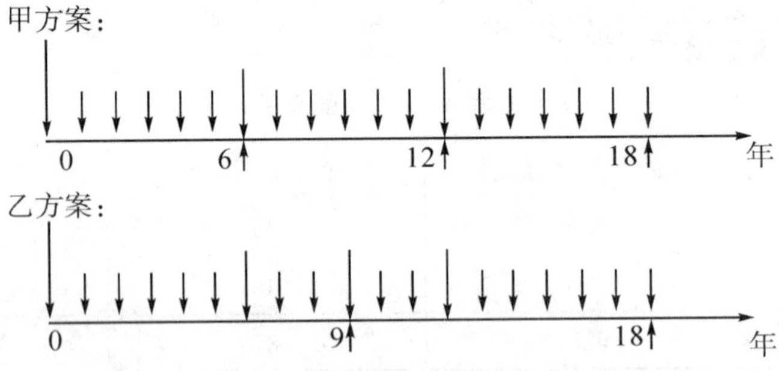

图 7-5　甲、乙两方案的现金流量图

计算各方案的净现值如下：

$$PC_A = K_{0A} + (K_{1A} - L_{1A}) \cdot (P/F, 15\%, 6) + (K_{2A} - L_{2A}) \cdot (P/F, 15\%, 12) - L_{3A} \cdot (P/F, 15\%, 18) + A_A(P/A, 15\%, 18)$$

$$= 11 + (11 - 1) \times \frac{1}{(1 + 0.15)^6} + (11 - 1) \times \frac{1}{(1 + 0.15)^{12}}$$

$$-1\times\frac{1}{(1+0.15)^{18}}+3.5\times\frac{(1+0.15)^{18}-1}{0.15\times(1+0.5)^{18}}$$

$=38.559$（万元）

$$PC_B=K_{0B}+(K_{1B}-L_{1B})\cdot(P/F,\ 15\%,\ 9)-L_{2B}\cdot(P/F,\ 15\%,\ 18)+A_B(P/A,\ 15\%,\ 18)$$

$$=18+(18-2)\times\frac{1}{(1+0.15)^{9}}-2\times\frac{1}{(1+0.15)^{18}}+3.1\times\frac{(1+0.15)^{18}-1}{0.15\times(1+0.15)^{18}}$$

$=41.384$（万元）

$\because PV_A<PV_B$

故应选 A 方案。

② 合理分析期法

根据对未来市场状况和技术发展前景的预测直接选取一个合理的分析期，假定寿命期短于此分析期的方案重复实施，并对各方案在分析期末的资产余值进行估价，到分析期结束时回收资产余值。在备选方案寿命期比较接近的情况下，一般取最短的方案寿命期作为分析期。

用上述方法计算出的净现值用于寿命不等的互斥方案评价的判别准则是：净现值最大且非负的方案是最优可行方案。

【例 7-16】资料如上所示，用最长寿命作为合理分析期来求解。

解：绘制两方案的现金流量图如图 7-6 所示：

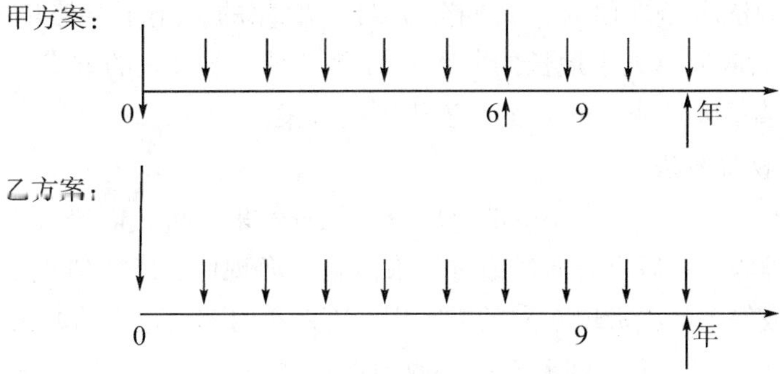

图 7-6　甲、乙两方案的现金流量图

计算两方案的净现值如下：

假设固定资产的折旧采用直线折旧法，则需重新估价方案 A 更新一个周期到第 3 年末的残值，即第 9 年末的残值。

$\because$ 每年的折旧金额 $D=\frac{K_A-L_A}{n}=\frac{11-1}{6}=1.667$（万元）

∴ 第 9 年末的残值 $L_{2A}=K_A-3D=11-3\times1.667=5.999$（万元）

$$PC_A = K_{0A} + (K_{1A} - L_{1A}) \cdot (P/F,\ 15\%,\ 6) - L_{2A} \cdot (P/F,\ 15\%,\ 9) + A_A(P/A,\ 15\%,\ 9)$$

$$= 11 + (11 - 1) \times \frac{1}{(1+0.15)^6} - 5.9999 \times \frac{1}{(1+0.15)^9} + 3.5 \times \frac{(1+0.15)^9 - 1}{0.15 \times (1+0.15)^9}$$

$$= 30.3195(\text{万元})$$

$$PC_B = K_{0B} - L_B \cdot (P/F,\ 15\%,\ 9) + A_B(P/F,\ 15\%,\ 9)$$

$$= 18 + 2 \times \frac{1}{(1+0.15)^9} + 3.1 \times \frac{(1+0.15)^9 - 1}{0.15 \times (1+0.15)^9}$$

$$= 32.2246(\text{万元})$$

∵ $PC_A < PC_B$

∴ 应选择方案 A。

③年值折现法

按某一共同的分析期将各备选方案的年值折现得到用于比选的现值。这种方法实际上是年值法的一种变形，隐含着与年值法相同的接续方案假定。设方案 j（$j=1, 2, \cdots, m$）的寿命期为 n_j，共同分析期为 N，按年值折现法，方案 j 净现值的计算公式为：

$$NPV_j = \sum_{t=0}^{n_j} (CI_j - CO_j)_t (P/F,\ i_0,\ t) \times (A/P,\ i_0,\ n_j)(P/A,\ i_0,\ N) \qquad (7\text{-}25)$$

用年值折现法求净现值时，共同分析期 N 取值的大小不会影响方案的比选结论，但通常 N 的取值不大于最长的方案寿命期，不小于最短的方案寿命期。其判别准则是：净现值最大且非负的方案为最优可行方案。

（3）内部收益率法

用内部收益率法进行寿命不等的互斥方案经济效果评价，需要首先对各备选方案进行绝对效果检验，然后再对通过绝对效果检验（净现值、净年值大于或等于零，内部收益率大于或等于基准折现率）的方案用计算差额内部收益率的方法进行比选。

求解寿命不等互斥方案间差额内部收益率的方程可用令两方案净年值相等的方式建立，其中隐含了方案可重复实施的假定。设互斥方案 A，B 的寿命期分别为 n_A，n_B，求解差额内部收益率 ΔIRR 的方程为：

$$\sum_{t=0}^{n_A} (CI_A - CO_A)(P/F,\ \Delta IRR,\ t)(A/P,\ \Delta IRR,\ n_A)$$

$$= \sum_{t=0}^{n_B} (CI_B - CO_B)(P/F,\ \Delta IRR,\ t)(A/P,\ \Delta IRR,\ n_B) \qquad (7\text{-}26)$$

就一般情况而言，用差额内部收益率进行寿命不等的互斥方案比选时，应满足下列条件之一：

（1）初始投资额大的方案年均净现金流大，且寿命期长；

（2）初始投资额大的方案年均净现金流小，且寿命期短。

其年均净现金流的计算公式为：

$$方案的年均净现金流 = \sum_{t=0}^{n_j} (CI_j - CO_j)_t / n_j \tag{7-27}$$

方案比选的判别准则为：在$\triangle IRR$存在的情况下，若$\triangle IRR > i_0$，则年均净现金流大的方案为优；若$0 < \triangle IRR < i_0$，则年均净现金流小的方案为优。

对于仅有或仅需计算费用现金流的寿命不等的互斥方案，求解方案间差额内部收益率的方程可用令两方案费用年值相等的方式建立。其方案比选应满足的条件为：

（1）初始投资额大的方案年均费用现金流小，且寿命期长；

（2）初始投资额大的方案年均费用现金流大，且寿命期短。

方案比选的判别准则为：在$\triangle IRR$存在的情况下，若$\triangle IRR > i_0$，则年均费用现金流小的方案为优；若$0 < \triangle IRR < i_0$，则年均费用现金流大的方案为优。

（二）现金流相关型方案评选

当各方案的现金流量之间具有相关性，但方案之间并不完全互斥时，我们不能简单地按照独立方案或互斥方案的评价方法进行决策。而应当首先用一种“互斥方案组合法”，将各方案组合成互斥方案，计算各互斥方案的现金流量，再按互斥方案的评价方法进行选择。

【例 7-17】为满足运输要求，有关部门分别提出要在某两地之间上一铁路项目和（或）一公路项目。只上一个项目时的净现金流量如表 7-13 所示。若两个项目都上，由于货运分流的影响，两项目部将减少净收入，其净现金流量如表 7-14 所示，当基准折现率为$i_0 = 10\%$时应如何决策？

表 7-13　**只上一个项目时的净现金流量**　（单位：百万元）

方案＼年	0	1	2	3—32
铁路 A	-200	-200	-200	100
公路 B	-100	-100	-100	60

表 7-14　**两个项目都上时的净现金流量**　（单位：百万元）

方案＼年	0	1	2	3—32
铁路 A	-200	-200	-200	100
公路 B	-100	-100	-100	60
两项目合计（A+B）	-300	-300	-300	115

为保证决策决策的正确性，先将两个相关方案组合三个互斥方案，再分别计算其净现值，如表 7-15 所示。

表 7-15　　组合互斥方案的净现金流量及其净现值表　　（单位：百万元）

方案＼年	0	1	2	3—32	净现值（$i_0=10\%$）
铁路 A	-200	-200	-200	100	231.98
公路 B	-100	-100	-100	60	193.90
A+B	-300	-300	-300	115	75.29

根据净现值判别准则，在三个互斥方案中，A 方案净现值最大且大于零（$NPV_A>NPV_B>NPV_{A+B}>0$），故 A 方案为最优可行方案。

（三）受资金约束的相关方案评选

受资金限制的方案选择使用的主要方法有“互斥方案组合法”和“净现值指数排序法”。

1. 互斥方案组合法

所谓互斥方案组合法，就是对各独立方案进行组合，所组成的各组合方案之间就存在互斥关系，在满足资金数额限制下，采用互斥方案的评价方法就对比选出最优方案组合。互斥方案组合法的工作步骤如下：

第一步：对于 m 个非直接互斥的项目方案，列出全部的相互排斥的组合方案，共（2^m-1）个。

第二步：保留投资额不超过投资限额且净现值或净现值指数大于等于零的组合方案，淘汰其余组合方案。保留的组合方案中净现值最大的即为最优可行方案。

【例 7-18】某公司有 A、B、C 三个独立的投资方案，有关数据如表 7-16 所示，目前该公司可筹集资金 4 500 万元，$i_0=8\%$，问应该如何选择方案？

表 7-16　　A、B、C 独立方案的有关数据

方案	初始投资（万元）	年净收益（万元）	寿命期（年）
A	-1 000	600	3
B	-3 000	1 500	3
C	-4 000	2 050	3

解：寿命期相同的独立方案，建立的互斥组合方案寿命也相同，因此评价指标可以选择 *NPV*（或者 *NAV*）。

（1）计算各独立方案的 *NPV*：

$NPVA=-1\ 000+600(P/A,\ 8\%,\ 3)=546$ 万元

$NPVB=-3\ 000+1\ 500(P/A,\ 8\%,\ 3)=886$ 万元

$NPVC=-4\ 000+2\ 050(P/A,\ 8\%,\ 3)=1\ 280$ 万元

（2）建立互斥的方案组合，并将组合方案投资从小到大依次排序，如表 7-17 所示，找出组合方案投资额不超过资金限额 4 500 万元的组合方案，再从中找出组合方案净现值最大的组合方案为最优方案。

表 7-17　　A、B、C 独立方案组成的互斥方案组合情况

组合方案序号	构成情况 A　B　C	初始投资（万元）	净现值（万元）
1	0　0　0	0	0
2	1　0　0	-1 000	546
3	0　1　0	-3 000	866
4	0　0　1	-4 000	1 280
5	1　1　0	-4 000	1 412
6	1　0　1	-5 000	1 826
7	0　1　1	-7 000	2 146
8	1　1　1	-8 000	2 692

结论：在资金限额 4 500 万元下组合方案净现值最大的是第 5 组，即 A、B 组合为最佳方案。

由于互斥方案组合法是从所有可能出现的组合方案中挑选在资金限额下组合方案净现值最大的方案组合为最佳方案，因此可以实现有限资源的合理利用，带来经济效益的最大化。但是，这种方法不适合独立方案较多的情况使用，因为独立方案较多时，其组合方案个数将与独立方案的个数成指数倍增长，此时可以采用净现值指数排序法。

2. 净现值指数排序法

所谓净现值指数排序法，就是在计算各方案净现值指数的基础上，将净现值指数大于或等于零的方案按净现值指数大小排序，并依次选取项目方案，直到所选取方案的投资总额最大限度地接近或等于投资限额为止。

【例 7-19】若资金预算限额是 60 万元，有 A～G7 个产品投资方案，寿命期均为 5 年，基准收益率 $i_0=10\%$，各方案的有关资料如表 7-18 所示。问在投资限额内应优先投资哪些产品方案？

表 7-18　　A-G 方案的资料数据　　（单位：万元）

方案	投资额	年净收益	净现值	净现值指数	排序
A	20	8.44	12.00	0.60	1
B	12	4.59	5.40	0.45	2
C	4	1.19	0.50	0.13	7
D	9	2.97	2.25	0.25	4
E	13	4.18	2.86	0.22	5
F	36	11.21	6.48	0.18	6
G	15	5.46	5.70	0.38	3

解：由表 7-18 可知，方案 A～G 的净现值均大于零，均为可行方案。按净现值

指数从高到低顺序选择方案的原则，不超出资金限额60万元要求的方案方A、B、G、D四个方案及部分E方案，但由于方案的不可分性，不能选择部分E方案，所以可接受的方案只能是A、B、G、D四个方案，合计投资额为56万元，尚余4万元，经分析可知，还可接受方案C，（且方案C的净现值大于零为可行方案），故在不超出资金限额60万元内，应选择A、B、G、D、C五个方案。

按净现值指数排序原则选择项目方案，其基本思想是单位投资的净现值越大，在一定投资限额内所能获得的净现值总额就越大。但是，由于投资项目的不可分性，净现值指数排序法在许多情况下，不能保证现有资金的充分利用，不能达到净现值最大的目标。只有在下述的情况下，它才能达到或接近于净现值最大的目标：

①各方案投资占投资预算的比例很小；

②各方案投资额相差无几；

③各入选方案投资累加额与投资预算限额相差无几。

实际上，在各种情况下都能保证实现最优选择（净现值最大）的更可靠的方法是互斥方案组合法。

本章小结

在技术经济分析中，核心的内容就是对技术方案进行经济评价，在对技术方案或项目进行经济评价时，如果假设所获得的数据确定会发生，则可称为技术经济的确定性评价。具体来看，技术经济的评价过程，实质就是选择或确定度量技术项目经济价值的指标，再运用所获取的数值计算出项目的指标值，通过比较这个指标值与理想数值的情况来判断项目的经济可行性。

对于单个技术项目来说，只需要计算一个或者一组指标的值即可判断其经济可行性。这些指标可以分为静态指标和动态指标两类，其中静态指标指那些在计算过程中不考虑资金的时间价值（不进行折现计算）的指标；动态指标则指那些在计算过程中考虑的资金时间价值（进行了折现计算）的指标。通常情况下，静态指标只能为判断项目的经济可行性提供参考，而动态指标则可以直接判断项目的经济可行性。

对于多个项目来说，在经济可行性评价时需要先明确项目之间的关系。如果项目间相互独立，则只需分别判断各个项目的经济可行性；如果项目间相关，则需要运用增量分析法、净现值指数法等方法来判断各个方案的优劣。

思考与练习

1. 什么是动态指标和静态指标？两类指标的本质区别是什么？

2. 什么是净现值？什么是净年值？两者有何区别与联系？

3. 说明收益率（或折现率）与净现值的关系，解释一下为什么我们认为净现值与折现率负相关。

4. 当两方案进行比较时，净现值大的方案其净现值指数会小于另一方案吗？为什么？从经济效果方面你怎么评价这个现值大的方案？

5. 什么是内部收益率，其经济含义是什么？为什么与我们通常使用的收益率指标相比，内部收益率能更准确地度量资金的使用效率？

6. 某项目投资额为300万元，最低期望收益率为8%，预计项目从第一年年末起可以获得收益，每年收益为90万元，则项目需要多长时间才能收回投资？若项目的预期存续年限为5年，则此项目是否值得投资？

7. 有3个设备更新方案，方案A所需投资8万元，年成本11万元，年产量200台；方案B所需投资14万元，年成本16.2万元，年产量300台；方案C所需投资15万元，年成本13.25万元，年产量250台。若标准投资回收期为7年，试用追加投资回收期法比较方案优劣。

8. 某拟建项目，第一年初投资1 000万元，第二年初投资2 000万元，第三年初投资1 500万元，从第三年起连续8年每年可获得净收入1 450万元。若期末残值忽略不计，最低希望收益率为12%，试计算净现值并判断该项目经济上是否可行。

9. 有一寿命为五年的投资计划，基准折现率为10%，现金流量如下表，用净现值法及净现值指数法评价此项投资计划应否被采纳，并说明所得数值的经济含义。

年限	现金流量	年限	现金流量
0	-50 000	3	20 000
1	10 000	4	20 000
2	10 000	5	20 000

10. 某企业的项目计划中预计购买设备需要8万元资金，该设备可能给企业带来的年净收益为12 600元，设备使用后无残值。试问，若设备使用8年后报废，该项目的内部收益率是多少？如果最低期望收益率为9%，则设备的使用期应为多少年才值得购买？

11. 某项目的净现金流量如下表所示：（单位：万元）

年	0	1	2	3	4—8
净现金流量	-120	-60	-50	60	80

（1）求该项目的静态回收期、动态回收期、净现值、净现值指数、净年值和内部收益率，并说明本项目的经济可行性。（基准折现率为10%）

（2）试画出累积净现金流量曲线和累积折现值曲线，并说明静态回收期、动态回收期、内部收益率和净现值的位置。

12. 独立方案及互斥方案决策各有什么特点？

13. 现值法及年值法在进行多方案评价时有什么优点和缺点？

14. 单方案经济评价与多方案经济评价有什么区别。这两种评价在评价指标的选择上有什么不同，为什么会有差异？

15. 现有4个相互独立的备选投资方案，各方案的投资额和年净收益如下表所示：（单位：万元）

方案	A	B	C	D
初始投资	100	150	200	300
年净收益	20	30	50	50

假设各方案的寿命期均为10年，且基准收益率为8%，试判断以上方案在经济上是否可行。若企业拥有300万元的资金用于投资，问应该选择哪些方案？

16. 现有4个相互独立的备选投资方案，各方案的投资额和年净收益如下表所示：（单位：万元）

方案	A	B	C	D
初始投资	100	150	200	300
年净收益	20	30	50	50

假设各方案的寿命期均为10年，且基准收益率为8%，试判断以上方案在经济上是否可行。若企业拥有300万元的资金用于投资，问应该选择哪些方案？

17. 有三项寿命期不等的互斥方案，若基准收益率为15%，试分别用年值法和现值法分析选择最佳方案。

	A	B	C
期初投资	−6 000	−7 000	−9 000
期末残值	0	200	300
年净收益	2 000	3 000	3 000
寿命（年）	3	4	6

18. 某企业有5个相互独立的备选投资方案，各方案的投资额和年净收益如下表所示：（单位：万元）

方案	A	B	C	D	E
初始投资	60	80	65	90	75
年净收益	12.8	18	13.6	16.5	16.4

设各方案的寿命期均为 8 年，且最低期望收益率为 10%，资金预算总额为 250 万元。

(1) 分别用互斥方案组合法和净现值指数法分析应该选择哪些方案？

(2) 判断两种方法所得到的结果是否一致，如果不一致，请说明原因。

19. 现有四个互斥的投资方案，其投资额和年净收益如下表所示：（单位：万元）

方案	初始投资额	年净收益
A	2 000	500
B	3 000	900
C	4 000	1 100
D	5 000	1 380

若各方案的寿命期均为 7 年，则：

(1) 当折现率为 10%时，在无资金限制的情况下，应作什么样的选择？

(2) 当折现率在什么范围内时，B 方案是最佳的？

(3) 若折现率为 10%且选择了 B 方案，项目的潜在损失是多少？

20. 有 A、B、C、D 四个互斥的投资方案，最低期望收益率为 10%。已知方案 A、B、C 和 D 的有关资料如下，试确定在资金总额为 2 500 万元时的最佳选择。

年份	0 年	1—8 年
方案 A	−1 000 万元	200 万元
方案 B	−1 200 万元	230 万元
方案 C	−800 万元	160 万元
方案 D	−1 300 万元	240 万元

第八章　不确定性分析

内容提要

任何经营管理的决策及项目的评估都是在事前进行的。因此，项目经济评价所采用的数据多来自预测和估算。由于信息不完全，对有关因素和未来情况无法做出精确无误的预测，或者由于没有全面考察所有的可能情况，因此项目实施后的实际情况难免与预测情况有所差异，这种差异就有可能带来风险。即立足于预测和估算进行项目经济评价的结果具有不确定性，而不确定性有可能带来风险。本章将从三个角度对项目在不确定状态下的经济性进行分析，即：盈亏平衡、敏感性和概率分析。

第一节　不确定性分析概述

一、风险与不确定性的含义

技术经济分析与评价项目中所用的数据，大部分来自于对未来的预测与估算。由于项目寿命期一般都较长，项目所处环境在不断变化，并且分析预测工作中的有些因素会随时间、地点、条件的变化而变化，便形成了项目评价中的不确定性因素。因此，为了提高投资决策的可靠性，减少决策时所承担的风险，就必须对投资项目的风险和不确定性进行正确的分析和评价。

从理论上讲，风险（Risk）是指由于随机原因所引起的项目总体的实际价值和预期价值之间的差异。风险是对可能结果的描述，即决策者事先可能知道决策所有可能的结果，以及每一种结果出现的概率。因此，风险是可通过数学分析方法来计量的。不确定性（Uncertainty）是指决策者事先不知道决策的所有可能结果，或者虽然知道所有可能结果但不知道它们出现的概率。技术方案的不确定性分析产生的直接原因是方案评价中所采用的各种数据与实际值出现偏差，如项目总投资、年销售收入、经营成本、设备残值、资本利率等对投资方案经济效果的影响。

根据投资方式的不同，风险一般可分为三种类型：

1. 经营风险

经营风险是指由于生产经营状况的不确定性而产生盈利能力的变化，从而造成的投资者收入或本金减少或损失的可能性。它主要是指企业在不使用债务时的资产风险，如企业订单减少以致销货收入减少而使盈利下降，企业及企业的竞争对手是否成功开发了新产品，企业是否招聘和雇佣到足够的合格职工等。一旦类似事项发生，则实际的收益将会高于或低于预期水平。经营风险因产业不同而不同，也随着时间的变化而变化。例如，食品加工和零售行业被认为具有较低的经营风险，而一些生产单一产品的企业则通常被认为具有较高的经营风险。

2. 财务风险

财务风险是指企业由于使用负债融资而引起的企业盈余变动。企业借入资本，为的是使利税前投资回报率高于借款利率，能给企业带来额外的税后净利。但是当利税前投资回报率低于借款利率时，由于债务的利息是一项固定的开支，则企业的税后净利将受到额外的损失，这就是所谓的财务风险。不善于举债经营以获取额外利润的管理者，不是精明能干的管理者。但是，借入资本的比重越大，企业面临的财务风险也就越大，不过这种高风险将以高收益来补偿。

3. 市场风险

市场风险是指由于一些非企业自身能力可控制的，并同时会影响到所有企业的因素而产生的投资结果的不确定性或变异性。如战争、通货膨胀、经济衰退以及利率、汇率变动时，投资者所可能遭受的风险，即为市场风险。之前提及的经营风险和财务风险，都是属于企业的内部风险，而市场风险则是所有企业面临的外部环境风险。由于市场的这种波动很难被投资者预测，因此，市场风险最容易给投资者造成损失。

风险与不确定性的差异主要在于程度不同，不确定性比风险更难以预测。但在现实的技术经济活动中，风险和不确定性很难严格区分。然而，从投资活动和技术方案经济评价的实用性角度来看，区别风险和不确定性没有多大的实际意义。因此，一般将未来可能变化的因素对投资方案效果的影响分析统称为不确定性分析（Uncertainty Analysis）。

二、不确定性产生的原因

一般来说，技术方案产生风险、不确定性的原因，可归纳为以下几个方面：

1. 通货膨胀和物价的变动

投入和产出的价格是影响投资项目经济效益的最基本因素。在任何一个国家，货币的价值都不是固定不变的，它通常是随着时间的增长而降低。而项目寿命期一般长达一二十年，投入产出价格不可能固定不变，投资者必然要承担物价上涨、货币贬值的风险。不但项目的工程造价不易确定，而且当项目的产品在今后市场上有激烈竞争时，还可能引起销售价格的变动。因为在竞争的市场上，如果不降低销售价格，就可能影响产品销售量，也同样降低项目的经济效益。这样，通货膨胀和物价的变动，就直接影响到项目未来的技术经济效益。对这些因素不加考虑，就必然使评价人员预测到的未来情况与实际的未来情况有出入，这是造成不确定性因素的主要原因。

2. 技术装备及生产工艺变革和项目寿命的变动

在预测项目的收益水平时，许多指标都是以项目经济寿命期作为计算基础的，如净现值、内部收益率等。但随着科学技术的不断进步，生产工艺的不断变革，项目所采用的一些技术、设备很可能提前老化，从而使项目经济寿命期提前结束。同时随着市场需求的转变，也会使项目的产品生命期提前结束，从而缩短项目经济寿命期。项目经济寿命期的缩短，无疑会减少项目的收益。

3. 生产能力和销售量的变动

在评价项目时，现行《建设项目经济评价方法与参数》要求我们采用设计生产能力进行计算，而在实际生产中，达不到设计生产能力或超过设计生产能力是经常存在的。由于原材料、燃料、动力等资源的供应、运输设备的配套，对技术的掌握程度和管理水平高低等因素的影响，项目的生产能力有可能达不到设计能力，从而对项目的经济效益产生影响。如果项目投产后没有可靠的市场销路，那么也不能达到设计的生产能力，造成项目的半停工状态。如果建设项目的生产能力达不到预期水平，则产品的成本必然升高，销售收入必然下降，其他各种经济效益当然也就随之改变或达不到预期效果，这样也就造成了项目未来的不确定性。

4. 建设资金和工期的变化

在进行项目可行性研究和评估的过程中，建设资金的估算与筹措对项目经济效益影响较大。目前，存在着过低估算建设资金的现象，以求项目获得国家或地方政府审批、通过及上马。建设资金估算偏低，投资安排不足，就必须延长建设工期，推迟投产时间，增加建设资金和利息。这样，当然就引起总投资增大，经营成本和各种收益的变化。同时，建设工期延长，在计算现金流量时，对项目的经济效益是十分不利的，因为资金的折现系数是逐年递减的。因此，建设资金的估算或工期的变化，是项目评价时的不确定因素。

5. 国家经济政策和法律法规的变化

作为发展中国家，我国的经济体制正处于从计划经济向市场经济过渡的时期。目前，不合乎时宜的法律法规需要不断变革。经济政策随着国家经济形势的发展和需要，每个时期都必须有每个时期的政策，变化不可避免。这些变化，对项目可行性研究或评估人员是无法预测和不能控制的。这些因素的变化，不仅是不确定性因素的源泉，而且还可能给项目的建设带来很大的风险。

三、不确定性分析的方法与程序

为评价不确定性因素对技术方案经济效果的影响，通常采用盈亏平衡分析、敏感性分析和概率分析等方法，其分析方法一般步骤如下：

1. 鉴别主要不确定性因素

虽然影响技术方案的不确定性因素有很多，但不同因素在不同的投资活动中不确定性程度及其对投资方案的影响程度是不同的。因此，在开始分析时，首先要从各个变量及其相关诸因素中，找出不确定程度较大的关键变量或因素。这些变量和因素是不确定性分析的重点。在投资项目的不确定性分析中，其主要的不确定因素有销售收入、生产成本、投资支出和建设工期等。引起它们变化的原因一般为：物品价格上涨，工艺技术改变导致产品数量和质量发生变化，设计能力达不到，投资超出计划，建设期延长等。

2. 估计不确定性因素的变化范围，进行初步分析

找出主要的不确定性因素，估计其变化范围，确定其边界值或变化串，也可先进行盈亏平衡分析。

3. 进行敏感性分析

对不确定性因素进行敏感性分析，找出方案的敏感性因素，分析其对投资项目的影响程度。

第二节　盈亏平衡分析

各种不确定因素（如投资、成本、销售量、产品价格、使用寿命期等）的变化会影响投资方案的经济效果。当这些因素的变化达到某一临界值（盈亏平衡点）时，就会影响方案的取舍。盈亏平衡分析的目的就是找出这种临界值，判断投资方案对不确定因素变化的承受能力，为决策提供依据。

一、独立方案盈亏平衡分析

独立方案盈亏平衡分析的目的是通过分析产品产量、成本与方案盈利能力之间的关系找出投资方案盈利与亏损的产量、产品价格、单位产品成本等方面的界限，以判断在各种不确定因素作用下方案的风险情况。

(一) 销售收入、成本费用与产品产量的关系

投资项目的销售收入与产品销售量（如果按销售量组织生产，产品销售量等于产品产量）的关系有两种情况：

第一种情况，该项目的生产销售活动不会明显地影响市场供求状况，假定其他市场条件不变，产品价格不会随该项目的销售量的变化而变化，可以看作一个常数。销售收入与销售量呈线性关系、即：

$B=PQ$

式中：B——销售收入；

P——单位产品价格；

Q——产品销售量。

第二种情况，该项目的生产销售活动将明显地影响市场供求状况。随着该项目产品销售量的增加，产品价格有所下降，这时销售收入与销售量之间不再是线性关系，对应于销售量 Q_o，销售收入为：

$$B = \int_0^Q P(Q)\,dQ$$

项目投产后，其总成本费用可以分为固定成本与变动成本两部分。固定成本指在一定的生产规模限度内不随产量的变动而变动的费用，变动成本指随产品产量的变动而变动的费用。变动成本总额中的大部分与产品产量成正比例关系。也有一部分变动成本与产品产量不成正比例关系，如与生产批量有关的某些消耗性材料费用，工业模具费及运输费等，这部分变动成本随产量变动的规律一般是呈阶梯形曲线，通常称这部分变动成本为半变动成本。由于半变动成本通常在总成本费用中所占比例很小，在经济分析中一般可以近似地认为它也随产量成正比例变动。

总成本费用是固定成本与变动成本之和，它与产品产量的关系也可以近似地认为是线性关系，即

$C=C_f+C_v$

式中：C——总成本费用；

C_f——固定成本；

C_v——单位产品变动成本。

(二) 线性盈亏平衡分析

线性盈亏平衡分析可以通过确定盈亏平衡点来进行，而盈亏平衡点可以通过量—本—利分析图获得。将总成本和销售收入曲线在同一坐标图上表示出来，可以构成线性量—本—利分析图（图 8-1）。

图 8-1 中纵坐标表示销售收入与成本费用，横坐标表示产品产量。销售收入线 B 与总成本线 C 的交点称盈亏平衡点（*Break even Point*，简称 *BEP*），也就是项目盈利与亏损的临界点。在 *BEP* 的左边，总成本大于销售收入，项目亏损，在 *BEP* 的右边，销售收入大于总成本。项目盈利，在 *BEP* 点上，项目不亏不盈。

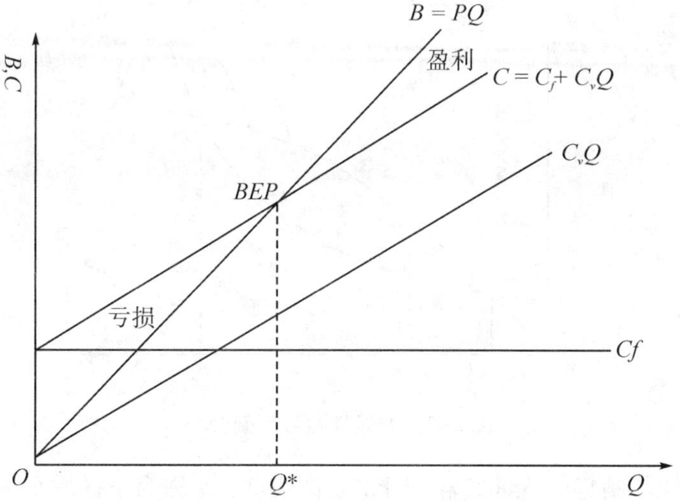

图 8-1　线性盈亏平衡分析

在销售收入及总成本都与产量呈现线性关系的情况下，可以很方便地用解析方法求出以产品产量、生产能力利用率、产品销售价格、单位产品变动成本等表示的盈亏平衡点。

在盈亏平衡点，销售收入 B 等于总成本费用 C（即 $B=C$），假设对应于盈亏平衡点的产量为 $Q*$，则有：

$$PQ* = Cf + CvQ*$$

可导出盈亏平衡产量：

$$Q^* = \frac{C_f}{P - C_V}$$

若项目设计生产能力为 Q_c，则盈亏平衡生产能力利用率为

$$E^* = \frac{Q^*}{Q_c} \times 100\% = \frac{C_f}{(P \quad C_v)Q_c} \times 100\%$$

若按设计能力进行生产和销售，则盈亏平衡销售价格为

$$P^* = \frac{B}{Q_c} = \frac{C}{Q_c} = C_v + \frac{C_f}{Q_c}$$

若按设计能力进行生产和销售，且销售价格已定，则盈亏平衡单位产品变动成本为：

$$C_v^* = P - \frac{C_f}{Q_c}$$

（三）非线性盈亏平衡分析

在销售收入及总成本都与产量呈非线性关系的情况下，可用非线性函数作盈亏平衡分析。其示意图如图 8-2 所示：

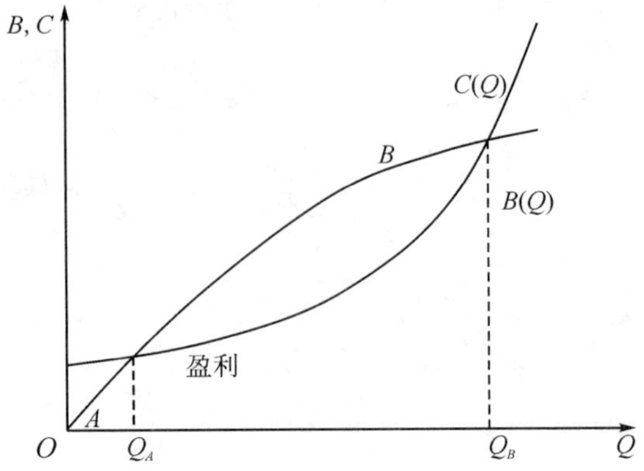

图 8-2 非线性盈亏平衡分析

总成本曲线与销售收入曲线相交于 A、B 两点，A 称为下盈亏平衡点；B 称为上盈亏平衡点，其相应的产品产量分别为 Q_A 和 Q_B。在 A、B 两点之间两曲线包含的区域为该项目的盈利区，其净收益：

$NB(Q) = B(Q) - C(Q)$

为使其 NB 最大化，可令：$NB'(Q) = B'(Q) - C'(Q) = 0$

由此，可求出利润最大化产量 Q^*。此时，两曲线的斜率相等。

显然，Q_A、Q_B 及 Q^* 的分析对正确决策投资项目规模具有十分重要的意义。

【例 8-1】某企业的生产线设计能力为年产 100 万件，单价 450 元，单位变动成本 250 元，年固定成本为 8 000 万元，年目标利润为 700 万元。试进行盈亏分析，并求销售量为 50 万件时的保本单价。

解：

（1）求平衡点产量。

$$Q* = \frac{F}{P - C_V} = \frac{8\ 000}{450 - 250} = 40(\text{万件})$$

（2）求平衡点销售额。

$$R = PQ* = 450 \times 40 = 18\ 000(\text{万元})$$

（3）求平衡点生产能力利用率。

$$E* = \frac{Q*}{Q_c} \times 100\% = \frac{40}{100} \times 100\% = 40\%$$

（4）求实现目标利润时的产量。

$$Q = \frac{C_f + E}{P - C_V} = \frac{8\ 000 + 700}{450 - 250} = 43.5(\text{万件})$$

（5）求年销售量为 50 万件的保本售价。

$$P* = \frac{F + C_V Q}{Q} = \frac{F}{Q} + C_V = \frac{8\ 000}{50} + 250 = 410(\text{元/件})$$

通过计算盈亏平衡点，结合市场预测，可以对投资方案发生亏损的可能性做出大致判断。在例 8-1 中，如果未来的产品销售价格及生产成本与预期值相同，项目不发生亏损的条件是年销售量不低于 40 万件，生产能力利用率不低于 40%；如果按设计能力进行生产并能全部销售，生产成本与预期值相同，项目不发生亏损的条件是产品价格不低于 410 元/件。

销售量、产品价格及单位产品变动成本等不确定因素发生变动所引起的项目盈利额的波动称为项目的经营风险。

设项目固定成本占总成本的比例为 S，预期年销售量为 Qc，预期年总成本为 C，则

固定成本：$Cf=C*S$

销售利润：$I=PQ-CS-C(1-S)Q/Qc$

当销售量变化时，S 越大，利润变化率越大。

固定成本的存在扩大了项目的经营风险，称为经营杠杆。

二、互斥方案盈亏平衡分析

设两个互斥方案的经济效果都受某不确定因素 x 的影响，可把 x 看作一个变量，把两个方案的经济效果指标都表示为 x 的函数：

$E_1=f_1(x) \quad E_2=f_2(x)$

当两个方案的经济效果相同时，有：

$f_1(x)=f_2(x)$

解出使这个方程式成立的 x 值，即为方案 1 与方案 2 的盈亏平衡点，也就是决定这两个方案孰优孰劣的临界点。结合对不确定因素 x 未来取值范围的预测，就可以做出相应的决策。

【例 8-2】生产某种产品有三种工艺方案，采用方案 1，年固定成本 800 万元，单位产品变动成本为 10 元；采用方案 2，年固定成本 500 万元，单位产品变动成本为 20 元；采用方案 3，年固定成本 300 万元，单位产品变动成本为 30 元。分析各种方案适用的生产规模。

解：各方案年总成本均可表示为产量 Q 的函数：

$C_1=C_{f1}+C_{v1}Q=800+10Q$

$C_2=C_{f2}+C_{v2}Q=500+20Q$

$C_3=C_{f3}+C_{v3}Q=300+30Q$

各方案的年总成本函数曲线如图 8-3 所示。

由图 8-3 可以看出，三个方案的年总成本函数曲线两两相交于 L、M、N 三点，各个交点所对应的产量就是相应的两个方案的盈亏平衡点。在本例中，Q_m 是方案 2 与方案 3 的盈亏平衡点，Q_n 是方案 1 与方案 2 的盈亏平衡点。显然，当 $Q<Q_m$ 时，

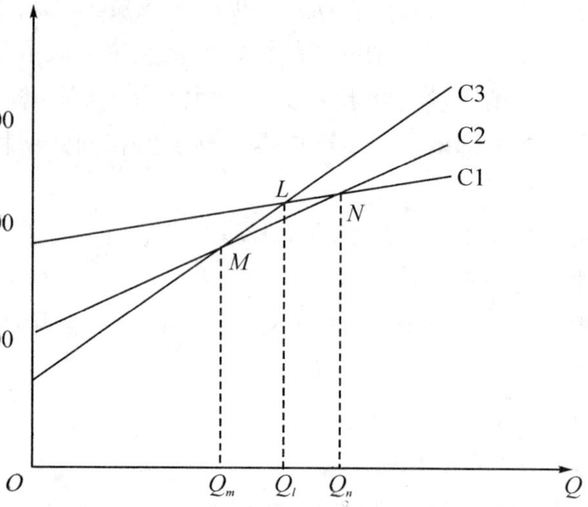

图 8-3　各方案的年总成本函数曲线

方案 3 的年总成本最低；当 $Q_m < Q < Q_n$ 时，方案 2 的年总成本最低；当 $Q > Q_n$ 时，方案 1 的年总成本最低。

当 $Q = Q_m$ 时，$C_2 = C_3$，即

$$C_{f2} + C_{v2}Q_m = C_{f3} + C_{v3}Q_m$$

于是，$Q_m = \dfrac{C_{f2} - C_{f3}}{C_{v3} - C_{v2}} = \dfrac{500 - 300}{30 - 20} = 20$（万件）

当 $Q = Q_n$ 时，$C_1 = C_2$，即：

$$C_{f1} + C_{v1}Q_n = C_{f2} + C_{v2}Q_n$$

于是，$Q_n = \dfrac{C_{f1} - C_{f2}}{C_{v2} - C_{v1}} = \dfrac{800 - 500}{20 - 100} = 30$（万件）

由此可知，当预期产量低于 20 万件时，应采用方案 3；当预期产量在 20 万件至 30 万件之间时，应采用方案 2；当预期产量高于 30 万件时，应采用方案 1。

在例 8-2 中，我们是用产量作为盈亏平衡分析的共有变量，根据年总成本费用的高低判断方案的优劣。在各种不同的情况下，根据实际需要，也可以用投资额、产品价格、经营成本、贷款利率、项目寿命期、期末固定资产残值等作为盈亏平衡分析的共有变量，用净现值、净年值、内部收益率等作为衡量方案经济效果的评价指标。

【例 8-3】生产某种产品有两种方案，方案 A 初始投资为 50 万元，预期年净收益 15 万元；方案 B 初始投资 150 万元，预期净收益 35 万元，该产品的市场寿命具有较大的不确定性，如果给定基准折现率为 15%，不考虑期末资产残值，试就项目寿命期分析两方案取舍的临界点。

解：设项目寿命期为 x

$$NPV_A = -50 + 15(P/A,\ 15\%,\ x)$$

$NPV_B = -150 + 35(P/A, 15\%, x)$

当　$NPV_B = NPA_B$ 时，有：

$-50 + 15(P/A, 15\%, x) = -150 + 35(P/A, 15\%, x)$

$(P/A, 15\%, x) = 5$

即　$\dfrac{(1+0.15)^x - 1}{0.15 \times (1+0.15)^x} = 5$

解这个方程，可得：

$x \approx 10$(年)

这就是以项目寿命期为共有变量时方案 A 与方案 B 的盈亏平衡点。由于方案 B 年净收益比较高，项目寿命期延长对方案 B 有利。故可知：如果根据市场预测项目寿命期少于 10 年，应采用方案 A；如果项目寿命期在 10 年以上，则应采用方案 B。

第三节　敏感性分析

一、敏感性分析概述

（一）敏感性因素与敏感性分析

敏感性分析是技术经济分析评价中常用的一种不确定性分析方法。所谓敏感性，是指投资方案的各种因素变化对投资经济效果的影响程度。若因素小幅度的变动能够带来项目经济效果较大幅度的变化，则称该因素为项目的敏感性因素；反之，则称为非敏感性因素。敏感性分析的目的就是要通过分析与预测影响投资项目经济效果的主要因素，找出其敏感性因素，并确定其敏感程度，判断项目对不确定性因素的承受能力，从而对项目风险的大小进行估计，为投资决策提供依据。

影响投资项目经济效果的不确定性因素较多，一般主要有产品销量（产量）、产品销售价格、原材料价格、固定资产投资、经营成本、建设期等。

（二）敏感性分析的一般步骤和内容

1. 选择需要分析的不确定因素，并设定这些因素的变动范围

影响投资方案经济效果的不确定因素有很多，严格说来，凡影响方案经济效果的因素都在某种程度上带有不确定性。但事实上没有必要对所有的不确定性因素都进行敏感性分析，可以根据以下原则选择主要的不确定因素加以分析：第一，预计在可能的变动范围内，该因素的变动将会比较强烈地影响方案的经济效果指标；第二，对在确定性经济分析中采用的该因素的数据的准确性把握不大。

2. 确定分析指标

分析指标，就是指敏感性分析的具体对象，即方案的经济效果指标，如净现值、净年值、内部收益率及投资回收期等。各种经济效果指标都有其各自特定的含义，

分析、评价所反映的问题也有所不同。对于某个特定方案的经济分析而言，不可能也为需要运用所有的经济效果指标作为敏感性分析的分析指标，而应根据方案资金来源等特点，选择一种或两种指标作为分析指标。确定分析指标可以遵循以下两个原则：第一，是与经济效果评价指标具有的特定含义有关。第二，是与方案评价的要求深度和方案的特点有关。

3. 计算各不确定因素对指标的影响程度

对于各个不确定因素的各种可能变化幅度，分别计算其对其他分析指标影响的具体数值，即固定其他不确定因素，变动某一个或某几个因素，计算经济效果指标值。在此基础上，建立不确定因素与分析指标之间的对应数量关系，并用图或表格表示。

4. 确定敏感因素，对方案的风险情况做出判断

所谓敏感因素就是其数值变动能显著影响方案经济效果的因素。判断敏感因素的方法有以下三种：

（1）相对测定法（变动幅度测定法）。设定要分析的各个不确定因素均从确定性分析时采用的数值开始变动（在令某个因素变动时，假定其他因素保持在确定性分析时的取值不动），且各因素每次变动的因素（增加或减少的百分数）相同（这样做使得各个因素的敏感度获得可比性），比较在同一变动幅度下各因素变动的敏感程度。一般将结果以图或表的形式表示出对应的数量关系，通过对表中因素变动率或图中曲线斜率的分析，判断敏感性因素。

（2）绝对值测定法（悲观值测定法）。绝对值测定法是假设各因素均向对方案不利的方向运动，并取其可能出现的对方案不利的数值（悲观值），据此计算项目方案的经济效益评价指标，看其是否达到使方案变得无法被接受的程度。若某因素可能出现的最不利数值会使方案变得不可接受，则表明该因素是该方案的敏感因素（方案能否接受判断依据是经济效益指标能否达到临界值）。该方案可变通为下面的临界值测定法。

（3）临界值测定法。先设有关敏感性分析指标为临界值，如令净现值为零或令内部收益率等于基准收益率等，然后求出待分析的不确定因素的最大允许变动幅度，并与其可能出现的最大变动幅度相比。若某因素可能的变动幅度超过最大允许变动幅度，则说明该不确定性因素是敏感性因素。

5. 综合评价，优选方案

根据确定性分析和敏感性分析的结果，综合评价方案，并选择最优方案。

二、单因素敏感性分析

单因素敏感性分析是就单个不确定因素的变动对方案经济效果的影响所作的分析。在分析方法上类似于数学上多元函数的偏微分，即在计算某个因素的变动对经

济效果指标的影响时，假定其他因素均不变。

单因素敏感性分析的步骤：

（1）选择需要分析的不确定因素，并设定这些因素的变动范围；

（2）确定分析指标（*NPV*、*NAV*、*IRR* 等指标）；

（3）计算各不确定因素在可能的变动范围内发生不同幅度变动所导致的方案经济效果指标的变动结果建立一一对应的数量关系；

（4）确定敏感因素，对方案的风险情况做出判断。

【例 8-4】有一个生产城市用小型电动汽车的投资方案，用于确定性经济分析的现金流量表见表 8-1，所采用的数据是根据对未来最可能出现的情况的预测估算的。由于对未来影响经济环境的某些因素把握不大，投资额、经营成本和产品价格均有可能在 ±2%的范围内变动。设基准折现率为 10%，不考虑所得税，试分别就上述三个不确定因素做敏感性分析。

表 8-1　　**小型电动汽车项目现金流量表**　　（单位：万元）

年份	0	1	2-10	11
投资	15 000			
销售收入			19 800	19 800
经营成本			15 200	15 200
期末资产残值				2 000
净现金流量	-15 000	0	4 600	4 600+2 000

解：设投资额为 K，年销售收入为 B，年经营成本为 C，期末资产残值为 L，用净现值指标评价本方案的经济效果，计算公式为：

$NPV=-K+(B-C)(P/A, 10\%, 10)(P/F, 10\%, 1)+L(P/F, 10\%, 11)$

按照表 8-1 的数据

$NPV=-15\ 000+4\ 600\times6.144\times0.909\ 1+2\ 000\times0.350\ 5$

$=11\ 394$（万元）

下面用净现值指标分别就投资额、产品价格和经营成本等三个不确定因素作敏感性分析：

设投资额变动的百分比为 x，分析投资额变动对方案净现值影响的计算公式为：

$NPV=-k(1+x)+(B-C)(P/A, 10\%, 10)\times(P/F, 10\%, 1)+L(P/F, 10\%, 11)$

设经营成本变动的百分比为 y，分析经营成本变动对方案净现值影响的计算公式为：

$NPV=-K+[B-C(1+y)](P/A, 10\%, 10)\times(P/F, 10\%, 1)+L(P/F, 10\%, 11)$

设产品价格变动的百分比为 z，产品价格的变动将导致销售收入的变动，销售收入变动的比例与产品价格变动的比例相同，故分析产品价格变动对方案净现值影响的计算公式可写成：

$$NPV = -K + [B(1+z) - C](P/A, 10\%, 10) \times (P/F, 10\%, 1) + L(P/F, 10\%, 11)$$

按照上述三个公式，使用表 8-1 的数据，分别取不同的 x，y，z 值，可以计算出各不确定因素在不同变动幅度下方案的净现值。计算结果见表 4-2。根据表中数据可以绘出敏感性分析图（图 8-4）。

由表 8-2 和图 8-4 可以看出，在同样的变动率下，产品价格的变动对方案净现值的影响最大，经营成本变动的影响次之，投资额变动的影响最小。

分别使用前面的三个公式，不难计算出，当 NPV=0 时：

$x = 76.0\%$；$y = 13.4\%$；$z = -10.3\%$

也就是说，如果投资额与产品价格不变，年经营成本高于预期值 13.4%以上，或者投资额与经营成本不变，产品价格低于预期值 10.3%以上，方案将变得不可接受。而如果经营成本与产品价格不变，投资额增加 76.0 %以上，才会使方案变得不可接受。

表 8-2　　不确定因素的变动对净现值的影响　　（单位：万元）

不确定因素 \ 变动率	-20%	-15%	-10%	-5%	0
投资额	14 394	13 644	12 894	12 144	11 394
经营成本	28 374	24 129	19 884	15 639	11 394
产品价格	-10 725	-5 195	335	5 864	11 394
不确定因素 \ 变动率	+5%	+10%	+15%	+20%	
投资额	10 644	9 894	9 144	8 394	
经营成本	7 149	2 904	-1 341	-5 586	
产品价格	16 924	22 453	27 983	33 513	

根据上面的分析，对于本投资方案来说，产品价格与经营成本都是敏感因素，在做出是否采用本方案的决策之前，应该对未来的产品价格和经营成本及其可能变动的范围做出更为精确的预测与估算。如果产品价格低于原预期值 10.3%以上或经营成本高于原预期值 13.4%以上的可能性较大，则意味着这笔投资有较大的风险。另外，经营成本的变动对方案经济效益有较大的影响这一分析结果还提醒我们，如果实施这一方案，严格控制经营成本将是提高项目经济效益的重要途径。至于投资额，显然不是本方案的敏感因素，即使增加 20%甚至更多一些也不会影响决策结论。

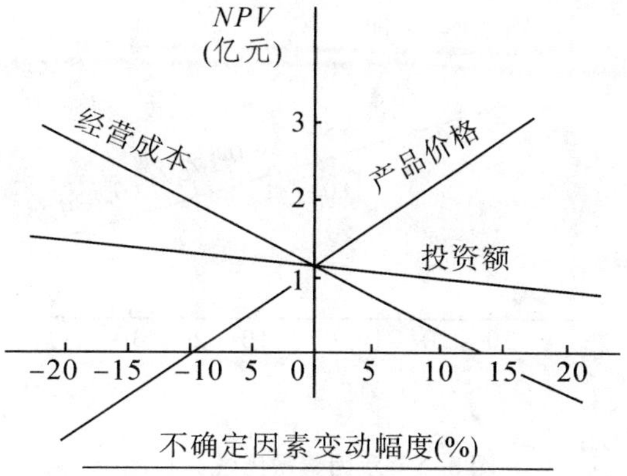

图 8-4 敏感性分析

三、多因素敏感性分析

在进行单因素敏感性分析的过程中，当计算某特定因素的变动对经济效果指标的影响时，假定其他因素均不变。实际上，许多因素的变动具有相关性，一个因素的变动往往也伴随着其他因素的变动。例如，对于例 8-4 中生产电动汽车这个方案，如果世界市场上石油价格上涨，电动汽车的市场需求量可能增加，这将导致销售量和产品价格的上升。然而，石油价格上升还会引起其他生产资料价格的上涨，这将导致生产成本的增加。所以，单因素敏感性分析有其局限性。改进的方法是进行多因素敏感性分析，即考察多个因素同时变动对方案经济效果的影响，以判断方案的风险情况。

多因素敏感性分析要考虑可能发生的各种因素不同变动幅度的多种组合，计算起来要比单因素敏感性分析复杂得多。如果需要分析的不确定因素不超过三个，而且经济效果指标的计算比较简单，可以用解析法与作图法相结合的方法进行分析。

【例 8-5】根据例 8-4 给出的数据进行多因素敏感性分析。

解：沿用例 8-4 中使用的符号，如果同时考虑投资额与经营成本的变动，分析这两个因素同时变动对方案净现值影响的计算公式为：

$NPV = -K(1+x) + [B - C(1+y)(P/A,\ 10\%,\ 10)$

$\times (P/F,\ 10\%,\ 1) + L(P/F,\ 10\%,\ 11)$

将表 8-1 中的数据代入上式，经过整理得：

$NPV = 11\ 394 - 15\ 000x - 84\ 900y$

取 NPV 的临界值，即令 NPV = 0，则有：

$11\ 394 - 15\ 000x - 84\ 900y = 0$

$y = -0.176\ 7x + 0.134\ 2$

这是一个直线方程，将其在坐标图上表示出来（如图 8-5 所示），即为 NPV = 0

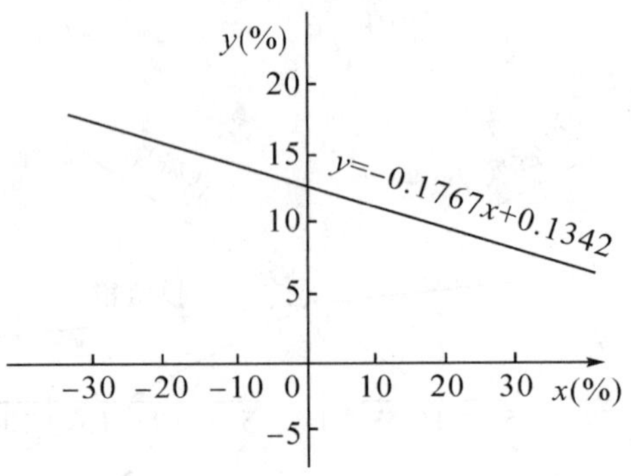

图 8-5 双因素敏感性分析图

的临界线。在临界线上，NPV = 0 在临界线左下方的区域，NPV>0，在临界线右上方的区域，NPV<0。也就是说如果投资额与经营成本同时变动，只要变动范围不超出临界线左下方的区域（包括临界线上的点），方案都是可以接受的。

如果同时考虑投资额、经营成本和产品价格这三个因素的变动，分析其对净现值影响的计算公式为：

$NPV=-K(1+x)+[B(1+z)-C(1+y)]\times(P/A,\ 10\%,\ 10)(P/F,\ 10\%,\ 1)+L(P/F,\ 10\%,\ 11)$ 代入有关数据，经过整理得：

$NPV=11\ 394-15\ 000x-84\ 900y+110\ 593z$

取不同的产品价格变动幅度代入上式，可以求出一组 NPV = 0 的临界线方程：

当 z = +20%时　y = -0. 176 7x+0. 394 7

当 z = +10%时　y = -0. 176 7x+0. 264 5

当 z = -10%时　y = -0. 176 7x+0. 003 9

当 z = -20%时　y = -0. 176 7x+0. 126 3

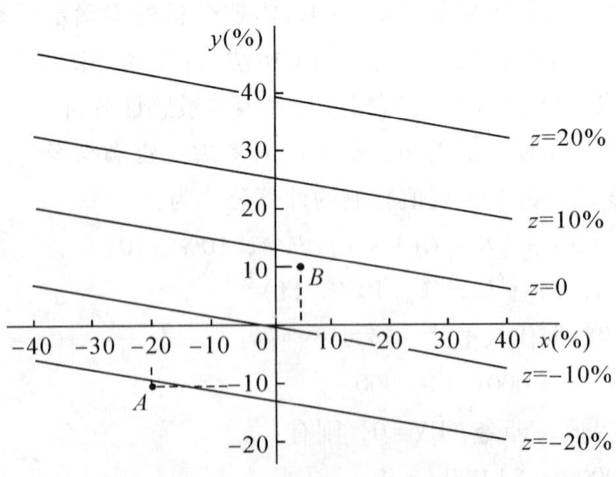

图 8-6 三因素敏感性分析图

由图 8-6 可以看出，产品价格上升，临界线往右上方移动，产品价格下降，临界线往左下方移动。根据这种三因素敏感性分析图，我们可以直观地了解投资额、经营成本和产品价格这三个因素同时变动对决策的影响。在本例中，如果产品价格下降20%，同时投资额下降20%，经营成本下降10%，则投资额与经营成本变动的状态点A位于临界线z=-20%的左下方，方案仍具有满意的经济效果。而如果产品价格下降10%，同时投资额上升5%，经营成本上升10%，则投资额与经营成本变动的状态点B位于临界线z=-10%的右上方，方案就变得不可接受了。

四、敏感性分析的应用要点及局限性

敏感性分析能够指明因素变动对项目经济效益的影响，从而有助于搞清项目对因素的不利变动所能容许的风险程度，有助于鉴别哪些是敏感因素，从而能够及早放松对那些无足轻重变动的注意力，把进一步深入调查研究的重点集中放在那些敏感因素上，或者针对敏感因素制定出管理和应变策略，以达到尽量减少风险、增加决策可靠性的目的。但是，敏感性分析每次都是对单一因素进行，这里隐含着两个基本假设：其一，每计算某特定因素变动对经济效益的影响时，都假定其他因素固定不变；其二，各个不确定性因素变动的概率相同。实际上，许多因素的变动存在着相关性，一个因素变动了，往往导致其他因素随之变动，不会固定不变。另外，即使看起来不那么直接相关的因素，未来也会发生与基本数据大小不等的变动，这说明敏感性分析的第一个假设并不符合实际情况，不能很好地测量项目的风险。为了克服敏感性分析的这一不足，可以在研究分析的基础上设定各个因素将来各自可能的变动范围，然后计算分析多因素变动对经济效益的影响程度，从而有助于判定项目的风险程度。

在项目的服务寿命期内，各不确定性因素发生相应变动幅度的概率不会相同，这种情况显然有别于敏感性分析的第二个假设。发生变动的概率不同，就意味着项目承受风险的大小不同。比如，两个具有同样敏感性的因素，在一定的不利变动幅度内，一个发生的概率很大，一个发生的概率很小，那么前一因素带给项目的风险很大，后一个因素带给项目的风险很小，以至于可以忽略不计。这些问题都是敏感性无法确定的，只得求助于概率分析和风险分析技术。

第四节　概率分析

概率分析是通过研究各种不确定因素发生不同幅度变动的概率分布及其对方案经济效果的影响，对方案的净现金流量及经济效果指标做出某种概率描述，从而对方案的风险情况作比较准确的判断。

一、随机现金流的概率描述

严格说来，影响方案经济效果的大多数因素（如投资额、成本、销售量、产品价格、项目寿命期等）都是随机变量。我们可以预测其未来可能的取值范围，估计各种取值或值域发生的概率，但不可能肯定地预知它们取什么值。投资方案的现金流量序列是由这些因素的取值所决定的。所以，实际上方案的现金流量序列也是随机变量。为了与确定性分析中使用的现金流量概念有所区别，我们称概率分析中的现金流量为随机现金流。

要完整地描述一个随机变量，需要确定其概率分布的类型和参数。常见的概率分布类型有均匀分布、二项分布、泊松分布、指数分布和正态分布等。工业投资项目的随机现金流要受多种已知或未知的不确定因素的影响，可以看成是多个独立的随机变量之和，在许多情况下近似地服从正态分布。描述随机变量的主要参数是期望值与方差。

假定某方案的寿命期为 n 个周期（通常取 1 年为一个周期），净现金流序列为 y_0，y_1，…，y_n。周期数 n 和各周期的净现金流 y_t（t=0，1，…，n）都是随机变量。为便于分析，我们设 n 为常数。从理论上讲，某一特定周期的净现金流可能出现的数值有无限多个，我们将其简化为若干个离散数值 $y_t^{(1)}$，$y_t^{(2)}$，…，$y_t^{(m)}$。设与各离散数值对应的发生概率为 P_1，P_2，…，P_m。则第 t 周期净现金流 y_t的期望值为：

$$E(y_t) = \sum_{j=1}^{m} y_t^{(j)} P_j$$

第 t 周期净现金流 y_t的方差为：

$$D(y_t) = \sum_{j=1}^{m} [y_t^{(j)} - E(y_t)]^2 \cdot P_j$$

二、方案净现值的期望值与方差

由于各个周期的净现金流都是随机变量，所以把各个周期的净现金流现值加总得到的方案净现值必然也是一个随机变量，我们称之为随机净现值。多数情况下，可以认为随机净现值近似地服从正态分布。设各周期的随机现金流为 y_t（t = 0，1，…，n），随机净现值的计算公式为：

$$NPV = \sum_{t=0}^{n} y_t (1 + i_0)^{-t}$$

设方案寿命期的周期数 n 为一个常数，根据各周期随机现金流的期望值 E（y_t）（t =0，1，…，n），可以求出方案净现值的期望值：

$$E(NPV) = \sum_{t=0}^{n} E(y_t) \cdot (1 + i_0)^{-t}$$

方案净现值的方差的大小与各周期随机现金流之间是否存在相关关系有关，如果方案寿命期内任意两个随机现金流之间不存在相关关系或者不考虑随机现金流之间的相关关系，方案净现值的方差的计算公式为：

$$D(NPV)=\sum_{t=0}^{n}D(y_t)\cdot(1+i_0)^{-2t}$$

在实际工作中，如果能通过统计发现或主观判断给出在方案寿命期内影响方案现金流量的不确定因素可能出现的各种状态及其发生概率，就可通过对各种因素的不同状态进行组合，求出所有可能出现的方案净现金流量序列及其发生概率。在此基础上，可以不必计算各年净现金流量的期望值与方差，而直接计算方案净现值的期望值与方差。

如果影响方案现金流量的不确定因素在方案寿命期内可能出现的各种状态均可视为独立事件，则由各因素的某种状态组合所决定的方案净现金流序列的发生概率应为各因素的相应状态发生概率的乘积。每一种状态组合对应着一种可能出现的方案净现金流序列。在需要考虑的不确定因素及其可能出现的状态不太多的情况下，可以借助概率树对各种因素的不同状态进行组合并计算出各种状态组合所对应的方案净现金流序列的发生概率。

设有 l 种可能出现的方案现金流量状态，各种状态所对应的现金流序列为 $\{y_t \mid t=0, 1, \cdots, n\}^{(j)}$（$j=1, 2, \cdots, l$），各种状态发生的概率为 P_j（$j=1, 2, \cdots, l$），则在第 j 种状态下，方案的净现值为：

$$NPV^{(j)}=\sum_{t=0}^{n}y_t^{(j)}\cdot(1+i_0)^{-t}$$

式中，$y_t^{(j)}$ 为在第 j 种状态下，第 t 周期的净现金流。方案净现值的期望值为：

$$E(NPV)=\sum_{j=1}^{l}NPV^{(j)}\cdot P_j$$

净现值方差的计算公式为：

$$D(NPV)=\sum_{j=1}^{l}[NPV^{(j)}-E(NPV)]^2\cdot P_j$$

上式考虑了不同周期现金流之间的相关性。

净现值的方差与净现值具有不同的量纲，为了便于分析，通常使用与净现值具有相同量纲的参数标准差反映随机净现值取值的离散程度。方案净现值的标准差可由下式求得：

$$\sigma(NPV)=\sqrt{D(NPV)}$$

【例 8-6】假定方案净现值服从正态分布，求：

（1）净现值大于或等于 0 的概率。

（2）净现值大于-100 万元的概率。

（3）净现值大于或等于 500 万元的概率。

解：根据概率论的有关知识我们知道，若连续型随机变量 X 服从参数为 μ，σ

的正态分布。X 具有分布函数

$$F(x)=\frac{1}{\sqrt{2\pi}\sigma}\int_{-\infty}^{x}e^{-\frac{(t-\mu)^2}{2\sigma^2}}dt$$

令 $u=\frac{t-\mu}{\sigma}$，上式可化为标准正态分布函数

$$F(x)=\frac{1}{\sqrt{2\pi}}\int_{-\infty}^{\frac{x-\mu}{\sigma}}e^{-u^2/2}du=\Phi(\frac{x-\mu}{\sigma})$$

令 $z=\frac{x-\mu}{\sigma}$，由标准正态分布表可直接查出 $x<x_0$ 的概率值

$$P(x<x_0)=P(z<\frac{x_0-\mu}{\sigma})$$

$$=\Phi(\frac{x_0-\mu}{\sigma}$$

在本例中，我们若把方案净现值看成是连续型随机变量，已知：

$\mu-E(NPV)=232.83$(万元)

$\sigma=\sigma(NPV)=246.39$(万元)

则

$$Z=\frac{NPV-E(NPV)}{\sigma(NPV)}=\frac{NPV-232.83}{246.39}$$

由此可以计算出各项待求概率：

(1) 净现值大于或等于 0 的概念

$$\begin{aligned}P(NPV\geq 0)&=1-P(NPV<0)\\&=1-P(Z<\frac{0-232.83}{246.39})\\&=1-P(Z<-0.9450)\\&=P(Z<0.9450)\end{aligned}$$

由标准正态分布表可查得 $P(Z<0.9450)=0.8276$，故可知：$P(NPV\geq 0)=0.8276$

(2) 净现值小于-100 万元的概率

$$\begin{aligned}P(NPV<-100)&=P(Z<\frac{-100-232.83}{246.39})\\&=P(Z<-1.351)\\&=1-P(Z<1.351)\\&=1-0.9115=0.0885\end{aligned}$$

(3) 净现值大于或等于 500 万元的概率

$$P(NPV\geq 500)=1-P(NPV<500)$$

$$= 1 - P(Z < \frac{500 - 232.83}{246.39})$$
$$= 1 - P(Z < 1.084)$$
$$= 1 - 0.8608 = 0.1392$$

由以上计算可知，本项目能够取得满意经济效果（NPV ≥0）的概率为82.76%，不能取得满意经济效果（NPV<0）的概率为17.24%，净现值小于-100万元的概率为8.85%，净现值大于或等于500万元的概率为13.92%。

对于随机净现值服从正态分布的投资方案，只要计算出了净现值的期望与标准差，即使不进行像例4-6那样的概率计算，也可以根据正态分布的特点，对方案的风险情况做出大致判断。在正态分布条件下，随机变量的实际取值在$\mu \pm \sigma$（μ为期望值，σ为标准差）范围内的概率为68.3%，在$\mu \pm 2\sigma$范围内的概率为95.4%，在$\mu \pm 3\sigma$范围内的概率为99.7%。对于例8-6来说，这意味着方案的实际净现值在232.83 ±246.39万元范围内的可能性有68.3%。在232.83 ±492.78万元范围内的可能性有95.4%。几乎不可能出现偏离期望值739.17万元以上的情况。

【例8-7】某方案在不同状态下的方案净现值及累计概率如表8-3所示：

表8-3　　**各种状态的方案净现值及累计概率**

序号	状态	净现值（万元）	发生概率	累计概率
1	θ_1	-170.90	0.08	0.08
2	θ_2	-98.81	0.08	0.16
3	θ_3	-26.71	0.04	0.20
4	θ_4	117.48	0.24	0.44
5	θ_5	261.67	0.24	0.68
6	θ_6	405.86	0.12	0.80
7	θ_7	405.86	0.08	0.88
8	θ_8	622.15	0.08	0.96
9	θ_9	838.44	0.04	1.00

根据表8-3的数据还可以绘制投资风险图，读者可以自行绘制。从净现值的概率分布表及概率分布图中，我们可以清楚地看出技术项目取得一定数额的净现值的可能性，并可以据此估计项目风险。

三、风险决策

概率分析可以给出方案经济效果指标的期望值和标准差以及经济效果指标的实际值发生在某一区间的概率，这为人们在风险条件下决定方案的取舍提供了依据。

风险决策就是在概率分析的基础上，明确风险决策的条件，确定风险决策的原则，根据风险与收益的辩证关系，寻求利益最大化、风险损失最小化的决策。

（一）风险决策的条件

风险决策的条件包括：

（1）存在决策人希望达到的目标；

（2）存在两个或两个以上的方案可供选择；

（3）存在两个或两个以上不以决策者的主观意志为转移的自然状态以及能够确定每种状态出现的概率；

（4）可以计算出不同方案在不同自然状态下的损益值。

（二）风险决策的原则

1. 优势原则

在A与B两个备选方案中，如果不论在什么状态下A总是优于B，则可以认定A相对于B是优势方案，这就是风险决策的优势原则。

2. 期望值原则

期望值原则是指根据各备选方案损益值的期望值大小进行决策。

3. 最小方差原则

由于方差越大，实际发生的方案损益值偏离其期望值的可能性越大，从而方案的风险也越大，所以有时人们倾向于选择损益值的方差较小的方案，这就是最小方差原则。

4. 最大可能原则

在风险决策中，如果一种状态发生的概率显著大于其他状态，那么就把这种状态视作肯定状态，根据这种状态下各方案损益值的大小进行决策，这就是最大可能原则。按这种原则进行风险决策实际上是把风险决策问题化为确定性决策问题求解。

值得指出的是，只有当某一状态发生的概率大大高于其他状态发生的概率，并且各方案在不同状态下的损益值差别不很悬殊时，最大可能原则才是适用的。

5. 满意原则

对于比较复杂的风险决策问题，人们往往难以发现最佳方案，因而采用一种比较现实的决策原则——满意原则，即定出一个足够满意的目标值，将各备选方案在不同状态下的损益值与此目标值相比较，损益值优于或等于此满意目标值的概率最大的方案即为当选方案。

（三）风险决策方法

常用的风险决策方法有矩阵法和决策树法，这两种方法采用的决策原则都是期望值原则。

1. 矩阵法

风险决策矩阵模型的一般形式如表8-4所示：

表 8-4　　常见的风险决策矩阵模型

方案＼因素	θ_1	θ_2	…	θ_j	…	θ_n
	P_1	P_2	…	P_j	…	P_n
A_1	v_{11}	v_{12}	…	v_{1j}	…	v_{1n}
A_2	v_{21}	v_{22}	…	v_{2j}	…	v_{2n}
…	…	…	…	…		
A_i	v_{i1}	v_{i2}	…	v_{ij}	…	v_{in}
…	…	…	…	…		
A_m	v_{m1}	v_{m2}	…	v_{mj}	…	v_{mn}

令：

$$V=\begin{bmatrix} v_{11} & v_{12} & \cdots & v_{1n} \\ v_{21} & v_{22} & \cdots & v_{2n} \\ \vdots & \vdots & & \vdots \\ v_{m1} & v_{m2} & \cdots & v_{mn} \end{bmatrix} \quad P=\begin{bmatrix} P_1 \\ P_2 \\ \vdots \\ P_n \end{bmatrix} \quad E=\begin{bmatrix} E_1 \\ E_2 \\ \vdots \\ E_m \end{bmatrix}$$

V 称损益矩阵，P 称概率向量，E 称损益期望值向量，E 中的元素 E_i（$i=1$，2，… m）为方案 A_i 的损益期望值。利用矩阵运算可以方便地求出：

$E=VP$

当损益值为收益时，$Max\ \{E_i \mid i=1, 2, \cdots, m\}$ 对应的方案为最优方案，当损益值为费用时，$Min\ \{E_i \mid i=1, 2, \cdots, m\}$ 对应的方案为最优方案。

【例 8-8】某企业拟开发一种新产品取代将要滞销的老产品，新产品的性能优于老产品，但生产成本要比老产品高，投入市场后可能面临四种前景：

A. 很受欢迎，能以较高的价格在市场上畅销（我们称之为状态 1，记作 θ_1）；

B. 销路一般，能以适当的价格销售出去（θ_2）；

C. 销路不太好（θ_3）；

D. 没有销路（θ_4）。

经过周密的市场研究，销售部门做出判断：

状态 1 出现的概率 P（θ_1）= 0.3

状态 2 出现的概率 P（θ_2）= 0.4

状态 3 出现的概率 P（θ_3）= 0.2

状态 4 出现的概率 P（θ_4）= 0.1

技术部门提出了三种方案：

A_1 立即停止老产品的生产，改造原生产线生产新产品，这一方案投资比较少但有停产损失，而且生产规模有限；

A_2改造原生产线生产新产品，并把部分零部件委托其他厂生产，以扩大生产规模；

A_3暂时维持老产品生产，新建一条高效率的生产线生产新产品，这一方案投资较大。

这三个方案在不同的状态下具有不同的经济效果，在一定计算期内，各方案在不同状态下的净现值见表 8-4。

表 8-4　　各方案在不同状态下的净现值

状态 / 净现值(万元) / 方案　概率	θ_1	θ_2	θ_3	θ_4
	$P(\theta_1)=0.3$	$P(\theta_2)=0.4$	$P(\theta_3)=0.2$	$P(\theta_4)=0.1$
A_1	140	100	10	-80
A_2	210	150	50	-200
A_3	240	180	-50	-500

这个例子是一个典型的风险决策问题。企业的目标是取得最好的经济效果，决策者面临三个备选项方案和四种可能状态，并且已了解各种方案在不同状态下的经济效果指标及各种状态发生的概率，决策者要解决的问题是确定应选择哪个方案。按照期望值原则，$E(NPV)_1=76$（万元），$E(NPV)_2=113$（万元），$E(NPV)_3=84$（万元），应选择方案 A_2；按最小方差原则，$D(NPV)_1=4\ 764$，$D(NPV)_2=13\ 961$，$D(NPV)_3=48\ 684$，应选择方案 A_1。

2. 决策树法

决策树是决策分析的图示形式，它所构成的决策过程提供了一种典型的决策形式。这种形式最重要之处是使决策者针对决策问题能够采取一个有秩序的合理分析过程。

(1) 决策树的构成

决策树是由不同的结点和枝构成的图形，形状似树，所以叫决策树。

在决策树中，方形结点称作决策点，表示在这里要做出决策；圆形结点称作状态点，它代表一个随机事件；从方形结点向右引出的线称作方案枝；从圆形结点引出的线称作概率枝，代表状态及其概率；在概率枝（或方案枝）的末端的三角形结点称作结果点，代表某状态（或方案）下的效用值。决策树图如图 8-7 所示：

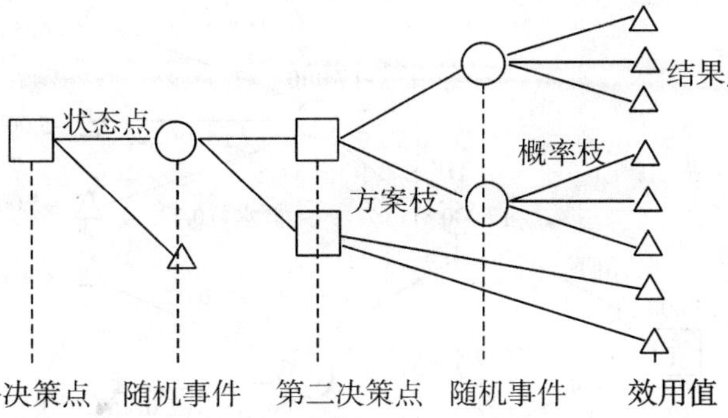

图 8-7

（2）决策树的绘制及分析

首先，研究决策由哪些方案组成及方案的层次，是单级决策还是多级决策，从左至右画出决策点及其方案枝；其次，研究方案枝所应连接的点，如果方案存在不同的自然状态，则画上圆形结点，代表一个随机事件，并在其后连接若干概率枝，注上各种状态的概率值；再次，研究概率枝后应连接的点，如果代表结果，则画上三角形结点，并赋予有关结果点效用值。作决策分析时，从右至左进行数据计算，求出各点的期望效用值，作逆向归纳，每逢决策点进行方案选择，最后得出决策。

决策树法常用于多阶段（多重）风险决策。

【例 8-9】某建筑公司在河滩施工，该地区在洪水季节可能遭受洪水侵袭。公司在本年洪水季节有四个月时间不使用某台施工机械。可将机械运走，运走的费用为 18 000 元；或者将机械放在原处；或者作一平台放置机械，修筑平台的费用为 5 000 元；但平台只能保证水位到高水位时机械不遭受侵袭，却不能抵御大洪水的侵袭。若不建平台，机械在高水位是将损失 100 000 元；若遇到大洪水时，不管有无平台，机械将全部被毁坏，损失 600 000 元。根据历年洪水资料推算，在这四个月中，高水位发生的概率为 25%，大洪水发生的概率为 2%，问该公司应如何决策？

解：这是 个多重决策问题。

首先，从题意看，有三个方案：①运走机械；②留下机械，不建平台；③留下机械，建平台。

其次，从层次上看，应先确定留下或不留下；若留下，再确定是否建平台。

再次，确定可能遇到的自然状态及其概率有：高水位，发生的概率为 25%；低水位，发生的概率为 73%；大洪水，发生的概率为 2%。

最后，画出决策树，进行计算，并做出决策。

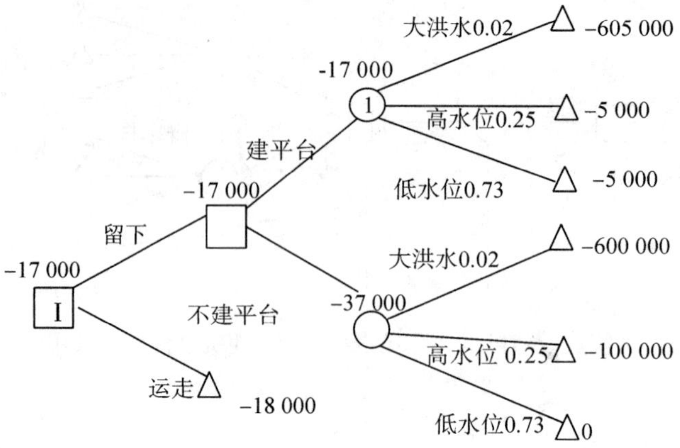

图 8-8

决策：公司应选择修建一平台放置机械的方案。

【例 8-10】某厂生产某种产品可采用两种方案，一种方案是从国外引进成套设备；一种方案是采用国产设备。而两种方案所用原料的质量好坏对方案的经济效果有很大的影响，其损益情况如下表所示：

表 8-5　　　　（单位：万元）

状态＼方案		A1 引进设备	A2 国产设备
原料质量好 θ1	0. 35	300	120
原料质量差 θ2	0. 65	-100	30

但工厂如对原料进行预处理，可将原料质量好的概率提高到 0. 85，质量差的概率降低到 0. 15。估计进行预处理要花费资金 60 万元，问工厂应如何决策？

解：这也是一个多级决策问题。

其决策树图如图 8-9 所示：

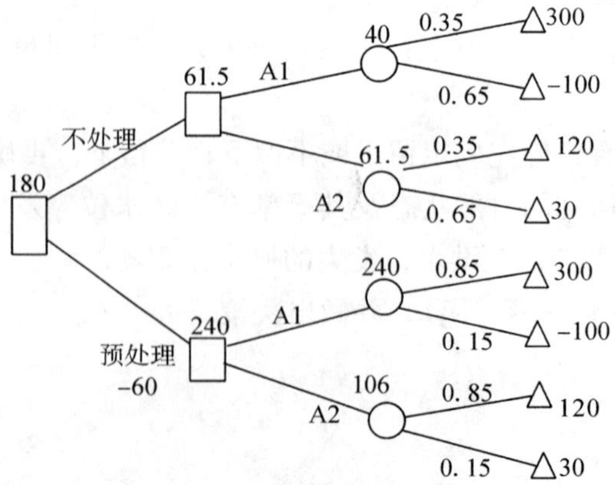

图 8-9

决策：工厂应选择采用引进设备，并对原料进行预处理的方案。

3. 贝叶斯定理

设 A、B 为任一随机试验中的两个事件，每次试验结果不外乎下列四种情况：

（1）A 出现，B 不出现；

（2）B 出现，A 不出现；

（3）A、B 都出现；

（4）A、B 都不出现。

设实验的次数为 N，四种情况出现的次数分别为：n_1、n_2、n_3和 n_4，显然 $\sum_{j=1}^{4} n_j = N$

这样，B 出现的概率：$P(B) = \frac{n_2 + n_3}{N}$

A 出现的概率：$P(A) = \frac{n_1 + n_3}{N}$

B 出现的概率：$P(AB) = \frac{n_3}{N}$

B 出现的条件下，A 出现的概率：$P(A/B) = \frac{n_3}{n_2 + n_3}$

A 出现的条件下，B 出现的概率：$P(B/A) = \frac{n_3}{n_2 + n_3}$

由此可见：$P(B) \cdot P(A/B) = \frac{n_2 + n_3}{N} \cdot \frac{n_3}{n_2 + n_3} = \frac{n_3}{N} = P(AB)$

$$P(A) \cdot P(B/A) = \frac{n_1 + n_3}{N} \cdot \frac{n_3}{n_1 + n_3} = \frac{n_3}{N} = P(AB)$$

则：$P(A/B) = \frac{P(B/A) \cdot P(A)}{P(B)}$；　$P(B/A) = \frac{P(A/B) \cdot P(B)}{P(A)}$

上式即为贝叶斯定理的基本公式。

如果 $P(A) > 0$，$P(B) > 0$，可得条件概率：

$P(A/B) = \frac{P(AB)}{P(B)}$；$P(B/A) = \frac{P(AB)}{P(A)}$

4. 贝叶斯定理在风险决策中的应用

【例 8-11】某公司打算开发一种新产品，最终是否开发与该产品预计市场销售情况有关。该公司凭以前的经验推算出这种新产品投入市场后销售概率如表 8-6 所示：

表 8-6

状态	P（θ’）	效用值（万元）
市场好 θ’1	0.45	1 200
市场差 θ’2	0.55	-600

公司若请情报公司收集情报，将花去 60 万元。而情报公司进行类似情报收集的可靠程度如表 8-7 所示：

表 8-7

情报收集 \ 实际结果	市场好 θ1	市场差 θ2
市场好 S1	0.65	0.15
市场差 S2	0.35	0.85

试作决策分析。

解：从题目所知：公司对市场需求的预测是一种先验概率 $P(\theta)$；情报公司进行情报收集的可靠程度是一种以实际结果检验为条件的条件概率 $P(S/\theta)$。这是以历史最终实践为条件来看情报公司情报收集的可靠程度。但是，我们现在所需要的是利用这一次的情报收集预计未来实践发生情况的条件概率 $P(\theta/S)$。可以用已知的 $P(\theta)$ 和 $P(S/\theta)$ 求出联合概率 $P(\theta S)$，从而求出另一项无条件概率 $P(S)$ 和条件概率 $P(\theta/S)$。

① 用 $P(\theta S)=P(S/\theta)\cdot P(\theta)$ 求联合概率。

$P(\theta_1 S_1)=P(S_1/\theta_1)P(\theta_1')=0.65\times 0.45=0.292\ 5$

$P(\theta_1 S_2)=P(S_2/\theta_1)P(\theta_1')=0.35\times 0.45=0.157\ 5$

$P(\theta_2 S_1)=P(S_1/\theta_2)P(\theta_2')=0.15\times 0.55=0.082\ 5$

$P(\theta_2 S_2)=P(S_2/\theta_2)P(\theta_2')=0.85\times 0.55=0.467\ 5$

$P(\theta_1')=0.292\ 5+0.157\ 5=0.45$

$P(\theta_2')=0.082\ 5+0.467\ 5=0.55$

$P(S_1)=P(\theta_1 S_1)+P(\theta_2 S_1)=0.292\ 5+0.082\ 5=0.375$

$P(S_2)=P(\theta_1 S_2)+P(\theta_2 S_2)=0.157\ 5+0.467\ 5=0.625$

②用 $P(\theta/S)=\dfrac{P\{\theta S)}{P(S)}$ 求条件概率。

$$P(\theta_1/S_1)=\frac{P\{\theta_1 S_1)}{P(S_1)}=\frac{0.292\ 5}{0.375}=0.78$$

$$P(\theta_2/S_1)=\frac{P\{\theta_2 S_1)}{P(S_1)}=\frac{0.082\ 5}{0.375}=0.22$$

③画出决策树，如图 8-10 所示：

$$P(\theta_1/S_1)=\frac{P\{\theta_1 S_2\}}{P(S_2)}=\frac{0.157\,5}{0.625}=0.252$$

$$P(\theta_2/S_2)=\frac{P\{\theta_2 S_2\}}{P(S_2)}=\frac{0.467\,5}{0.625}=0.748$$

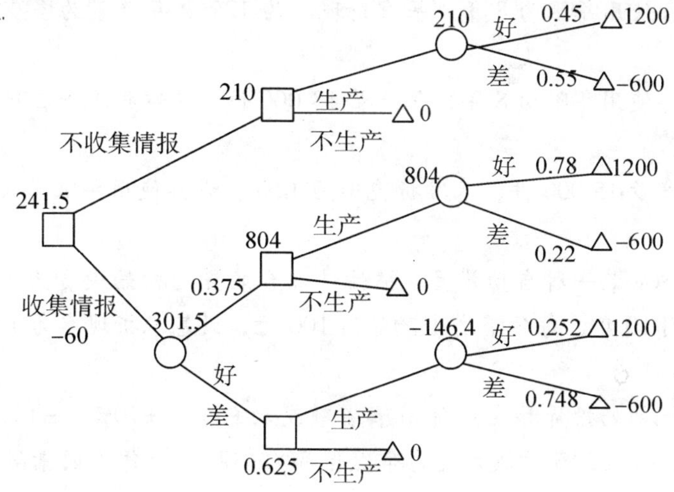

图 8-10

④决策：应委托情报公司收集情报，期望利润为 241.5 万元。

本章小结

在技术方案运行过程中，有些客观性因素的实际结果可能与事先的预测不一致，这些客观存在着的、随时间的变化而变化的因素，称为不确定性因素。为降低不确定性因素带来的风险，在完成对基本方案的经济评价后，需要进行不确定性分析。不确定性分析就是分析各种不确定性因素对经济评价指标的影响和影响程度，以估计项目可能承担的风险，确定项目在经济上的可靠性。

不确定分析的主要作用是使人们在资料和数据不足的情况下，对技术方案实施过程中和投入使用以后的情况进行较准确地估计，使决策者们充分考虑到可能出现的最不利的情况及怎样应付这些情况的发生，以确保投资项目的成功。

思考与练习

1. 某工厂生产一种化工原料，设计生产能力为月产 6 000 吨，产品售价为 1 300 元/吨，每月的固定成本为 145 万元。单位产品变动成本为 930 元/吨，试分别画出月固定成本、月变动成本、单位产品固定成本、单位产品变动成本与月产量的关系曲线，并求出以月产量、生产能力利用率、销售价格、单位产品变动成本表示的盈亏平衡点。

2. 加工某种产品有两种备选设备，若选用设备 A 需初始投资 20 万元，加工每件产品的费用为 8 元；若选用设备 B 需初始投资 30 万元，加工每件产品的费用为 6 元。假定任何一年的设备残值均为零，试回答下列问题：

（1）若设备使用年限为 8 年，基准折现率为 12%，年产量为多少时选用设备 A 比较有利？

（2）若设备使用年限为 8 年，年产量 13 000 件，基准折现率在什么范围内选用设备 A 较有利？

（3）若年产量 15 000 件，基准折现率为 12%，设备使用年限多长时选用设备 A 比较有利？

3. 某工厂拟安装一种自动装置，据估计每台装置的初始投资为 1 000 元，该装置安装后可使用 10 年，每年节省生产费用 100 元，设基准折现率为 10%。试作如下分析：

（1）分别就初始投资和生产费用节省额变动±5%、±10%、±15%、±20%及使用年限变动±10%、±20%对该方案的净现值和内部收益率作单因素敏感性分析，画出敏感性分析图，指出敏感因素。

（2）就初始投资与生产费用节省额两个变量对方案净现值作双因素敏感性分析，指出方案的可行区域。

（3）就初始投资、生产费用节省额与使用年限等三个变量对方案净现值作三因素敏感性分析。

4. 已知某工业投资方案各年净现金流的期望值与标准差（见表 1），假定各年的随机现金流之间互不相关，基准折现率为 12%，求下列概率，并对方案的风险大小做出自己的判断。

（1）净现值大于或等于零的概率；

（2）净现值小于−50 万元的概率；

（3）净现值大于 500 万元的概率。

表 1

年末	0	1	2	3	4	5
净现金流期望值（万元）	−900	500	500	500	500	500
净现金流标准差（万元）	300	300	350	400	450	500

5. 某工业项目建设期需要 1 年，项目实施后第二年可开始生产经营，但项目初始投资总额、投产后每年的净收益以及项目产品的市场寿命期是不确定的。表 2 给出了各不确定因素在乐观状态、最可能状态以及悲观状态下的估计，各不确定因素间相互独立。设最低希望收益率为 20%，试求出各种可能的状态组合的发生概率及

相应的方案净现值，分别用解析法与图示法进行风险估计。

表 2

状态	发生概率	初始投资（万元）	寿命期（年）	年净收益（万元）
乐观状态	0. 17	900	10	500
最可能状态	0. 66	1 000	7	400
悲观状态	0. 17	1 200	4	250

6. 某公司拟投资生产一种目前畅销的电子产品，根据技术预测与市场预测，该产品很可能在两年后开始换代，有三种可能的市场前景：

θ_1——两年后出现换代产品，出现换代产品后，换代产品畅销，现有产品滞销，这情况发生的概率为 50%；

θ_2——两年后出现换代产品，但出现换代产品后 6 年内，换代产品与现有产品都能畅销，这种情况发生的概率为 40%；

θ_3——8 年内不会出现有竞争力的换代产品，现有产品一直畅销。这种情况出现的概率为 10%。

公司面临一个两阶段风险决策问题，目前需要做出的选择是立即建厂生产现有产品还是暂不投资。如果立即建厂生产现有产品需投资 300 万元，两年后要根据市场情况决定是否对生产线进行改造以生产换代产品，生产线改造需投资 150 万元；如果目前暂不投资则要待两年后视市场情况决定是建厂生产现有产品还是建厂生产换代产品。两年后建厂生产现有产品需投资 340 万元，建厂生产换代产品需投资 380 万元。设计算期为 8 年，基准折现率 15%，在各种情况下可能采取的方案及各方案在不同情况下的年净收益（包括期末设备残值）见表 3。试用决策树法进行决策。

表 3：　（单位：万元）

方案 \ 年净收益 \ 年份 \ 市场前景		θ_1				θ_2				θ_3			
		1–2	3	4–7	8	1–2	3	4–7	8	1–2	3	4–7	8
立即建厂	两年后改造	120	60	130	180	120	60	130	180				
立即建厂	两年后不改造	120	100	60	90	120	120	120	150	120	120	120	150
暂不投资	两年后建厂生产换代产品	0	60	130	200	0	60	130	200				
暂不投资	两年后建厂生产现有产品					0	60	120	180	0	60	120	180

第三篇　应用篇

第九章　设备管理的技术经济分析

内容提要

设备是生产力的重要组成要素，也是企业维持经营活动的重要物质基础，其性质的优劣与技术水平的高低对企业生产规模与经济效益具有决定性作用。对企业而言，在设备寿命期的各个环节，如设备使用权的获取、设备维修、设备更新、设备技术改造等，均存在着多种方案的优选问题，不同的方案具有不同的经济效果，如何利用技术经济学的理论和方法，解决设备在使用过程中多个环节的技术决策，对企业的经济效益具有重要意义，同时也是技术经济学在工程实践中应用的重要领域。本章结合具体实例，讨论有关设备更新的基础理论、设备维修、设备更新及其技术经济分析等内容。通过本章学习，掌握设备在生产过程中的物质价值运行规律，以及对设备维修更新改造的经济分析方法。

第一节　设备磨损

一、设备的概念

设备是现代化企业的主要生产工具，也是企业现代化水平的重要标志。对于一个国家来说，设备既是发展国民经济的物质技术基础，又是衡量社会发展水平与物质文明程度的重要尺度。技术经济中的设备有其明确的和具体的含义，必须符合以下两个条件：①是用以直接开采自然财富或把自然财富加工成为社会必需品的劳动资料，例如车床能切削产品、零件，应该属于设备，而安装车床的厂房、建筑物仅是生产活动的场所，不直接加工零件就不能算设备；②符合固定资产的基本特征。所以我们所讨论的“设备”是指符合固定资产条件的，直接将投入的劳动对象加以处理，使之转化为预期产品的机器和设施，以及维持这些机器和设施正常运行的附属装置，即生产工艺设备和辅助设备（包括供试验、研究、管理用的机器和设施）。

国外设备工程学定义设备为“有形固定资产的总称”，它包括一切列入固定资产的劳动资料，如：土地，建筑物（厂房、仓库等）、构筑物（水池、码头、围墙、道路）、机器（机床、运输机械）、装置（容器、蒸馏塔、热交换器等）、车辆、船舶、工具（生产用工具、夹具，测试仪器等），是为设备的广义定义。当研究设备管理时，我们将“设备”这个名称用于设备运动全过程，而固定资产这个名称不能用于设备运动的全过程，这是因为能够成为劳动资料的物品不一定都是固定资产，只有它参加生产过程，并在生产过程中起着劳动手段作用时才能算为固定资产。

值得注意的是，设备这一概念与本书前面提到的固定资产的概念密切相关，我们把劳动资料中的机器、厂房，建筑物、汽车、船舶等称为固定资产。固定资产并不意味着它所指的对象必须固定在某个位置上不能移动，而是指它能反复参加许多次生产过程，并能保持其实物形态和原有功能，它的价值在生产过程中逐渐消耗并转移到产品价值中去。而原材料等劳动对象，其实物形态经过一次生产过程就消费掉了，它的价值是在一次生产过程中转移到产品价值中去的，所以不能称为固定资产。我国财政部规定，一般应同时具备以下两个条件的劳动资料才能列为固定资产：使用期限在一年以上；单位价值在一定限额以上（一般规定小型企业二百元、中型企业为五百元、大型企业为八百元）。在限额以下的劳动资料，如工具、器具，由于品种复杂，消耗较快，只能作为低值易耗品；有些企业的主要生产设备，单位价值虽然低于上述标准，也应列为固定资产（如被服厂的缝纫机）。对于使用年限较短，容易损坏，更换频繁的物品，以及为生产购置的专用工具、卡具、模具、玻璃器皿等，虽然符合固定资产条件，也可列为低值易耗品。

很显然，从我们对设备和固定资产这两个概念的界定来看，设备一般都是固定资产，而固定资产并不一定是设备，对固定资产的一些技术经济处理方式同样适用于对设备的管理。

二、现代设备的特征

设备是企业进行生产活动的重要物质技术基础，在现代化大生产中的作用与影响日益突出。另外，随着科学技术的不断进步，整个企业界对现代化设备的需求和依赖程度越来越大，为了能创造更多更好的物质财富，人们要求以新的技术成就改造传统的工业和设备。所谓现代化设备，虽无确切的定义和统一的说法，但回顾和考察设备的过去及其发展，不难发现，现代化设备具有如下几方面特征：

（1）日益大型化或超小型化。在传统的工业部门，如电力、钢铁、煤炭、造船和纺织业中，设备的容量，功率、重量都明显地向大型化方向发展。与此相反，由于新材料、新技术的不断出现和采用，微型化、轻量化的设备也得到了重视与发展。

（2）高速化。设备容量的增大，意味着设备体积也相应增加。为了减少单位容量的设备体积和提高工效，高速化已成为许多机械产品的重要发展趋势。

（3）功能高级化。功能高级化既是现代化设备的重要标志之一，又是设备现代化的努力目标，世界各国对此非常重视，研究也很活跃。

（4）连续化、自动化和复杂化。现代设备的连续化和自动化程度越来越高，并由此导致了设备的复杂化。

以上情况表明，现代设备为了适应现代经济发展的需要，广泛地应用了现代科学技术成果，正在向着性能更加高级、技术更加综合、结构更加复杂、作业更加连续、工作更加可靠的方向发展，为经济繁荣、社会进步提供了更强大的创造物质财富的能力。

三、设备磨损的分类及度量

设备在使用（或闲置）过程中由于内在与外在的多种原因会逐渐发生磨损，造成其价值与使用价值的不断降低。磨损有两种形式，即有形磨损和无形磨损。

（一）设备的有形磨损

机器设备在使用（或闲置）过程中所发生的实体的磨损称为有形磨损，也称物质磨损。

有形磨损又可分为两种类型：

第Ⅰ种有形磨损是指在生产过程中，运转的机器设备在外力的作用下，其零部件发生摩擦、振动和疲劳，以致使机器设备的实体发生磨损。它通常表现为：

① 机器设备零部件的原始尺寸发生改变，甚至形状也会发生变化；

② 公差配合性质发生改变，精度降低；

③ 零部件损坏。

第Ⅰ种有形磨损可使设备精度降低，劳动生产率下降。当这种有形磨损达到一定程度时，整个机器的功能就会下降，发生故障，导致设备使用费剧增，甚至难以继续正常工作，失去工作能力，丧失使用价值。

第Ⅱ种有形磨损是由于自然力的作用而产生的磨损。这种磨损与生产过程中的使用无关，甚至在一定程度上还同使用程度成反比。因此设备闲置或封存不用同样也会产生有形磨损，如金属件生锈，腐蚀，橡胶件老化等。设备闲置时间长了，会自然丧失精度和工作能力，失去使用价值。

度量设备的有形磨损程度，借用的是经济指标。整机的平均磨损程度 α_p 是在综合单个零件磨损程度的基础上确定的。即：

$$x_{中}\begin{cases} x_{\frac{n+1}{2}} & n\text{为奇数} \\ \frac{1}{2}(x_{\frac{n}{2}} + x_{\frac{n+2}{2}}) & n\text{为偶数} \end{cases} \tag{9-1}$$

式中：α_p——设备有形磨损程度；

k_i——零件 i 的价值；

n ——设备零件总数；

α_i——零件 i 的实体磨损程度。

也可以用下式表示：

$$\alpha_p = R / K_1 \tag{9-2}$$

式中：R ——修复全部磨损零件所用的修理费用；

K_1——在确定磨损时该种设备的再生产价值。

（二）设备的无形磨损

无形磨损也称经济磨损，它不是由于在生产过程中的使用或自然力的作用造成的，所以它不表现为设备实体的变化，而表现为设备原始价值的贬值。

无形磨损也可分为两种类型：

第Ⅰ种无形磨损是由于设备制造工艺不断改进，成本不断降低，劳动生产率不断提高，生产同种机器设备所需的社会必要劳动减少了，因而机器设备的市场价格降低了，这样就使原来购买的设备价值相应贬值了。这种无形磨损不会影响设备的使用。

第Ⅱ种无形磨损是由于技术进步，社会上出现了结构更先进，技术更完善、生产效率更高、耗费原材料和能源更少的新型设备，而使原有机器设备在技术上显得陈旧落后造成的。它的后果不仅是使原有设备价值降低，而且会使原有设备局部或全部丧失其使用价值。

第Ⅱ种无形磨损导致原有设备使用价值降低的程度与技术进步的具体形式有关。

设备的无形磨损程度可用下式表示：

$$\alpha_I = \frac{K_0 - K_1}{K_0} = 1 - \frac{K_1}{K_0} \tag{9-3}$$

式中：α_I——设备无形磨损程度；

K_0——设备的原始价值；

K_1——等效设备的再生产价值。

在计算无形磨损程度时，K_1必须反映技术进步在两个方面：一是相同设备再生产价值的降低，二是具有较好功能和更高效率的新设备的出现对现有设备的影响。K_1可用下式表示：

$$K_1 = K_n\left(\frac{q_0}{q_n}\right)^{\alpha} \cdot \left(\frac{C_n}{C_0}\right)^{\beta} \tag{9-4}$$

式中：K_n——新设备的价值；

q_0，q_n——使用旧设备与对应新设备的年生产率；

C_0，C_N——使用旧设备与对应新设备的单位产品耗费。

α，β——设备生产率提高指数和成本降低指数（$0<\alpha<1$，$0<\beta<1$），其值可根据具体设备的实际数据确定。

在上式中，当 $q_0 = q_n$，$C_0 = C_N$，即新旧机器的劳动生产率与使用成本均相同时，$K_1 = K_n$表示只发生了第Ⅰ种无形磨损。

若上式中出现了下述三种情况之一，即表示发生了第Ⅱ种无形磨损。

（1）$q_n>q_0$，$C_n = C_0$　此时 $K_1 = K_n\ (q_0/q_n)^{\alpha}$

（2）$q_n=q_0$，$C_n< C_0$　此时 $K_1 = K_n\ (C_n/C_0)^{\beta}$

（3）$q_n>q_n$，$C_n< C_0$　此时 $K_1 = K_n\ (q_0/q_n)^{\alpha}K_n\ (C_n/C_0)^{\beta}$

四、设备磨损的补偿

（一）设备磨损补偿的一般方法

由于设备在使用或闲置过程中发生多种磨损，为了维持企业生产的正常进行，就需要采取多种措施，对磨损进行补偿，一台设备总是由某些零件组成，而在使用或闲置过程中，每个零件的磨损程度与磨损特性总是不同的，有些零件易发生磨损，而有些零件不宜磨损，有些零件的磨损易消除，而有些零件的磨损不易消除。因此，我们需要针对不同的零件磨损的特性采取相应的补偿方式。一般地，磨损的补偿方式有三种，即修理、更新、技术改造。

（1）修理。当设备或零件所发生的磨损易消除时，例如零部件的弹性变形、表面粗糙度增大、泄露等。则可以通过修理与技术处理，使得磨损得到一定程度的恢复与补偿，这种补偿方式为修理。按照设备修理的经济内容可以把修理工作分为日常维护、小修、中修和大修。

（2）更新。对于某些设备或零件，所发生的磨损不易消除，如材料老化、零件损坏等，此时必须更换新的设备与零件，这种磨损的补偿方式为更新（或更换）。

（3）现代化改装。设备的现代化改装是指利用现代的科技成果来改装现有的旧设备。通过改进旧设备的结构或给设备换上新的部件来提高现有设备的技术水平和效率，使其赶上技术进步的步伐。由于这种方法是在旧设备的基础上进行，所需要的费用显然少于新购设备，对于我国许多资金不足的老企业来说是一条改变技术落后状况的重要途径。

以上三种磨损的补偿方式是相辅相成的，并没有绝对的界限，例如我们一般在进行设备的修理时，对其中的一些易耗品，磨损程度严重的零件则需要更新，如果有更加先进、耐用、经济的新零件时，也可考虑对这些零件进行现代化改装。同样，当我们对设备进行更新时，一般是指对设备的核心部件与重要部件进行更新，而对

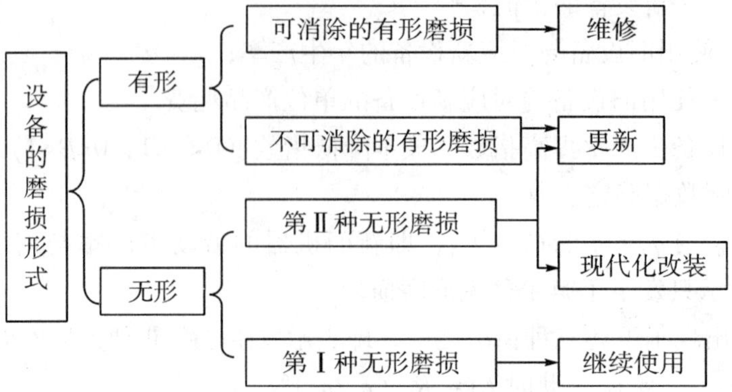

图 9-1　设备磨损与补偿方式的关系

旧设备中的部分零部件可以通过修理继续使用。对于给定的设备或零件，究竟采用哪一种方式进行补偿，需要根据磨损的性质与程度采用经济评价的方法来确定。

（二）考虑设备磨损时的折旧

机器设备在使用过程中，由于受到有形磨损和无形磨损的影响，其价值逐渐降低，损耗的这部分价值被转移到成本中去，通过产品的销售而得到补偿。通常把设备逐渐转移到产品成本中并相当于设备损耗的那部分价值称为折旧。一般情况下，设备的折旧额等于设备的价值与折旧率的乘积。正确的折旧理论应该既反映设备的有形磨损，又反映设备的无形磨损。如果折旧率确定过低，设备损耗的价值无法得到补偿，这样影响企业再生产的进行；如果确定过高，就会人为地缩小利润，影响资金的正常积累。因而，采用什么样的计算方法来计算折旧，就显得尤其重要。我国早已实行了新的财会制度，改革之后的财会制度规定的折旧方法，与目前发达国家的年折旧方法相似，主要有以下几种。

1. 不考虑设备无形磨损的折旧方法

主要是指使用年限法。这种方法是我国目前企业常用的一种折旧方法。该方法是在设备的折旧年限内，平均地分摊设备的价值。其公式为：

$$设备年折旧额=\frac{设备原值-预计残值+预计清理费}{设备使用年限}$$

$$折旧率=\frac{年折旧额}{设备原值}$$

设备使用年限一般按规定的折旧年限计算。主管部门已经根据设备分类以及企业利、税、成本的承受能力对折旧年限进行了规定，比如：蒸溜设备为 18 年、裂化设备为 18 年、加氢设备为 18 年、沥青装置为 15 年、轻质油装置为 15 年、金属油罐为 30 年、天然气处理装置为 15 年等。

2. 考虑设备无形磨损的折旧方法

采用这种方法的理由是，设备在整个使用过程中，其效能是变化的。在设备使用的前几年，设备处于较新的状态，效能较高，可为企业提供较高的效益；后几年，特别是设备接近更新前夕，效能较低，为企业提供的效益相对较少。因此，在设备使用的前几年分摊的折旧费应比后几年多一些，这样能更好地反映设备效能的变化，具体的计算方法有以下几种：

（1）年限总额法

这种方法的折旧率是逐年变化的。其计算方法是：根据设备在折旧期内的应提折旧额乘以递减系数来计算。其计算公式为：

$$D_t = (K_0 - K_1) \times \frac{T_p + 1 - t}{\frac{T_p(T_p + 1)}{2}}$$

式中：D_t—设备在第 t 年度的折旧额；

t—设备使用期内的某一年度；

T_p—设备的最佳使用年限。

（2）余额递减法

这种方法是先根据公式求出设备折旧率，然后用这一固定的折旧率去乘以设备逐年净值，从而求得每年的折旧额。由于设备净值是逐年递减的，所以折旧额也是逐年递减的。

固定的折旧率：$\alpha = 1 - \sqrt[T_p]{\frac{K_L}{K_0}}$

年折旧额＝年设备净值×折旧率

例【9-1】一台设备原值 15 000 元，最佳使用年限为 5 年，残值为 4 500 元，清理费为 500 元，求各年的折旧额。

解：折旧率为：

$$\alpha = 1 - \sqrt[T_p]{\frac{K_L}{K_0}} = 1 - \sqrt[5]{\frac{4\ 500 - 500}{15\ 000}} = 23.2\%$$

计算的各年折旧额如表 9-1 所示。

表 9-1　　设备各年的价值及折旧额　　单位：元

年度	折旧率	年折旧额	年末设备价值
1	23.2%	3 484	11 516
2	23.2%	2 675	8 841
3	23.2%	2 054	6 787
4	23.2%	1 577	5 261
5	23.2%	1 210	4 000

这种计算方法要求设备残值不能为零，如果残值为零，可采用双倍余额递减法。

（3）双倍余额递减法

这种方法的折旧率是按直线折旧法残值为零时的两倍来计算的，逐年的折旧基数则按设备的价值减去累计折旧额计算。为了使设备的折旧总额摊完，到一定年度要改为直线折旧法。改为直线折旧法的年份和设备使用的年限有关，当设备使用年限为单数时，改为直线折旧法的年限为：$\frac{T_p}{2}+1\frac{1}{2}$，当设备使用年限为偶数时，改为直线折旧法的年限为：$\frac{T_p}{2}+2$。

例【9-2】某设备原值为 8 000 元，最佳使用年限为 10 年，残值为零，求设备的逐年净值及逐年折旧额。

解：折旧率 $\alpha=\frac{2}{T_p}\times100\%=20\%$

改为直线折旧法的年度为：$\frac{10}{2}+2=7$ 年

其计算结果如表 9-2 所示。

表 9-2　设备各年价值及折旧额　单位：元

年份	年初设备净值	折旧额	年末设备净值
1	8 000	1 600	6 400
2	6 400	1 280	5 120
3	5 120	1 024	4 096
4	4 096	819	3 277
5	3 277	655	2 622
6	2 622	524	2 098
7	2 098	524. 5	1 573. 5
8	1 573. 5	524. 5	1 049
9	1 049	524. 5	524. 5
10	524. 5	524. 5	0

3. 实行加速折旧法的理由

从设备磨损的原理上看，实行加速折旧有较充分的合理性，具体原因如下：

（1）正确把握折旧的本质，充分发挥折旧在再生产过程中的作用。折旧的本质就是作为补偿基金，是企业赖以维持再生产的源泉。这种补偿分为实物补偿和价值补偿两种形式。实物补偿是报废时发生的，价值补偿是出售产品后一部分一部分地回收的，因此存在“货币沉淀”，但它起积累资金的作用。

（2）技术进步产生无形磨损，使固定资产的价值必须在较短的期限内回收，所以应采用加速折旧法。

（3）许多固定资产在全新时期效率很高，因此最初几年折旧费大，才能反映这种现实。

（4）加速折旧法减轻了企业前几年所得税的负担，等于国家向企业提供变相的财政补贴，这样有利于增强企业的自我补偿和自我积累的能力，有利于企业的生存和发展。

（5）在固定资产陈旧时，需较多的修理费用维持其生产能力，在实行加速折旧法条件下计提的每年折旧费和修理费总额比采用直线折旧法平稳的多。

（6）国家颁布了国有企业转换经营机制的条例，“条例”规定企业有权选择适合于自己企业实际状况的折旧方法。在建立的现代企业制度中，要求企业自我补偿、自我积累，选择折旧法是企业自主权的一部分。

4. 复利法

（1）偿债基金法

这种方法是在设备使用期限内每年按直线折旧法提取折旧，同时按一定的资金利润率计算利息。每年提取的折旧额加上累计折旧额的利息，与年度的折旧额相等。到设备报废时，累计的折旧及利息之和与折旧总额相等，即正好等于设备的原始价值。

按直线折旧法，如每年提取的折旧额为 D，资金利润率为 i，使用年限为 T，则逐年提取的折旧和利息应为：

第一年：$D(1+i)^{T-1}$

第二年：$D(1+i)^{T-2}$

$\vdots \qquad \vdots$

第 T 年：$D(1+i)^{T-T}=D$

则：$D(1+i)^{T-1}+D(1+i)^{T-2}+\cdots+D=K_0(1+i)^{T}-K_L$

整理得：$D=[K_0(1+i)^{T}-K_L]\dfrac{i}{(1+i)^{T}-1}$

例【9-3】设备的价值为 8 000 元，预计使用 10 年，残值为 200 元，资金利润率为 8%，求每年提取的折旧额。

解：$D=[8\,000(1+0.08)^{10}-200]\dfrac{0.08}{(1+0.08)^{10}-1}=1\,178$ 元

（2）年金法

与偿还基金法相反，这种方法是用现值表示使用期内逐年的折旧额。在整个使用期内，逐年提取的折旧额要换算成设备投资的现值。

如仍用 D 表示直线折旧法的均等折旧额，则：

第一年计提折旧额的现值为：$D\dfrac{1}{1+i}$

第二年计提折旧额的现值为：$D\dfrac{1}{(1+i)^2}$

⋮　　　　　　　　⋮

第 T 年计提折旧额的现值为：$D\dfrac{1}{(1+i)^T}$

设备残值的现值为：$K_L\dfrac{1}{(1+i)^T}$

整理得：$D=\left(K_0-K_L\dfrac{1}{(1+i)^T}\right)\dfrac{i(1+i)^T}{(1+i)^T-1}$

仍用上例，则折旧额

$$D=\left(8\ 000-\frac{200}{(1+0.08)^{10}}\right)\frac{0.08(1+0.08)^{10}}{(1+0.08)^{10}-1}=1\ 178.43\text{ 元}$$

根据此计算的设备年折旧额、利息和年末设备净值如表 9-3 所示。

表 9-3　　用年金法计算的设备逐年折旧额和利息　　单位：元

年度	年度折旧	累计折旧增加	投资利息	累计折旧	年末设备净值
1	1 178.43	583.43	640.00	538.43	7 461.57
2	1 178.43	581.50	596.93	1 119.93	6 880.07
3	1 178.43	628.02	550.41	1 747.95	6 252.05
4	1 178.43	678.27	500.16	2 426.22	5 573.78
5	1 178.43	732.53	445.90	3 158.75	4 841.28
6	1 178.43	791.13	387.30	3 949.88	4 050.12
7	1 178.43	854.42	324.01	4 804.30	3 195.70
8	1 178.43	922.77	255.06	5 727.07	2 272.93
9	1 178.43	996.60	181.83	6 723.67	1 276.33
10	1 178.43	1 076.32	102.11	7 799.99	200.01

上述两种方法的共同之处在于既考虑分摊设备价值，又考虑时间因素。不同之处是计算利息的基数不一样。但从计算的结果来看，两种方法各年末的累计折旧额是基本相同的。

第二节　设备的维修及其技术经济分析

一、设备维修的概念及目标

设备在使用过程中，由于磨损，不可避免地会使一些零部件发生劣化，造成故障乃至损坏，从而直接影响到设备的性能、精度、效率乃至经济性，严重者甚至不能运行，因此必须对设备进行适时的维护和修理，简称维修。所谓设备维修是指为保持与恢复设备完成规定功能的能力而采取的技术活动。其内容主要包括：维护保养、检查和修理三方面。现代的设备管理工程学强调建立维修的新概念，即全寿命维修。也就是说，从早期设计起就考虑维修，并在设备一生各阶段都研究与维修有关的问题，以实现维修最佳化。

设备维修必然占用生产时间，造成生产损失，同时耗费维修费，因此设备维修管理的目标是使维修费用和生产损失（即劣化停机损失）降到最低限度。在维修决策中，如果维修活动进行得不够，虽然维修费减少了，但设备的劣化停机损失会增多；相反，如果维修活动较频繁，设备的劣化停机损失减少，但维修费又相应增加。因此设备维修活动的频繁程度必须在设备劣化停机损失与维修费之间取得最佳平衡，维修才是最经济的，这正是维修管理追求的目标。

二、设备维修中的基本规律

维修是在原有实物形态上对设备的一种局部更新，它是通过对设备全部解体，修理耐久的部分，更换全部损坏的零部件，修复所有不符合要求的零部件，全面消除缺陷，以使设备在维修后，无论在生产率、精确度、速度等方面达到或基本达到原设备的出厂标准。在作维修决策时，还应注意以下两个基本规律：

第一，尽管要求维修过的设备达到出厂水平，但实际上维修过的设备不论从生产率、精确度、速度等方面，还是从使用中的技术故障频率、有效运行时间等方面，都比用同类型的新设备有逊色，其综合质量会有某种程度的降低。

第二，维修的周期会随着设备使用时间的延长，而越来越缩短，从而也使维修的经济性逐步降低。

以上两种现象，是由于设备各组成部分长期运行而累积起来的有形磨损所引起的。

尽管如此，在设备平均寿命期限内，进行适度的维修工作，包括维修在内，往往在经济上是合理的。

但是，这个前提是有条件的，如果设备长期无止境的修理，一方面维修中所能利用的被保留下来的零部件越来越少，另一方面维修所需的费用越来越高，维修经济性上的优越性就可能不复存在了。这时，设备的整体更新将取而代之。

三、设备维修的经济评价与决策

（一）维修的经济界限

如果某次维修费用超过同种设备的重置价值，十分明显，这样的维修在经济上是不合理的。这一目标应看作是维修在经济上具有合理性的起码条件，或称最低经济界限。即：

$K_r \leqslant K_n - V_{ol}$ (9-5)

式中：K_r——该次维修费用；

K_n——同种设备的重置价值（即同一种新设备在维修时刻的市场价格）；

V_{ol}——旧设备被替换时的残值。

应该指出的是，即使满足上述条件，也并非所有的维修都是合理的。如果维修后的设备综合质量下降很多，有可能致使生产单位产品的成本比用同种用途的新设备生产为高，这时其原有设备的维修就未必是合理的，因此还应补充另外一个条件，即：

$C_{zo}/C_{zn} \leqslant 1$ (9-6)

式中：C_{zo}——用维修后的设备生产单位产品的计算费用；

C_{zn}——用具有相同用途的新设备生产单位产品的计算费用。

$C_{z0} = (K_r + \triangle V_0)(A/P, i_0, T_0)/Q_a + C_g$

$C_{zn} = \triangle V_n (A/P, i_0, T_N)/Q_{an} + C_{gn}$

式中：K_r——原设备维修的费用；

$\triangle V_0$——原设备下一个维修周期内的价值损耗现值；

Q_a——原设备下一个维修周期的年均产量；

C_g——原设备第 j 次维修后生产单位产品的经营成本；

T_0——原设备本次维修到下一次维修的间隔年数；

$\triangle V_n$——新设备第一个维修周期内的价值损耗现值；

Q_{an}——新设备第一个维修周期的年均产量；

C_{gn}——用新设备生产单位产品的经营成本；

T_n——新设备投入使用到第一次维修的间隔年数。

对迅速发生无形磨损的设备来说，很可能是用现代化的新设备生产单位产品的计算费用更低，在这种情况下，即使满足第一个条件，即维修费用没有超过新设备的重置价值，但是这种维修也是不合理的。

还应注意到，在不同的维修周期，C_{z0}的值可能是不等的。因此，进行维修经济评价时，必须注意修理的周期数。

（二）设备维修周期数的确定

如果一台设备的最佳使用期限（即设备的经济寿命）已定而且设备每次维修间隔期又是已知的，则设备维修周期数应由下式求出：

$$\sum_{j=1}^{n} T_j = T_e \qquad (9-7)$$

式中：T_e——设备的经济寿命；

T_j——第 j-1 次到第 j 次维修的间隔期；

n ——设备维修的周期数。

从经济角度分析，设备不能无止境地进行维修，原因在于随着维修次数的增加，修理费用和设备运行费用都会不断增加，而维修的周期会随着使用时间的延长而越来越短。

合理的维修间隔期可用下述方法求得：

设第 j 个维修间隔期内生产单位产品的平均总费用为 C_{ZJ}，不考虑资金的时间价值，则有：

$C_{zj} = (\triangle V_j + K_{rj} + C_j) / Q_j$

$\triangle V_j = V_{j-i} - V_j$

式中：$\triangle V_j$——第 j 个维修间隔期内应分摊的设备价值损耗；

V_{j-i}，V_j——分别为第 j-1 次和第 j 次维修后的设备价值；

K_{rj}——第 j 次维修的费用；

Q_j——第 j 个维修间隔期内生产产品总量；

C_j——第 j 个维修间隔期内设备运行总费用。

假定生产单位产品的设备运行费用呈指数增长，则：

$$C_j = \int_0^{Q_j}(C_{0j} + b_j Q^{\gamma_j})\, dQ = C_{0j}Q_j + \frac{b_j}{r_j + 1}Q_j^{\gamma_j+1}$$

式中：C_{oj}——第 j 个维修间隔期初生产单位产品的设备运行费；

b_j——第 j 个维修间隔内生产单位产品设备运行费用增长系数；

γ_j——第 j 个维修间隔期内生产单位产品设备运行费用增长指数。

又假定设备价值损耗与生产产品的数量呈线性关系，即：

$\triangle V_j = E_j Q_j$

式中：E_j——第 j 个维修周期内生产单位产品应分摊的设备价值损耗。

由此，可得：

$$C_{zj} = E_j + \frac{K_{rj}}{Q_j} + C_{0j} + \frac{b_j}{r_j + 1}Q_j^{r_j}$$

要使维修间隔期内生产单位产品的平均总费用最小，须满足：

$$\frac{dC_{zj}}{dQ_j} = -\frac{K_{rj}}{Q_j^2} + \frac{\gamma_j b_j}{\gamma_j + 1}Q_j^{\gamma_j - 1} = 0$$

即：

$$Q_j^* = \sqrt[\gamma_j+1]{\frac{(\gamma_j + 1)K_{rj}}{\gamma_j b_j}}$$

式中，Q_j^* 即为第 j 个维修间隔期内可使生产单位产品平均总费用最小的生产量。换言之，在正常生产情况下，生产 Q_j^* 的产品所需的时间就是第 j 个维修间隔期的合理时间长度。

若生产单位产品的设备运行费用呈线性增长，即 $\gamma_j=1$，则：

$$C_{zj}=E_j+\frac{K_{rj}}{Q_j}+C_{0j}+\frac{b_j}{2}Q_j$$

$$Q_j^*=\sqrt{\frac{2K_{rj}}{b_j}}$$

有了各个维修间隔期内应生产的最佳产量数后，若知道设备在该间隔期内的年生产能力（年产量），就不难求出各次维修的间隔期 T_J，然后再根据前面给出的公式找出设备应该维修的次数。

第三节　设备更新的技术经济分析

设备更新决策的本质就是确定设备的经济寿命期，设备经济寿命期与我们日常意义上认识的设备使用寿命有严格的区别，因此在对设备更新进步技术经济分析之前，需要先考察设备寿命方面的一组概念。

一、设备的寿命

由于设备磨损的存在，使得设备的性能不断下降，使用价值与经济价值也不断下降，最终停用或被淘汰，因而设备都具有一定的寿命。在技术经济分析中，设备的寿命有以下几种：

1. 自然寿命

自然寿命也称物质寿命，是指一台设备从全新的状态开始，经过各种有形磨损，造成设备逐渐老化、损坏直至报废所经历的全部时间。设备的自然寿命受设备设计水平、材料性能、运转时间、维护水平、外部环境等综合因素的影响。

2. 技术寿命

技术寿命是指从开始使用到因技术落后而被淘汰所经历的全部时间。它是由于科学技术的迅速发展，不断出现比现有设备更先进、性能更加优良、生产效率更高的新型设备，从而使现有设备在自然寿命尚未结束时就被迫淘汰，停止使用。技术寿命的长短，一般与技术进步的速度有关，而与有形磨损无关，通过设备的现代化改装，可以使原有设备具备更好的性能，因而可以延长设备的技术寿命。

3. 经济寿命

经济寿命是从经济角度来确定设备最合理的使用期限，当设备经历一定时期后，随着设备的老化与磨损，其维修费用不断上升，同时由于其技术性能的下降而造成运行成本的不断增加，这些因素最终会使单位产品生产成本提高。另一方面，当我们采用新型设备时，虽然可以降低运行与维修费用，但需花费较高的购置费，这部分费用也会导致单位产品的生产成本。因此，我们应该综合考虑新设备购置费用与运行、维修费用对产品生产成本的影响，使得设备在被淘汰以前所经历的时间内使年平均总成本最低，以此来确定的设备的最佳使用期限为经济寿命。

经济寿命是在综合考虑了设备的有形磨损与无形磨损之后确定的，符合经济规律，同时也是确定设备最佳更新期的依据。

4. 设备的折旧寿命

这是根据有关规定，按设备耐用年数，每年进行折旧直到使设备净值为零的全过程。

二、设备更新的概念与类型

设备更新是指对设备综合磨损的完全补偿，即用新设备更换旧设备。设备更新的时机，一般取决于设备的技术寿命和经济寿命。从上文的介绍中可以看出，技术寿命是从技术的角度看设备最合理的使用期限，它是由无形磨损决定的。它与技术进步的速度有关。经济寿命是从经济角度看设备最合理的使用期限，它是由有形磨损和无形磨损共同决定的，具体来说是指能使一台设备的年均使用成本最低的年数。

设备的使用成本是由两部分组成的，一是设备购置费的年分摊额，这部分费用是随设备使用年限的延长而下降的。二是设备的年运行费用（操作费、维修费、材料费及能源耗费等），这部分费用是随设备使用年限的延长而增加的。这就是说，设备在最适宜的使用年限内会出现年均总成本的最低值；而能使平均总成本最低的年数，就是设备的经济寿命。

根据新设备的性能不同，设备更新可分为两种形式：

1. 原型更新

原型更新又称简单更新，它是用相同结构和效能（或同型号）新设备去更换有形磨损严重、不能继续使用的旧设备。这种更新主要是用来更换已损坏的或陈旧的设备。但是，这种更新不具有更新技术的性质，主要解决设备的损坏问题，因此不能促进技术进步。

2. 技术更新

技术更新是以结构更先进、技术更完善、性能更好、效率更高、能源和原材料耗费更低的新型设备，来换掉技术上陈旧落后，遭到第二种无形磨损，在经济上不宜继续使用的旧设备。这种更新不仅能解决设备的损坏问题，还能解决设备技术落后的问题，在技术迅速进步的21世纪，设备更新主要指这种方式，它是实现企业技术进步，提高经济效益的主要途径。

三、设备更新的原则

设备更新从战略上讲，是一项很重要的工作。一台设备经过多次修理，可以在更长的时间里勉强使用，这样长期使用老设备，不进行更新，意味着这么长的时间里技术没有进步，它是发展生产力的严重障碍。由于科学技术的发展日新月异，一些工业发达国家都很重视设备更新，由于各国的工业基础不同，政策不同，更新的方法也不同。在工业相当发达的国家里，由于设备拥有量和生产能力已经很大，主要是进一步提高劳动生产率，其手段是以设备更新为主。在工业比较落后的国家里，特别是在工业化的初期，由于设备严重不足，在劳动力充裕的条件下，充分利用一切设备来扩大生产能力，主要是增加设备拥有量来提高劳动生产率，设备很少更新。我国设备拥有量已形成不小的规模，但技术水平很低，老设备多，质量差，效率低，设备更新工作应遵循下列基本原则：

1. 必须要有战略规划

应根据需要与可能，有计划、有步骤、有重点地进行。要注意优先解决生产能力薄弱环节，使设备能力配套，提高企业综合生产能力。

2. 要讲究经济效益

合理确定设备最佳更新期，以最少的费用获得最佳效果。原有设备余值较大者，继续使用更为有利；原有设备的使用费用增长较快者，提早更新更为有利；与原有设备相同功能的新设备、新技术发展越快，越早更新越有利。

3. 更新应以效率的提升为基本目标

设备更新的目标应当在于提高装备构成的技术先进性，改善设备，改变设备拥有量的构成比，促进技术进步，使先进的、效率高的设备比重逐步提高，以提高产品质量，降低成本，提高劳动生产率，适应国民经济的需要，获得最高的经济效益。

四、设备原型更新的决策方法

设备的原型更新问题，可以通过分析设备的经济寿命进行更新决策，常用的决策方法是低劣化数值法。

机器设备在使用过程中发生的费用叫作运行成本，运行成本包括：能源费、保养费、修理费（包括维修费用）、停工损失、废次品损失等等。一般情况下，随着设备使用期的增加，运行成本每年以某种速度在递增，这种运行成本的逐年递增称为设备的劣化。为简单起见，首先假定每年运行成本的劣化增量是均等的，即运行成本呈线性增长，设每年运行成本增加额为 λ。若设备使用 T 年，则第 T 年的运行成本为：

$$C_T = C_1 + (T-1)\lambda \tag{9-8}$$

式中：C_1——运行成本的初始值，即第一年的运行成本；

T——设备使用年数。

设备年运行成本随设备使用年数变动的情况如图 9-2 所示：

那么 T 年内运行成本的年平均值将为：

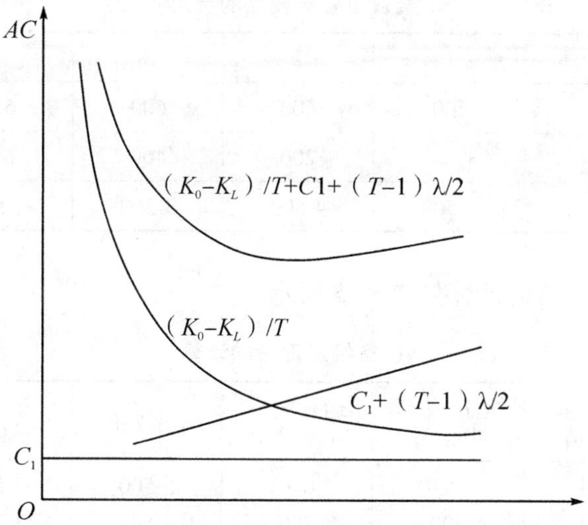

图 9-2　设备年运行成本随设备使用年数变动的情况

$$\bar{C}_T = C_1 + \frac{T-1}{2}\lambda$$

除运行成本外，在使用设备的年总费用中还有每年分摊的设备购置费用，其金额为：

$(K_0 - V_L)/T$

式中：K_0——设备的原始价值；

V_L——设备处理时的残值。

则年均总费用的计算公式为：

$$AC = \frac{K_0 - V_L}{T} + C_1 + \frac{T-1}{2}\lambda \quad (9-9)$$

可用去极值的方法，找出设备的经济寿命，即设备原型更新的最佳时期。

设 V_l 为一常数，令 $d(AC)/dT = 0$

则经济寿命为：

$$T_E = \sqrt{\frac{2(K_0 - V_L)}{\lambda}} \quad (9-10)$$

如果设备残值不能视为常数，运行成本不呈线性增长，各年不同，且无规律可循，这时可根据工厂的记录或者对实际情况的预测，用列表法来判断设备的经济寿命。

例【9-4】某设备原始价值为 8 000 元，可用 5 年，其他数据如表 9-4 所示，试求该设备的经济寿命（不考虑时间价值）。

表 9-4　　某设备各年发生的费用

设备使用年限	1	2	3	4	5
运行成本初始值	600	600	600	600	600
运行成本劣化值		200	400	600	800
年末残值	5 500	4 500	3 500	2 500	1 000

解：设备经济寿命的计算如表 9-5 所示：

表 9-5　　设备经济寿命的计算

设备使用年限	运行成本初始值	运行成本劣化值	运行成本年平均值	年末残值	年平均设备费用	年平均总费用
1	600	0	600	5 500	2 500	3 100
2	600	200	700	4 500	1 750	2 450
3	600	400	800	3 500	1 500	2 300
4	600	600	900	2 500	1 375	2 275 *
5	600	800	1 000	1 500	1 300	2 300

通过计算，使用设备的年平均总费用在使用年限为 4 年时最低，其值为 2 275 元，故该设备的经济寿命为 4 年。

上述经济寿命的计算忽略了资金的时间价值，如果考虑资金时间价值，使用设备的年平均总费用计算公式为：

$$AC = K_0(A/P,\ i_0,\ n) - V_L(A/F,\ i_0,\ n) + C_1 + \left[\sum_{j=1}^{n} W_j(P/F,\ i_0,\ j)\right](A/P,\ i_0,\ n) \tag{9-11}$$

式中：W_J——第 j 年运行成本劣化值。

若运行成本劣化值呈线性变化，设每年的劣化值增量为 λ，即

$W_J=(j-1)\lambda$

则：$AC = K_0(A/P,\ i_0,\ n) - V_L(A/P,\ i_0,\ n) + C_1+\lambda(A/G,\ i_0,\ n)$　　(9-12)

在给定基准折现率 i_0 时，令 AC 最小的使用年限，即为设备的经济寿命。

五、出现新设备条件下的更新决策方法

在技术不断进步的条件下，由于第Ⅱ种无形磨损的作用，很可能在设备运行成本尚未升高到该用原型设备替代之前，就已出现工作效率更高和经济效果更好的设备。这时，就要比较在继续使用旧设备和购置新设备这两种方案中，哪一种方案在经济上更为有利。

在有新型设备出现的情况下，常用的设备更新决策方法有：年费用比较法和更

新收益率法。这里我们只介绍年费用比较法。

年费用比较法是从原有旧设备的现状出发，分析计算旧设备再使用一年的总费用和与被选新设备在其预计的经济寿命内的年均总费用，并进行比较，根据年费用最小原则，决定是否应该更新设备。

1. 旧设备年总费用的计算

旧设备再使用一年的总费用可用下式求得：

$$AC_0 = V_{00} - V_{01} + \frac{V_{00}+V_{01}}{2}i + \Delta C$$

式中：AC_0——旧设备下一年运行的总费用；

V_{00}——旧设备在决策时可出售的价值；

V_{01}——旧设备一年后可出售的价值；

ΔC——旧设备继续使用一年在运行费用方面的损失（即使用新设备相对旧设备的运行成本的节约额和销售收入的增加额）；

i——最低期望收益率；

$\frac{V_{00} + V_{01}}{2}i$——因继续使用旧设备而占用的资金时间价值损失，其中资金占用额取决于旧设备现在可出售价值和一年后可出售价值的平均值。

例如，根据企业统计数据，我们知道企业在使用旧设备过程中发生的各项数据如表 9-6 所示，则可以计算出使用旧设备的年总费用。

表 9-6　　旧设备的年费用计算表　　单位：元

项目	利弊比较	
	新设备	旧设备
（收入）产量增加收入	1 100	
质量提高收入	550	
（费用）直接工资的节约	1 210	
间接工资的节约		
因简化工序等导致的其他作业上的节约	4 400	
材料损耗节约		
维修费节约	3 300	
动力费节约		1 100
设备占地面积节约	550	
合计	11 110（1）	1 100（2）
旧设备运行损失		10 010（3）=（1）-（2）
旧设备现在出售的价值	7 700	

表9-6(续)

项目	利弊比较	
	新设备	旧设备
旧设备一年后出售价值	6 600	
下年旧设备出售价值减少额		1 100（4）
资金时间价值损失（i=10%）		715（5）
旧设备的设备费		1 815（6）=（4）+（5）
旧设备年总费用		11 825（7）=（3）+（6）

表中上半部分记录了再继续使用一年旧设备的运行损失，下半部分记录使用旧设备的设备费。旧设备年总费用为这两项费用之和，即 1 825 元。

2. 新设备年均总费用的计算

用于同旧设备年总费用比较的新设备年均总费用，主要包括以下几方面：

第一，运行劣化损失。新设备随着使用时间的延长，同样也存在设备劣化问题，劣化程度也将随着使用年数的增多而增加。具体的劣化值取决于设备的性质和使用条件。为了简化计算，假定劣化值逐年按同等数额增加，如果设备使用年限为 T，T 年间劣化值的平均值为：

$$\frac{\lambda\ (T-1)}{2}$$

新设备的劣化值 λ 往往是难以预先确定的。一般可根据旧设备的耐用年数和相应的劣化程度来估算新设备的年劣化值增量。

第二，设备价值损耗。新设备在使用过程中，其价值会逐渐损耗，表现为设备残值逐年减少。假定设备残值每年以相同的数额递减，则 T 年内每年的设备价值损耗为：

$$\frac{K_{01}-K_L}{T}$$

第三，资金时间价值损失。新设备在使用期内平均资金占用额为：

$$\frac{K_{01}-K_L}{2}$$

故因使用新设备而占用资金的时间价值损失为：

$$\frac{K_{01}-K_L}{2}i$$

总计以上三项费用，则得新设备年均总费用：

$$AC_n=\frac{\lambda\ (T-1)}{2}+\frac{K_{01}-K_L}{T}+\frac{K_{01}+K_I}{2}i$$

对上式进行微分，并令$\frac{dAC_n}{dT}=0$，则有

$$T=\sqrt{\frac{2\ (K_{01}-K_L)}{\lambda}}$$

因此，按经济寿命计算的新设备年均总费用为：

$$AC_n=\sqrt{2\ (K_{01}-K_1)\ \lambda}+\frac{(K_{01}+K_L)\ i-\lambda}{2}$$

当年低劣化值增量不易求得时，可根据经验决定新设备的合理年数 T，然后再求年劣化值增量。这时新设备的年均总费用为：

$$AC_n=\frac{2\ (K_{01}+K_L)}{T}+\frac{K_{01}-K_L}{T^2}+\frac{K_{01}+K_I}{2}i$$

例如，新设备的价格为 41 800 元，估计合理的使用年限 $T=15$ 年，处理时的残值为 3 700 元，最低期望收益率为 10%。

将已知数据代入公式，可得新设备的年均总费用：$AC_n=7\ 186$ 元

与表 9-6 的计算结果相比，用新设备更换旧设备，每年可节约开支 11 825-7 186=4 639 元。

六、设备管理的多方案比较

在更新设备时，往往面对若干个不同的实施方案，假设这些方案都能满足产品的技术要求和质量要求，同时这些方案又都有自己的经济优劣性，这时是继续使用原设备，还是大修或是更新、改装，就需要对这些方案进行经济分析，以便进行最佳选择。下面我们用最低成本法来选择方案。最低成本法就是对可能采用的方案，分别计算它们的使用总成本，从中选出总使用成本最低的方案为最佳方案。主要有以下几种方案的比较：

(1) $C_{旧}=\frac{1}{\beta_0}(\sum_{j=1}^{n}C_{j旧}-K_{L0}-K_{Ln})$

(2) $C_{同}=\frac{1}{\beta_n}[(\sum_{j=1}^{n}C_{j同}+K_n)-K_{L0}-K_{Ln}]$

(3) $C_{高}=\frac{1}{\beta_{nn}}[(\sum_{j=1}^{n}C_{j高}+K_{nn})-K_{L0}-K_{Ln}]$

(4) $C_{改}=\frac{1}{\beta_m}[(\sum_{j=1}^{n}C_{j改}+K_m)-K_{L0}-K_{Ln}]$

(5) $C_{修}=\frac{1}{\beta_r}[(\sum_{j=1}^{n}C_{j修}+K_r)-K_{L0}-K_{Ln}]$

式中：C_i——设备使用到第 i 年的总使用成本；

K_n——相同结构新设备的价值；

K_m——旧设备现代化改装的价值；

K_{nn}——高效率新设备的价值；

K_r——设备的大修理费用；

K_{L0}——旧设备在决定年份的价值；

K_{Ln}——设备使用 N 年后的残值；

C_j——设备使用第 j 年的经营费用；

β_0——旧设备继续使用时劳动生产率系数；

β_n——相同设备继续使用时劳动生产率系数；

β_{nn}——高效率设备的劳动生产率系数；

β_m——设备现代化改装后的劳动生产率系数；

β_r——旧设备大修理后的劳动生产率系数。

例【9-5】假定几种方案分项费用的原始资料如表 9-7 所示。这些方案中设备使用后的残值是不等的，也不可能等于零，只是本例未考虑。

表 9-7　　设备各方案数据资料表

方案	基本投资（元）	生产率提高系数	各年经营费用（元/年）								
			1	2	3	4	5	6	7	8	9
继续使用旧设备	0	0.70	250	300	350	400	450	500	530	700	910
设备更新	1 625	1.30	20	50	100	150	200	260	320	380	450
设备现代化改装	1 200	1.25	30	55	110	170	220	280	360	450	540
设备大修	700	0.98	30	100	175	250	320	400	480	610	720
旧设备在更换年份的残值	150										

解：根据上述公式，计算出各方案逐年费用总额如表 9-8 所示。

表 9-8　　计算出的各方案费用总额

年份	C 旧	C 修	C 改	C 更
1	330.7	771.0	982.2	1 114.2
2	697.9	828.4	1 019.2	1 147.2
3	1 095.0	973.2	1 089.8	1 208.3
4	1 515.0	1 160.2	1 189.7	1 293.1
5	1 952.8	1 413.5	1 309.5	1 397.9
6	2 402.8	1 670.7	1 450.7	1 523.9

表9-8(续)

年份	C旧	C修	C改	C更
7	2 844.2	1 956.2	1 618.6	1 667.4
8	3 384.2	2 292.4	1 813.0	1 825.2
9	4 034.2	2 659.7	2 053.0	1 998.3

以费用总额最小的方案为最佳方案，即总的使用成本最低者为最优方案。由表9-8中可见：如果设备只考虑使用两年，两年后将更新换代，C旧的方案为最佳，就是说旧设备原封不动的使用，连修理也不用。如果打算用3~4年，最佳方案是对原设备进行一次大修。如果估计设备将使用8年，最佳方案是对原设备进行现代化改装。如果使用8年以上，则用高效率新结构的设备进行更新换代，即设备更新是最佳方案。

本章小结

设备是企业进行生产活动的重要物质技术基础，在现代化大生产中的作用与影响日益突出。同时，随着科学技术的不断进步，整个企业界对现代化设备的需求和依赖程度越来越大，为了能创造更多更好的物质财富，这就要求对设备进行科学合理的管理决策。

设备使用过程中不可避免地会产生磨损，这种磨损在一定程度上影响了设备的使用效率，因此要对这些磨损进行补偿。根据磨损的原因的不同，补偿的方式也会不同。在设备补偿中，常见的方法包括维修和更新，有时候也可以进行改装，在决定采用何种补偿方式的过程中，一个最重要的标准是计算各种补偿方式带来的成本节约或收益的提高。

思考与练习

1. 在技术经济评价中进行设备分析有什么意义？

2. 什么是设备的经济寿命？它与技术寿命有什么关系？

3. 设备的更新决策与经济寿命间有什么联系？

4. 随着设备使用年限的增加，设备的运营费用、大修周期、性能将怎样变化？

5. 联系前几章提到的沉没成本、固定资产折旧等知识，谈一谈设备在技术项目的经济分析中作用。

6. 若某台设备原始价值为15 000元，再生产价值为10 000元，此时维修费用需要3 000元。试问该设备遭受何种磨损？磨损程度为多少？

7. 某设备原值9 000元，每年劣化增加值为300元，求该设备的经济寿命（不考虑资金的时间价值）。

8. 某设备原始价值为 10 000 元，可用 5 年，其他数据如表 9-9 所示。试求：

（1）不考虑资金的时间价值时设备的经济寿命；

（2）若考虑资金的时间价值（i=10%）时，其经济寿命变化如何。

表 9-9　　某设备各年发生的费用　　（单位：元）

设备使用年限	1	2	3	4	5
运行成本初始值	600	600	600	600	600
运行成本劣化值		200	400	600	800
年末残值	7 500	6 500	5 500	4 500	3 000

9. 某设备目前的价值为 9 000 元，如保留使用 3 年，各年年末残值及运行成本见表 9-10。现有一种新设备，设备的价值为 15 000 元，使用过后的残值为 2 500 元，年运行成本为 1 900 元，寿命为 5 年，资金利率为 10%，问设备是否要更新？如要更新，何时更新最好？

表 9-10　　设备年末残值及运行成本

保留使用年份	年末残值	各年运行成本（元）
1	6 000	3 000
2	3 000	5 000
3	0	7 000

10. 大成科技开发公司为提高生产效率，欲引进一条新的生产线，已知新生产线可使产量增加，成本节约，更新后第一年收入增加额为 2 000 万元；直接工资的节约为 9 000 万元；间接工资的节约为 1 400 万元；材料损耗减少 300 万元；维修费用节约为 400 万元，但使用新生产线动力消耗比旧生产线多 350 万元，假设新生产线的预计使用年限为 15 年，使用过程中线形劣化。新生产线价值为 78 000 万元，估计 15 年后处理价为 4 000 万元。旧生产线现在的出售价格为 2 500 万元；旧生产线使用一年后出售价格为 2 000 元。当年利率 i=10%时，试判断用新生产线更换旧生产线是否经济。

第十章　可行性分析

内容提要

影响技术项目实施效果的因素很多，包括项目所处的外部环境，项目的技术特性，以及项目的经济特性等，技术项目的可行性分析也是围绕这几个方面进行的。本章首先介绍了可行性分析的内容体系，然后分别从技术角度和经济角度介绍了可行性分析的主要方法和要点。

第一节　可行性分析概述

技术项目的实施受多种因素的影响和约束，这些因素既包括不确定性分析中提到的投资额、市场价格、成本以及生产能力等，还包括企业外部的宏观因素如政治环境、经济发展水平、消费者需求变化等。技术项目的可行性（Feasibility）就是对影响项目的主要因素进行系统分析，从而评估实现既定目标的可能性的活动。从企业的内部来看，技术项目可行与否，归根结底受两个方面因素的约束：技术方面的约束和经济方面的约束。技术方面的约束表现为现有的生产方法、物质条件、时间期限以及管理方法等因素影响着既定经营目标实现的可能性；经济约束是指技术项目实施过程中对资金、物料、人员等要素的耗费不能超过经营成果所带来的收益。对技术项目的可行性评价也是针对这两个方面展开的。

一、可行性分析的基本内容

评价技术项目的可行性，实质就是对其投资价值进行评估，这种评估是建立在对技术项目的未来的运营情况的设计与预测上的，而运营情况的设计与预测又必须以项目现在所处的环境以及对环境变化趋势的预测为基础。所有对项目未来状况的设计与预测以及影响这种设计和预测的因素就构成了可行性分析的基本内容。现实中项目投资者重点关注的也是在一定的环境条件下技术项目在技术上的可能性和经济上的盈利能力，所以可行性分析的内容也可以分为两大部分，其一是影响技术项目经营过程的外部环境，其二是项目系统内部的技术可能性与经济合理性。其具体内容如图 10-1 所示。

- 可行性分析
  - 环境分析
    - 宏观环境分析：政策、经济、社会、法律、技术等
    - 行业竞争环境：行业内企业的竞争状况
    - 市场分析：市场容量、市场细分、目标顾客等
  - 技术可行性
    - 资源、原材料：供求状况、运输条件等
    - 厂址选择、基础设施：区域选择、环境保护
    - 技术方案：工艺选择、支撑条件
    - 人员与组织架构：各种专业人员的获取、组织形式
  - 经济可行性
    - 筹资分析：筹资方式和成本
    - 收益和经营成本估计：经营现金流的估计
    - 企业内部财务评价
    - 国民经济评价

图 10-1　可行性分析的主要内容

当然，对于不同行业的技术项目，可行性分析的重心和主要内容也不同。例如，如果我们分析在某地建造一家化工厂，分析的重点可能在于环境保护，以及企业内部财务评价与国民经济评价的差异等方面；而如果分析开设一家电子商务公司的可行性，分析的重心就应该在筹资方式、内部管理及目标顾客的寻找等方面。图 10-1 对技术项目可行性分析的内容作了一个简要的概括，分析过程中各项内容所使用的方法往往具有较大的差异，在环境分析中主要使用调查与归纳的方法，对可能影响项目运营效果的因素进行筛选，并说明这些因素的影响方式；技术分析的重点是说明项目中所需要的技术条件，以及这些条件得以满足的途径，强调各种有形资源和技术能力的可获取性；经济可行性分析的核心思路就是成本——收益分析，重点考察项目生命周期的各个环节中的成本耗费和收益状况，并将形成耗费或者收益的各种项目整理汇总，形成一系列财务表格。下面介绍一下环境分析的主要内容，技术可行性和经济可行性分析放在本章的第二和第三节介绍。

（一）宏观环境分析

所谓环境因素是指那些能够对技术项目的运营产生影响的，而又不由企业控制的因素。即是说，不论环境给企业带来的负面的威胁还是正面的机会，企业都是被动的接受者，只能通过改变内部的资源配置去适应环境而不是想法去改变环境。技术经济中环境分析的必要性体现在环境因素可能对技术项目的投资额、寿命周期、

运营成本等形成直接或间接的影响，从而影响其可行性。

1. 政策环境

政策环境系指技术项目在寿命期内所要面对的一系列政策，这些政策可能是相互作用的，也可能是相互独立的，可能影响到技术项目的某一个方面，也可能影响到项目的多个方面。可行性分析中的政策环境分析就是通过对政策体系的解读，判断各种政策带来的有利影响还是负面的威胁。这些政策可以分为以下几个方面：

（1）财政政策。财政政策是政府通过税收、转移支付及政府购买的方式影响国民经济运行状况的手段。这些手段的运用会改变一个行业的供给与需求状况，从而改变技术项目的生存状况。积极的财政政策可能会促进消费，扩大市场的消费总量，为技术项目的发展提供机会，也可能引发通货膨胀，增加市场的不确定性；消极的财政政策则可能抑制需求，降低消费者的购买欲望，缩小市场容量，促使产品价格下调，从而给技术项目的发展带来压力，很可能减少项目寿命期内的收益现金流。

（2）货币政策。货币政策指国家的中央银行（在我国为中国人民银行）通过一系列的手段调节市场中货币的供给总量，以保证经济平衡发展的手段。当经济中出现市场疲软、总需求不足、失业率上升等情况，即经济出现衰退状况时，货币政策表现为扩张性的。扩张性的货币政策往往会促使利率水平下调，降低投资的成本。同时，扩张性货币政策对于市场需求也有正面的促进作用，有利于市场的扩张。相反，当国民经济出现投资过热、价格上涨速度过快等现象时，中央银行可能会实施紧缩性的货币政策，其对市场的影响是负面的，会压缩部分企业的生存空间。

（3）产业政策。产业政策是指政府通过指导性规划、直接干预、税收等手段限制或促进特定产业的发展的政策。政府为了促进社会资源的合理配置，往往会有意识地采取一定的措施保护一些产业。比如近些年来，高科技产业在我国一直受到鼓励，政府通过人才引进、税收优惠、优惠地价或者是直接投资等方式支持高科技产业的发展，这些扶持性措施对技术项目的影响是积极的。同时，政府也可能出于产业结构调整、可持续发展、环境保护等原因限制某些产业的发展，例如对采矿企业征收额外的税，对化工、造纸等企业的开办规定了严格的审批条件，增加企业进入这些业务领域的成本，这些措施对技术项目的影响负面的。

（4）区域发展政策。经济的自发性可能导致一个国家各区域间发展水平的差异，因此政府的政策可能会把目标指向区域的均衡发展，当一个区域的发展速度过快，拉大了同其他区域的差距时，政府可能出台政策扶持落后地区的发展。具体的政策可能包括转移支付、直接投资、税收优惠等。我国的西部大开发和振兴东北的政策就是典型的区域发展政策，在西部开发中，政府通过发行国债筹集资金来支持西部地区的基础设施的建设，以此改善西部地区的投资环境，这样的措施可以为西部地区的项目减少大量的经营成本。

在可行性分析中分析政策环境时应注意所分析的政策与项目的相关性。虽然严格地说，几乎任何政策与任何项目都是相关的，但这种相关性有大小之分，如果某项政策与技术项目的相关程度很低，或者说技术项目对这项政策的敏感性很低，则没有必要进行详细分析。假设我们考虑一项农业养殖项目，可能会发现国家的汇率政策、人口政策、就业政策甚至教育政策都与此项目相关，但其相关程度很低，则我们没有详细分析的必要。在实际分析过程中，我们可以应用分类评价的方法选择应该重点分析的政策，即先全面地收集各种政策的信息，然后分别评价各项政策可能的影响，按照其影响力的大小对其排序，最后决定哪些政策应该详细分析。这种方法与前面讲的敏感性分析类似，只不过这里很难将政策的影响力数量化，因此更多地使用定性分析。

2. 政治法律环境

技术项目的运营会受到政治法律环境的影响，理论上说，政治法律环境为技术项目的运营构造了既有保护作用又有限制作用的制度框架。政治法律的一些规定可能有利于项目的顺利开展，如可以保护企业的既有财产的权利、有利于项目依法融资和账款回收等。另一方面，政治法律的一些内容可能会限制技术项目的行为，如国家的外汇管制、出口限制或者进口许可证制度可能会影响企业对国际市场的开发。在可行性分析中，影响项目效果的政治法律因素很多，其中能产生较深刻影响的主要以下几个方面：

（1）约定政府与企业关系的制度。这些法律政策明确了政府在对企业进行管理中的权力与义务，明确了企业是一个具有完全法律地位的实体，其内部运营不受任何政府部门的干涉，保证了企业在经营决策、投资方向、业务选择、人员管理等方面的自主权利。

（2）有关企业制度的内容。主要是国家的公司法、合资企业管理法等规定和约束企业的组织形式、运行管理方式等内容的法律。这些制度对企业的组织形式作了明确的规定，对每种企业组织形式的注册资本数额、股东人数、产权形式、债务偿还方式等都有详细的规定，这些内容对技术项目中的筹资、人员的组织方式产生了直接的影响。

（3）有关企业运营的内容。这些内容一方面对项目的运营过程进行监管，限制企业的不规范操作；另一方面也为企业开展业务提供法律保障。如关于经济合同、知识产权、专利保护等方面的法律有利于企业按照既定的计划开发新技术与新产品、有利于技术项目通过市场推广获取正常的收益。而如财务管理、税收、广告宣传、公平竞争、环境保护等方面的法律则要求企业在运营技术项目时必须接受一定的约束，使其行为合乎社会道德准则，并尽促进整个社会健康、持续发展方面的义务。

（4）企业内部运营方面的监管。企业的经营决策活动虽然是自主的，但财务会计、劳动保障方面的内容却必须按照一定的准则操作。法律在会计、统计、审计、票据、金融等方面都制定了一些准则，以此来规范企业的行为。而出于对公民基本权力进行保护的需要，法律规定企业必须保障员工的人身权利，企业在招聘、使用和管理员工等方面的活动都必须接受这样的约束。如企业的招聘必须遵守公平就业方面的法律，不得制定歧视性政策，在内部管理中必须按要求签订劳动合同、为员工建立基本的养老保险、失业保险和安全生产体系。而这些活动可能会带来技术项目运营成本的增加，所以在进行可性分析时应加以重视。

3. 经济环境

经济环境分析即分析宏观经济状况及发展趋势，并判断其对技术项目可能产生的影响。影响项目可行性的经济环境因素主要来自于构成宏观经济的各个变量，以及导致这些变量变化的各种内外部因素。在很多时候，经济环境对技术项目可行性的影响都是直接的，它直接影响项目的目标市场的大小和项目的经营方式。从我国现阶段的经济形式来看，经济环境主要表现在以下几个方面：

（1）经济发展速度和经济结构变化。自 1978 年年底改革开放以来，我国经济一直处于高速发展的状态中，经济的发展引发了投资热情和消费市场的繁荣，市场的不断开放带动着进出口贸易的持续增长，各类消费品市场容量也随之扩张，为企业的发展提供了广阔的空间。在经济持续增长的同时，我国的经济结构也不断地变化，表现在大量的资金和劳动力由第一、二产业转向第三产业，从事消费品生产和提供服务的企业数量不断增加，年产值在国民生产总值中的比重越来越大。

（2）居民购买力。居民购买力由居民收入和总人口两方面要素构成，并直接形成产品和服务的消费需求。我国经济的持续发展使居民的收入水平大幅度增加，而个人可支配收入的增加又改变了消费者的需求结构，居民不再将主要收入用于食品支出，而需要消费一些功能更复杂、新奇的产品，或者寻求更高层次的娱乐和休闲，这就要求企业能通过技术变革生产出更多技术含量的产品。在可行性分析中，为了准确判断居民的购买力大小，应该注意以下几个度量购买力的变量间的差异：第一是人均国内生产总值，指一定时期内（一般为一年）整个国民生产总值除以总人口数的结果，这个数值只是简单地描述了一个国家的经济发展水平，而不能直接度量其购买力的大小；第二是人均收入与人均可支配收入，人均收入是在人均国内生产总值中扣除了企业收入、政府收入等数值的结果，而人均可支配收入是在人均收入的基础上扣除个人所得税的结果，一般来说，人均可支配收入构成真实的购买力。第三是居民的储蓄倾向或消费倾向也会对社会购买力产生影响。所谓消费倾向指的是居民将总收入中的多大一部分用于现期消费，而储蓄倾向则相反，指居民愿意将收入中的多大部分用于储蓄。不同国家甚至同一国家的不同地区的居民消费倾向也不同，这种差异可能来自于社会文化特征、经济发展趋势和社会政治的稳定性，也可能来自国民收入水平。比如美国居民普遍具有乐观的特性，因此习惯将收入中的绝大部分（通常是百分之八十以上）用于当前消费，而很少用于储蓄，即其消费倾向很高。在居民总收入较低的地区，居民的当期收入可能仅够维持当前生活的基本需要，所以会将所有收入用于当期消费，基本上没有储蓄，这时候其消费倾向也很高。

4. 技术环境

所谓技术环境是指在可行性分析中，处于项目系统之外，但又与项目相关的产品生产、运输、信息管理等方面的技术。技术分析的重点在于考察这些方面的技术当前处于什么水平，以及其可能的发展趋势是什么，尤其应关注相关技术变革的可能和技术变革的方向。在技术项目寿命期内，外部技术变革可能从这样几个方面影响项目的经济效果：

（1）技术变革可能影响到项目的竞争力。企业的技术项目在实施初期，使用的技术一般都处于较先进的水平，如引入了先进的生产方法、购买了先进的设备和生产线，工厂布局和工艺设计都很合理，因此项目在市场上具有相当的竞争力。但项目运营过程中，其他企业可能会发生技术改进或变革，提高同种产品的生产效率、增加产品功能或提升产品质量，从而使本企业的产品在竞争中失去优势。

（2）技术变革可能改变技术项目的生命周期。尤其是当技术变革带来了对现在产品具有完全替代性的产品时，会使技术项目迅速失去市场，从而失去盈利能力。电视机技术的出现对收音机技术的替代、数字手机技术的出现对收音机技术的替代等是这方面的典型例子。因此在可行性分析中，必须密切关注各种潜在的技术变化，必要的时候应加大技术研究的投入，紧跟相关技术发展步伐，以自觉的技术研发来应付外部技术变革带来的冲击。

（3）技术变革可能会改变项目的成本。这种改变可以通过生产技术的改进实现，也可以通过提高管理效率来实现。如新技术可以改进机器设备的运转效率，自动化和智能化技术的改进可以减少生产过程的劳动耗费，新的包装材料的使用可以降低储存和运输环节的损耗等都体现为技术改进对成本的节省。而由于计息机的出现带来的管理信息系统则有效地提高的管理的效率，改进了管理的流程，减少人力资源的耗费。

（二）行业竞争环境

技术项目的成败与其所处的行业的竞争状况有关，在竞争激烈的行业中，企业获得超额利润的可能性非常小，而在竞争相对平稳的行业中，多数企业都能获得较高利润。在我国，象日用品零售业、消费电子制造业等行业中企业数量很多，国家对这类行业的进入与退出没有什么限制性措施，因此竞争非常激烈，这些行业的利润水平也相对较低。而像金融业、石油开采、基础电信业等行业，国家对进入这些行业的企业有很强的限制措施，这些行业中企业的规模也很大，企业的数量很少，竞争不激烈，因此行业的利润水平也很高。在对技术项目的可行性进行分析时，应该关注行业的竞争环境，以便准确地预测项目盈利的可能性。这里所讲的行业竞争环境，指的是一个特定行业的企业竞争对手数量和结构、价格形成方式、相互竞争的形式，以及影响这个行业生存与发展的一系列制约因素所构成的环境。按照战略管理大师迈克尔·波特的说法，这些制约因素包括这个行业中企业与供应商的关系、买方的力量、潜在进入者的力量以及替代品生产者的力量。在企业战略管理中，将现有竞争者、潜在进入者、供应商、顾客和替代品生产商称作影响行业竞争强度的五种力量，通常情况下我们可以通过分析影响这五种力量强弱的因素来描述行业的竞争环境。下面，我们简单介绍一下这种分析方法的要点，详细内容读者可以参考有关企业战略管理方面的文献。

1. 现有竞争者分析（也叫同业竞争者分析）

以现有竞争者的分析可让我们清楚技术项目在运营过程中可能面对的竞争者，竞争者可能采取的竞争方式，以及这些方式的激烈程度，从而明确在这样的行业中经营获得经济利润的可能性和相应的风险。现有竞争者分析中一般考虑这样几个问题：①现有竞争者识别与界定；②现有竞争者间的竞争方式；③竞争的激烈程度及导致激烈竞争的原因。

由于产品特性、消费者认同等原因，现有竞争者的界定并没有一个统一的标准，虽然严格地说，只有与本企业生产完全相同的产品的企业才是竞争者，但有时候我们可能找不到与自己产品完成相同的生产者，因此会把生产相似产品的企业归为同业竞争者。如在电脑制造业中，各企业生产的电脑功能有一定差异，外形设计也不同，各企业的品牌影响力不同，以及消费的认可程度也不同，但有分析同业竞争者时往往将所有电脑制造企业都纳入进来。对竞争者的界定具有相当大的灵活性，界定的方式、范围和准确性依据现有竞争者界定的重要程度而定，如果现有竞争者是影响技术项目成败的关键性因素，或者说是敏感性因素，则在界定竞争者时就应该尽可能准确，反之，现有竞争者的界定就可以粗略一些。

现有竞争者间的竞争方式可以较为直接地说明本行业内的竞争激烈程度。一般来说，如果现有竞争者间的竞争呈现下列方式，竞争就比较激烈：①竞争主要使用价格手段。即行业的竞争表现为企业之间竞相降价，经常出现以价格折扣为手段的促销；②所有竞争者生产的产品非常相似，在功能、外形、价格等方面都很接近，几乎没有哪家企业的产品具有明显的差异化特征；③所有竞争者实力相当，不存在行业的领导者和价格的决定者，因此没有企业能够主导行业的产量与价格水平；④几乎所有企业生产能力都过剩，这导致行业的库存压力增加，资金回收的周期过长，使得多数企业不得不使用扩张性手段从其他企业手中争夺市场份额。

迫使企业采用激烈竞争方式的原因也来自多个方面，有企业内部因素，有来自外部的因素，也有一些属于生产要素固有的技术特性。从外部来看，如果行业的增长速度过于缓慢，消费市场已基本饱和，就很容易触发以价格为中心的竞争。这样的竞争可能会导致部分企业丧失盈利能力，处于亏损状态之中。但即使不盈利，有的企业也不会退出这个行业，原因可能来自于政府的限制。从企业内部来看，导致激烈竞争的原因可能来自于各个企业都缺乏创新能力，因此生产雷同的产品，采用相似的管理和营销方式。当企业处于亏损状态时，企业可能出于感情方面的考虑，或者出于战略协同方面的考虑（即企业在本行业中经营有利于其他业务的开展），不愿意退出这个行业。生产要素的技术特性主要指其专用性，即当某种生产要素只有用于某一行业才能产生经济效益时，企业就不会轻易退出这个行业，因为一旦退出，这些专用化的资产就会失去价值，成为沉没成本。

2. 潜在进入者分析

如果外部企业大规模地进入本行业，势必改变行业中既有的竞争结构，加剧行业内企业间的竞争，而如果外部企业进入本行业的可能性小、难度大的，行业内的企业就不太可能采取加剧竞争的行为改变既有结构，行业内的竞争就相对平稳。所以潜在进入者分析的主要目的是了解行业外的企业进入本行业的意愿和难易程度。其中，进入意愿主要由本行业的利润水平发展速度决定，行业现有的利润水平高或者发展速度快，对外部的企业来说就意味着存在获利机会，因此就愿意向这样的行业投资。影响行业进入难易程度的因素就要复杂得多，既包括一些经济性的因素又包括一些政策性因素；既与现有企业所采取的经营策略有关，又与本行业消费者的消费方式有关。在行业竞争环境分析中，我们把影响其他企业进入本行业的因素通称为进入壁垒，而分析潜在进入者对技术项目的威胁就演变了对进入壁垒的分析。

在进入壁垒分析中，有的内容与企业所使用技术的特征有关，如规模经济与专有技术。所谓规模经济是指在一个特定的行业中，企业使用的生产要素按一定比例增加时能够带来产出品更大比例的增加，在价格水平不变的条件下，产品的平均成本也会随着产量的增加而下降。我们一般关注的是当产品的平均成本最小时的产量水平，这个产量水平被称作最小有效规模。可以想象，所有计划进入某个行业的企业都有将产量水平提升到最小有效规模的意愿，否则就很难在这个行业生存下去。而新政者若要达到这样的产量水平，往往需要克服相当多的障碍，尤其是当最小有效规模与市场的总需求量的比例较大时，新企业很难在行业中立足。正是从这个意义上说，规模经济是一种影响潜在进入者决策的壁垒。如果行业中企业生产依赖于一些专有技术，如电脑 CPU 的制造，其他企业则很难进入这样的行业，因此，专有技术也可以作为一种进入壁垒。

除了规模经济与专有技术之外，其他形成进入壁垒的因素还包括：①资金需求，即在某些行业中开办业务可能需要大量的资金。这种对资金的需要可能来自于国家政策，比如很多国家对准备提供银行服务的企业都设定了一个资本金限制，规定只有在资本金达到一定数额之后，才允许企业进入银行业。形成资金需要的另一种可能在于某些行业的前期投资所需要的资金非常大，如基础电信业、电力生产和自来水生产等。②转换成本，即当顾客由消费一家企业的产品转向消费另一家企业的产品时所要支付的代价。这种代价虽然不直接由企业支付，但由于这种代价的存在，顾客往往不会轻易改变原有的选择，这对新进入者的市场拓展行为非常不利。③产品的差异化。即在一个行业中，顾客对各个企业提供的产品都有不同的认知，虽然这些产品在功能上可能完全相同，但附加在产品的企业形象、品牌力量等要素会影响消费者的购买决策。如果某个行业中的产品差异化程度很高，就意味着新进入的企业也要进行必要的差异化，而这需要花很大的代价，从这个角度上讲，已有企业产品的差异化也是限制潜在进入者进入本行业的一种力量。④政策和法律限制。当政策和法律限制资金向某种行业投资时，就形成了进入壁垒。国家有时出于宏观调控、产业保护、维护市场秩序或者维护公共安全的需要，会出台一些措施限制民间资本向某些行业投资。最明显的像军事工业、普通信件的邮递业务，国家往往不允许民间资本经营。而像自来水供应、电力销售、矿产开采等行业，国家对进入的企业有很严格的要求，对于一般企业来说，进入这些行业的可能性非常小。

3. 供应商的压力

行业中企业与供应商的力量对比也会对行业的竞争环境产生重要影响，如果来自供应商的压力大，或者说企业在向供应商采购时没有价格决定力，企业的采购成本就可能居高不下，供应商不太可能按企业的特殊要求提供差异化的零部件，企业在产品设计上的差异化也会受影响。反之，如果供应商的谈判力量不强，企业就可能压低进货成本，或者按自己的设计要求供应商提供原材料或零部件。在技术项目可行性分析中，应重点注意以下几个能够增强供应商谈判力量的因素：①市场中只有少数几家供应商，供应商对价格具有很强的决定力。比如以石油作原材料的化工企业，对所购买的原材料价格几乎没有任何决定力。②所有供应商的产品都具有差异化，此时，一旦企业决定购买某供应商的产品，就很难转向购买其他供应商的产品。③企业对供应商所提供的原材料或产品具有很高的依赖性，或者说供应商所提供的原材料或产品是企业生产中不可或缺的，而且占整个产品价值的很大比例。向电脑制造商供应 CPU 的芯片制造商和向汽车生产企业提供发动机的企业是典型的例子。④企业购买的数量占供应总产量的比例非常小，则供应商不愿意为企业提供优惠，不愿意在价格或者其他方面做出让步。⑤在市场上找不到与供应商所提供产品相替代的产品，即供应商提供的产品不可替代。如果企业能够找到替代品，如在家具制造中更多地使用钢材来替代木材，供应商就很可能在价格上失去控制力。

在可能的情况下，企业可以根据供应商谈价力量的来源采取相应的措施来克服供应商的谈判能力，比如可以使用更多的标准化零部件、通过进口等方式开发更多的供应商、通过技术研发开发出能够替代现有原材料或零部件的产品等。

4. 买方的压力

对买方压力的分析与对供应商压力的分析非常类似，重点考察可能提高买方谈判力量的因素，然后分析可能克服这种压力的途径。在存在以下几种情况时，买方的价格决定力量会得到增强。①所购买的数量很大，占企业所生产产品总量的很大比例，当沃尔玛等零售业巨头向中小企业订货时就会发生这种情况。②顾客的转换成本很低，可以轻易地转向其他产品的购买。③市场中存在大量的替代品，如果顾客不购买大米完全可以购买面粉或者其他粮食来解决同样的需求，就不愿在购买大米时多支付任何代价。④市场上存在大量的企业向顾客提供标准化的产品。比如在我国九十年代，当电视机生产厂家迅速增加，大量地向市场提供标准化产品时，顾客不再抢购，而是观望等待，致使电视产品价格大幅度下滑。对于企业来说，克服买方压力的手段包括使用专用技术提供差异化产品、开拓新市场或者提供一些增值服务来提高买方的转换成本等。

5. 替代品生产商的压力

严格说来，任何企业的产品都有潜在的替代品，即顾客可以通过购买与现有产品功能类似的产品来满足对现有产品的购买欲望。在实践过程中，这种替代意愿转变为行动需要一些触发性因素，这种因素可能是经济性的，即当顾客觉得现有产品的价格高到不可忍受的地步时，将会转而购买替代品。例如，由于石油价格的上涨致使人们使用汽车的成本高涨时，人们会转而购买其他交通工具作为替代。第二类触发因素可能是资源性的，即某类资源的枯竭的可能性会促使人们努力寻找替代性的产品，这时候替代不是自发的而是被迫的。值得注意的是，在这种情况下，能够提供替代品的企业将会受到广泛的欢迎，不仅产品易于销售，还可能获得来自政府的嘉奖。因此技术项目所提供的产品如果具有替代枯竭资源的特性，即使生产的成本较高，也可能具有可行性。第三类触发因素来自于技术进步，技术进步可以发明新产品，新产品可能比市场中原有产品的更高效、更经济，因此会对原有产品形成较为彻底的替代，有时候把这种情况叫作产业升级。在经济史上，这样的例子非常普遍，像电子计算器对算盘的替代、集成电路对晶体管的替代等都是较为典型例子。

值得注意的是，在技术项目的寿命期内，由于外部环境的动态性，以上几种影响竞争强度的力量可能发生变化，从而影响到技术项目的经营成本和收益现金流。比如技术进步可能带来新材料的供给，使来自供应商的压力减小，技术项目的经营成本将随之下降；消费观念的变化可能使人们改变所购买商品的种类，或者减少对企业所生产产品的购买，或者增加购买，从而改变买方的力量，使技术项目的收益发生变化；以及当新技术的出现带来了对技术项目所生产产品具有强烈替代性的产品时，技术项目可能会提前结束。因此在可行性分析中应作必要的预测，预测最关键的影响因素的变化可能会对技术项目的经济效果产生什么样的影响。这也是我们在前面进行不确定性分析的原因。

（三）市场分析

无论处于什么行业，技术项目的经济价值的实现都要通过市场的认可来完成。无论是直接向消费者提供产品和服务还是向生产商提供原材料、零部件或产成品，企业都必须清楚地认识自己所处市场特征。这些特征包括市场的成熟度、市场的供求变动规律、市场中各企业相互竞争的主要方式及这些方式可能发生的演变等。另外，企业还应能够通过对市场中各种购买者特征的分析，找到最可能购买本企业产品的购买，即目标顾客。在营销领域中，市场分析的含义比较广泛，分析的目的不同，分析时所选择的重点也不同。在可行性分析中，我们主要介绍市场需求分析和目标市场的选择这两个方面：

1. 市场需求量的分析

市场需求分析的目的在于找到产品有效市场，即那些既有意愿又有能力购买产品的人群构成的整体。在有效市场分析分析的基础上，为了准确估计技术项目可能获得的最大收益，我们还可以分析潜在市场或者市场渗透的可能性。“有效市场是对特定商品具有兴趣、收入与途径的消费者集合。”① 而市场容量则是指这样一个消费者集合对产品的需求总量，可以用货币度量，也可以用数量表示。从有效市场的界定上我们可以知道，兴趣或者购买意愿、收入水平和途径是形成有效市场的必不可少的条件，缺少这之中任何一个条件的人群都不应该进入有效市场。很显然，在对技术项目的有效需求进行分析时，对于那些有购买需求但没有足够的收入的人群不应予以考虑，如在市场调查中我们可能会发现很多人都渴望有一辆汽车，但是目前的收入水平不足以支付汽车消费，那么这些人群就不应该进入有效消费集合。同样，如果某些人群具有购买意愿和足够的收入，但交易的途径不具备，也不能算作有效需求。如果张学友在北京开一场演唱会，居住在重庆的一部分居民很想购买门票观看，也有足够的收入支付门票费用，但由于北京与重庆两地相隔遥远，从重庆到北京购买门票和观看演出需要支付的门票以外的费用非常高，或者重庆的消费者根本就没有足够的时间前往北京，则重庆居民不能形成有效消费。

潜在市场主要是指那些具备有效市场界定中的部分条件的人群形成的集合。值得注意的是，有效市场与潜在市场是针对特定的时间、特定的行业而言的，如果时间发生变化，那些消费具有意愿或者购买能力或者购买途径的潜在消费者很可能转化为有效需求者，这种转化可能是消费者自身条件改变的结果，如消费者改变了某种商品的看法、或者收入水平有了明显的提高，都可能转化为有效需求者。同时，企业有目的的营销行为也可以将潜在市场转化为有效市场，这些营销措施可能是通过广告宣传让消费者对产品产生更多的认同感、也可能是使用价格折扣使消费者有能力购买，以及通过市场渗透有效地降低消费者购买商品的交易费用，为消费者提供简便的购买途径。如在上面例子中，承办张学友北京演唱会的企业承诺，重庆的居民若愿意前往北京观看，将免费送票上门，且在演唱会当天使用包机专门接送，则重庆居民将很可能成为有效消费者。

2. 市场细分和目标市场的选择

有效市场需求量是针对行业中的所有企业来说的，很显然，除非情况非常特殊，行业中的任何一家企业都不会认为行业的消费者就是本企业的消费者，尤其是在技术变化迅速，几乎所有企业都想向消费者提供具有个性的产品时，企业向消费者提供的产品特性复杂多样，这些特征往往和市场中特定群体的消费者偏好相对应。因此在技术项目的可行性分析中，我们必须清楚自己产品的特性，并通过市场分析找到愿意接受这些特性的顾客，这些顾客即是我们通常说的目标市场。

在实际操作中，目标市场的寻找是通过市场细分来实现的，而市场细分的基础是同一行业中的消费者在一些特定的方面表现出了明显的差异。这些特殊性即是细

---

① 菲利普·科特勒，《市场营销管理》（上册），中国人民大学出版社，第231页。

分变量，主要包括以下几类：①地理区域。当不同区域的消费者具有不同的消费能力、消费习惯或者消费潜力时，市场细分时可以区域划分。比如我们对汽车消费市场进行调查时，注意到收入水平与消费文化对市场的影响很大，而我国不同区域的居民在收入水平和消费文化上又具有明显的差异，则可以将市场划分按地理区域划分为几个大的片区。②人口的统计性特征。即居民的年龄、性别、民族、职业类别、家庭生命周期、家庭规模等。③经济统计类特征。包括人均收入、家庭总收入、家庭支出结构、相对收入水平等。④社会文化类特征，包括社会阶层、生活方式、心理个性、生活观念等。⑤购买习惯，如购买频率、品牌忠诚度、购买决策的方式等。

3. 市场预测及其方法

市场分析的目标在于找到有效市场、潜在市场及目标市场，所有这些市场都是通过观察和分析消费者的具体特征方面的信息来决定的，因此市场分析的本质上就是获取消费者信息。而对于分析技术项目的可行性来说，弄清楚这些市场在未来一段时间内的状态，即获取关于市场未来的信息比了解其历史重要得多，市场分析的最终目标在于判断这些市场形式在项目的寿命周期内的表现，从而制订相应的经营计划。这就要求我们对市场进行相对准确的预测。市场预测的方法与本书后面要介绍的技术经济预测的方法是大体一致的，因此这里不再赘述。这里主要介绍一些专门应用于市场预测的方法，主要有历史销售数据分析、专家主观判断法、市场调查和试销法。

历史数据分析法实质是一种时间序列法，即假设消费者行为具有一贯性，不会轻易变化消费方式，销售数据在过去几年或者更长一段时间里的变化规律在将来会得以重复。所以可以通过对历史的销售数据作时间序列分析，确定消费者购买数量的变化趋势，然后预测未来的数据。

专家主观判断法即是指收集一些对市场最熟悉的人员的预测信息，然后进行综合而得到关于市场的预测结果的方法。专家包括市场销售人员、经销商、分销商、供应商以及市场营销顾问公司或者市场信息中介公司等。

市场调查的内容非常广泛，既可以调查消费者意图、购买习惯、品牌忠诚度等个人性信息，又可以对个人信息进行综合得到市场需求总量，消费者对产品性能、价格及质量等信息。调查的方法也很多，常见的有直接问卷、文献查阅、网络调查等。

试销法是针对特殊的人群，即潜在的消费者，小规模的销售产品，然后收集消费者对产品的反映，从而判断消费者的真实需求并确定目标市场。对一些没有历史数据、没有熟悉市场的专家的新产品市场，试销法是一种不错的选择，但试销法的周期较长、成本也很高，在使用时应当慎重。

二、可行性分析的作用

从可行性分析的主要内容可以看出，可行性分析主要包括信息收集、预测、决策三种类型的活动。信息收集是使用文献查阅、调查、历史数据整理等手段获取可行性分析所必需的事实材料、数据等内容的重要手段，在环境分析和技术可行性分析中经常使用；预测是在信息收集的基础上，使用归纳和演绎的方法，对历史数据和既有事实所呈现出来的规律进行研究，然后判断未来状态的手段，在环境分析中对未来市场环境的分析以及经济分析中使用财务报表的方式估计技术项目未来的现金流等活动都要用到预测方法。而且这些预测结果的准确性直接决定我们对技术项目经济效果的判断，所以预测活动中所使用的信息及所选择方法的准确性就显得尤为重要。可行性分析中的决策活动与我们前面所讲的技术方案的选择不同，不是使用种种评价指标来考察技术项目的经济效果，而是对技术项目的整个过程进行详细的设计，对诸如厂址选择、技术使用、技术人员的招聘与培训、组织机构的建设、市场开发的途径和方式等内容进行详细的规划。以上这些活动内容分别体现着可行性分析不同侧面的作用，这些作用主要表现在以下方面：

（一）信息的收集与处理方面

可行性分析是信息收集和筛选的重要平台。与管理活动中的计划工作一样，可行性分析是在具体工作开展之前进行的，其主要作用在于它能促使项目的主管人员进行系统的思考，迫使主管人员花较多的时间和精力去思考未来的种种情况，从而促发了各种沟通、思考、预测等行为。[①] 主管人员所获得信息的完整性是决定技术项目决策的准确性的重要因素，主管人员对未来的思考，以及采取沟通、预测等手段收集和筛选信息的本质就是提高信息的完整性。此外，决策时使用信息的完整性与充分性还影响着项目实施过程中的风险性，一般来说，决策信息越充分，项目的应变能力就越强，抵御风险的能力就越强。

（二）筹资活动方面

可行性分析是筹资活动的重要依据，尤其是对一些需要大量外部资金的技术项目来说，向投资方提供详细可行的可行性分析报告不仅是必不可少的活动，而且是决定筹资能否成功的关键。在实际操作中，无论是向银行筹集资金、通过在公开市场发行股票筹集资金，还是定向地向风险投资机构筹集资金，可行性分析报告的说服力都起着至关重要的作用。这些作用从下面两个方面表现出来：

（1）可行性分析是决定筹资金额的依据。可行性分析对项目的投资总额、投资资金的使用方向以及需要使用投资资金的时间都有详细估计，如果这些估计数据准确无误，其必要性也能让投资者信服，则可以直接作为筹资金额的标准。

（2）可行性分析是投资者判断技术项目盈利能力，从而判断投资价值的依据。毋庸置疑，投资者向技术项目的主持人投资的目的在于获取收益，同时尽最大可能避免风险，所以投资者必须对筹资项目的收益能力和可能的风险进行判断，一般来说，投资者没有时间、也没有足够的信息通过直接分析项目的可行性来判断项目的

① 王凤彬，李东，《管理学》，中国人民大学出版社，2004 年，第 79 页。

收益和风险，因此项目主持人给出的可行性分析报告将成为投资者判断的主要依据。正是从这个意义上讲，分行性分析应该突出项目的盈利点，并详细说明这种盈利的渠道以增加说服力。这就是风险投资报告中常提到的“卖点”。

（三）运营活动方面

可行性分析在技术项目的运营过程中的作用集中体现在其对项目运营活动的指导意义上，这种指导作用几乎充满了项目的整个运营过程，从项目开始筹建到物质、人员等资源的配置再到这些资源的使用与补给，都需要以可行性分析中提出的设计方案为依据。

（1）可行性分析可以作为与有关企业谈判和签订协议或合同的依据。这些企业可以包括原料的供给方、代工工厂、经销商或分销商等。

（2）可行性分析中的技术方案是开展项目建设工作的依据，可行性分析中提出的建设时间、使用的材料、供货方式等内容一般都应得到严格执行。

（3）可行性分析中提出有各种活动的时间安排、质量标准、产量或生产效率等内容是对项目实施过程进行全面控制的依据。如果实施过程与可行性报告中提出的标准有偏差，则应在分析产生偏差的原因的基础上提出纠偏措施，以保证项目按可行性分析中的基本要求进行。

（4）可行性分析作为人员招募、组织结构选择以及市场拓展等活动的依据。除非外部环境发生剧烈变化，项目实施过程中的人员组织、市场发展方向都应以可行性分析中提出的方案为基准，从而有效地控制运营成本。

（四）后期评价方面

一个完整的技术项目过程不仅应该包括项目筹备、实施活动，还应该进行后期评价，对项目实施过程进行总结分析，一方面可以获取有益的经验，为以后的项目积累知识；另一方面总结项目实施中的教训，分析不足和存在偏差的地方，以期在以后的项目中尽可能地避免，从而减少项目风险。这种在项目实施之后的评价往往也需要以可行性分析中提出的各种标准为依据，这些依据不管表现为时间、产量、标准的操作方式等具体内容，还是表现为程序、规则等相对抽象的内容，都是对项目进行后期评价时必不可少的。

三、可行性分析的阶段

一般而言，对技术项目的可行性进行分析与研究并不是一步完成的，有一个由浅入深、由宏观到微观、由粗略到细致的过程，由此可以将可行性分析分为三个阶段，即机会分析阶段、初步分析阶段和详细分析阶段。在不同的阶段上，可行性分析的重心、使用的方法以及对可行性分析报告的要求都不同。

（一）机会分析

机会分析的主要目的是为投资者提供投资方向上的建议，其分析的重心是全面收集影响某一特定行业发展的外部环境方面的信息，评估该行业中是否存在着发展潜力，是否存在市场空白，以决定是否存在投资机会。比如某跨国金融公司拟在中国开展金融业务，通过机会分析发现在政策环境方面，由于中国承诺在加入WTO后一定年限内全面开放服务业，对外资金融机构的进入限制将会逐步撤销；在经济环境方面，中国的经济发展迅速，市场体制的改革逐步深入，企业对金融服务，尤其是创新性的金融服务的需求很旺盛，而且呈不断增长的趋势；而市场环境方面，中国金融业中现在的竞争对手主要是国有银行，经营效率较低、创新性较差，综合竞争力不强，存在着大量的未开发市场。机会分析的结论是中国金融服务业中潜在的盈利机会很多，因此可以考虑进行下一步的可行性分析。

机会分析的结论有时候并没有严格的规范，主要是对各种环境因素，尤其是能起主导作用的环境因素进行描述和评价，请看下面一段材料：

机会分析：中国企业的智利机会

中智自由贸易协定作为第一个中国和南美国家的自由贸易协定，将带领两国驶入一个未知的领域。

从1985年到2002年，智利年平均经济增长率达6.9%，人均国民生产总值提升了4倍，经济增长率在南美处于领先水平。在2002年由瑞士的国际管理发展研究所(IMD)进行的“国际竞争力排名”调查中，智利位于拉美国家榜首，而且超过了法国、意大利和韩国，其市场经济透明度和美国并列第二位。据美国传统基金会发布的《自由经济自由度报告》，智利的经济自由度在全球排名第11位，位于拉美之首，政府腐败指数在拉美最低。

智利经济成功的根本原因在于其经济规划秩序井然，财政上量入为出，不大量举债。智利已经确定在2010年之前步入发达国家的行列，在这一过程中，智利需要消费大量的商品。这意味着，国际商品生产国和出口国将有机会获得智利的巨大市场。

智利作为一个地形狭长的国家，位于南美洲的太平洋沿岸，其海岸线几乎相当于整个拉美太平洋海岸线的一半，是拉美面向亚太地区的主要窗口。南美的玻利维亚、巴拉圭等内陆国家都要寻找出海口，同时由于巴西的主要工业位于其大西洋沿岸，所以对于巴西西部的亚马逊地区、阿根廷北部地区以及秘鲁来说，它们的出口都对伊基克有巨大的依赖。中国企业如果能充分利用智利这一平台，可以提高对智利和整个拉美的出口量。

1975年，智利在海港城市伊基克市建立了自由贸易区，其2004年的总进口额为17.28亿美元，其中6.757亿美元来自中国，超过了美国、日本和韩国。伊基克市将在2005年7月建成南美第一个有能力接待大型“巴拿马客轮”的港口，届时可装载9 000个集装箱。智利政府规定，所有在伊基克设立的企业都享受同样的零关税待遇，同时还可以通过智利和其他国家的自由贸易协定，把商品销售到其他国家。鉴于智利是全世界签订双边自由贸易协定最多的国家之一，这意味着广大的市场。同时，如果中智签订自由贸易协定，中国公司还可以享受更低的关税水平和更好的优惠政策。

从目前来看，中智两国的经贸关系良好，对中国商人的歧视或者敌视态度在智利完全不存在。华人和当地居民共同促进了智利的发展，目前居住在智利的华人或者华裔完全融入了智利社会，因此中国商人会受到友好的对待。

中智双边经贸近年来发展迅速，2004 年中国已取代阿根廷，成为在美国之后的智利第二大贸易伙伴。智利的经济学家认为，如果中国和智利的博览会成功召开，中国在智利的贸易地位会在两年内超过美国。

但是，中国出口在智利的商品不全都由中国人经营，更多的是中国周边国家，如印度、印度尼西亚、马来西亚、巴基斯坦、韩国等国的商人在经营，因此有必要把经营渠道控制在华商手中。另外，目前的中国商品种类也有局限性，大部分是小商品。仅有的一些品牌商品如康佳电视等，在南美市场有良好的反馈，但是由于品牌宣传不够，未能最大程度发挥市场潜力。

同时中国商品也面临着和日本、韩国的激烈竞争。据悉，现在在南美市场上销售的许多日韩企业的产品，其实都是中国制造的。日韩企业在本地化方面做得相当成功，日本驻智利大使馆的商务处已经在伊基克设立办公室，韩国则采取加强文化宣传的政策，因为韩国电影在当地大受欢迎，他们通过文化宣传而减少了必要的广告支出。

以上这些因素都可能对中国商品出口智利产生负面影响。①

这则材料的核心内容就是介绍中国和智利两国关系的变化以及智利国内市场的特征，从而说明对于中国企业来说，拓展智利市场是基本可行的。这可以近似地看作是一则机会分析，所得出的结论是虽然直接说明了投资机会的存在，但并不肯定地认为技术项目一旦实施就能获得成功，也不估计技术项目如果实施，具体能获得多大的收益。

（二）*初步可行性分析*

初步可行性分析是在机会分析的基础上进行的，目的在于对技术项目的盈利性进行大致的估计，对这些估计的准确性也没有太高的要求，一般能达到 ±30% 即可。这个阶段主要研究的问题包括：

（1）将机会分析的结论细化，说明在特定的区域和时间，这种对于所有企业都有效的机会对于本企业也是有效的，并指出这种机会可以以什么方式转化为收益。

（2）对关键性的要素进行详细分析。而什么是关键性要素则取决于项目的性质，如果分析的是电子商务网站项目，关键性要素可能就是资本市场的发展状况以及风险资本的投资意愿，以及目标市场的真实性。若对石油开采项目进行分析，关键要素则可能是政策的限制、油矿资源的可获取性以及开采的技术难度等。

---

① 资料来源：刘波，21 世纪经济报道，2005 年 4 月 4 日

当然，初步可行性分析是介于机会分析和可行性分析之间的一个过渡阶段，对于一些信息较为充分、规模较小、复杂性较低的项目来说，这一阶段的分析可能省略。而对那些复杂性高、规模大、对决策准确性要求很高的项目来说，这个阶段是必不可少的。比如像三峡工程、奥运会场馆建设这样的工程，可行性分析中涉及的要素很多，利益主体很多，必须从不同的角度进行反复评估，因此需要采取多阶段、多角度论证的方式完成，其中一些较粗略，大致估计项目对某些利益主体带来的损益的分析就是初步可行性分析。

（三）可行性分析

可行性分析是基于机会分析和初步可行性分析中得出的初步结论，以及前两个阶段中收集到的信息和数据，对技术项目的进行详细规划和描述的阶段。这里的很多内容是对前两阶段所提框架的细化，比如在电子商务网站项目中，机会分析的结论是电子商务这个行业中存在大量的投资机会；初步可行性分析可能得出的结论与机会分析一致，但注意到了这个项目在筹集资金上的重要性，而且发现在国内资本市场为这个项目筹资非常困难，因此建议以国际上的风险投资公司为筹资对象；可行性分析就要对国际筹资渠道进行详细的说明，指国际筹资具体有哪几种渠道，从各种渠道获取资金的难度，以及筹资的成本分别是多少，最后对这些渠道进行比较，并明确说明将使用什么渠道筹资。

可行性分析最主要的特征是明确了可操作性。即可行分析中提出的方案必须明确，所涉及的资源必须具备，提出的操作程序、技术手段必须是可以达到的，正是从这个角度上，我们说可行性分析可以作为项目实施的指导手册和执行标准。

第二节　技术可行性分析

广义地讲，所谓技术就是将生产要素转化为产品或服务的特定方法，它不仅包括我们通常意义上说的生产技术，还包括企业管理或运营活动中的所有方法，如企业的组织结构、内部管理方式等，这些方法的选择和有效性同样可以影响到技术项目的经济效果。

一、技术方案选择

单纯从技术的角度分析项目的可行性时，核心的标准就是技术的可获取性，具体地说，技术的可获取性即是指实施技术的土地、原材料、人员、工艺标准、设备或装备等条件是否具备。此外，如果存在多种技术方案，技术可行性也会涉及方案的优化选择过程，因此也需要分析技术层面的技术选择标准。

（一）技术方案选择的内容

在不同类型的技术中，技术所包括的要素也不同，可获取性所要分析的重点也不同。一般而言，这些要素表现为以下几个方面：

1. 资源依赖

很多项目所使用的技术对自然资源的依赖性很强，尤其是一些需要大规模制造的项目，对土地、水等资源的要求很高。而另一些项目对劳动力要素的依赖性很强，劳动力的可获取性是项目成功与否的决定性因素。这种对资源条件的依赖性会主导技术项目的厂址选择、工艺流程设计等内容，从而影响运营成本。如对低廉土地的需要导致西方发达国家大规模将生产性的项目转移到我国沿海地区，而随着经济的增长和对土地需求的持续扩大，我国沿海地区的部分生产性项目又开始向内地转移。

在技术项目的可行性分析中，对资源的分析重点是考虑技术项目实施所需资源的种类及技术标准的实现对资源的依赖程度，从而决定开展技术项目的地理区域及厂址。如果技术项目属于劳动密集型行业，可能需要大量的劳动力，支付给劳动要素的报酬占项目总成本的比例很高，则应尽可能地考虑选择在劳动力成本较低的地区实施；同样，如果项目对高科技人才的需求量很大，则应选择在一些对高技术人才具有吸引力的地区实施。根据这种思路，对于那些对自然资源具有很强依赖性的技术项目，企业在地理位置和厂址的选择上就不存在灵活性，除非运输技术和效率大幅度地提升，致使资源的运输成本大幅度减少。如水电项目必然在具有丰富水力资源的江河边上进行，而一些对木材依赖性较强的行业如家具制造，虽然也应尽可能地在木材资源丰富的地区进行，但由于我国运输环境的改善，运输成本大幅度下降，使这些行业在地理位置和厂址的选择上具有了一定的灵活性。

2. 自然环境

技术项目可行性分析中自然环境的分析可以从两个方向上进行，其一是项目实施对自然环境的要求；其二则是项目的技术方案对自然环境的影响。前一个问题相对来说容易评价一些，一些技术项目中所使用的技术对空气质量、海拔高度、气候状况都有特殊要求，如微电子产品的生产对厂房所在位置的大气质量要求比较高，在可行性分析中只需要按需求选择合适的地理位置即可。而在分析技术方案对环境的影响时，由于这种影响的程度很难准确度量，因此可能导致错误决策。下面简单介绍一面技术方案的环境影响评估。

技术方案对自然环境的影响有两种情况，第一种情况表现为对自然环境的改善，如一些农林项目，但这样的项目很少，因此我们不重点分析。第二种情况表现为对自然环境的损害，即项目的实施对自然环境的质量产生负面的影响，这种影响又可以分为两大类，一类是指技术项目的实施会导致一些废弃物的排放，而且这种废弃物的所有排放超过了环境的自然净化能力，从而引起环境恶化；另一类是技术项目的实施会消耗大量的自然资源，致使自然资源的过度利用，危及经济和社会的可持续性发展。正是在这个意义上，世界上多数国家都通过立法来限制技术项目对环境的损害，对技术项目的开展规定了严格的环保标准，不达标的项目不允许实施，或者通过征收高额的税收来限制这些项目的开展。因此技术项目可行性分析中必须详细说明项目的实施可能对自然环境带来的影响，以及可能面临的政府的管制措施。这些影响可以从这样几个方面来评估：

（1）识别可能受影响的环境要素。一般情况下，这些要素包括地质、地貌、大气、水源、土壤、动植物、景观、其他人群。

（2）评估影响程度，判断这种影响是否可以恢复。

（3）如果可以恢复，则可以采取相应的措施进行补救。如对水资源消耗很大且污染严重的造纸项目，可以通过污水处理或者水资源的循环利用来减小其对环境的影响。

（4）如果对环境的影响很大且很难补救，且应分析能否找到替代技术。

3. 原材料供应

技术项目中原材料供应的目标在于将适量的原材料按计划的时间送到特定的地方，以保证生产作业的持续性。原材料供应不论是在时间、数量还是空间上发生错误，都将给技术项目的实施带来额外的损失。原材料供应的分析重点应考虑这样一些问题：

（1）市场上供应商所提供的原材料在品种、数量、质量和规格等方面能否满足企业的需要？以及，这种来自于市场的供应是否具有持续性？

（2）在计划的寿命周期内，技术项目是否会发生技术变革，从而导致其对原材料的需要发生相应的变化？

（3）如果来自原材料供应商的压力很大，市场上能否找到替代品？

（4）原材料的运输和储存有没有特殊的要求？

4. 技术工艺

工艺方案体现的是人与物的关系，即是将生产要素转化为产品的具体方法，不同的技术工艺水平对项目生产效率、产品质量和成本控制都具有很大的影响。而且，一旦项目的工艺方案确定了下来，人员的编组、设备的使用、厂房的布置以及对原材料的使用也就确定下来的，若可行性分析中的工艺方案不恰当而导致项目实施时不得不对其进行调整，则会引起管理混乱。在技术工艺分析中，我们应重点考虑以下问题：

（1）作业过程划分为多少种工艺？这种工艺划分对操作人员的要求怎样？

（2）工艺间流程是否合理，工艺在厂房中的布局是否能使原材料按最合理的方式流转？

（3）工艺划分所导致的各种操作岗位的设计是否合理？如果不合理，则可能导致各种岗位上的作业人员负荷不均，从而打击作业人员的工作积极性。

（4）工艺安排对厂房空间、动力和其他材料的需求能否得到满足？如果某些条件不具备，是否具有备选的工艺方案？

（5）所选工艺方案在设备、原材料以及能源等上的消耗是否是最低的？

（二）方案技术选择的准则

单纯从技术角度来看，达到项目的产出目标的技术方案可能很多，每种方案都有自己的特点，比如有些方案中使用的工艺先进，对操作人员的要求高，生产出来的产品质量高；有的方案工艺水平可能不算先进，但对原材料的要求不高，且节省能耗；还有的技术方案操作简单，不需对操作人员进行专业的培训，等等。要找出最合适的方案，就应遵循一定的准则。

1. 先进性与适用性相结合准则

在其他条件相同的情况下，技术项目应选择当前最先进的技术。技术先进的企业要么在生产效率上具有优势，生产单位产品的成本低，要么产品质量高，使产品具有差异化，在市场竞争中占据有利地位。但先进的技术往往需要支付高昂的费用才能获得，而且在使用过程中对原材料的要求很高，对操作人员的要求也很高，致使原材料成本和人工成本上升。所以可行性分析中必须对技术的水平进行权衡，兼顾先进性和适用性。

2. 技术的成熟性准则

项目中使用的技术应尽可能成熟，所选择的技术方案经实践证明是切实可行的，不需要在项目开始后进行太多的调试。在成熟性分析中还应注意技术方案的可移植性，即保证在其他企业运转得好的技术能够原样照搬到本企业中来，而不会因为生产条件、操作人员等因素的变化而变得不可行。

3. 安全性与可靠性准则

安全性主要指技术方案的运转不能对项目的其他要素带来损害，不能导致物料、设备或者人员的损伤。其中可靠性主要指技术的持续使用能力，即一旦技术方案选定，只要方案的所要求的物料、动力或空间等能得到满足，就能获得设想的效果。

4. 经济性准则

即选择投入产生比最小的技术方案，这里的投入是针对技术运转的全过程而言的，即既考虑了技术获取的技术，而考虑了保证技术得以实施的设备、厂房、人员、物料等耗费。技术的经济性与其获取方式密切相关，如果技术是自主开发的，则经济性准则重点是考虑实施技术过程的耗费，而如果技术是从外部获取，则必须考虑获取途径的有效性，从经营管理的角度看，从外部获取技术的途径包括：①直接购买；②技术人员的引进；③企业的兼并重组；④设备引进。企业可行这些方式的直接和间接成本来评估技术的经济性。

二、技术人员的获取

详细的可行性分析中除了说明技术项目在技术工艺上的方案选择和这种选择带来的设备、原材料等要素的需求以外，还应说明各种如何获取实施技术的人员，以及如何对这些人员进行组织和管理，以保证项目按计划执行。技术人员分析主要解决这样几个问题，第一，确保能够获得技术工艺所需要的人员，以使技术项目能顺利实施；第二，尽可能地降低使用技术人员所带来的成本；第三，使用最有效的方式来管理技术人员，确保技术人员能获得足够的激励，提高其工作积极性。此外，由于技术项目都有一定的存续期，在存续期内影响技术人员供求和效率的因素可能发生变化，如行业的快速发展导致对某类技术人员的需求剧烈增加，因而引起技术人员的薪资水平大幅度提高，增加项目运营的成本。因此在技术人员的分析中应对供求变化做一定的预测。

（一）技术人员需求分析

在技术项目的寿命周期内，影响项目技术人员需求的因素很多，有来自外部的环境类因素，也有来自企业内部的管理性因素。技术项目可行性分析中，对项目初期的人员需求可以在技术方案选定时直接给出。即一旦技术方案选定，其对技术实施中的各种人员，包括操作、管理、质检、库管、设备等各个环节的人员需求都有了确定评估。所以，这里所讲的技术人员的需求分析，重点是讨论技术项目未来的需求，也就是讨论技术项目寿命周期内可能导致技术人员需求发生变化的因素。这些因素可以分为两个方面，企业内部因素和外部环境因素。

从企业内部来看，导致技术人员需求变化的因素有这样一些：①出现了导致生产率变化的技术或管理方式方面的变化，生产率的提高和管理方式的改进都可以改变技术项目对技术人员的需求总量，还可能改变对技术人员专业能力的需求；②企业的扩张、紧缩或经营方向调整，技术项目在存续期内，企业的战略方向可能发生变化，导致项目的在企业战略中的重要性的变化，因此在人员需求方面也会发生变化；③技术人员的流动率，如果人员的流动率高，技术项目就可能需要面临着对技术人员的需求缺口；④技术人员的质量的改变，一般来说，技术人员的技能和熟练程度会随着技术项目的开展得到提高，从而提高生产效率，尤其是一些使用新技术的项目，技术人员的效率会随着时间的推移得到大幅度的提升，因此改变人员需求的状况；⑤技术项目的生命周期，一般来说，技术项目都要经历建设、运营和结束三个阶段，而运营又可以分为市场开拓、成长、成熟、衰退等阶段，这样一些依次演变的阶段就构成了技术项目的生命周期，在不同的阶段，技术项目对技术人员的需求量和专业要求都会有很大的不同。

从外部因素上看，以下这些情况可能会使技术项目对技术人员的需求发生变化。①市场需求量的变化，市场需求量的变化迫使企业改变生产计划，改变人员的需求量；②行业的成长与衰退，如果行业处于成长期，行业中的所有企业对技术人员的需求都很旺盛，从而导致技术项目所需技术人员的需求紧张，2000 年的互联网的繁荣而导致计算机技术人员的需求紧张就是典型的例子；③行业竞争状况，如果行业的竞争主要体现为产品的技术含量的竞争，或者行业竞争的重心是新技术、新产品的开发，则可能使行业对技术人员的需求被放大。

（二）供给分析

供给状况直接影响着技术项目获得技术人员的可能性和获得技术人员的代价大小，与需求分析一样，供给分析中除了应说明当前的供给情况以外，重点应分析技术项目存续期内供给状况的可能发生的变动。

影响技术人员供给的内部性因素主要在于企业对人才的培养，在项目运营期间，企业可以对非熟练工人或其他人员进行培训，提升其技术技能，提高技术人员的内部供给能力，也可以通过人力资源开发，即选送员工参加外部学习或有意识为其提供在职学习的机会，使其掌握项目技术知识，形成有效供给。

相对内部供给来说，技术人员的外部供给要复杂一些，劳动力市场的有效性、政府政策的引导或限制、经济发展的形式等都可能影响到技术人员的供给情况。发达的劳动力市场使企业搜索技术人员的供给信息变得容易，搜索的成本也较低，有利于技术人员的供给，而如果技术人员因为种种原因而不能自由流动，则会限制技术人员的供给，增加企业获得技术人员的成本。如我国的户籍制度阻碍了人员的流动，导致在某些行业，技术人员的供给总量虽然过剩，但在一些经济发达地区却表现为供不应求，致使企业的用人成本居高不下。从政府政策角度来看，如果政策鼓励教育和人力资本投资，整个社会的技术人员供给量将上升，我国近几年大力发展职业教育的措施就是为了提高整个社会的技术人才的供给量，以满足企业对技术工人的需求。经济发展形势也会影响到技术人员的供给，经济持续增长可以提高社会的就业率，改变劳动力市场的供求状况，使劳动力工资水平上升；反之，经济停滞或者衰退会导致失业率增加和劳动力成本下降。

第三节　经济可行性分析

从经济角度对技术项目可行性分析的本质是说明项目的盈利能力，盈利能力分析又来源于对收益成本的判断，因此经济可行性分析的重点在于说明可能产生收益或带来成本的各种事项，对这些事项的不确定性进行分析，然后估计收益和成本的具体数值，最终使用一系列的评价指标对项目的盈利前景做出预测。在不同性质的技术项目中，构成成本和收益的事项存在较大差异，在具体分析时应注意对这些事项进行有效识别。此外，对于同一个技术项目，如果评价的角度不同（企业角度和社会角度），构成成本和收益的事项也会不同，最终对项目可行性的判断也可能不同。技术项目的成本收益的构成、评价指标、不确定性分析等内容在前面已作了详细介绍，本节下面的内容主要分析技术项目经济评价的不同角度，并简单介绍一个在经济评价中常见的财务报表。

一、筹资分析

任何项目的开展都是建立在一定的资源基础之上的，包括我们前面提到的资金、技术水平、人力资源和一定的管理能力等。在这些资源中，资金的获取对技术项目的展开和成本都有着非常直接的影响，所以在技术项目可行性分析中，应对筹资可能性、筹资渠道以及各种筹资方式的成本进行详细的说明和规划。

对于处于市场经济体制中的技术项目来说，资金的筹集方式可以从大的方面分为两类，一类是内源性筹资，主要是将本企业的留存收益和折旧转化为投资；第二是外源性融资，主要指通过吸收其他经济主体的闲置资金。在技术项目的运营过程中，内源性筹资不需要实际对外支付利息或者股息，不会直接减少项目的现金流量；同时，由于资金来源于企业内部，不会发生融资费用，这就使得内源融资的成本要远远低于外源性筹资，成为企业首选的一种筹资方式。只有当内源性资金无法满足项目的资金需要时，企业才会转向外源性资金的筹集。一般而言，技术项目内源性融资能力的大小取决于企业的利润水平、资金使用效率、净资产规模和投资者预期等因素，所以技术项目可行性分析中应对这些因素进行分析，判断这种内源性资金能在多大程度上满足项目的资金需求，然后预测其对外源性资金的需求。

技术项目外源性资金的筹集方式包括股票筹集、债券筹资等直接筹资方式和政府财政拨款、银行贷款、商业信用等间接筹资方式。

（一）直接筹资方式

在直接筹资方式中，投资者和企业者之间约定给付投资者一定的投资回报，而投资者不直接参与企业的经营管理。目前主要的直接筹资方式有在资本市场上通过发行股票或公司债券向社会公开募集资金。

1. 股票筹资

这是典型的权益筹资方式，一般情况下，企业通过发行股票筹措的资金比较稳定，企业对这部分资金没有偿还义务，可以作长期性资产来使用。企业可以通过发行股票筹集资金用作技术项目的启动资金，购置固定资产或者补充项目的流动资金，对于保持技术项目运营的稳定性和业务的拓展都十分有利。其主要优点表现为：①没有固定利息负担，通过发行股票筹集资金时，企业不必向投资人承诺收益率，红利的派发视企业的经营战略、业务开展状况而定，而不受任何力量的强制。②没有固定到期日，不用偿还，筹资风险小，不会因为筹集而引发债务危机，从而不会带来破产威胁。③能增加公司的信誉，通过股票筹集资金会将企业转变为公共公司，提升企业的知名度。

股票型筹资方式的主要缺点为：①筹资方式受到的限制很多，多数国家对企业上市筹资的资格、程序等都有相当严格的规定，比如在我国，企业若想通过股票方式筹资，必须满足注册资本金、连续盈利能力等方面的条件。②筹资成本高，通过股票筹资往往需要支付高昂的中介费用，需要花费很长的时间去获取筹资资格。③容易分散控制权，股票筹资方式使企业演变为公众性公司，会在一定程度上分散经营决策权，影响决策的速度和经营的应变能力。

2. 债券融资

企业可以通过发行长期和短期债券为技术项目筹措资金，用于项目的启动、固定资产投资或弥补流动资金不足。由于存在较高的风险和成本，债券筹资方式一般要求企业使用于投资回报快、效益好的项目，而且在偿债期内就能够有相当的投资回报。许多国家对欲发行债券筹集资金的企业都有严格的限制，要求其有较好的资产质量和较大的资产规模，并要有良好的信用基础。在我国，和在股票市场筹集资金一样，由于资本市场不完善，各种金融机构运作不规范，缺乏完善的法律保障体系，企业通过债券市场为技术项目筹集资金也存在着不少问题。大部分的企业的信用程度都较差，社会信用制度还不健全，债券筹资的效率较低、成本较高。

3. 吸收直接投资

即定向寻找投资者的方式，主要包括寻找战略投资人、引入风险投资以及引入入伙人等。吸引直接投资的主要优点有：①有利于增强企业信誉，尤其是当投资来自于一些规模大、市场影响力强的企业，或者当资金来自于一些国际知名的投资银行或专业的风险投资机构时，都可以间接提升企业的公众信誉；②有利于增强技术项目运营的稳定性，直接投资的投资期限一般都比较长，而且在引入资金时，企业可以和投资方签订相应的协议，限制资金的自由退出；③有利于降低财务风险，因为多数直接投资都是一种权益投资，不会增加企业的债务，在一定程度上降低了企业的财务风险。引入直接投资的不足之处则表现为容易分散企业控制权，投资方往往要求派代表进驻企业，监督甚至直接管理项目的运行，会使企业丧失对技术项目的绝对控制权，在双方不能有效协调、相互配合的情况下，甚至可能导致技术项目的中途夭折。

（二）间接融资方式

1. 银行贷款

银行贷款是一种传统而又常见的筹资方式，主要包括各种短期和中长期贷款。贷款方式主要有抵押贷款、担保贷款和信用贷款等，其形式和程序随着国家的金融政策的变化而变化。理论上讲，银行信贷的资金来源于居民、企事业单位和政府机构的各类存款，银行只是一个将储蓄转化为投资的中继机构，所以把银行借贷叫作间接融资。对行技术项目的资金筹集来说，银行贷款的优点表现为：①筹资速度快；②筹资成本低；③借款弹性好。不足之处在于：①财务风险较大；②限制条款较多；③筹资数额有限。

近年来，随着我国金融服务领域的市场化和对外开放，民营银行逐渐发展壮大，特别是非国有股份为主的股份制商业银行的成立和发展从根本上解决了国有银行信贷体制不够灵活的问题。民营银行整体规模的不扩大，和外资银行在华业务的不断拓展，引起了中国金融格局的变化，给企业融资提供了一个更加便捷、规范的渠道，使企业通过银行贷款为技术项目筹资的效率和成本都得到了一定程度的改善。

2. 商业信贷

即利用企业之间发生的与商品交易直接相联系的信用进行间接的融资。主要表现为商品赊销、分期付款，以及以商品交易为基础的预付定金和预付货款。商业信用以商业票据作为债权债务证明，因此商业信用筹资也就是一种通过商业票据进行资金筹集的方式。这种资金筹集方式的优点表现为筹资便利方便灵活、筹资成本低、限制条件少等。但由此筹集的资金期限一般比较短，只能用于特定用途。

二、财务评价与国民经济评价

财务评价是指企业从自身损益的角度，按照国家现行财税制度，通过对技术项目的投资、费用和收益数据的收集和核算，使用相应的指标考察项目的盈利能力、偿债能力，从而判断项目的可行性。国民经济评价与财务评价在方法上基本相同，是从整个社会的角度，分析技术项目所带来的损益。导致这种评价上的差异的根本原因在于技术项目的外部性，即技术项目的存在与运行对企业之外的利益主体形成了影响，而从企业的角度计算的技术项目的成本与收益并不考虑这种影响，所以它与从社会角度计量的成本与收益存在差异。

（一）国民经济评价与财务评价差异的原因

1. 外部性

在传统的企业经济分析中，一般假设企业的投资经营活动是独立的，所以不考虑企业经营活动对其他利益主体的影响，因而也不讨论对这种影响的处置方式问题。然而，在现实生活中企业运营活动的外部性是普遍存在的，这种外部性可能表现为技术项目的运营为其他个人或者群体带来了额外的收益，比如说某企业在一苹果园附近设立了一个养蜂场，在收获蜂蜜的同时也提高了苹果园的产量，使苹果园的主人受益，因此养蜂项目的实际收益可能高于企业内部计算的收益；外部性的另一种情况表现为技术项目的运营给其他个人或群体带来的损失，典型的例子就是化工厂的设立可能导致附近水源的污染，致使附近居民饮水困难，如果这种困难可以量化，化工厂项目的总体成本可能远高于企业内部核算的成本。

2. 市场价格扭曲

即市场价格并未真实反映商品生产过程中对资源的消耗，没有反应商品的真实价值。造成扭曲的原因可能是政策性的，即由于政策限制带来市场的不完善，从而导致市场上物资或劳动力的价格并不能真实反映其价值，例如国际贸易中很多国家对进口商品设置了贸易壁垒，使得同样的商品在出口国和进口国的市场价格差别很大，一般来说这种商品在进口国的价格表现为市场价格，而出口国的价格是该商品在进口国的影子价格；造成商品市场价格扭曲的第二个原因是某些资源的贡献或者损耗难以度量，或者某些资源的获取没有支付直接成本，因此造成部分成本没有被计算到市场价格中来。例如某事业机构利用国家划拨的土地建造房屋进行销售，由于不计算土地成本，销售价格可能低于市场上同类商品的价格，则其销售价格不能反映所销售房屋的实际价值。

所以，在技术项目的可行性分析中，为了准确判断其经济可行性，除了使用前述的 NPV、IRR 等指标分析其内部的经济性外，还应对其进行国民经济评价。

（二）国民经济评价的方法——影子价格

1. 影子价格的概念

影子价格来自于运筹学中的线性规划理论，是在求解资源的最优配置时计算出的一组价格。从理论上讲，影子价格是对上面所说的被扭曲了的市场价格的修正，是对技术项目进行国民经济评价的基础，也是国民经济评价与财务评价方法的根本区别所在。影子价格的定义为：商品或生产要素可用量的任一边际变化对国家基本目标——国民收入增长的贡献值。这就是说，影子价格是由国家的经济增长目标和资源可用量的边际变化赖以产生的环境所决定的。从数值上讲，影子价格是指当社会处于某种最优市场状态下，能够反映社会劳动的消耗、资源稀缺程度和对最终产品需求情况的价格。

在技术项目评价中，为使社会资源能够合理配置和有效利用，就必须使价格能够真实反映其经济价值，这样才能正确计算项目的投入和产出的相应费用和收益，才能正确地进行收益和费用的比较。因此，在对技术项目进行国民经济评价时往往采用一种新的价格体系——影子价格体系，而财务评价主要使用市场价格或者按市场估价来核算成本和收益。

2. 影子价格的确定

国民经济虽然不能简单地采用交换价格，但是现实经济中的交换价格毕竟是对资源价格的一种评估，而且这种价格信息又是最大量、最丰富的存在于现实经济之中，所以获得影子价格的基本途径是以交换价格为起点，将交换价格调整为影子价格。

一般而言，对于技术项目来说，其投入物的影子价格就是项目所使用资源的机会成本，即资源用于国民经济其他用途时的边际产出价值，也即是指资源用于该项目而不能用于其他用途所放弃的边际收益；其产出品的影子价格就是消费者的支付意愿，即消费者为了获得某种商品或服务所愿意支付的代价。

对项目进行国民经济分析的着眼点是整个国民经济，因而确定影子价格的过程是对国民经济在生产、交换、分配和消费过程中的全部环节及其相互制约相互依赖关系的全面考察过程，因此，要正确确定商品和劳务等的影子价格是相当困难的，在考虑到社会资源可用量、政策变动及社会经济未来变动等各种不确定性因素的存在及影响，要精确测定影子价格是异常困难的。

在实践过程中，因为影子价格与市场价格的差异来源于市场价格的扭曲，而产生这种扭曲的原因包括国际贸易壁垒、国内市场障碍和非贸易品等，所以，根据简便适用性原则，我们把资源分为外贸品、非外贸品和生产要素（土地、资金和劳动力）三大类，然后采用相应的方法为其确定影子价格。对于非外贸品和生产要素，一般使用其机会成本作为影子价格，这里简单介绍一下使用国际市场价格作为影子价格的情况。

外贸品的定价基础是国际市场价格。虽然国际市场价格并非就是完全理想的价格，存在着诸如发达国家有意压低发展国家初级产品的价格，实行贸易保护主义，限制高技术向发展中国家转移以维持高技术产品的垄断价格等问题。但在国际市场上起主导作用的还是市场机制，各种商品的价格主要由于供需规律所决定，多数情况下不受个别国家和集团的控制，是在市场竞争中形成的，一般比较接近商品的真实价格。因此，按国际市场价格确定外贸货物的影子价格，不仅反映了一个从事国际贸易的国家面临的经济环境和约束条件的真实影响，而且也为正确确定外贸货物与非外贸货物之间的比价关系奠定了基础。利用国际市场价格作为影子价格的重要来源，使影子价格的确定真正变得相对简单和可行。

以国际市场价格确定影子价格的关键是区分外贸品与非外贸品，如果一种货物的投入或产出主要影响国家进出口水平，则应划分为外贸货物；如果主要影响国内供求关系，则应划分为非外贸货物。根据我国具体情况，区分外贸货物和非外贸货物，通常采用以下原则：

（1）直接进口的投入物和直接出口的产出物，应视为外贸货物。

（2）项目投入物和产出品中可以外贸而没有外贸的货物，按外贸货物处理。例如一个将国产原油作原料投入的化工项目，它所用的原油本来是可以出口的，因而这些原油就是可出口而没有出口的出口占用品。再如，由于全国小麦增产，将使小麦的进口数量减少，顶替进口的这些小麦就是本应进口而没有进口的进口替代品。

（3）非外贸货物就是指其生产或使用不影响国家出口或进口货物。符合下列情况货物。应视为非外贸货物：天然非外贸货物系指其使用和服务天然地限于国内，包括国内施工和商贸以及国内运输和其他国内服务；由于经济原因或政策原因不能外贸的货物，包括由于国家贸易政策和法令限制不能外贸的货物；国内生产成本加上到口岸的运输、贸易费用后的总费用高与离岸价格，致使出口得不偿失而不能出口和国外商品得到岸价格高于国内生产同样商品的经济成本，致使该商品也不能从国外进口。

（三）国民经济评价的内容

由于国民经济评价的主要目标是测算技术项目对资源的实际消费和为整个社会带来的实际价值，其分析的内容包括以下几个部分：

1. 收益分析

收益分析即用影子价格计算的技术项目的产出物价值。这种收益可能是直接的收益，也可能是间接的收益。主要包括：①项目向市场提供产品或服务以满足市场需求所带来的收益，一般情况下，这个数据与财务评价时的销售收入一致。应该注意的是只有当产出成功地销售出去才能算作收益，而生产出来没有销售出去，只是存放在仓库中的产出不能计为收益；②项目的开展所带来的资源利用效率的提高，也计入项目的收益中。例如农业机械化项目的开展使大量的农村劳动力转移出来，从事更高效率的工作，能使整个社会的产出水平得到提高。③项目开展带来的外部性收益，即项目为其他利益主体带来的收益。

2. 费用分析

费用分析即从整个社会的角度判断的技术项目开展所带来的损耗，包括：①项目建设和运营的全部费用，即财务评价中计算的成本和费用；②项目的资源消耗对社会的持续性发展带来的负面影响，如果国家以特别的税收（如资源税、燃油税等）将这种影响带来的损失内化到了技术项目内部，则这种影响会直接计入项目的财务分析成本，否则，在国民经济评价中应单独列项计算这种成本；③项目开展所带来的外部性损失，即项目的开展给其他利益主体带来的损害。如果企业没有通过谈判等方式向遭受损害的主体赔偿损失，即没有将这种损害的成本纳入到技术项目中来，则在国民经济评价中单独列项计算。

应该注意的是，有时候国民经济评价中的耗费和收益是无形的，或者是没有市场的，不存在一个完善市场确定的价格，因此不存在一个可供参照的数据作为国民经济评价的基础，所以很多时候只能以估计的成本和价格来对项目的经济性进行评价。这种估计的方法也因技术项目的特点而变，如在化工厂项目中，化工厂的建设与生产对周围居民的健康带来了损害，这种损害就应计入项目的成本中去，应该以项目的销售收入去补偿。但具体应该补偿多少呢？理论上讲，补偿的数据由居民受损害的程度来确定，但由于测定这种损害存在技术困难，以及居民为了在谈判中占据有利位置可能会故意隐瞒一部分信息，所以这个数据很难确定。因此国民经济评价中收益和成本的识别往往比财务评价困难得多。

（四）国民经济评价与财务评价的联系与区别

技术项目国民经济评价与财务评价在基本思路与方法都是一致的，这二种评价方法的联合使用有利于提高可行性分析的准确性。一般而言，项目的财务评价是国民经济评价的前提和基础，而国民经济评价是财务评价的升华和宏观要求。

1. 财务评价与国民经济评价间的联系

（1）二者的思路相同。无论是财务评价还是国民经济评价，其基本逻辑都是使用经济思维和经济方式对技术项目的可行性进行判断，都是为寻求最有利的投资项目或方案。

（2）二者评价基础相同。这两种评价方法都是对既定的技术内容，都是在完成了技术项目产品市场分析、生产建设方案拟定、投资估算及资金筹措等的基础上进行的，即二者所面对的客观内容是一致的。

（3）基本分析方法和主要评价指标类同。这两种方法都是围绕着一个估计的现金流序列展开的，都是以现金流量分析为主要分析方法，通过编制基本财务报表计算净现值、内部收益率等主要评价指标来判断技术项目的可行性。

2. 财务评价与国民经济评价的差异

虽然财务评价和国民经济评价有着很多的共同之处，但这两种方法毕竟是从不同的利益主体的角度衡量技术项目的价值，所以在对技术项目进行可行性分析时，这二者并不能相互替代。两种方法的主要差异体现在：

（1）评价的角度不同。财务评价是从企业角度分析评价项目的微观（市场）经济效益；国民经济评价是从国家（社会）角度分析评价项目的宏观经济效益。所以两种方法所得到的结论可能并不相同。

（2）效益、费用的含义和范围不同。财务评价是在企业经济核算范围之内进行的，它衡量的是项目的直接效益，并根据项目的实际收支确定其效益和费用，它不考虑企业生产经营活动的外部性问题，或者不会将外部性效果内化在技术项目中来；而国民经济评价将考察的范围拓展至整个社会，将技术活动提供给社会中所有利益主体的内容都归为收益，同时将给所有利益主体带来的耗费或损害都归为费用，因此，一般来说，国民经济评价中效益、费用的范围更为广泛。

（3）两种评价方法所使用的计算价格不同。财务评价一般采用的是市场价格、名义工资或名义汇率计算技术项目的费用和收益；而国民经济评价则采用能够反映资源真实经济价值的影子价格来计量项目的费用和效益，当某些收益或耗费的价格不可直接观测时，国民经济评价将考虑资源耗费的机会成本，而不是忽略不计。

此外，财务评价和国民经济评价的指标计算方法也有一定的差异，财务评价主要使用基准折现率来计算各项指标，基准折现率的值由最低期望收益率确定；而国民经济评价的主要判断依据是社会折现率。

由于技术项目经济可行性分析需要同时使用财务评价和国民经济评价两种方法，并且这两种方法得出的结果又很可能不一致，这就给技术项目可行性分析带来了一定的困难，所以必须明确当这两种方法得出的结果不一致时的处理办法，以便能准确无误地对项目进行取舍。通常情况下，当财务评价结论表明项目可行，而国民经济评价结论表明项目是不可行时，技术项目一般应予否定。当然此时也可以对企业制定一些限制性措施，例如当技术项目的国民经济评价主要是由于企业排放污水造成的时，可以强制企业引入污水处理设备、或者征收一定额度的排污税，在使用了这些矫正措施后，如果财务评价仍然表明项目可行，且国民经济评价也表明项目可行，则项目就可以通过可行性检验。

财务评价结论表明项目不可行，而国民经济评价结论表明项目是可行的，项目一般应受到支持。这种情况一般是由于技术项目的外部经济性引起的，技术项目的开展给企业本身带来的收益小于其为社会整体所带来的收益。所以社会应采取一些措施进行鼓励，例如贷款优惠、税收减免或优惠等，只要这些措施带来的成本低于技术项目给社会带来的额外收益，都不影响技术项目的可行性。

三、常见的财务评价报表及指标

（一）财务评价的内容与基本报表

1. 现金流量表

此表反映项目在计算期内现金流入和现金流出的情况，根据此表可以计算各年的净现金流量和累计净现金流量，它们是计算各种指标的基础。此表又分为三种情况：①全部投资财务现金流量表。即不分投资资金来源都作为项目的投资以考察全部投资的盈利，考察整个项目的盈利能力，又叫作项目财务现金流量表。②资本金财务现金流量表。在区分投资资金来源的基础上绘制该表，反映企业自由资金的盈利，也就是说视借贷资金为现金流出，以从企业财务的角度考察企业从项目中能获得的实际利益。③投资各方财务现金流量表，此时给出了投资各方收益率计算的基础。下面给出了一个全部投资现金流量表的示例：

表 10-1　　全部投资财务现金流量表　　（单位：万元）

序号	项目＼年份：	合计	计算期								
			1	2	3	4	5	6	…	n	
1	现金流入										
1.1	产品销售（营业）收入										
1.2	回收固定资产余值										
1.3	回收流动资金										
1.4	其他现金流入										
2	现金流出										
2.1	固定资产投资（含投资方向调节税）										
2.2	流动资金										
2.3	经营成本										
2.4	销售税金及附加										
2.5	所得税										
2.6	其他现金流出										
3	净现金流量（1-2）										
4	累计净现金流量										
5	所得税前净现金流量（3+2.5）										
	所得税前累计净现金流量										

注：1. 根据需要可在现金流入和现金流出栏里增减项目；
2. 生产期发生的更新投资作为现金流出可单独列项或列入固定资产投资项目中。

2. 损益表

损益表是反映项目的盈利和亏损情况的报表，通过每年的成本、收入、税收来计算各年的利润总额及其分配情况。投资利润率、投资利税率和资本金利润率等指标也是在此表的基础上计算出来的，其基本形式如下表所示：

表 10-2　　**损益表**　　（单位：万元）

序号	年份： 项目	合计	计算期								
			1	2	3	4	5	6	…	n	
1	产品销售（营业）收入										
2	销售税金及附加										
3	总成本费用										
4	利润总额（1-2-3）										
5	弥补以前年度亏损										
6	所得税										
7	税后利润（4-6）										
7.1	可供分配利润										
7.2	盈余公积金										
7.3	应付利润（股利分配）										
7.4	未分配利润										
	累计未分配利润										

3. 资金来源与运用表

项目能够每年正常的运营离不开每年的资金保证，所以通过编制资金来源与运用表来明确项目每期资金的来源与运用情况，从而保证项目寿命周期内项目资金运行的可行性。此表可以反映寿命周期内各年的资金短缺和盈余情况，从而为资金筹措方案和制定适宜的借款及偿还计划提供依据。见表 10-3。

表 10-3　　**资金来源与运用表**　　（单位：万元）

序号	年份： 项目	合计	计算期								
			1	2	3	4	5	6	…	n	
1	资金来源										
1.1	利润总额										
1.2	折旧费										
1.3	摊销费										
1.4	长期借款										
1.5	流动资金借款										
1.6	其他短期借款										
1.7	项目资本金										
1.8	其他										
1.9	回收固定资产余值										
1.10	回收流动资金										
2	资金运用										
2.1	固定资产投资（含投资方向调节税）										
2.2	建设期利息										
2.3	流动资金借款										
2.4	所得税										
2.5	应付利润										
2.6	长期借款本金偿还										
2.7	流动资金借款本金偿还										
2.8	其他短期借款本金偿还										
3	盈余资金										
4	累计盈余资金										

4. 资产负债表

该表反映项目在计算期内各年年末资产、负债及所有者权益增减变化及其对应关系。它表明项目在某个特定时期所拥有的资产和负担的债务以及所有者的权益。

资产是指任何具有现金价值的实物财产和权力，比如现金、存货、应收账款、房屋、车辆、设备工具等。资产并不仅仅是投资者投资所得，还可以通过赊购、借款购买等方式取得。

负债是指企业为使项目能够正常有效的运行而产生借款、赊购的行为时所欠下的需要日后偿还的债务，以及其他一些类型的支付，比如应付税款等。负债分为流动负债和长期负债两种，流动负债的偿付期为一年或一年以内，长期负债的偿付期为一年以上的债务。

所有者权益是指项目投资人对项目净资产的所有权。包括对项目的投入资本以及形成的资本公积金、盈余公积金与累计未分配利润等。

表 10-4 资产负债表 （单位：万元）

序号	年份 项目	合计	计算期								
			1	2	3	4	5	6	…	n	
1	资产										
1.1	流动资产										
1.1.1	应收账款										
1.1.2	存货										
1.1.3	货币资金										
1.1.4	累计盈余资金										
1.1.5	其他流动资产										
1.2	在建工程										
1.3	固定资产										
1.3.1	原值										
1.3.2	累计折旧										
1.3.3	净值										
1.4	无形及递延资产净值										
2	负债及所有者权益										
2.1	流动负债总额										
2.1.1	应付账款										
2.1.2	其他短期借款										
2.1.3	其他流动负债										
2.2	中长期借款										
2.2.1	中期借款										
2.2.2	长期借款										
	负债小计										
2.3	所有者权益										
2.3.1	资本金										
2.3.2	资本金公积金										
2.3.3	累计盈余公积金										
2.3.4	累计未分配利润										
计算指标：资产负债率、速动比率、流动比率											

（二）财务评价指标体系

1. 财务盈利指标体系

反映项目财务盈利能力的主要指标是财务内部收益率、财务净现值、财务净现值率、投资回收期、投资利润（税）率以及其他财务比率。这些都在前面的章节中详述，所以在此不再赘述。

2. 项目清偿能力分析

项目清偿能力分析主要考察计算期内各年的财务状况及清偿能力。用下列指标来反映。

（1）资产负债率

资产负债率是指负债总额与资产总额的比率，反映项目各年所面临的财务风险及偿债能力的静态指标。其计算公式为：

$$资产负债率=\frac{负债合计}{资产合计}\times 100\%$$

（2）借款偿还期

按照国家财政规定，结合项目的具体财务条件，以项目投产后可用于还款的资金来偿还建设投资国内借款本金和建设期利息（不包括已用自有资金支付的建设期利息）所需要的时间，从开始借款的年份算起。当偿还期满足贷款机构的要求期限时，则认为项目具有清偿能力。

$$I=\sum_{t=1}^{P_t} R_t$$

其中：

I：建设投资期内借款本金和建设期利息之和；

P_t：建设投资国内借款偿还期，从借款开始年计算；

R_t：第 t 年可用于还款的资金，包括税后利润、折旧金、摊销费及其他还款资金。

另外还可由资金来源与运用表和国内借款还本付息表的数据直接推出，常用“年”表示：

$$借款偿还期=(借款偿还后首次出现盈余的年份数)-开始借款年份+\frac{当年应偿还借款额}{当年可用于还款的资金额}$$

（3）流动比率

该指标能够反映项目每年偿还流动负债 能力，公式为：

$$流动比率=\frac{流动资产}{流动负债}\times 100\%$$

（4）速动比率

该指标是指流动资产总额中扣除存货后的余额与流动负债总额的比率。因为存货要变现受到许多不确定因素的影响，其变现能力较差，所以在流动资产中扣除它之后能更好地反映项目的清偿能力。公式为：

$$速动比率=\frac{流动资产总额-存货}{流动负债总额}\times 100\%$$

本章小结

技术项目的可行性（Feasibility）就是对影响项目的主要因素进行系统分析，从而评估实现既定目标的可能性的活动。从企业的内部来看，技术项目可行与否，归根结底受两个方面因素的约束：技术方面的约束和经济方面的约束。

所有对项目未来状况的设计与预测以及影响这种设计和预测的因素就构成了可行性分析的基本内容。这些内容既包括技术性的，也包括财务性或经济的，有时候还需要考虑运营和管理方面的因素。

对于同一个技术项目，如果评价的角度不同（企业角度和社会角度），技术项目的成本收益的构成、评价指标、不确定性分析等内容也不同，最终对项目可行性的判断也可能不同。所以在对技术项目进步经济评价时，需要从财务评价和社会经济评价两个角度入手。

思考与练习

1. 判断技术项目可行与否的标准是什么？

2. 若你是某移动通信集团公司的项目主管，请分析一下制约这个行业发展的宏观因素。

3. 什么是项目国民经济评价，它与财务评价有什么异同？

4. 在国民经济评价中，识别费用效益的原则是什么？与财务评价的原则有什么不同？

5. 技术项目的外部效果分为哪几种类型？根据你的判断，哪些外部效果需要列入国民经济评价中来？

6. 影响技术项目可行性的技术约束指的是什么，在分析时主要应注意哪些方面？

第十一章　项目后评价简介

内容提要

项目后评价是通过对已实施的项目进行全面的总结评价，力争从中汲取经验教训，改进和完善项目决策水平，达到提高投资效益的目的。在现代技术项目管理中，项目后评价是技术项目周期中最后阶段，也是项目全过程管理中不可或缺的重要环节。本章将简要介绍项目后评价的内涵、意义和原则，并介绍项目后评价中经常使用的一些科学方法，以及最终的评价报告的形成过程。

第一节　项目后评价概述

一、项目后评价的概念

项目后评价也称为项目后评估，是在项目建成投产后的某一阶段，依据实际发生的数据和资料，测算分析项目技术经济指标，通过与项目可行性分析报告等文件的对比分析，确定项目是否达到原计划和期望的目标，重新估算项目的财务、环境和社会等方面的效益，并总结经验教训的一项综合性工作。项目后评价 19 世纪 30 年代产生于美国，直到上个世纪 70 年代，才广泛地被许多国家和世界银行、亚洲银行等双边或多边援助组织用于世界范围的资助活动结果评价中。

简单地看，项目后评价是指对已经完成的项目或规划的目的、执行过程、效益、作用和影响所进行的系统的客观的分析。通过对投资活动实践的检查总结，确定投资预期的目标是否达到，项目或规划是否合理有效，项目的主要效益指标是否实现，通过分析评价找出成败的原因，总结经验教训，并通过及时有效的信息反馈，为未来项目的决策和提高完善投资决策管理水平提出建议，同时也为被评项目实施运营中出现的问题提出改进建议，从而达到提高投资效益的目的。因此，国务院国资委在2005年发布的《中央企业固定资产投资项目后评价工作指南》中指出，项目后评价一般是指项目投资完成之后所进行的评价，它通过对项目实施过程、结果及其影响进行调查研究和全面系统回顾，与项目决策时确定的目标以及技术、经济、环境、社会指标进行对比，找出差别和变化，分析原因，总结经验，汲取教训，得到启示，提出对策建议，通过信息反馈，改善投资管理和决策，达到提高投资效益的目的。

二、项目后评价的特点

项目后评价不同于技术项目或其他项目中的决策评估（即可行性分析）。由于评估时点的不同，它与项目前评估相比，具有如下特点：

（1）现实性。投资项目后评价分析研究的是项目的实际情况，是在项目投产的一定时期内，根据企业的实际经营结果，或根据实际情况重新预测数据，总结前评估的经验教训，提出实际可行的对策措施。项目后评价的现实性决定了其评估结论的客观可靠性。

（2）全面性。项目后评价不仅要分析项目的投资过程，还要分析其生产经营过程；不仅要分析项目的经济效益，还要分析其社会效益、环境效益。另外还需分析项目经营管理水平和项目发展的后劲和潜力，具有全面性。

（3）反馈性。项目后评价的目的是对现有情况进行总结和回顾，并为有关部门反馈信息，以利于提高投资项目决策和管理水平，为以后的宏观决策、微观决策和项目建设提供依据和借鉴。

（4）探索性。投资项目后评价要在分析企业现状的基础上，及时发现问题、研究问题，以探索企业未来的发展方向和发展趋势。

（5）合作性。项目后评价涉及面广、难度大，因此需要各方面组织和有关人员的通力合作，齐心协力才能做好后评价工作。

三、项目后评价与前评估的差别

（一）评估的侧重点不同

投资项目的前评估主要是以定量指标为主，侧重于项目的经济效益分析与评估，其作用是直接作为项目投资决策的依据。

后评价则要结合行政和法律、经济和社会、建设和生产、决策和实施等各方面的内容进行综合评估。是以现有事实为依据，以提高经济效益为目的，对项目实施结果进行鉴定，并间接作用于未来项目的投资决策，为其提供反馈信息。

（二）评估的内容不同

投资项目的前评估主要是对项目建设的必要性、可行性、合理性及技术方案和生产建设条件等进行评估，对未来的经济效益和社会效益进行科学预测；后评价除了对上述内容进行再评估外，还要对项目决策的准确程度和实施效率进行评估，对项目的实际运行状况进行深入细致的分析。

（三）评估的依据不同

投资项目的前评估主要依据历史资料和经验性资料，以及国家和有关部门颁发的政策、规定、方法、参数等文件；项目的后评价则主要依据建成投产后项目实施的现实资料，并把历史资料与现实资料进行对比分析，其准确程度较高，说服力较强。

（四）评估的阶段不同

投资项目的前评估是在项目决策前的前期阶段进行，是项目前期工作的重要内容之一，是为项目贷款决策提供依据的评估；后评价则是在项目建成投产后一段时间内（一般在投产2年后），对项目全过程的总体情况进行的评估。

总之，投资项目的后评价是依据国家政策、法律法规和制度规定，对投资项目的决策水平、管理水平和实施结果进行的严格检验和评估。在与前评估比较分析的基础上，总结经验教训，发现存在的问题并提出对策措施，促使项目更快更好地发挥效益。

四、项目后评价的意义

项目后评价是项目监督管理的重要手段，也是投资决策周期性管理的重要组成部分，是为项目决策服务的一项主要的咨询服务工作。项目后评价以项目业主对日常的监测资料和项目绩效管理数据库、项目中间评价、项目稽查报告、项目竣工验收的信息为基础，以调查研究的结果为依据进行分析评价，通常应由独立的咨询机构来完成。其意义表现在：

（1）确定项目预期目标是否达到，主要效益指标是否实现；查找项目成败的原因，总结经验教训，及时有效反馈信息，提高未来新项目的管理水平。项目后评价首先是一个学习过程，是在项目投资完成以后，通过对项目目的、执行过程、效益、作用和影响所进行全面系统地分析，总结正反两方面的经验教训，使项目的决策者、管理者和建设者学习到更加科学合理的方法和策略，提高决策、管理和建设水平。

（2）后评价具有透明性和公开性，能客观、公正地评价项目活动成绩和失误的主客观原因，比较公正地、客观地确定项目决策者、管理者和建设者的工作业绩和存在的问题，从而进一步提高他们的责任心和工作水平。项目后评价也是增强投资活动工作者责任心的重要手段。由于后评价的透明性和公开性特点，通过对投资活动成绩和失误的主客观原因分析，可以比较公正客观地确定投资决策者、管理者和建设者工作中实际存在的问题，从而进一步提高他们的责任心和工作水平。

（3）为项目投入运营中出现的问题提出改进意见和建议，达到提高投资效益的目的。后评价主要是为投资决策服务的。虽然后评价对完善已建项目、改进在建项目和指导待建项目有重要的意义，但更重要的是为提高投资决策服务，即通过评价建议的反馈，完善和调整相关方针、政策和管理程序，提高决策者的能力和水平，进而达到提高和改善投资效益的目的。

五、项目后评价的作用

不论是技术项目或其他项目的后评价对于提高项目决策的科学化水平和项目管理能力、监督项目的正常生产经营、降低投资项目的风险等方面都发挥着非常重要的作用。具体地说，项目后评价的作用主要表现在以下几个方面：

（1）总结投资建设项目管理的经验教训，提高项目管理水平。投资项目管理是一项十分复杂的综合性工作活动。它涉及主管部门、贷款银行、物资供应部门、勘察设计部门、施工单位、项目和有关地方行政管理部门等单位。

项目能否顺利完成并取得预期的投资经济效果，不仅取决于项目自身因素，而且还取决于这些部门能否相互协调、密切合作、保质保量地完成各项任务。投资项目后评价通过对已建成项目的分析研究和论证，较全面地总结项目管理各个环节的经验教训，指导未来项目的管理活动。

不仅如此，通过投资项目后评价，针对项目实际效果所反映出来的项目建设全过程（从项目的立项、准备、决策、设计实施和投产经营）各阶段存在的问题提出切实可行的、相应的改进措施和建议，可以促使项目更好地发挥应有的经济效益。同时，对一些因决策失误，或投产后经营管理不善，或环境变化造成生产、技术或经济状况处于困境的项目，也可通过后评价为其找出生存和发展的途径。

（2）提高项目决策的科学化水平。项目评估的质量关系到贷款决策的成败，前评估中所用的预测是否准确，需要后评价来检验。通过建立完善的项目后评价制度和科学的方法体系，一方面可以增强前评估人员的责任感，促使评估人员努力做好前评估工作，提高项目评估的准确性；另一方面可以通过项目后评价的反馈信息，及时纠正项目决策中存在的问题，从而提高未来项目决策的科学化水平。

（3）为国家制定产业政策和技术经济参数提供重要依据，对国家建设项目的投资管理工作起着强化和完善作用。通过投资项目的后评价，能够发现宏观投资管理中存在的某些问题，从而使国家可以及时地修正某些不适合经济发展的技术经济政策，修订某些已经过时的指标参数。同时，国家还可以根据项目后评价所反馈的信息，合理确定投资规模和投资方向，协调各产业、各部门之间及其内部的各种比例关系。

（4）为贷款银行部门及时调整贷款政策提供依据。通过开展项目后评价，及时发现项目建设资金使用过程中存在的问题，分析研究贷款项目成功或者失败的原因，从而为贷款银行调整信贷政策提供依据，并确保贷款的按期回收。

（5）对项目建设具有监督与检查作用，促使项目运营状态的正常化。项目后评价是在运营阶段进行的，因而可以分析和研究项目投产初期和达产时期的实际情况，比较实际情况与预测状况的偏离程度，探索产生偏差的原因，提出切实可行的措施，提高项目的经济效益和社会效益。

建设项目竣工投产后，通过项目后评价，针对项目实际效果所反映出来的从项目的设计、决策、实施到生产经营各个阶段存在的问题，提出相应的改进措施和建议，使项目尽快实现预期目标，更好地发挥效益。对于决策失误或者环境改变致使生产、技术或者经济等方面处于严重困境的项目，通过后评价可以为其找到生存和发展的途径，并为主管部门重新制定或优选方案提供决策的依据。

六、项目后评价的一般原则

投资项目是一个十分复杂的系统工程，是由多个可区别但又相关的要素组成的具有特定功能的有机整体，项目系统的整体功能就是要实现确定的项目目标。项目系统通过与外部环境进行信息交换及资源和技术的输入，通过实施完成，最后向外界输出其产品。同样，项目系统的各项状态参数随时间变化而产生动态变化。项目后评价的一般原则是：独立性、科学性、实用性、透明性和反馈性，重点是评价的独立性和反馈功能。

1. 独立性

独立性是指评价不受项目决策者、管理者、执行者和前评估人员的干扰，不同于项目决策者和管理者自己评价自己的情况。它是评价的公正性和客观性的重要保障。没有独立性，或独立性不完全，评价工作就难以做到公正和客观，就难以保证评价及评价者的信誉。为确保评价的独立性，必须从机构设置、人员组成、履行职责等方面综合考虑，使评价机构既保持相对的独立性又便于运作，独立性应自始至终贯穿于评价的全过程，包括从项目的选定、任务的委托、评价者的组成、工作大纲的编制到资料的收集、现场调研、报告编审和信息反馈。只有这样，才能使评价的分析结论不能带任何偏见，才能提高评价的可信度，才能发挥评价在项目管理工作中不可替代的作用。

2. 反馈功能

和项目前评估相比，后评价的最大的特点是信息的反馈。也就是说，后评价的最终目标是将评价结果反馈到决策部门，作为新项目立项和评估的基础，作为调整投资规划和政策的依据。因此，评价的反馈机制、手段和方法便成了评价成败的关键环节之一。国外一些国家建立了“项目管理信息系统”，通过项目周期各个阶段的信息交流和反馈，系统地为评价提供资料和向决策机构提供评价的反馈信息。

第二节　项目后评价的内容

一、项目后评价内容的变迁

在西方国家中（如美国、瑞典），早在20世纪三十年代就引入了项目后评价工作，主要应用于财政、审计及援外机构中所开展的项目中；到了20世纪70年代，项目后评估活动在西方国家中就已经很普及，并形成了一套相对成熟的管理体系和评价标准；目前，包括世界银行、亚洲开发银行和联合国教科文组织等世界组织都制定了详细的项目后评价（估）办法，并根据项目类别的差异分别开发出标准化的评估指标体系及执行意见，使项目后评价工作变得更加标准和规范。

（1）60年代以前，国际通行的项目评估和评价的重点是财务分析，以财务分析的好坏作为评价项目成败的主要指标。

（2）60年代，西方国家能源、交通、通讯等基础设施以及社会福利事业将经济评价（国内称国民经济评价）的概念引入了项目效益评价的范围。

（3）70年代前后，世界经济发展带来的严重污染问题引起人们广泛的重视，项目评价因此而增加了"环境评价"的内容。此后，随着经济的发展，项目的社会作用和影响日益受到投资者的关注。

（4）80年代，世行等组织十分关心其援助项目对受援地区的贫困、妇女、社会文化和持续发展等方面所产生的影响。因此，社会影响评价成为投资活动评估和评价的重要内容之一。

近几年国外援助组织多年实践的经验证明了机构设置和管理机制对项目成败的重要作用，于是又将其纳入了项目评价的范围。

二、项目后评价的范围

项目后评价的评价范围通常是依据项目的周期来划分的，主要包括针对项目前期决策、工程准备、建设实施、竣工投产等各个环节的评价。

1. 项目目标的后评价

在项目后评价中，项目目标和目的的评价的主要任务是对照项目可行性研究和评估中关于项目目标的论述，找出变化，分析项目目标的实现程度以及成败的原因，同时还应讨论项目目标的确定是否正确合理，是否符合发展的要求。项目目标评价包括项目宏观目标、项目建设目的等内容，通过项目实施过程中对项目目标的跟踪，发现变化，分析原因。项目目标和目的后评价，通过变化原因及合理性分析，及时总结经验教训，为项目决策、管理、建设实施信息反馈，以便适时调整政策、修改计划，为续建和新建项目提供参考和借鉴。同时可根据分析，为宏观发展方针、产业政策、价格政策、投资和金融政策的调整和完善提供参考依据。

2. 项目决策阶段的后评价

对项目前期决策阶段的后评价重点是对项目可行性研究报告、项目评估报告和项目批复批准文件的评价，即根据项目实际的产出、效果、影响，分析评价项目的决策内容，检查项目的决策程序，分析决策成败的原因，探讨决策的方法和模式，总结经验教训。

对项目可行性研究报告后评价的重点是项目的目的和目标是否明确、合理；项目是否进行了多方案比较，是否选择了正确的方案；项目的效果和效益是否可能实现；项目是否可能产生预期的作用和影响。在发现问题的基础上，分析原因，得出评价结论。

对项目评估（报告）的后评价是项目后评价最重要的任务之一。严格地说，项目评估报告是项目决策的最主要的依据，投资决策者按照评估意见批复的项目可行性研究报告是项目后评价对比评价的根本依据。因此，后评价应根据实际项目产生的结果和效益，对照项目评估报告的主要参数指标进行分析评价。对项目评估报告后评价的重点是：项目的目标、效益、风险。

对项目决策的后评价包括项目决策程序、决策内容和决策方法分析三部分内容：①项目决策程序分析。分析项目立项决策的依据和程序是否正确，是否存在先决策后立项、再评估，违背项目建设客观规律，执行错误的决策程序等。②项目决策内容评价分析。后评价应对照项目决策批复的意见和要求，根据项目实际完成或进展的情况，从投资决策者的角度，分析投入产出关系，评价决策的内容是否正确、能否实现，主要差别，分析原因。③项目决策方法分析。项目决策方法分析，包括决策方法是否科学、客观，有无主观臆断，是否实事求是，有无哗众取宠之心。

3. 项目准备阶段的后评价

对项目准备的后评价，包括项目勘察设计、采购招投标、投资融资、开工准备等方面的后评价。

对项目勘察设计的后评价要对勘察设计的质量、技术水平和服务进行分析评价。后评价还应进行两个对比，一是该阶段项目内容与前期立项所发生的变化，二是项目实际实现结果与勘察设计时的变化和差别，分析变化的原因，分析的重点是项目建设内容、投资概算、设计变更等。

项目的投资、融资方案直接影响到项目的效益和影响，特别是在现今中国的投资环境和条件下，后评价对项目融资的分析评价更有意义。项目后评价主要应分析评价项目的投资结构、融资模式、资金选择、项目担保和风险管理等内容。评价的重点是根据项目准备阶段所确定的投融资方案，对照实际实现的融资方案，找出差别和问题，分析利弊。同时还要分析实际融资方案对项目原定的目标和效益指标的作用和影响，特别是融资成本的变化，评价融资与项目的债务的关系和今后的影响。在可能的条件下，后评价还应分析是否项目可以采取更加合理经济的投融资方案。此外，项目贷款谈判也是融资的一个重要环节，谈判中的各种承诺关系重大的，也是后评价应该关注的方面。

对采购招投标工作的后评价，应该包括招投标公开性、公平性和公正性的评价，后评价应对采购招投标的资格、程序、法规、规范等事项进行评价，同时要分析该项目的采购招投标是否有更加经济合理的方法。

对项目开工准备的后评价是项目后评价工作的一部分，特别是项目建设内容、厂址、引进技术方案、融资条件等重大变化可能在此时发生，应注意这些变化及其可能产生对项目目标、效益、风险的影响。

4. 项目建设实施阶段的后评价

项目建设实施阶段的后评价包括：项目的合同执行情况分析，工程实施及管理，资金来源及使用情况分析与评价等。项目实施阶段的后评价应注意前后两方面的对比，找出问题，一方面要与开工前的工程计划对比，另一方面还应把该阶段的实施情况可能产生的结果和影响与项目决策时所预期的效果进行对比，分析偏离度。在此基础上找出原因，提出对策，总结经验教训。这里应该注意的是，由于对比的时点不同，对比数据的可比性需要统一，这也是项目后评价中各个阶段分析时需要重视的问题之一。

（1）合同执行的分析评价

合同是项目业主（法人）依法确定与承包商、供货商、制造商、咨询者之间的经济权利和经济义务关系，并通过签订的有关协议或有法律效应的文件，将这种关系确立下来。执行合同就是项目实施阶段的核心工作，因此合同执行情况的分析是项目实施阶段评价的一项重要内容，这些合同包括勘察设计、设备物资采购、工程施工、工程监理、咨询服务和合同管理等。项目后评价的合同分析一方面要评价合同依据的法律规范和程序等，另一方面要分析合同的履行情况和违约责任及其原因分析。

在工程项目合同后评价中，对工程监理的后评价是十分重要的评价内容。后评价应根据合同条款内容，对照项目实绩，找出问题或差别，分析差别的利弊，分清责任。同时，要对工程监理发生的问题可能对项目总体目标产生的影响加以分析，得出结论。

（2）工程实施及管理评价

建设实施阶段是项目建设从书面的设计与计划转变为实施的全过程，是项目建设的关键，项目单位应根据批准的施工计划组织设计，应按照图纸、质量、进度和造价的要求，合理组织施工，做到计划、设计、施工三个环节互相衔接，资金、器材、图纸、施工力量按时落实，施工中如需变更设计，应取得项目监理和设计单位同意，并填写设计变更、工程更改、材料代用报告，做好原始记录。对项目实施管理的评价主要是对工程的造价、质量和进度的分析评价，工程管理评价是指管理者对工程三项指标的控制能力及结果的分析。这些分析和评价可以从工程监理和业主管理两个方面进行，同时分析领导部门的职责。

（3）项目资金使用的分析评价

后评价对项目资金供应与运用情况分析评价是项目实施管理评价的一项重要内容。一个建设项目从项目决策到实施建成的全部活动，既是耗费大量活劳动和物化劳动的过程，也是资金运动的过程。建设项目实施阶段，资金能否按预算规定使用，对降低项目建设实施费用关系极大。通过对投资项目评价，可以分析资金的实际来源与项目预测的资金来源的差异和变化。同时要分析项目财务制度和财务管理的情况，分析资金支付的规定和程序是否合理并有利于造价的控制，分析建设过程中资金的使用是否合理，是否注意了节约、做到了精打细算、加速资金周转、提高资金的使用效率。

（4）项目竣工评价

项目后评价对项目竣工的评价应根据项目建设的实绩，对照项目决策所确定的目标、效益和风险等有关指标，分析竣工阶段的工作成果，找出差别和变化及其原因。项目竣工后评价包括项目完工评价和生产运营准备等。

三、项目后评价的基本内容

（一）项目的技术经济后评价

在投资决策前的技术经济评估阶段所做出的技术方案、工艺流程、设备选型、财务分析、经济评价、环境保护措施、社会影响分析等，都是根据当时的条件和对以后可能发生的情况进行的预测和计算的结果。随着时间的推移，科技在进步，市场条件、项目建设外部环境、竞争对手都在变化。为了做到知己知彼，使企业立于不败之地，就有必要对原先所做的技术选择、财务分析、经济评价的结论重新进行审视。

1. 项目技术后评价

技术水平后评价主要是对工艺技术流程、技术装备选择的可靠性、适用性、配套性、先进性、经济合理性的再分析。在决策阶段认为可行的工艺技术流程和技术装备，在使用中有可能与预想的结果有差别，许多不足之处逐渐暴露出来，在评价中就需要针对实践中存在的问题、产生的原因认真总结经验，在以后的设计或设备更新中选用更好、更适用、更经济的设备，或对原有的工艺技术流程进行适当的调整，发挥设备的潜在效益。

2. 项目财务后评价

项目的财务后评价与前评估中的财务分析在内容上基本是相同的，都要进行项目的盈利性分析、清偿能力分析和外汇平衡分析。但在评价中采用的数据不能简单地使用实际数，应将实际数中包含的物价指数扣除，并使之与前评估中的各项评价指标在评价时点和计算效益的范围上都可比。

在盈利性分析中要通过全投资和自有资金现金流量表，计算全投资税前内部收益率、净现值，自有资金税后内部收益率等指标，通过编制损益表，计算资金利润率、资金利税率、资本金利润率等指标，以反映项目和投资者的获利能力。清偿能力分析主要通过编制资产负债表、借款还本付息计算表，计算资产负债率、流动比率、速动比率、偿债准备率等指标，反映项目的清偿能力。

3. 项目经济后评价

经济后评价的内容主要是通过编制全投资和国内投资经济效益和费用流量表、外汇流量表、国内资源流量表等计算国民经济盈利性指标——全投资和国内投资经济内部收益率和经济净现值、经济换汇成本、经济节汇成本等指标，此外还应分析项目的建设对当地经济发展、所在行业和社会经济发展的影响，对收益公平分配的影响（提高低收入阶层收入水平的影响）、对提高当地人口就业的影响和推动本地区、本行业技术进步的影响等。经济评价结果同样要与前评估指标对比。

（二）项目的环境影响后评价

项目的环境影响后评价，是指对照项目前评估时批准的《环境影响报告书》，重新审查项目环境影响的实际结果。审核项目环境管理的决策、规定、规范、参数的可靠性和实际效果，实施环境影响评价应遵照国家环保法的规定，根据国家和地方环境质量标准和污染物排放标准以及相关产业部门的环保规定。在审核已实施的环评报告和评价环境影响现状的同时，要对未来进行预测。对有可能产生突发性事故的项目，要有环境影响的风险分析。如果项目生产或使用对人类和生态危害极大的剧毒的物品，或项目位于环境高度敏感的地区，或项目已发生严重的污染事件，那么，还需要提出一份单独的项目环境影响评价报告。环境影响后评价一般包括五部分内容：项目的污染控制、区域的环境质量、自然资源的利用、区域的生态平衡和环境管理能力。

（三）项目社会评价

社会评价是总结了已有经验，借鉴、吸收了国外社会费用效益分析、社会影响评价与社会分析方法的经验设计的。它包括社会效益与影响评价和项目与社会两相适应的分析。既分析项目对社会的贡献与影响，又分析项目对社会政策贯彻的效用，研究项目与社会的相互适应性，揭示防止社会风险，从项目的社会可行性方面为项目决策提供科学分析依据。

社会效益与影响是以各项社会政策为基础、针对国家与地方各项社会发展目标而进行的分析评价。其内容可分为 4 个方面、3 个层次。即项目对社会环境、自然与生态环境、自然资源以及社会经济 4 个方面的效益与影响评价，对国家、地区、项目 3 个层次的分析。一般项目对国家与地区（省、市）的分析可视为项目的宏观影响分析，项目与社区的相互影响分析可视为项目的微观影响分析。

项目与社会相互适应性分析以分析项目与当地社区的相互适应性为主，但大中型项目则还有适应国家、地方（省、市）发展重点的问题。这部分适应性分析的目的是：使项目与社会相适应，以防止发生社会风险，保证项目生存的持续性；使社会适应项目的生存与发展，以促进社会进步与发展。一般可包括如下内容：

项目的文化与技术的可接受性：分析项目是否适应当地人民的需求，当地人民在文化与技术上能否接受此项目，有无成本更低、效益更高、更易为当地人民接受的方案等。

项目存在社会风险的程度：项目有无社会风险，严重程度如何？干部与群众对项目有何反应？他们对项目的态度如何？有无不满或反对？特别是项目是否为贫困户、妇女与受损群众所接受，他们是否存在不满，采取什么措施防止社会风险。

受损群众的补偿问题：分析项目使谁受益，使谁受损，特别是有无脆弱群体受损？分析影响受益与受损的因素，研究如何防止效益流失与减少受损群众的数量以及如何补偿的措施等。

项目的参与水平：分析研究社区干部、群众参与项目各项活动的态度、要求，可能的参与水平，提出参与规划。

项目承担机构能力的适应性：分析项目承担机构的能力，是否需要采取措施提高其能力以适应项目的持续性，研究是否要建立非政府组织以协助项目承担机构工作，以及组织机构的发展等问题。

项目的持续性：主要是通过分析研究项目与社会的各种适应性，存在的社会风险等问题，研究项目能否持续实施，并持续发挥效益的问题。对影响项目持续性的各种社会因素，研究采取措施解决，以保证项目生存的持续性。

阅读材料：国务院国资委《中央企业固定资产投资项目后评价工作指南》中项目后评价的内容要求（2005 年 6 月发布）

（一）项目全过程的回顾

1. 项目立项决策阶段的回顾，主要内容包括：项目可行性研究、项目评估或评审、项目决策审批、核准或批准等。

2. 项目准备阶段的回顾，主要内容包括：工程勘察设计、资金来源和融资方案、采购招投标（含工程设计、咨询服务、工程建设、设备采购）、合同条款和协议签订、开工准备等。

3. 项目实施阶段的回顾，主要内容包括：项目合同执行、重大设计变更、工程“三大控制”（进度、投资、质量）、资金支付和管理、项目管理等。

4. 项目竣工和运营阶段的回顾，主要内容包括：工程竣工和验收、技术水平和设计能力达标、试生产运行、经营和财务状况、运营管理等。

（二）项目绩效和影响评价

1. 项目技术评价，主要内容包括：工艺、技术和装备的先进性、适用性、经济性、安全性，建筑工程质量及安全，特别要关注资源、能源合理利用。

2. 项目财务和经济评价，主要内容包括：项目总投资和负债状况；重新测算项目的财务评价指标、经济评价指标、偿债能力等。财务和经济评价应通过投资增量效益的分析，突出项目对企业效益的作用和影响。

3. 项目环境和社会影响评价，主要内容包括：项目污染控制、地区环境生态影响、环境治理与保护；增加就业机会、征地拆迁补偿和移民安置、带动区域经济社会发展、推动产业技术进步等。必要时，应进行项目的利益群体分析。

4. 项目管理评价，主要内容包括：项目实施相关者管理、项目管理体制与机制、项目管理者水平；企业项目管理、投资监管状况、体制机制创新等。

（三）项目目标实现程度和持续能力评价

1. 项目目标实现程度从以下四个方面进行判断：

项目工程（实物）建成，项目的建筑工程完工、设备安装调试完成、装置和设施经过试运行，具备竣工验收条件。

项目技术和能力，装置、设施和设备的运行达到设计能力和技术指标，产品质量达到国家或企业标准。

项目经济效益产生，项目财务和经济的预期目标，包括运营（销售）收入、成本、利税、收益率、利息备付率、偿债备付率等基本实现。

项目影响产生，项目的经济、环境、社会效益目标基本实现，项目对产业布局、技术进步、国民经济、环境生态、社会发展的影响已经产生。

2. 项目持续能力的评价，主要分析以下因素及条件：

持续能力的内部因素，包括财务状况、技术水平、污染控制、企业管理体制与激励机制等，核心是产品竞争能力。

持续能力的外部条件，包括资源、环境、生态、物流条件、政策环境、市场变化及其趋势等。

（四）经验教训和对策建议

项目后评价应根据调查的真实情况认真总结经验教训，并在此基础上进行分析，得出启示和对策建议，对策建议应具有借鉴和指导意义，并具有可操作性。项目后评价的经验教训和对策建议应从项目、企业、行业、宏观4个层面分别说明。

上述内容是项目后评价的总体框架。大型和复杂项目的后评价应该包括以上主要内容，进行完整、系统的评价。一般项目应根据后评价委托的要求和评价时点，突出项目特点等，选做一部分内容。项目中间评价应根据需要有所区别、侧重和简化。

第三节　项目后评价的实施

一、项目后评价的主要方法

（一）对比分析法

对比法是指导根据项目各阶段所预定的目标，从项目作用与影响、效果与效益、实施与管理、运营与服务等方面追踪对比和分析评价的方法。对比法可以分为前后对比和有无对比两种。通常情况下，对比分析法是把客观事物加以比较，以达到认识事物的本质和规律并做出正确的评价。对比分析法通常是把两个相互联系的指标数据进行比较，从数量上展示和说明研究对象规模的大小，水平的高低，速度的快慢，以及各种关系是否协调。

值得注意的是，在前后对比法的应用过程中，我们经常对项目实施以前和实施以后所出现的经济效益进行对比，认为其差别反馈了以项目实施前后为分界的经济效益变化情况。但这种方法并没有考虑在没有投资情况下区域内可能会发生的情况变化，因此对于项目投资而带来的效益的反映有可能出现不全面、不真实，甚至弄不清有哪些效益是因为有了项目才带来的。此外，前后对比法中还可以将项目前期的可行性研究和评估的预测结论，以及初步设计时的技术经济指标，与项目实际运行结果及在后评价时所做的新的预测结果相比较，以发现变化并分析原因。按照这种思路所得到的结论不反映项目产生的效益，而是用于揭示计划、决策和实施的质量。

（二）逻辑框架法（LFA）

逻辑框架法（LogicalFrameworkAPProach，LFA）也叫作逻辑框架结构矩阵法，是美国国际发展署于 1970 年提出的一种项目开发的工具，主要用于项目规划、实施、监督和评价。它可以对关键因素进行选择分析，并进行系统化的评价。逻辑框架法可用来总结一个项目的诸多因素（包括投入、产出、目的和宏观目标）之间的因果关系（如资源、活动产出），并评价其未来的发展方向（如目的、宏观目标）。采用逻辑框架法具体进行高速公路项目后评价时，可根据后评价的特点和项目的特征作一些调整，以适应不同项目评价的要求。

逻辑框架法的核心概念是事物的因果逻辑关系，即如果提供了某种条件，那么就会产生某种结果，这些条件包括事物内在的因素和事物所需要的外部因素。建立项目后评价逻辑框架的目的是依据实际资料，确立目标层次间的逻辑关系，用以分析项目的效率、效果、影响和持续性。见表 11-1：

表 11-1　　项目后评价逻辑框架表

项目描述	可客观验证的指标			原因分析		项目可持续能力
	原定指标	实现指标	差别或变化	内部原因	外部条件	
项目宏观目标						
项目直接目的						
产出/建设内容						
投入/活动						

LFA 立足于项目的发展和变化，认为项目的目标由下而上形成了三个垂直逻辑

关系。第一级是如果保证一定的资源投入，并加以很好的管理，则预计有怎样的产出；第二级是项目的产出与社会或经济的变化之间的关系；第三级是项目的目的对地区或国家更高层次目标贡献关联性。每个层次的目标水平方向的逻辑关系则由验证指标、验证方法和重要的假定条件所构成，从而形成了4x4的逻辑框架。其水平逻辑的三项内容主要包括：

（1）客观验证指标，包括数量、质量、时间及人员。后评价时，每项指标应具有三个数据，即原来预测值、实际完成量、预测和实际间变化和差距值；

（2）验证方法，包括主要资料来源和验证所采用的方法；

（3）重要的假定条件，指可能对项目的进展或成果产生影响，而项目管理者又无法控制的外部条件，即风险。项目假定条件很多，一般应选定其中几个最主要的因素作为假定的前提条件。

（三）成功度法

成功度评价法也就是通常所称专家打分的方法。成功度评价是依靠评价专家或专家组的经验，综合后评价中各项指标的评价结果，对项目的成功程度做出定性的结论。它是以用逻辑框架法分析的项目目标的实现程度和经济效益分析的评价结论为基础，以项目的目标和效益为核心所进行的全面系统的评价。

项目评价的成功度可分为从“非常成功”到“非常不成功”五个等级。在评价具体项目的成功度时，评价人员首先根据具体项目的类型和特点，罗列出可能用于本项目评价的各种指标，并比较指标与项目的相关程度，把它们分为“重要”、“次重要”、“不重要”三类，对“不重要”的指标就不用测定，只需测定重要和次重要的指标内容，一般的项目实际需测定的指标在10项左右。然后对项目在各个指标上的表现按五级评价法给出其在每个指标上的得分。在具体操作时，项目评价组成员每人填好一张表后，对各项指标的取舍和等级进行内部讨论，或经过必要的数据处理，形成评价组的成功度表，再把结论写入评价报告。

三、项目后评价工作程序

1. 接受后评价任务、签订工作合同或评价协议

项目后评价单位接受和承揽到后评价任务委托后，首要任务就是与业主或上级签订评价合同或相关协议，以明确各自在后评价工作中的权利和义务。

2. 成立后评价小组、制定评价计划

项目后评价合同或协议签订后，后评价单位就应及时任命项目负责人，成立后评价小组，制订后评价计划。项目负责人必须保证评价工作客观、公正，因而不能有业主单位的人兼任；后评价小组的成员必须具有一定的后评价工作经验；后评价计划必须说明评价对象、评价内容、评价方法、评价时间、工作进度、质量要求、经费预算、专家名单、报告格式等。

3. 设计调查方案、聘请有关专家

调查是评价的基础，调查方案是整个调查工作的行动纲领，它对于保证调查工作的顺利进行具有重要的指导作用。一个设计良好的社会调查方案不但要有调查内容、调查计划、调查方式、调查对象、调查经费等内容，还应包括科学的调查指标体系，因为只有用科学的指标才能说明所评项目的目标、目的、效益和影响。

每个评价项目都有其自身的专业特点，评价单位不可能事事依靠内部专家，还必须从社会上聘请一定数量的专家参加调查评价工作。

4. 阅读文件、收集资料

对于一个在建或已建项目来说，业主单位在评价合同或协议签订后，都要围绕被评项目给评价单位提供材料。这些材料一般称为项目文件。评价小组应组织专家认真阅读项目文件，从中收集与未来评价有关的资料。如项目的建设资料、运营资料、效益资料、影响资料，以及国家和行业有关的规定和政策等。

5. 开展调查、了解情况

在收集项目资料的基础上，为了核实情况、进一步收集评价信息，必须去现场进行调查。一般地说，去现场调查需要了解项目的真实情况，不但要了解项目的宏观情况，而且要了解项目的微观情况。宏观情况是项目在整个国民经济发展中的地位和作用，微观情况是项目自身的建设情况、运营情况、效益情况、可持续发展以及对周围地区经济发展、生态环境的作用和影响等。

6. 分析资料、形成报告

在阅读文件和现场调查的基础上，要对已经获得的大量信息进行消化吸收，形成概念，写出报告。需要形成的概念是，项目的总体效果如何？是否按预定计划建设或建成，是否实现了预定目标，投入与产出是否成正函数关系；项目的影响和作用如何？对国家、对地区、对生态、对群众各有什么影响和作用；项目的可持续性如何；项目的经验和教训如何等。

对被评项目的认识形成概念之后，便可着手编写项目后评价报告。项目后评价报告是调查研究工作最终成果的体现，是项目实施过程阶段性或全过程的经验教训的汇总，同时又是反馈评价信息的主要文件形式。对评价报告的编写总的要求是：

（1）后评价报告的编写要真实反映情况，客观分析问题，认真总结经验。为了让更多的单位和个人受益，评价报告的文字要求准确、清晰、简练，少用或不用过分专业化的词汇。评价结论要与未来的规划和政策的制定联系起来。为了提高信息反馈速度和反馈效果，让项目的经验教训在更大的范围内起作用，在编写评价报告的同时，还必须编写评价报告摘要。

（2）后评价报告是反馈经验教训的主要文件形式，为了满足信息反馈的需要，便于计算机输录，评价报告的编写需要有相对固定的内容格式。被评价的项目类型不同，评价报告所要求书写的内容和格式也不完全一致。

7. 提交后评价报告、反馈信息

后评价报告草稿完成后，送项目评价执行机构高层领导审查，并向委托单位简要通报报告的主要内容，必要时可召开小型会议研讨有关分歧意见。项目后评价报告的草稿经审查、研讨和修改后定稿。正式提交的报告应有“项目后评价报告”和“项目后评价摘要报告”两种形式，根据不同对象上报或分发这些报告。

阅读材料：常见的项目后评价指标集

1 投资环境

1.1　宏观经济（国内生产总值、进出口总额、汇率、财政收入、物价指数、固定资产投资）

1.2　产业结构（一、二、三产业结构，同一行业内不同产品的结构）

1.3　产业政策（配额、价格补贴、转移支付）

1.4　产业技术进步（产品质量提高速度、技术进步周期、高技术产品生命周期、新产品研发周期）

1.5　融资环境（资金市场、利率、信贷政策）

1.6　项目产出市场环境（市场总容量、目标市场容量、竞争对手成本、产出价格、市场周期）

1.7　项目投入市场环境（资源量、主要投入供给量、主要投入价格、市场周期）

1.8　国际贸易（国际市场、产出与投入的进出口量、关税税率）

1.9　运输条件（原料与产品运输方式、条件与运距）

2 工程技术

2.1　产出规模（设计能力、实际产出能力）

2.2　选址及总图（地质条件、地理条件、厂区布局）

2.3　技术或工艺路线（合理性、可靠性、先进性、适应性、试车成功率）

2.4　主要设备（标称性能指标、实际达到指标）

2.5　基础（配套）设施（水、电、气、热、路、讯、网）

2.6　施工（设计变更、进度、工程造价控制、施工记录）

2.7　工程质量（监理报告、工程竣工验收、试运行报告、施工企业质量管理体系）

2.8　产品质量（产品检验报告、生产企业质量管理体系、产品质量认证）

2.9　污染排放（污染排放标准、污染实际排放量）

2.10 节能（设计能耗指标、实际耗能指标）

2.11 节水（设计用水标准、实际用水指标、水循环使用率、中水使用量）

2.12 工期（开工日期、完工日期、计划工期、）

3 采购与支付

3.1　采购（设计招标、咨询招标、施工招标、监理招标、采购合同）

3.2　支付（合同执行验证、监理报告、支付记录）

4 财务与经济

4.1　项目级指标

4.1.1 财务指标

投资费用（总投资、建设投资［土建与设备］、预备费、财务费用、资本金比例）

融资（资金结构、借款利率、资金成本、外资借款融资费用、债务担保）

资金使用（长期借款总额及分年用款计划、长期借款还款计划与实际还款额、短期借款）

市场指标（产品市场价格、目标市场销量）

运营期财务指标（单位产出成本与价格、年均收入、年均利润、年均税金、借款偿还期、利息备付率、偿债备付率、资产负债率）

折现财务盈利指标（财务内部收益率、净现值、财务折现率）

非折现财务盈利指标（投资回收期、总投资报酬率、权益资金净利润率）

4.1.2．经济指标

经济费用与收益因素

经济费用与效益量化与货币化

经济盈利能力指标（内部收益率、经济折现率）

4.2　企业级指标（资产结构、债务结构、企业竞争力、利润水平、资产增值、对外投资总额、对外投资结构、对外投资收益、企业银行信用等级）

4.3　财政指标（流转税、所得税、物业税和资源税税率、财政对项目的补贴、项目国家资本金数量及占资本金总量的比例）

4.4　目标群体财务指标（人均支出、收入、土地、房产、生产资料等）

5 费用效果

5.1　单位效果（效能）的费用

5.2　单位费用的效果（效能）

6 环境与生态

6.1　环境容量（水环境容量、空气环境容量）

6.2　环境控制指标及实际达标情况（空气质量标准、水质标准、噪声控制标准、振动控制标准、固体废弃物指标、辐射污染标准、光污染标准，项目实施过程中及项目完工后以上指标的实际值）

6.3　生态指标（物种数量、水土保持、植被保护、土壤改良等指标项目前及项目后的实际值、）

6.4　文化及自然遗产保护

6.5 环境影响货币化

6.6 环境治理与保护投资

7 卫生与健康

7.1 卫生指标（发病率、治愈率、传染病感染率、医疗废弃物处理、危险及有毒化学物标准）

7.2 卫生环境指标的货币化

7.3 健康指标（死亡率、平均寿命、增加的寿命年限、病残调整寿命年限、质量调整的寿命年限）

7.4 卫生与健康投资

8 安全生产

8.1 安全生产指标（有毒有害气体泄漏标准、易燃易爆物体存放标准、防尘标准、防噪标准、万吨产量死亡率）

8.2 消防指标

8.3 安全生产投资

9 社会环境

9.1 利益相关群体（受益群体及数量、受损群体及数量、对项目有决定性影响的群体）

9.2 社会性别与平等发展机会

9.3 少数民族平等或优先发展机会

9.4 移民和拆迁（移民人口数量、安置计划、安置率、生计水平、发展机会）

9.5 项目区贫困人口数量

9.6 最低生活保障线

9.7 移民社区环境改变

9.8 项目移民总投资、移民人均投资

10 假设与风险

10.1 假设（因素识别、发生的概率、假设条件的下限）

10.2 风险（因素识别、发生的概率、造成不利影响的程度、可容忍风险因素的上限）

11 组织管理

11.1 前期程序与手续（相关程序）

11.2 招投标（设计、施工、监理）

11.3 工程合同管理

11.4 施工组织与管理

11.5 采购（招标程序、招标公开度、公平性、合同签订与履行）

11.6 支付（支付制度、支付计划、实际执行）

11.7 机构（组织评价、机制评价、管理制度）

11.8　项目管理程序
11.9　主要领导人员素质及成就评价
11.10　领导集体能力评价
12 监督
12.1　项目内部监督机构与机制
12.2　项目外部监督机构与机制
12.3　企业内部监督机构与机制
12.4　企业外部监督机构与机制
12.5　利益相关群体监督机制（目标群体）
12.6　法律允许的其他监督（审计、稽查、听证）
13 项目周期管理信息系统
13.1　工程技术信息
13.2　经济信息
13.3　环境生态信息
13.4　社会发展信息
13.5　风险信息
13.6　管理信息
13.7　监督信息
以上所有信息的记录、保存、加工处理、检索、报告、网络传输能力
14 项目目标
14.1　项目宏观目标
14.2　项目具体目的

附录 1　资金等值计算系数

附表一

资金等值计算系数（i=0.01）									
N	单一现金流量		等额系列流量				增量系列现金流量		N
	终值	现值	终值	现值	偿债基金	资金回收	等额序列	现值	
	F/P	*P/F*	*F/A*	*P/A*	*A/F*	*A/P*	*A/G*	*P/G*	
1	1.010	0.990 1	1.000	0.990	1.000 0	1.010 0	0.000	0.000	1
2	1.020	0.980 3	2.010	1.970	0.497 5	0.507 5	0.498	0.980	2
3	1.030	0.970 6	3.030	2.941	0.330 0	0.340 0	0.993	2.921	3
4	1.041	0.961 0	4.060	3.902	0.246 3	0.256 3	1.488	5.804	4
5	1.051	0.951 5	5.101	4.853	0.196 0	0.206 0	1.980	9.610	5
6	1.062	0.942 0	6.152	5.795	0.162 5	0.172 5	2.471	14.321	6
7	1.072	0.932 7	7.214	6.728	0.138 6	0.148 6	2.960	19.917	7
8	1.083	0.923 5	8.286	7.652	0.120 7	0.130 7	3.448	26.381	8
9	1.094	0.914 3	9.369	8.566	0.106 7	0.116 7	3.934	33.696	9
10	1.105	0.905 3	10.462	9.471	0.095 6	0.105 6	4.418	41.843	10

附表一(续)

资金等值计算系数（i=0.01）									
11	1.116	0.896 3	11.567	10.368	0.086 5	0.096 5	4.901	50.807	11
12	1.127	0.887 4	12.683	11.255	0.078 8	0.088 8	5.381	60.569	12
13	1.138	0.878 7	13.809	12.134	0.072 4	0.082 4	5.861	71.113	13
14	1.149	0.870 0	14.947	13.004	0.066 9	0.076 9	6.338	82.422	14
15	1.161	0.861 3	16.097	13.865	0.062 1	0.072 1	6.814	94.481	15
16	1.173	0.852 8	17.258	14.718	0.057 9	0.067 9	7.289	107.273	16
17	1.184	0.844 4	18.430	15.562	0.054 3	0.064 3	7.761	120.783	17
18	1.196	0.836 0	19.615	16.398	0.051 0	0.061 0	8.232	134.996	18
19	1.208	0.827 7	20.811	17.226	0.048 1	0.058 1	8.702	149.895	19
20	1.220	0.819 5	22.019	18.046	0.045 4	0.055 4	9.169	165.466	20
21	1.232	0.811 4	23.239	18.857	0.043 0	0.053 0	9.635	181.695	21
22	1.245	0.803 4	24.472	19.660	0.040 9	0.050 9	10.100	198.566	22
23	1.257	0.795 4	25.716	20.456	0.038 9	0.048 9	10.563	216.066	23
24	1.270	0.787 6	26.973	21.243	0.037 1	0.047 1	11.024	234.180	24
25	1.282	0.779 8	28.243	22.023	0.035 4	0.045 4	11.483	252.894	25
26	1.295	0.772 0	29.526	22.795	0.033 9	0.043 9	11.941	272.196	26
27	1.308	0.764 4	30.821	23.560	0.032 4	0.042 4	12.397	292.070	27
28	1.321	0.756 8	32.129	24.316	0.031 1	0.041 1	12.852	312.505	28
29	1.335	0.749 3	33.450	25.066	0.029 9	0.039 9	13.304	333.486	29
30	1.348	0.741 9	34.785	25.808	0.028 7	0.038 7	13.756	355.002	30

附表一（续）

资金等值计算系数（i=0.02）									
N	单一现金流量		等额系列流量				增量系列现金流量		N
	终值	现值	终值	现值	偿债基金	资金回收	等额序列	现值	
	F/P	*P/F*	*F/A*	*P/A*	*A/F*	*A/P*	*A/G*	*P/G*	
1	1.020	0.980 4	1.000	0.980	1.000 0	1.020 0	0.000	0.000	1
2	1.040	0.961 2	2.020	1.942	0.495 0	0.515 0	0.495	0.961	2
3	1.061	0.942 3	3.060	2.884	0.326 8	0.346 8	0.987	2.846	3
4	1.082	0.923 8	4.122	3.808	0.242 6	0.262 6	1.475	5.617	4
5	1.104	0.905 7	5.204	4.713	0.192 2	0.212 2	1.960	9.240	5
6	1.126	0.888 0	6.308	5.601	0.158 5	0.178 5	2.442	13.680	6
7	1.149	0.870 6	7.434	6.472	0.134 5	0.154 5	2.921	18.903	7
8	1.172	0.853 5	8.583	7.325	0.116 5	0.136 5	3.396	24.878	8
9	1.195	0.836 8	9.755	8.162	0.102 5	0.122 5	3.868	31.572	9
10	1.219	0.820 3	10.950	8.983	0.091 3	0.111 3	4.337	38.955	10
11	1.243	0.804 3	12.169	9.787	0.082 2	0.102 2	4.802	46.998	11
12	1.268	0.788 5	13.412	10.575	0.074 6	0.094 6	5.264	55.671	12
13	1.294	0.773 0	14.680	11.348	0.068 1	0.088 1	5.723	64.948	13
14	1.319	0.757 9	15.974	12.106	0.062 6	0.082 6	6.179	74.800	14
15	1.346	0.743 0	17.293	12.849	0.057 8	0.077 8	6.631	85.202	15
16	1.373	0.728 4	18.639	13.578	0.053 7	0.073 7	7.080	96.129	16
17	1.400	0.714 2	20.012	14.292	0.050 0	0.070 0	7.526	107.555	17
18	1.428	0.700 2	21.412	14.992	0.046 7	0.066 7	7.968	119.458	18
19	1.457	0.686 4	22.841	15.678	0.043 8	0.063 8	8.407	131.814	19
20	1.486	0.673 0	24.297	16.351	0.041 2	0.061 2	8.843	144.600	20
21	1.516	0.659 8	25.783	17.011	0.038 8	0.058 8	9.276	157.796	21
22	1.546	0.646 8	27.299	17.658	0.036 6	0.056 6	9.705	171.379	22
23	1.577	0.634 2	28.845	18.292	0.034 7	0.054 7	10.132	185.331	23
24	1.608	0.621 7	30.422	18.914	0.032 9	0.052 9	10.555	199.630	24
25	1.641	0.609 5	32.030	19.523	0.031 2	0.051 2	10.974	214.259	25
26	1.673	0.597 6	33.671	20.121	0.029 7	0.049 7	11.391	229.199	26
27	1.707	0.585 9	35.344	20.707	0.028 3	0.048 3	11.804	244.431	27
28	1.741	0.574 4	37.051	21.281	0.027 0	0.047 0	12.214	259.939	28
29	1.776	0.563 1	38.792	21.844	0.025 8	0.045 8	12.621	275.706	29
30	1.811	0.552 1	40.568	22.396	0.024 6	0.044 6	13.025	291.716	30

附表一（续）

资金等值计算系数（i=0.03）									
N	单一现金流量		等额系列流量				增量系列现金流量		N
	终值	现值	终值	现值	偿债基金	资金回收	等额序列	现值	
	F/P	*P/F*	*F/A*	*P/A*	*A/F*	*A/P*	*A/G*	*P/G*	
1	1.030	0.970 9	1.000	0.971	1.000 0	1.030 0	0.000	0.000	1
2	1.061	0.942 6	2.030	1.913	0.492 6	0.522 6	0.493	0.943	2
3	1.093	0.915 1	3.091	2.829	0.323 5	0.353 5	0.980	2.773	3
4	1.126	0.888 5	4.184	3.717	0.239 0	0.269 0	1.463	5.438	4
5	1.159	0.862 6	5.309	4.580	0.188 4	0.218 4	1.941	8.889	5
6	1.194	0.837 5	6.468	5.417	0.154 6	0.184 6	2.414	13.076	6
7	1.230	0.813 1	7.662	6.230	0.130 5	0.160 5	2.882	17.955	7
8	1.267	0.789 4	8.892	7.020	0.112 5	0.142 5	3.345	23.481	8
9	1.305	0.766 4	10.159	7.786	0.098 4	0.128 4	3.803	29.612	9
10	1.344	0.744 1	11.464	8.530	0.087 2	0.117 2	4.256	36.309	10
11	1.384	0.722 4	12.808	9.253	0.078 1	0.108 1	4.705	43.533	11
12	1.426	0.701 4	14.192	9.954	0.070 5	0.100 5	5.148	51.248	12
13	1.469	0.681 0	15.618	10.635	0.064 0	0.094 0	5.587	59.420	13
14	1.513	0.661 1	17.086	11.296	0.058 5	0.088 5	6.021	68.014	14
15	1.558	0.641 9	18.599	11.938	0.053 8	0.083 8	6.450	77.000	15
16	1.605	0.623 2	20.157	12.561	0.049 6	0.079 6	6.874	86.348	16
17	1.653	0.605 0	21.762	13.166	0.046 0	0.076 0	7.294	96.028	17
18	1.702	0.587 4	23.414	13.754	0.042 7	0.072 7	7.708	106.014	18
19	1.754	0.570 3	25.117	14.324	0.039 8	0.069 8	8.118	116.279	19
20	1.806	0.553 7	26.870	14.877	0.037 2	0.067 2	8.523	126.799	20
21	1.860	0.537 5	28.676	15.415	0.034 9	0.064 9	8.923	137.550	21
22	1.916	0.521 9	30.537	15.937	0.032 7	0.062 7	9.319	148.509	22
23	1.974	0.506 7	32.453	16.444	0.030 8	0.060 8	9.709	159.657	23
24	2.033	0.491 9	34.426	16.936	0.029 0	0.059 0	10.095	170.971	24
25	2.094	0.477 6	36.459	17.413	0.027 4	0.057 4	10.477	182.434	25
26	2.157	0.463 7	38.553	17.877	0.025 9	0.055 9	10.853	194.026	26
27	2.221	0.450 2	40.710	18.327	0.024 6	0.054 6	11.226	205.731	27
28	2.288	0.437 1	42.931	18.764	0.023 3	0.053 3	11.593	217.532	28
29	2.357	0.424 3	45.219	19.188	0.022 1	0.052 1	11.956	229.414	29
30	2.427	0.412 0	47.575	19.600	0.021 0	0.051 0	12.314	241.361	30

附表一（续）

资金等值计算系数（i=0.04）									
N	单一现金流量		等额系列流量				增量系列现金流量		N
	终值	现值	终值	现值	偿债基金	资金回收	等额序列	现值	
	F/P	*P/F*	*F/A*	*P/A*	*A/F*	*A/P*	*A/G*	*P/G*	
1	1.040	0.961 5	1.000	0.962	1.000 0	1.040 0	0.000	0.000	1
2	1.082	0.924 6	2.040	1.886	0.490 2	0.530 2	0.490	0.925	2
3	1.125	0.889 0	3.122	2.775	0.320 3	0.360 3	0.974	2.703	3
4	1.170	0.854 8	4.246	3.630	0.235 5	0.275 5	1.451	5.267	4
5	1.217	0.821 9	5.416	4.452	0.184 6	0.224 6	1.922	8.555	5
6	1.265	0.790 3	6.633	5.242	0.150 8	0.190 8	2.386	12.506	6
7	1.316	0.759 9	7.898	6.002	0.126 6	0.166 6	2.843	17.066	7
8	1.369	0.730 7	9.214	6.733	0.108 5	0.148 5	3.294	22.181	8
9	1.423	0.702 6	10.583	7.435	0.094 5	0.134 5	3.739	27.801	9
10	1.480	0.675 6	12.006	8.111	0.083 3	0.123 3	4.177	33.881	10
11	1.539	0.649 6	13.486	8.760	0.074 1	0.114 1	4.609	40.377	11
12	1.601	0.624 6	15.026	9.385	0.066 6	0.106 6	5.034	47.248	12
13	1.665	0.600 6	16.627	9.986	0.060 1	0.100 1	5.453	54.455	13
14	1.732	0.577 5	18.292	10.563	0.054 7	0.094 7	5.866	61.962	14
15	1.801	0.555 3	20.024	11.118	0.049 9	0.089 9	6.272	69.735	15
16	1.873	0.533 9	21.825	11.652	0.045 8	0.085 8	6.672	77.744	16
17	1.948	0.513 4	23.698	12.166	0.042 2	0.082 2	7.066	85.958	17
18	2.026	0.493 6	25.645	12.659	0.039 0	0.079 0	7.453	94.350	18
19	2.107	0.474 6	27.671	13.134	0.036 1	0.076 1	7.834	102.893	19
20	2.191	0.456 4	29.778	13.590	0.033 6	0.073 6	8.209	111.565	20
21	2.279	0.438 8	31.969	14.029	0.031 3	0.071 3	8.578	120.341	21
22	2.370	0.422 0	34.248	14.451	0.029 2	0.069 2	8.941	129.202	22
23	2.465	0.405 7	36.618	14.857	0.027 3	0.067 3	9.297	138.128	23
24	2.563	0.390 1	39.083	15.247	0.025 6	0.065 6	9.648	147.101	24
25	2.666	0.375 1	41.646	15.622	0.024 0	0.064 0	9.993	156.104	25
26	2.772	0.360 7	44.312	15.983	0.022 6	0.062 6	10.331	165.121	26
27	2.883	0.346 8	47.084	16.330	0.021 2	0.061 2	10.664	174.138	27
28	2.999	0.333 5	49.968	16.663	0.020 0	0.060 0	10.991	183.142	28
29	3.119	0.320 7	52.966	16.984	0.018 9	0.058 9	11.312	192.121	29
30	3.243	0.308 3	56.085	17.292	0.017 8	0.057 8	11.627	201.062	30

附表一（续）

资金等值计算系数（i=0.05）									
N	单一现金流量		等额系列流量				增量系列现金流量		N
	终值	现值	终值	现值	偿债基金	资金回收	等额序列	现值	
	F/P	*P/F*	*F/A*	*P/A*	*A/F*	*A/P*	*A/G*	*P/G*	
1	1.050	0.952 4	1.000	0.952	1.000 0	1.050 0	0.000	0.000	1
2	1.103	0.907 0	2.050	1.859	0.487 8	0.537 8	0.488	0.907	2
3	1.158	0.863 8	3.153	2.723	0.317 2	0.367 2	0.967	2.635	3
4	1.216	0.822 7	4.310	3.546	0.232 0	0.282 0	1.439	5.103	4
5	1.276	0.783 5	5.526	4.329	0.181 0	0.231 0	1.903	8.237	5
6	1.340	0.746 2	6.802	5.076	0.147 0	0.197 0	2.358	11.968	6
7	1.407	0.710 7	8.142	5.786	0.122 8	0.172 8	2.805	16.232	7
8	1.477	0.676 8	9.549	6.463	0.104 7	0.154 7	3.245	20.970	8
9	1.551	0.644 6	11.027	7.108	0.090 7	0.140 7	3.676	26.127	9
10	1.629	0.613 9	12.578	7.722	0.079 5	0.129 5	4.099	31.652	10
11	1.710	0.584 7	14.207	8.306	0.070 4	0.120 4	4.514	37.499	11
12	1.796	0.556 8	15.917	8.863	0.062 8	0.112 8	4.922	43.624	12
13	1.886	0.530 3	17.713	9.394	0.056 5	0.106 5	5.322	49.988	13
14	1.980	0.505 1	19.599	9.899	0.051 0	0.101 0	5.713	56.554	14
15	2.079	0.481 0	21.579	10.380	0.046 3	0.096 3	6.097	63.288	15
16	2.183	0.458 1	23.657	10.838	0.042 3	0.092 3	6.474	70.160	16
17	2.292	0.436 3	25.840	11.274	0.038 7	0.088 7	6.842	77.140	17
18	2.407	0.415 5	28.132	11.690	0.035 5	0.085 5	7.203	84.204	18
19	2.527	0.395 7	30.539	12.085	0.032 7	0.082 7	7.557	91.328	19
20	2.653	0.376 9	33.066	12.462	0.030 2	0.080 2	7.903	98.488	20
21	2.786	0.358 9	35.719	12.821	0.028 0	0.078 0	8.242	105.667	21
22	2.925	0.341 8	38.505	13.163	0.026 0	0.076 0	8.573	112.846	22
23	3.072	0.325 6	41.430	13.489	0.024 1	0.074 1	8.897	120.009	23
24	3.225	0.310 1	44.502	13.799	0.022 5	0.072 5	9.214	127.140	24
25	3.386	0.295 3	47.727	14.094	0.021 0	0.071 0	9.524	134.228	25
26	3.556	0.281 2	51.113	14.375	0.019 6	0.069 6	9.827	141.259	26
27	3.733	0.267 8	54.669	14.643	0.018 3	0.068 3	10.122	148.223	27
28	3.920	0.255 1	58.403	14.898	0.017 1	0.067 1	10.411	155.110	28
29	4.116	0.242 9	62.323	15.141	0.016 0	0.066 0	10.694	161.913	29
30	4.322	0.231 4	66.439	15.372	0.015 1	0.065 1	10.969	168.623	30

附表一（续）

资金等值计算系数（i=0.06）									
N	单一现金流量		等额系列流量				增量系列现金流量		N
	终值	现值	终值	现值	偿债基金	资金回收	等额序列	现值	
	F/P	P/F	F/A	P/A	A/F	A/P	A/G	P/G	
1	1.060	0.943 4	1.000	0.943	1.000 0	1.060 0	0.000	0.000	1
2	1.124	0.890 0	2.060	1.833	0.485 4	0.545 4	0.485	0.890	2
3	1.191	0.839 6	3.184	2.673	0.314 1	0.374 1	0.961	2.569	3
4	1.262	0.792 1	4.375	3.465	0.228 6	0.288 6	1.427	4.946	4
5	1.338	0.747 3	5.637	4.212	0.177 4	0.237 4	1.884	7.935	5
6	1.419	0.705 0	6.975	4.917	0.143 4	0.203 4	2.330	11.459	6
7	1.504	0.665 1	8.394	5.582	0.119 1	0.179 1	2.768	15.450	7
8	1.594	0.627 4	9.897	6.210	0.101 0	0.161 0	3.195	19.842	8
9	1.689	0.591 9	11.491	6.802	0.087 0	0.147 0	3.613	24.577	9
10	1.791	0.558 4	13.181	7.360	0.075 9	0.135 9	4.022	29.602	10
11	1.898	0.526 8	14.972	7.887	0.066 8	0.126 8	4.421	34.870	11
12	2.012	0.497 0	16.870	8.384	0.059 3	0.119 3	4.811	40.337	12
13	2.133	0.468 8	18.882	8.853	0.053 0	0.113 0	5.192	45.963	13
14	2.261	0.442 3	21.015	9.295	0.047 6	0.107 6	5.564	51.713	14
15	2.397	0.417 3	23.276	9.712	0.043 0	0.103 0	5.926	57.555	15
16	2.540	0.393 6	25.673	10.106	0.039 0	0.099 0	6.279	63.459	16
17	2.693	0.371 4	28.213	10.477	0.035 4	0.095 4	6.624	69.401	17
18	2.854	0.350 3	30.906	10.828	0.032 4	0.092 4	6.960	75.357	18
19	3.026	0.330 5	33.760	11.158	0.029 6	0.089 6	7.287	81.306	19
20	3.207	0.311 8	36.786	11.470	0.027 2	0.087 2	7.605	87.230	20
21	3.400	0.294 2	39.993	11.764	0.025 0	0.085 0	7.915	93.114	21
22	3.604	0.277 5	43.392	12.042	0.023 0	0.083 0	8.217	98.941	22
23	3.820	0.261 8	46.996	12.303	0.021 3	0.081 3	8.510	104.701	23
24	4.049	0.247 0	50.816	12.550	0.019 7	0.079 7	8.795	110.381	24
25	4.292	0.233 0	54.865	12.783	0.018 2	0.078 2	9.072	115.973	25
26	4.549	0.219 8	59.156	13.003	0.016 9	0.076 9	9.341	121.468	26
27	4.822	0.207 4	63.706	13.211	0.015 7	0.075 7	9.603	126.860	27
28	5.112	0.195 6	68.528	13.406	0.014 6	0.074 6	9.857	132.142	28
29	5.418	0.184 6	73.640	13.591	0.013 6	0.073 6	10.103	137.310	29
30	5.743	0.174 1	79.058	13.765	0.012 6	0.072 6	10.342	142.359	30

附表一（续）

资金等值计算系数（i=0.07）									
N	单一现金流量		等额系列流量				增量系列现金流量		N
	终值	现值	终值	现值	偿债基金	资金回收	等额序列	现值	
	F/P	P/F	F/A	P/A	A/F	A/P	A/G	P/G	
1	1.070	0.934 6	1.000	0.935	1.000 0	1.070 0	0.000	0.000	1
2	1.145	0.873 4	2.070	1.808	0.483 1	0.553 1	0.483	0.873	2
3	1.225	0.816 3	3.215	2.624	0.311 1	0.381 1	0.955	2.506	3
4	1.311	0.762 9	4.440	3.387	0.225 2	0.295 2	1.416	4.795	4
5	1.403	0.713 0	5.751	4.100	0.173 9	0.243 9	1.865	7.647	5
6	1.501	0.666 3	7.153	4.767	0.139 8	0.209 8	2.303	10.978	6
7	1.606	0.622 7	8.654	5.389	0.115 6	0.185 6	2.730	14.715	7
8	1.718	0.582 0	10.260	5.971	0.097 5	0.167 5	3.147	18.789	8
9	1.838	0.543 9	11.978	6.515	0.083 5	0.153 5	3.552	23.140	9
10	1.967	0.508 3	13.816	7.024	0.072 4	0.142 4	3.946	27.716	10
11	2.105	0.475 1	15.784	7.499	0.063 4	0.133 4	4.330	32.466	11
12	2.252	0.444 0	17.888	7.943	0.055 9	0.125 9	4.703	37.351	12
13	2.410	0.415 0	20.141	8.358	0.049 7	0.119 7	5.065	42.330	13
14	2.579	0.387 8	22.550	8.745	0.044 3	0.114 3	5.417	47.372	14
15	2.759	0.362 4	25.129	9.108	0.039 8	0.109 8	5.758	52.446	15
16	2.952	0.338 7	27.888	9.447	0.035 9	0.105 9	6.090	57.527	16
17	3.159	0.316 6	30.840	9.763	0.032 4	0.102 4	6.411	62.592	17
18	3.380	0.295 9	33.999	10.059	0.029 4	0.099 4	6.722	67.622	18
19	3.617	0.276 5	37.379	10.336	0.026 8	0.096 8	7.024	72.599	19
20	3.870	0.258 4	40.995	10.594	0.024 4	0.094 4	7.316	77.509	20
21	4.141	0.241 5	44.865	10.836	0.022 3	0.092 3	7.599	82.339	21
22	4.430	0.225 7	49.006	11.061	0.020 4	0.090 4	7.872	87.079	22
23	4.741	0.210 9	53.436	11.272	0.018 7	0.088 7	8.137	91.720	23
24	5.072	0.197 1	58.177	11.469	0.017 2	0.087 2	8.392	96.255	24
25	5.427	0.184 2	63.249	11.654	0.015 8	0.085 8	8.639	100.676	25
26	5.807	0.172 2	68.676	11.826	0.014 6	0.084 6	8.877	104.981	26
27	6.214	0.160 9	74.484	11.987	0.013 4	0.083 4	9.107	109.166	27
28	6.649	0.150 4	80.698	12.137	0.012 4	0.082 4	9.329	113.226	28
29	7.114	0.140 6	87.347	12.278	0.011 4	0.081 4	9.543	117.162	29
30	7.612	0.131 4	94.461	12.409	0.010 6	0.080 6	9.749	120.972	30

附表一（续）

资金等值计算系数（i=0.08）									
N	单一现金流量		等额系列流量				增量系列现金流量		N
	终值	现值	终值	现值	偿债基金	资金回收	等额序列	现值	
	F/P	P/F	F/A	P/A	A/F	A/P	A/G	P/G	
1	1.080	0.925 9	1.000	0.926	1.000 0	1.080 0	0.000	0.000	1
2	1.166	0.857 3	2.080	1.783	0.480 8	0.560 8	0.481	0.857	2
3	1.260	0.793 8	3.246	2.577	0.308 0	0.388 0	0.949	2.445	3
4	1.360	0.735 0	4.506	3.312	0.221 9	0.301 9	1.404	4.650	4
5	1.469	0.680 6	5.867	3.993	0.170 5	0.250 5	1.846	7.372	5
6	1.587	0.630 2	7.336	4.623	0.136 3	0.216 3	2.276	10.523	6
7	1.714	0.583 5	8.923	5.206	0.112 1	0.192 1	2.694	14.024	7
8	1.851	0.540 3	10.637	5.747	0.094 0	0.174 0	3.099	17.806	8
9	1.999	0.500 2	12.488	6.247	0.080 1	0.160 1	3.491	21.808	9
10	2.159	0.463 2	14.487	6.710	0.069 0	0.149 0	3.871	25.977	10
11	2.332	0.428 9	16.645	7.139	0.060 1	0.140 1	4.240	30.266	11
12	2.518	0.397 1	18.977	7.536	0.052 7	0.132 7	4.596	34.634	12
13	2.720	0.367 7	21.495	7.904	0.046 5	0.126 5	4.940	39.046	13
14	2.937	0.340 5	24.215	8.244	0.041 3	0.121 3	5.273	43.472	14
15	3.172	0.315 2	27.152	8.559	0.036 8	0.116 8	5.594	47.886	15
16	3.426	0.291 9	30.324	8.851	0.033 0	0.113 0	5.905	52.264	16
17	3.700	0.270 3	33.750	9.122	0.029 6	0.109 6	6.204	56.588	17
18	3.996	0.250 2	37.450	9.372	0.026 7	0.106 7	6.492	60.843	18
19	4.316	0.231 7	41.446	9.604	0.024 1	0.104 1	6.770	65.013	19
20	4.661	0.214 5	45.762	9.818	0.021 9	0.101 9	7.037	69.090	20
21	5.034	0.198 7	50.423	10.017	0.019 8	0.099 8	7.294	73.063	21
22	5.437	0.183 9	55.457	10.201	0.018 0	0.098 0	7.541	76.926	22
23	5.871	0.170 3	60.893	10.371	0.016 4	0.096 4	7.779	80.673	23
24	6.341	0.157 7	66.765	10.529	0.015 0	0.095 0	8.007	84.300	24
25	6.848	0.146 0	73.106	10.675	0.013 7	0.093 7	8.225	87.804	25
26	7.396	0.135 2	79.954	10.810	0.012 5	0.092 5	8.435	91.184	26
27	7.988	0.125 2	87.351	10.935	0.011 4	0.091 4	8.636	94.439	27
28	8.627	0.115 9	95.339	11.051	0.010 5	0.090 5	8.829	97.569	28
29	9.317	0.107 3	103.966	11.158	0.009 6	0.089 6	9.013	100.574	29
30	10.063	0.099 4	113.283	11.258	0.008 8	0.088 8	9.190	103.456	30

附表一（续）

资金等值计算系数（i=0.09）									
N	单一现金流量		等额系列流量				增量系列现金流量		N
	终值	现值	终值	现值	偿债基金	资金回收	等额序列	现值	
	F/P	*P/F*	*F/A*	*P/A*	*A/F*	*A/P*	*A/G*	*P/G*	
1	1.090	0.917 4	1.000	0.917	1.000 0	1.090 0	0.000	0.000	1
2	1.188	0.841 7	2.090	1.759	0.478 5	0.568 5	0.478	0.842	2
3	1.295	0.772 2	3.278	2.531	0.305 1	0.395 1	0.943	2.386	3
4	1.412	0.708 4	4.573	3.240	0.218 7	0.308 7	1.393	4.511	4
5	1.539	0.649 9	5.985	3.890	0.167 1	0.257 1	1.828	7.111	5
6	1.677	0.596 3	7.523	4.486	0.132 9	0.222 9	2.250	10.092	6
7	1.828	0.547 0	9.200	5.033	0.108 7	0.198 7	2.657	13.375	7
8	1.993	0.501 9	11.028	5.535	0.090 7	0.180 7	3.051	16.888	8
9	2.172	0.460 4	13.021	5.995	0.076 8	0.166 8	3.431	20.571	9
10	2.367	0.422 4	15.193	6.418	0.065 8	0.155 8	3.798	24.373	10
11	2.580	0.387 5	17.560	6.805	0.056 9	0.146 9	4.151	28.248	11
12	2.813	0.355 5	20.141	7.161	0.049 7	0.139 7	4.491	32.159	12
13	3.066	0.326 2	22.953	7.487	0.043 6	0.133 6	4.818	36.073	13
14	3.342	0.299 2	26.019	7.786	0.038 4	0.128 4	5.133	39.963	14
15	3.642	0.274 5	29.361	8.061	0.034 1	0.124 1	5.435	43.807	15
16	3.970	0.251 9	33.003	8.313	0.030 3	0.120 3	5.724	47.585	16
17	4.328	0.231 1	36.974	8.544	0.027 0	0.117 0	6.002	51.282	17
18	4.717	0.212 0	41.301	8.756	0.024 2	0.114 2	6.269	54.886	18
19	5.142	0.194 5	46.018	8.950	0.021 7	0.111 7	6.524	58.387	19
20	5.604	0.178 4	51.160	9.129	0.019 5	0.109 5	6.767	61.777	20
21	6.109	0.163 7	56.765	9.292	0.017 6	0.107 6	7.001	65.051	21
22	6.659	0.150 2	62.873	9.442	0.015 9	0.105 9	7.223	68.205	22
23	7.258	0.137 8	69.532	9.580	0.014 4	0.104 4	7.436	71.236	23
24	7.911	0.126 4	76.790	9.707	0.013 0	0.103 0	7.638	74.143	24
25	8.623	0.116 0	84.701	9.823	0.011 8	0.101 8	7.832	76.926	25
26	9.399	0.106 4	93.324	9.929	0.010 7	0.100 7	8.016	79.586	26
27	10.245	0.097 6	102.723	10.027	0.009 7	0.099 7	8.191	82.124	27
28	11.167	0.089 5	112.968	10.116	0.008 9	0.098 9	8.357	84.542	28
29	12.172	0.082 2	124.135	10.198	0.008 1	0.098 1	8.515	86.842	29
30	13.268	0.075 4	136.308	10.274	0.007 3	0.097 3	8.666	89.028	30

附表一（续）

资金等值计算系数（i=0.10）									
N	单一现金流量		等额系列流量				增量系列现金流量		N
	终值	现值	终值	现值	偿债基金	资金回收	等额序列	现值	
	F/P	*P/F*	*F/A*	*P/A*	*A/F*	*A/P*	*A/G*	*P/G*	
1	1.100	0.909 1	1.000	0.909	1.000 0	1.100 0	0.000	0.000	1
2	1.210	0.826 4	2.100	1.736	0.476 2	0.576 2	0.476	0.826	2
3	1.331	0.751 3	3.310	2.487	0.302 1	0.402 1	0.937	2.329	3
4	1.464	0.683 0	4.641	3.170	0.215 5	0.315 5	1.381	4.378	4
5	1.611	0.620 9	6.105	3.791	0.163 8	0.263 8	1.810	6.862	5
6	1.772	0.564 5	7.716	4.355	0.129 6	0.229 6	2.224	9.684	6
7	1.949	0.513 2	9.487	4.868	0.105 4	0.205 4	2.622	12.763	7
8	2.144	0.466 5	11.436	5.335	0.087 4	0.187 4	3.004	16.029	8
9	2.358	0.424 1	13.579	5.759	0.073 6	0.173 6	3.372	19.421	9
10	2.594	0.385 5	15.937	6.145	0.062 7	0.162 7	3.725	22.891	10
11	2.853	0.350 5	18.531	6.495	0.054 0	0.154 0	4.064	26.396	11
12	3.138	0.318 6	21.384	6.814	0.046 8	0.146 8	4.388	29.901	12
13	3.452	0.289 7	24.523	7.103	0.040 8	0.140 8	4.699	33.377	13
14	3.797	0.263 3	27.975	7.367	0.035 7	0.135 7	4.996	36.800	14
15	4.177	0.239 4	31.772	7.606	0.031 5	0.131 5	5.279	40.152	15
16	4.595	0.217 6	35.950	7.824	0.027 8	0.127 8	5.549	43.416	16
17	5.054	0.197 8	40.545	8.022	0.024 7	0.124 7	5.807	46.582	17
18	5.560	0.179 9	45.599	8.201	0.021 9	0.121 9	6.053	49.640	18
19	6.116	0.163 5	51.159	8.365	0.019 5	0.119 5	6.286	52.583	19
20	6.727	0.148 6	57.275	8.514	0.017 5	0.117 5	6.508	55.407	20
21	7.400	0.135 1	64.002	8.649	0.015 6	0.115 6	6.719	58.110	21
22	8.140	0.122 8	71.403	8.772	0.014 0	0.114 0	6.919	60.689	22
23	8.954	0.111 7	79.543	8.883	0.012 6	0.112 6	7.108	63.146	23
24	9.850	0.101 5	88.497	8.985	0.011 3	0.111 3	7.288	65.481	24
25	10.835	0.092 3	98.347	9.077	0.010 2	0.110 2	7.458	67.696	25
26	11.918	0.083 9	109.182	9.161	0.009 2	0.109 2	7.619	69.794	26
27	13.110	0.076 3	121.100	9.237	0.008 3	0.108 3	7.770	71.777	27
28	14.421	0.069 3	134.210	9.307	0.007 5	0.107 5	7.914	73.650	28
29	15.863	0.063 0	148.631	9.370	0.006 7	0.106 7	8.049	75.415	29
30	17.449	0.057 3	164.494	9.427	0.006 1	0.106 1	8.176	77.077	30

附表一（续）

资金等值计算系数（i=0.12）									
N	单一现金流量		等额系列流量				增量系列现金流量		N
	终值	现值	终值	现值	偿债基金	资金回收	等额序列	现值	
	F/P	*P/F*	*F/A*	*P/A*	*A/F*	*A/P*	*A/G*	*P/G*	
1	1.120	0.892 9	1.000	0.893	1.000 0	1.120 0	0.000	0.000	1
2	1.254	0.797 2	2.120	1.690	0.471 7	0.591 7	0.472	0.797	2
3	1.405	0.711 8	3.374	2.402	0.296 3	0.416 3	0.925	2.221	3
4	1.574	0.635 5	4.779	3.037	0.209 2	0.329 2	1.359	4.127	4
5	1.762	0.567 4	6.353	3.605	0.157 4	0.277 4	1.775	6.397	5
6	1.974	0.506 6	8.115	4.111	0.123 2	0.243 2	2.172	8.930	6
7	2.211	0.452 3	10.089	4.564	0.099 1	0.219 1	2.551	11.644	7
8	2.476	0.403 9	12.300	4.968	0.081 3	0.201 3	2.913	14.471	8
9	2.773	0.360 6	14.776	5.328	0.067 7	0.187 7	3.257	17.356	9
10	3.106	0.322 0	17.549	5.650	0.057 0	0.177 0	3.585	20.254	10
11	3.479	0.287 5	20.655	5.938	0.048 4	0.168 4	3.895	23.129	11
12	3.896	0.256 7	24.133	6.194	0.041 4	0.161 4	4.190	25.952	12
13	4.363	0.229 2	28.029	6.424	0.035 7	0.155 7	4.468	28.702	13
14	4.887	0.204 6	32.393	6.628	0.030 9	0.150 9	4.732	31.362	14
15	5.474	0.182 7	37.280	6.811	0.026 8	0.146 8	4.980	33.920	15
16	6.130	0.163 1	42.753	6.974	0.023 4	0.143 4	5.215	36.367	16
17	6.866	0.145 6	48.884	7.120	0.020 5	0.140 5	5.435	38.697	17
18	7.690	0.130 0	55.750	7.250	0.017 9	0.137 9	5.643	40.908	18
19	8.613	0.116 1	63.440	7.366	0.015 8	0.135 8	5.838	42.998	19
20	9.646	0.103 7	72.052	7.469	0.013 9	0.133 9	6.020	44.968	20
21	10.804	0.092 6	81.699	7.562	0.012 2	0.132 2	6.191	46.819	21
22	12.100	0.082 6	92.503	7.645	0.010 8	0.130 8	6.351	48.554	22
23	13.552	0.073 8	104.603	7.718	0.009 6	0.129 6	6.501	50.178	23
24	15.179	0.065 9	118.155	7.784	0.008 5	0.128 5	6.641	51.693	24
25	17.000	0.058 8	133.334	7.843	0.007 5	0.127 5	6.771	53.105	25
26	19.040	0.052 5	150.334	7.896	0.006 7	0.126 7	6.892	54.418	26
27	21.325	0.046 9	169.374	7.943	0.005 9	0.125 9	7.005	55.637	27
28	23.884	0.041 9	190.699	7.984	0.005 2	0.125 2	7.110	56.767	28
29	26.750	0.037 4	214.583	8.022	0.004 7	0.124 7	7.207	57.814	29
30	29.960	0.033 4	241.333	8.055	0.004 1	0.124 1	7.297	58.782	30

附表一（续）

资金等值计算系数（i=0. 15）									
N	单一现金流量		等额系列流量				增量系列现金流量		N
	终值	现值	终值	现值	偿债基金	资金回收	等额序列	现值	
	F/P	*P/F*	*F/A*	*P/A*	*A/F*	*A/P*	*A/G*	*P/G*	
1	1. 150	0. 869 6	1. 000	0. 870	1. 000 0	1. 150 0	0. 000	0. 000	1
2	1. 323	0. 756 1	2. 150	1. 626	0. 465 1	0. 615 1	0. 465	0. 756	2
3	1. 521	0. 657 5	3. 473	2. 283	0. 288 0	0. 438 0	0. 907	2. 071	3
4	1. 749	0. 571 8	4. 993	2. 855	0. 200 3	0. 350 3	1. 326	3. 786	4
5	2. 011	0. 497 2	6. 742	3. 352	0. 148 3	0. 298 3	1. 723	5. 775	5
6	2. 313	0. 432 3	8. 754	3. 784	0. 114 2	0. 264 2	2. 097	7. 937	6
7	2. 660	0. 375 9	11. 067	4. 160	0. 090 4	0. 240 4	2. 450	10. 192	7
8	3. 059	0. 326 9	13. 727	4. 487	0. 072 9	0. 222 9	2. 781	12. 481	8
9	3. 518	0. 284 3	16. 786	4. 772	0. 059 6	0. 209 6	3. 092	14. 755	9
10	4. 046	0. 247 2	20. 304	5. 019	0. 049 3	0. 199 3	3. 383	16. 979	10
11	4. 652	0. 214 9	24. 349	5. 234	0. 041 1	0. 191 1	3. 655	19. 129	11
12	5. 350	0. 186 9	29. 002	5. 421	0. 034 5	0. 184 5	3. 908	21. 185	12
13	6. 153	0. 162 5	34. 352	5. 583	0. 029 1	0. 179 1	4. 144	23. 135	13
14	7. 076	0. 141 3	40. 505	5. 724	0. 024 7	0. 174 7	4. 362	24. 972	14
15	8. 137	0. 122 9	47. 580	5. 847	0. 021 0	0. 171 0	4. 565	26. 693	15
16	9. 358	0. 106 9	55. 717	5. 954	0. 017 9	0. 167 9	4. 752	28. 296	16
17	10. 761	0. 092 9	65. 075	6. 047	0. 015 4	0. 165 4	4. 925	29. 783	17
18	12. 375	0. 080 8	75. 836	6. 128	0. 013 2	0. 163 2	5. 084	31. 156	18
19	14. 232	0. 070 3	88. 212	6. 198	0. 011 3	0. 161 3	5. 231	32. 421	19
20	16. 367	0. 061 1	102. 444	6. 259	0. 009 8	0. 159 8	5. 365	33. 582	20
21	18. 822	0. 053 1	118. 810	6. 312	0. 008 4	0. 158 4	5. 488	34. 645	21
22	21. 645	0. 046 2	137. 632	6. 359	0. 007 3	0. 157 3	5. 601	35. 615	22
23	24. 891	0. 040 2	159. 276	6. 399	0. 006 3	0. 156 3	5. 704	36. 499	23
24	28. 625	0. 034 9	184. 168	6. 434	0. 005 4	0. 155 4	5. 798	37. 302	24
25	32. 919	0. 030 4	212. 793	6. 464	0. 004 7	0. 154 7	5. 883	38. 031	25
26	37. 857	0. 026 4	245. 712	6. 491	0. 004 1	0. 154 1	5. 961	38. 692	26
27	43. 535	0. 023 0	283. 569	6. 514	0. 003 5	0. 153 5	6. 032	39. 289	27
28	50. 066	0. 020 0	327. 104	6. 534	0. 003 1	0. 153 1	6. 096	39. 828	28
29	57. 575	0. 017 4	377. 170	6. 551	0. 002 7	0. 152 7	6. 154	40. 315	29
30	66. 212	0. 015 1	434. 745	6. 566	0. 002 3	0. 152 3	6. 207	40. 753	30

附表一（续）

资金等值计算系数（i=0.20）									
N	单一现金流量		等额系列流量				增量系列现金流量		N
	终值	现值	终值	现值	偿债基金	资金回收	等额序列	现值	
	F/P	*P/F*	*F/A*	*P/A*	*A/F*	*A/P*	*A/G*	*P/G*	
1	1. 200	0. 833 3	1. 000	0. 833	1. 000 0	1. 200 0	0. 000	0. 000	1
2	1. 440	0. 694 4	2. 200	1. 528	0. 454 5	0. 654 5	0. 455	0. 694	2
3	1. 728	0. 578 7	3. 640	2. 106	0. 274 7	0. 474 7	0. 879	1. 852	3
4	2. 074	0. 482 3	5. 368	2. 589	0. 186 3	0. 386 3	1. 274	3. 299	4
5	2. 488	0. 401 9	7. 442	2. 991	0. 134 4	0. 334 4	1. 641	4. 906	5
6	2. 986	0. 334 9	9. 930	3. 326	0. 100 7	0. 300 7	1. 979	6. 581	6
7	3. 583	0. 279 1	12. 916	3. 605	0. 077 4	0. 277 4	2. 290	8. 255	7
8	4. 300	0. 232 6	16. 499	3. 837	0. 060 6	0. 260 6	2. 576	9. 883	8
9	5. 160	0. 193 8	20. 799	4. 031	0. 048 1	0. 248 1	2. 836	11. 434	9
10	6. 192	0. 161 5	25. 959	4. 192	0. 038 5	0. 238 5	3. 074	12. 887	10
11	7. 430	0. 134 6	32. 150	4. 327	0. 031 1	0. 231 1	3. 289	14. 233	11
12	8. 916	0. 112 2	39. 581	4. 439	0. 025 3	0. 225 3	3. 484	15. 467	12
13	10. 699	0. 093 5	48. 497	4. 533	0. 020 6	0. 220 6	3. 660	16. 588	13
14	12. 839	0. 077 9	59. 196	4. 611	0. 016 9	0. 216 9	3. 817	17. 601	14
15	15. 407	0. 064 9	72. 035	4. 675	0. 013 9	0. 213 9	3. 959	18. 509	15
16	18. 488	0. 054 1	87. 442	4. 730	0. 011 4	0. 211 4	4. 085	19. 321	16
17	22. 186	0. 045 1	105. 931	4. 775	0. 009 4	0. 209 4	4. 198	20. 042	17
18	26. 623	0. 037 6	128. 117	4. 812	0. 007 8	0. 207 8	4. 298	20. 680	18
19	31. 948	0. 031 3	154. 740	4. 843	0. 006 5	0. 206 5	4. 386	21. 244	19
20	38. 338	0. 026 1	186. 688	4. 870	0. 005 4	0. 205 4	4. 464	21. 739	20
21	46. 005	0. 021 7	225. 026	4. 891	0. 004 4	0. 204 4	4. 533	22. 174	21
22	55. 206	0. 018 1	271. 031	4. 909	0. 003 7	0. 203 7	4. 594	22. 555	22
23	66. 247	0. 015 1	326. 237	4. 925	0. 003 1	0. 203 1	4. 647	22. 887	23
24	79. 497	0. 012 6	392. 484	4. 937	0. 002 5	0. 202 5	4. 694	23. 176	24
25	95. 396	0. 010 5	471. 981	4. 948	0. 002 1	0. 202 1	4. 735	23. 428	25
26	114. 475	0. 008 7	567. 377	4. 956	0. 001 8	0. 201 8	4. 771	23. 646	26
27	137. 371	0. 007 3	681. 853	4. 964	0. 001 5	0. 201 5	4. 802	23. 835	27
28	164. 845	0. 006 1	819. 223	4. 970	0. 001 2	0. 201 2	4. 829	23. 999	28
29	197. 814	0. 005 1	984. 068	4. 975	0. 001 0	0. 201 0	4. 853	24. 141	29
30	237. 376	0. 004 2	1 181. 882	4. 979	0. 000 8	0. 200 8	4. 873	24. 263	30

附表一（续）

资金等值计算系数（i=0.25）									
N	单一现金流量		等额系列流量				增量系列现金流量		N
	终值	现值	终值	现值	偿债基金	资金回收	等额序列	现值	
	F/P	*P/F*	*F/A*	*P/A*	*A/F*	*A/P*	*A/G*	*P/G*	
1	1.250	0.800 0	1.000	0.800	1.000 0	1.250 0	0.000	0.000	1
2	1.563	0.640 0	2.250	1.440	0.444 4	0.694 4	0.444	0.640	2
3	1.953	0.512 0	3.813	1.952	0.262 3	0.512 3	0.852	1.664	3
4	2.441	0.409 6	5.766	2.362	0.173 4	0.423 4	1.225	2.893	4
5	3.052	0.327 7	8.207	2.689	0.121 8	0.371 8	1.563	4.204	5
6	3.815	0.262 1	11.259	2.951	0.088 8	0.338 8	1.868	5.514	6
7	4.768	0.209 7	15.073	3.161	0.066 3	0.316 3	2.142	6.773	7
8	5.960	0.167 8	19.842	3.329	0.050 4	0.300 4	2.387	7.947	8
9	7.451	0.134 2	25.802	3.463	0.038 8	0.288 8	2.605	9.021	9
10	9.313	0.107 4	33.253	3.571	0.030 1	0.280 1	2.797	9.987	10
11	11.642	0.085 9	42.566	3.656	0.023 5	0.273 5	2.966	10.846	11
12	14.552	0.068 7	54.208	3.725	0.018 4	0.268 4	3.115	11.602	12
13	18.190	0.055 0	68.760	3.780	0.014 5	0.264 5	3.244	12.262	13
14	22.737	0.044 0	86.949	3.824	0.011 5	0.261 5	3.356	12.833	14
15	28.422	0.035 2	109.687	3.859	0.009 1	0.259 1	3.453	13.326	15
16	35.527	0.028 1	138.109	3.887	0.007 2	0.257 2	3.537	13.748	16
17	44.409	0.022 5	173.636	3.910	0.005 8	0.255 8	3.608	14.108	17
18	55.511	0.018 0	218.045	3.928	0.004 6	0.254 6	3.670	14.415	18
19	69.389	0.014 4	273.556	3.942	0.003 7	0.253 7	3.722	14.674	19
20	86.736	0.011 5	342.945	3.954	0.002 9	0.252 9	3.767	14.893	20
21	108.420	0.009 2	429.681	3.963	0.002 3	0.252 3	3.805	15.078	21
22	135.525	0.007 4	538.101	3.970	0.001 9	0.251 9	3.836	15.233	22
23	169.407	0.005 9	673.626	3.976	0.001 5	0.251 5	3.863	15.362	23
24	211.758	0.004 7	843.033	3.981	0.001 2	0.251 2	3.886	15.471	24
25	264.698	0.003 8	1 054.791	3.985	0.000 9	0.250 9	3.905	15.562	25
26	330.872	0.003 0	1 319.489	3.988	0.000 8	0.250 8	3.921	15.637	26
27	413.590	0.002 4	1 650.361	3.990	0.000 6	0.250 6	3.935	15.700	27
28	516.988	0.001 9	2 063.952	3.992	0.000 5	0.250 5	3.946	15.752	28
29	646.235	0.001 5	2 580.939	3.994	0.000 4	0.250 4	3.955	15.796	29
30	807.794	0.001 2	3 227.174	3.995	0.000 3	0.250 3	3.963	15.832	30

附表一（续）

资金等值计算系数（i=0.30）									
N	单一现金流量		等额系列流量				增量系列现金流量		N
	终值	现值	终值	现值	偿债基金	资金回收	等额序列	现值	
	F/P	*P/F*	*F/A*	*P/A*	*A/F*	*A/P*	*A/G*	*P/G*	
1	1.300	0.769 2	1.000	0.769	1.000 0	1.300 0	0.000	0.000	1
2	1.690	0.591 7	2.300	1.361	0.434 8	0.734 8	0.435	0.592	2
3	2.197	0.455 2	3.990	1.816	0.250 6	0.550 6	0.827	1.502	3
4	2.856	0.350 1	6.187	2.166	0.161 6	0.461 6	1.178	2.552	4
5	3.713	0.269 3	9.043	2.436	0.110 6	0.410 6	1.490	3.630	5
6	4.827	0.207 2	12.756	2.643	0.078 4	0.378 4	1.765	4.666	6
7	6.275	0.159 4	17.583	2.802	0.056 9	0.356 9	2.006	5.622	7
8	8.157	0.122 6	23.858	2.925	0.041 9	0.341 9	2.216	6.480	8
9	10.604	0.094 3	32.015	3.019	0.031 2	0.331 2	2.396	7.234	9
10	13.786	0.072 5	42.619	3.092	0.023 5	0.323 5	2.551	7.887	10
11	17.922	0.055 8	56.405	3.147	0.017 7	0.317 7	2.683	8.445	11
12	23.298	0.042 9	74.327	3.190	0.013 5	0.313 5	2.795	8.917	12
13	30.288	0.033 0	97.625	3.223	0.010 2	0.310 2	2.889	9.314	13
14	39.374	0.025 4	127.913	3.249	0.007 8	0.307 8	2.969	9.644	14
15	51.186	0.019 5	167.286	3.268	0.006 0	0.306 0	3.034	9.917	15
16	66.542	0.015 0	218.472	3.283	0.004 6	0.304 6	3.089	10.143	16
17	86.504	0.011 6	285.014	3.295	0.003 5	0.303 5	3.135	10.328	17
18	112.455	0.008 9	371.518	3.304	0.002 7	0.302 7	3.172	10.479	18
19	146.192	0.006 8	483.973	3.311	0.002 1	0.302 1	3.202	10.602	19
20	190.050	0.005 3	630.165	3.316	0.001 6	0.301 6	3.228	10.702	20
21	247.065	0.004 0	820.215	3.320	0.001 2	0.301 2	3.248	10.783	21
22	321.184	0.003 1	1 067.280	3.323	0.000 9	0.300 9	3.265	10.848	22
23	417.539	0.002 4	1 388.464	3.325	0.000 7	0.300 7	3.278	10.901	23
24	542.801	0.001 8	1 806.003	3.327	0.000 6	0.300 6	3.289	10.943	24
25	705.641	0.001 4	2 348.803	3.329	0.000 4	0.300 4	3.298	10.977	25
26	917.333	0.001 1	3 054.444	3.330	0.000 3	0.300 3	3.305	11.005	26
27	1 192.533	0.000 8	3 971.778	3.331	0.000 3	0.300 3	3.311	11.026	27
28	1 550.293	0.000 6	5 164.311	3.331	0.000 2	0.300 2	3.315	11.044	28
29	2 015.381	0.000 5	6 714.604	3.332	0.000 1	0.300 1	3.319	11.058	29

附录 2 正态分布数值表

附表 2 正态分布数值表

φ(u) n / u	0.00	0.01	0.02	0.03	0.04	0.05	0.06	0.07	0.08	0.09
0.0	0.500 0	0.504 0	0.508 0	0.512 0	0.516 0	0.519 9	0.523 9	0.527 9	0.531 9	0.535 9
0.1	0.539 8	0.543 8	0.547 8	0.551 7	0.555 7	0.559 6	0.565 6	0.567 5	0.571 4	0.575 3
0.2	0.579 3	0.583 2	0.587 1	0.591 0	0.594 8	0.598 7	0.602 6	0.606 4	0.610 3	0.614 1
0.3	0.617 9	0.621 7	0.625 5	0.629 3	0.633 1	0.636 8	0.640 6	0.644 3	0.648 0	0.651 5
0.4	0.655 4	0.659 1	0.662 8	0.666 4	0.670 0	0.673 6	0.677 2	0.680 8	0.684 4	0.687 9
0.5	0.691 5	0.695 0	0.698 5	0.701 9	0.705 4	0.708 8	0.712 3	0.715 7	0.719 0	0.722 4
0.6	0.725 7	0.729 1	0.732 4	0.735 7	0.738 9	0.742 2	0.745 4	0.748 6	0.751 7	0.754 9
0.7	0.758 0	0.761 1	0.764 2	0.767 3	0.770 4	0.773 4	0.776 4	0.779 4	0.782 3	0.785 2
0.8	0.788 1	0.791 0	0.793 9	0.796 7	0.799 5	0.802 3	0.805 1	0.807 8	0.810 6	0.813 3
0.9	0.815 9	0.818 6	0.821 2	0.823 8	0.826 4	0.828 9	0.831 5	0.834 0	0.836 5	0.838 9
1.0	0.841 3	0.843 8	0.846 1	0.848 5	0.850 8	0.853 1	0.855 4	0.857 7	0.859 9	0.862 1
1.1	0.864 3	0.866 5	0.868 6	0.870 8	0.872 9	0.874 9	0.877 0	0.879 0	0.881 0	0.883 0
1.2	0.884 9	0.886 9	0.888 8	0.890 7	0.892 5	0.894 4	0.896 2	0.898 0	0.899 7	0.901 5
1.3	0.903 2	0.904 9	0.906 6	0.908 2	0.909 9	0.911 5	0.913 1	0.914 7	0.916 2	0.917 7
1.4	0.919 2	0.920 7	0.922 2	0.923 6	0.925 1	0.926 5	0.927 9	0.929 2	0.930 6	0.931 9
1.5	0.933 2	0.934 5	0.935 7	0.937 0	0.938 2	0.939 4	0.940 6	0.941 8	0.942 9	0.944 1
1.6	0.945 2	0.946 3	0.947 4	0.948 4	0.949 5	0.950 5	0.951 5	0.952 5	0.953 5	0.954 5
1.7	0.955 4	0.956 4	0.957 3	0.958 2	0.959 1	0.959 9	0.960 8	0.961 6	0.962 5	0.963 3
1.8	0.964 1	0.964 9	0.965 6	0.966 4	0.967 1	0.967 8	0.968 6	0.969 3	0.969 9	0.970 6
1.9	0.971 3	0.971 9	0.972 6	0.973 2	0.978 3	0.974 4	0.975 0	0.975 6	0.976 1	0.976 7
2.0	0.977 2	0.977 8	0.978 3	0.978 8	0.979 3	0.979 8	0.980 3	0.980 8	0.981 2	0.981 7
2.1	0.982 1	0.982 6	0.983 0	0.983 4	0.983 8	0.984 2	0.984 6	0.985 0	0.985 4	0.985 7
2.2	0.986 1	0.986 4	0.986 8	0.987 1	0.987 5	0.987 8	0.988 1	0.988 4	0.988 7	0.989 0
2.3	0.989 3	0.989 6	0.989 8	0.990 1	0.990 4	0.990 6	0.990 9	0.991 1	0.991 3	0.991 6
2.4	0.991 8	0.992 0	0.992 2	0.992 5	0.992 7	0.992 9	0.993 1	0.993 2	0.993 4	0.993 6
2.5	0.993 8	0.994 0	0.994 1	0.994 3	0.994 5	0.994 6	0.994 8	0.994 9	0.995 1	0.995 2
2.6	0.995 3	0.995 5	0.995 6	0.995 7	0.995 9	0.996 0	0.996 1	0.996 2	0.996 3	0.996 4
2.7	0.996 5	0.996 6	0.996 7	0.996 8	0.996 9	0.997 0	0.997 1	0.997 2	0.997 3	0.997 4
2.8	0.997 4	0.997 5	0.997 6	0.997 7	0.997 7	0.997 8	0.997 9	0.997 9	0.998 0	0.998 1
2.9	0.998 1	0.998 2	0.998 2	0.998 3	0.998 4	0.998 4	0.998 5	0.998 5	0.998 6	0.998 6
3.0	0.998 7	0.998 7	0.998 7	0.998 8	0.998 8	0.998 9	0.998 9	0.998 9	0.999 0	0.999 0
3.1	0.999 0	0.999 1	0.999 1	0.999 1	0.999 2	0.999 2	0.999 2	0.999 2	0.999 3	0.999 3
3.2	0.999 3	0.999 3	0.999 4	0.999 4	0.999 4	0.999 4	0.999 4	0.999 5	0.999 5	0.999 5
3.3	0.999 5	0.999 5	0.999 5	0.999 6	0.999 6	0.999 6	0.999 6	0.999 6	0.999 6	0.999 7
3.4	0.999 7	0.999 7	0.999 7	0.999 7	0.999 7	0.999 7	0.999 7	0.999 7	0.999 7	0.999 8

参考文献

[1] 雷家骕. 技术经济学的基础理论与方法 [M]. 北京：高等教育出版社，2005.

[2] 傅家骥. 技术经济学前沿问题 [M]. 北京：经济科学出版社，2003.

[3] 王璞. 技术经济学 [M]. 北京：机械工业出版社，2013.

[4] 邓燕雯，陈秋华，吴声怡，等. 技术经济学课程教学改革研究与实践 [J]. 高等农业教育，2006 (3)：56-58.

[4] 高百宁，王凤科，郭新宝. 技术经济学 [M]. 北京：北京理工大学出版社，2006.

[5] 祝爱民. 技术经济学 [M]. 北京：机械工业出版社，2013.

[6] 郑宁，郑彩云，韩星. 技术经济学 [M]. 北京：清华大学出版社，2016.

[7] 虞晓芬，龚建立. 技术经济学概论 [M]. 北京：高等教育出版社，2015.

[8] 徐斌. 技术经济学理论发展问题研究 [D]. 北京：北京交通大学，2007.

[9] 徐公达，孙瑞红. 技术经济学课程案例教学探讨 [J]. 技术经济，2007，26 (4)：59-61.

[10] 陈立文，陈敬武. 技术经济学概论 [M]. 北京：机械工业出版社，2014.

[11] 林晓言. 技术经济学教程 [M]. 北京：经济管理出版社，2005.

[12] 郎宏文. 技术经济学概论 [M]. 哈尔滨：黑龙江教育出版社，2007.

[13] 李向波，侯家麟. 工业技术经济学 [M]. 北京：中国铁道出版社，2006.

[14] 吴添祖，虞晓芬，龚建立. 技术经济学概论. [M]. 第 3 版. 高等教育出版社，2010.

[15] 林晓言 王红梅. 技术经济学教程 [M]. 第 2 版. 经济管理出版社，2005.

[16] 雷家骕，程源，杨湘玉. 技术经济学的基础理论与方法［M］. 北京：高等教育出版社，2005.

[17] 蒋太才. 技术经济学基础［M］. 北京：清华大学出版社，2006.

[18] 张国旺. 技术经济学教程［M］. 北京：首都经济贸易大学出版社，2007.

[19] 张加瑄. 工程技术经济学［M］. 北京：中国电力出版社，2009.

[20] 何建洪. 技术经济学：原理与方法［M］. 北京：清华大学出版社，2012.

[21] 彭运芳. 新编技术经济学［M］. 北京：北京大学出版社，2009.

[22] 袁明鹏，胡艳，庄越. 新编技术经济学［M］. 北京：清华大学出版社，2007.

[23] 张铁山. 技术经济学：原理·方法·应用［M］. 北京：清华大学出版社，2009.

[24] 陈立文，陈敬武. 技术经济学概论.［M］. 2 版. 北京：机械工业出版社，2014.

[25] 高百宁，王凤科，郭新宝. 技术经济学：方法、技术与应用［M］. 北京：北京理工大学出版社，2008.

[26] 徐莉. 技术经济学［M］. 2 版. 武汉：武汉大学出版社，2007.

[27] 陈新元. 高等工程技术经济学［M］. 北京：中国电力出版社，2009.

[28] 郑宁，郑彩云，韩星. 技术经济学［M］. 北京：清华大学出版社，2016.

[29] 刘秋华. 技术经济学.［M］. 2 版. 北京：机械工业出版社，2010.

[30] 郑宁，郑彩云，韩星. 技术经济学［M］. 2 版. 北京：清华大学出版社，2016.

[31] 陈一君，卢明湘. 工程技术经济学［M］. 成都：西南交通大学出版社，2010.

[32] 郭洁，卢亚丽. 技术经济学：Technical economics［M］. 北京：清华大学出版社，2016.

[33] 胡骥. 技术经济学［M］. 成都：西南交通大学出版社，2015.

[34] 赵国杰. 技术经济学教程［M］. 北京：首都经济贸易大学出版社，2007.

[35] 孙薇. 技术经济学：Technical economics［M］. 北京：机械工业出版社，2009.

[36] 刘晓君. 技术经济学［M］. 北京：高等教育出版社，2014.

[37] 刘燕. 技术经济学［M］. 北京：电子科技大学出版社，2013.

[38] 陈戈止. 技术经济学［M］. 北京：高等教育出版社，2013.

[39] Thusen，G.J.，W.J.Fabrycky，图森. 工程经济学［M］. 北京：清华大学出版社，2005.

[40] 鲍学英，王琳. 工程经济学［M］. 北京：化学工业出版社，2011.

[41] 亨利·马尔科姆·斯坦纳. 工程经济学原理［M］. 2 版. 经济科学出版社，2000.

[42] 邵颖红. 工程经济学概论［M］. 北京：电子工业出版社，2015.

[43] 朴赞锡. 工程经济学原理［M］. 北京：机械工业出版社，2015.